eXamen.press

Martin Hofmann · Martin Lange

Automatentheorie und Logik

 Springer

Prof. Dr. Martin Hofmann
Ludwig-Maximilians-Universität
München
Institut für Informatik
Theoretische Informatik
Oettingenstraße 67
80538 München
Deutschland
hofmann@ifi.lmu.de

Prof. Dr. Martin Lange
Universität Kassel
Fachbereich Elektrotechnik
und Informatik
Wilhelmshöher Allee 71
34121 Kassel
Deutschland

ISSN 1614-5216
ISBN 978-3-642-18089-7   e-ISBN 978-3-642-18090-3
DOI 10.1007/978-3-642-18090-3
Springer Heidelberg Dordrecht London New York

Die Deutsche Nationalbibliothek verzeichnet diese Publikation in der Deutschen Nationalbibliografie; detaillierte bibliografische Daten sind im Internet über http://dnb.d-nb.de abrufbar.

Einbandentwurf: KuenkelLopka GmbH

Gedruckt auf säurefreiem Papier

Springer ist Teil der Fachverlagsgruppe Springer Science+Business Media (www.springer.com)

Vorwort

Dieses Buch geht zurück auf eine Vorlesung namens "Automatentheorie", die von uns erstmals und gemeinsam im Sommersemester 2004 an der Ludwig-Maximilians-Universität München für Studenten im Hauptstudium der damaligen Diplom-Studiengänge Informatik und Mathematik gehalten wurde. Aufgrund des Interesses, auf das diese Veranstaltung bei den Teilnehmern gestoßen war, wurde die Vorlesung in den Sommersemestern 2006, 2008 und 2010 wieder angeboten. Aus anfänglichen, handschriftlichen Unterlagen entstand in diesen Zeiten ein aushändigbares Vorlesungsskript, welches bei jeder Wiederholung der Veranstaltung weiter überarbeitet wurde und am Ende nun zu diesem Buch geworden ist.

Es ist daher nicht verwunderlich, dass dieses Buch als Grundlage für eine Vorlesung im Bereich der theoretischen Informatik, typischerweise als Modul in einem Master-Studiengang, gedacht ist. Der hier präsentierte Stoff eignet sich, um eine Vorlesung mit 4 Semesterwochenstunden zu füllen. Für eine Vorlesung mit 3 SWS können einzelne Kapitel weggelassen werden, z.B. Kap. 3 und die darauf aufbauenden Kap. 10 und 11. Kap. 4 und 13 können ebenfalls weggelassen werden; auf diese bauen keine anderen Kapitel danach mehr auf. Wir weisen außerdem darauf hin, dass durch die Ausarbeitung vom Vorlesungsskript in die Buchform etwas mehr Material hineingekommen ist, als in unseren 4-SWS-Veranstaltungen wirklich präsentiert wurde. Es empfiehlt sich also, das hier vorhandene Material selektiv einzusetzen.

Die einzelnen Kapitel sind in vier Teile zusammengefasst. Diese unterscheiden sich in den Strukturen, über denen jeweils Automatentheorie und Logik betrieben wird. Im ersten Teil sind dies endliche Wörter, die aus einer grundlegenden Veranstaltung zur Theorie formaler Sprachen, welche Teil jedes normalen Bachelor-Informatik-Studiengangs sein sollte, bekannt sind. Kap. 1 enthält lediglich eine kurze Wiederholung solchen Stoffs. Dort werden hauptsächlich die im Rest des Buchs verwendeten Notationen und wichtigen Fragestellungen vorgestellt. Der Rest des ersten Teils behandelt eines der Kernthemen dieses Buchs – die Verbindung zwischen Automatentheorie und Logik – und enthält weiteres Material zur Theorie formaler Sprachen und endlicher Automaten. Dieses geht erstens über das hinaus, was in einer Standard-Veranstaltung im Bachelor-Studiengang normalerweise dazu gebracht wird. Zweitens legt es die Grundlagen für wichtige Konstruktionen im zweiten Teil, der sich dann mit unendlichen Wörtern beschäftigt. Danach geht es darum, die Theorie auf den Bereich der Bäume auszudehnen. Der dritte Teil beschäftigt sich kurz mit endlichen Bäumen. Im vierten Teil akkumulieren sich dann die Schwierigkeiten, die man beim Übergang von endlichen Wörtern zu unendlichen Wörtern oder zu endlichen Bäumen zu überwinden hat; es geht darin dann um Automatentheorie und Logik über unendlichen Bäumen.

Jeder Teil endet mit Vorschlägen für Übungsaufgaben zu dem behandelten Stoff, sowie Notizen, welche auf weiterführende Literatur verweisen oder die Herkunft von präsentierten Resultaten erklären. Das Buch soll an sich ein geschlossenes Werk sein, welches mit den bereits erwähnten Vorkenntnissen zur Theorie formaler Sprachen und zunächst ohne weitere Hilfsmittel durchgearbeitet werden kann. Aus diesem Grund sind jegliche Referenzen auf Material außerhalb des Buchs in die Kapitel mit den Notizen verlagert worden.

Am Ende des Buches findet sich noch ein Kapitel mit Vorschlägen weiterer Themen, die gut zu dem hier präsentierten Stoff passen und somit in einer entsprechenden Vorlesung behandelt werden könnten. Außerdem werden dort noch offene Fragestellungen im Bereich der Automatentheorie und Logik genannt, die—von ambitionierten Studenten—im Rahmen von Dissertationsthemen behandelt werden könnten. Bei einigen handelt es sich jedoch um Probleme, die seit längerer Zeit schon offen sind und bei denen man nicht unbedingt einen sofortigen Fortschritt erwarten kann.

Wir bedanken uns bei Oliver Friedmann für das Aufspüren und Korrigieren zahlreicher Fehler in einer früheren Version des Vorlesungsskripts, bei Hermann Gruber für den Entwurf einiger Übungsaufgaben, die sich in diesem Buch wiederfinden.

München und Kassel, Martin Hofmann und Martin Lange

Inhaltsverzeichnis

Teil II Unendliche Wörter

Anhang

Teil I

Endliche Wörter

1
Grundlagen der Theorie formaler Sprachen

Wir beginnen damit, dass wir in diesem Kapitel zunächst einige grundlegende Begriffe und Methoden aus der Theorie formaler Sprachen, insbesondere der regulären Sprachen, wiederholen.

1.1 Reguläre Sprachen und endliche Automaten

1.1.1 Reguläre Sprachen

Sei $\Sigma = \{a, b, \ldots\}$ ein endliches *Alphabet*. Ein *endliches Wort* über Σ ist eine Folge $w = a_0 \ldots a_{n-1}$, wobei $a_i \in \Sigma$ für $i = 0, \ldots, n - 1$. Wir schreiben $|w|$ für die *Länge* von w, also n in diesem Fall, und $w(i)$ für das i-te Symbol a_i von w. Das *leere Wort*, also die Folge der Länge 0, wird mit ε bezeichnet. Σ^* bezeichnet die Menge aller Wörter über Σ und Σ^+ die Menge aller nichtleeren Wörter über Σ. Die *Konkatenation* zweier Wörter w und v entsteht durch Anhängen der Folge v an die Folge w und wird mit wv bezeichnet.

Eine *Sprache* ist eine Menge von Wörtern, also eine Teilmenge $L \subseteq \Sigma^*$. Somit sind alle üblichen, mengentheoretischen Operationen wie Vereinigung, Schnitt, Komplement, Differenz, etc. auch Operationen auf Sprachen. Das *Komplement* einer Sprache L bezeichnen wir üblicherweise mit $\overline{L}$, und es ist definiert als $\Sigma^* \setminus L$.

Andere wichtige Operationen auf Sprachen sind die Konkatenation und der Kleene-Abschluss (Kleene-Stern). Sind L_1 und L_2 zwei Sprachen, so ist deren *Konkatenation* die Sprache $L_1 L_2 := \{w_1 w_2 \mid w_1 \in L_1, w_2 \in L_2\}$, die also durch Konkatenation beliebiger Wörter aus L_1 mit beliebigen Wörtern aus L_2 entsteht.

Ist L eine Sprache, dann ist ihr Kleene-Abschluss die Sprache $L^* := \{w_1 \ldots w_n \mid n \in \mathbb{N}, w_i \in L \text{ für alle } i = 1, \ldots, n\}$. Diese entsteht also durch beliebig, aber nur endlich oft wiederholte Konkatenation der Sprache mit sich selbst. Beachte, dass $\varepsilon \in L^*$ für jedes $L \subseteq \Sigma^*$ gilt, denn auch $n = 0$ ist in

M. Hofmann, M. Lange, *Automatentheorie und Logik*, eXamen.press,
DOI 10.1007/978-3-642-18090-3_1, © Springer-Verlag Berlin Heidelberg 2011

der Definition des Kleene-Abschlusses zugelassen. Anders gesagt gilt für alle $L \subseteq \Sigma^*$:

$$L^0 := \{\varepsilon\} , \quad L^{i+1} := LL^i , \quad L^* := \bigcup_{i \in \mathbb{N}} L^i$$

Eine Klasse von Sprachen, für die wir uns hier insbesondere interessieren, ist die der *regulären Sprachen* über dem Alphabet Σ, bezeichnet mit REG_Σ. Kann Σ aus dem Kontext erkannt werden, so schreiben wir auch einfach nur REG.

Definition 1.1. Die Klasse REG_Σ ist die kleinste Klasse von Sprachen über Σ, für die gilt:

a) $\emptyset \in \mathrm{REG}_\Sigma$ und $\{a\} \in \mathrm{REG}_\Sigma$ für jedes $a \in \Sigma$,

b) wenn $L_1, L_2 \in \mathrm{REG}$, dann $L_1 \cup L_2 \in \mathrm{REG}$, $L_1 L_2 \in \mathrm{REG}$ und $L_1^* \in \mathrm{REG}$.

Hier bedeutet *kleinste Klasse*, dass keine Sprache, die nicht durch (1) oder (2) abgedeckt ist, zu REG gehört. Dies ist gleichbedeutend damit, dass eine Sprache nur dann zu REG gehört, wenn sie entweder von einer in (1) genannten Form ist, oder aber sich laut (2) aus einer oder zweien Sprachen zusammensetzt, von denen bereits bekannt ist, dass sie zu REG gehören. Noch anders gesagt: Jede reguläre Sprache lässt sich durch Anwenden von nur *endlich vielen* Operationen, die in (2) genannt sind, aus den Sprachen, die in (1) genannt sind, erzeugen.

Beispiel 1.2. Die Menge L aller Wörter über dem Alphabet $\{a, b\}$, in denen nach jedem a irgendwann später noch ein b folgt, ist regulär. Man überlege sich zunächst, dass die informelle Beschreibung äquivalent dazu ist, dass ein Wort in der Sprache nicht auf a enden darf. Da es nur zwei verschiedene Buchstaben gibt, muss jedes Wort in der Sprache also auf b enden oder leer sein. Somit ist

$$L = \{\varepsilon\} \cup ((\{a\} \cup \{b\})^* \{b\}) .$$

Es bleibt nur noch zu sehen, dass auch $\{\varepsilon\}$ eine reguläre Sprache ist. Dies ist der Fall, denn es gilt $\{\varepsilon\} = \emptyset^*$.

Bei der formalen Beschreibung einer Sprache erlauben wir es uns auch, möglichst viele Klammern wegzulassen. Dazu lassen wir den Kleene-Stern stärker als die Konkatenation und diese wiederum stärker als die Vereinigung binden. Außerdem schreiben wir Einermengen nicht explizit als solche auf. Die Sprache aus dem vorigen Beispiel könnte man also auch als $\varepsilon \cup (a \cup b)^* b$ schreiben.

Man sieht z.B. leicht, dass jede endliche Menge von Wörtern eine reguläre Sprache bildet, da sich jede Sprache, die nur ein Wort enthält, durch endlich viele Konkatenationen von Sprachen der Form $\{a\}$ bilden lässt. Eine Sprache mit endlich vielen Wörtern lässt sich dann leicht als endliche Vereinigung beschreiben. Beachte, dass die Klasse der regulären Sprachen nicht unter unendlichen Vereinigungen abgeschlossen ist, denn dann wäre ja jede Sprache regulär, da sich jede Sprache als unendliche Vereinigung der Einermengen ihrer Wörter schreiben lässt.

Der Punkt (2) in der Definition von REG bedeutet, dass REG *abgeschlossen* ist unter den Operationen Vereinigung, Konkatenation und Kleene-Iteration. REG ist darüberhinaus noch abgeschlossen unter einer ganzen Menge anderer Operationen, u.a. unter all den üblichen mengentheoretischen Operationen. Dies ist jedoch für den Schnitt und das Komplement nicht unbedingt offensichtlich aus der Definition. Um solche Abschlusseigenschaften zu beweisen, braucht man in der Regel andere Charakterisierungen der regulären Sprachen. Diese sind auch nötig, um reguläre Sprachen repräsentieren und verarbeiten zu können, da es sich bei Sprachen im Allgemeinen um unendlich große Mengen handelt.

1.1.2 Endliche Automaten

Eine der wichtigsten Repräsentationsformalismen für reguläre Sprachen sind endliche Automaten, die wir im folgenden wiederholen werden.

Definition 1.3. Ein *nichtdeterministischer, endlicher Automat* (NFA) ist ein Tupel $\mathcal{A} = (Q, \Sigma, q_I, \delta, F)$ mit

- endlicher *Zustandsmenge* Q,
- *Eingabealphabet* Σ,
- *Anfangszustand* $q_I \in Q$,
- *Transitionsfunktion* $\delta : Q \times \Sigma \to 2^Q$,
- *Endzustandsmenge* $F \subseteq Q$.

Ein *Lauf* eines NFA $\mathcal{A}$ auf einem Wort $w = a_0 \ldots a_{n-1}$ ist eine Folge $q_0 \ldots q_n$, so dass $q_0 = q_I$ und für alle $i = 0, \ldots, n-1$ gilt: $q_{i+1} \in \delta(q_i, a_i)$. Der Lauf heißt *akzeptierend*, falls $q_n \in F$. Sei $L(\mathcal{A}) := \{w \in \Sigma^* \mid$ es gibt einen akzeptierenden Lauf von $\mathcal{A}$ auf $w\}$ die von $\mathcal{A}$ *erkannte Sprache*.

Zwei Automaten sind *äquivalent*, wenn sie dieselbe Sprache erkennen.

Als *Größe* eines NFA $\mathcal{A}$ bezeichnen wir normalerweise die Anzahl seiner Zustände und schreiben dies auch als $|\mathcal{A}|$. Beachte, dass dies kein exaktes Maß für den Platz ist, den man braucht, um einen NFA niederzuschreiben. Sei $\mathcal{A} = (Q, \Sigma, q_0, \delta, F)$. Dann gilt i.A. $|\delta| = \mathcal{O}(|Q|^2 \cdot |\Sigma|)$. D.h. bei festgelegtem Alphabet kann die Transitionstabelle quadratisch in der Zustandszahl wachsen. Dennoch ist die Anzahl der Zustände eines Automaten ein sinnvolles Maß für seine Komplexität.

NFAs lassen sich am einfachsten als kanten-beschrifteter Graph darstellen. Die Zustände bilden die Knoten, die Zustandsübergangsfunktion δ wird durch Kanten in dem Graph repräsentiert. Ist $q' \in \delta(q, a)$ für einen Zustand q und ein Alphabetsymbol a, so wird eine Kante von q nach q' mit Beschriftung a gezogen. Normalerweise wird der Anfangszustand durch eine von nirgendwoher eingehende und unbeschriftete Kante gekennzeichnet und Endzustände durch einen Doppelkreis ausgezeichnet.

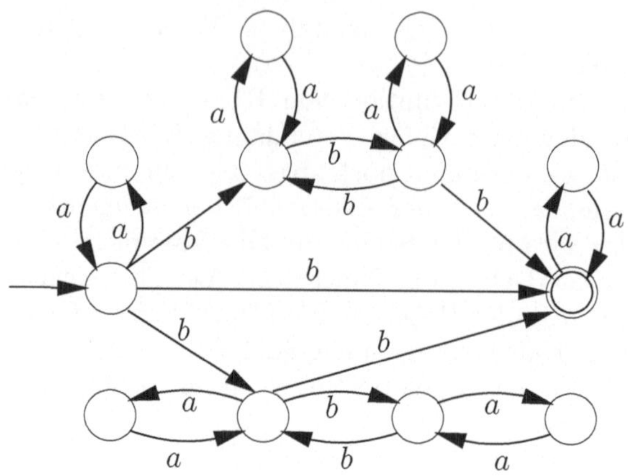

Abb. 1.1. Beispiel eines NFA.

Ein Beispiel ist in Abb. 1.1 gezeigt. Zur Übung bestimme man die Sprache, die von diesem NFA erkannt wird und versuche, einen NFA mit nur 4 Zuständen für dieselbe Sprache zu konstruieren.

Viele der Operationen, unter denen die Klasse der regulären Sprachen abgeschlossen ist, lassen sich ebenfalls auf NFAs ausführen, welches die folgenden Resultate besagen. Wir zeigen exemplarisch die Konstruktion für den Kleene-Stern, die anderen sind Übungen.

Satz 1.4. *Seien $\mathcal{A}_i$ zwei NFAs für $i = \{1, 2\}$. Dann existieren NFAs $\mathcal{A}^\cup$ und $\mathcal{A}^\centerdot$, so dass $L(\mathcal{A}^\cup) = L(\mathcal{A}_1) \cup L(\mathcal{A}_2)$ und $L(\mathcal{A}^\centerdot) = L(\mathcal{A}_1)L(\mathcal{A}_2)$.*

Beweis. Übung.

Satz 1.5. *Sei $\mathcal{A}$ ein NFA. Dann existiert ein NFA $\mathcal{A}^*$, so dass $L(\mathcal{A}^*) = L(\mathcal{A})^*$.*

Beweis. Sei $\mathcal{A} = (Q, \Sigma, q_I, \delta, F)$ und q_I' ein neuer Zustand, der nicht in Q enthalten ist. Wir geben zuerst die Konstruktion von $\mathcal{A}^*$ an und beweisen dann, dass dieser NFA die gewünschte Sprache erkennt.

$$\mathcal{A}^* := (Q \cup \{q_I'\}, \Sigma, q_I', \delta^*, F \cup \{q_I'\})$$

wobei für alle $a \in \Sigma$ und alle $q \in Q \cup \{q_I'\}$:

$$\delta^*(q, a) := \begin{cases} \delta(q_I, a) & \text{, falls } q = q_I' \\ \delta(q, a) \cup \delta(q_I, a) & \text{, falls } q \in F \\ \delta(q, a) & \text{, falls } q \in Q \setminus F \end{cases}$$

Wir beobachten, dass ein Zustand in $\mathcal{A}^*$ also dieselben Transitionen wie derselbe Zustand in $\mathcal{A}$ hat mit dem Unterschied, dass Endzustände zusätzlich noch die Transitionen des ursprünglichen Anfangszustand haben. Der neue Anfangszustand ist eine Kopie des alten Anfangszustands, der aber von keinem anderen Zustand aus erreichbar ist.

Es bleibt zu zeigen, dass $L(\mathcal{A}^*) = L(\mathcal{A})^*$ gilt. Für den $\subseteq$-Teil nehmen wir an, dass $w \in L(\mathcal{A}^*)$ für ein $w = a_1 \ldots a_n \in \Sigma^*$ gilt. Also existiert ein akzeptierender Lauf $q_I', q_1, \ldots, q_n$ auf w. Aus obiger Beobachtung folgt sofort, dass es $i_0, i_1, \ldots, i_m$ gibt, so dass

- $i_0 = 0$,
- $i_0 < i_1 \ldots < i_m$,
- $i_m = n$,
- für alle $j = 1, \ldots, m$ ist $q_{i_{j-1}}, \ldots, q_{i_j}$ ein akzeptierender Lauf von $\mathcal{A}$ auf $a_{i_{j-1}+1} \ldots a_{i_j}$.

Somit ist $w \in L(\mathcal{A})^*$.

Für den $\supseteq$-Teil sei $w \in L(\mathcal{A})^*$. Falls $w = \varepsilon$, so gilt $w \in L(\mathcal{A}^*)$, da der Anfangszustand von $\mathcal{A}^*$ auch Endzustand ist. Sei $w \neq \varepsilon$. Also existiert eine Zerlegung $w = v_0 \ldots v_k$, so dass $v_i \neq \varepsilon$ und $v_i \in L(\mathcal{A})$ für alle $i = 0, \ldots, k$.

Wir zeigen nun durch Induktion über k, dass $v_0 \ldots v_k \in L(\mathcal{A}^*)$ gilt. Im Induktionsanfang ist $k = 0$, d.h. $w = v_0$. Da $v_0 \in L(\mathcal{A})$ gibt es einen akzeptierenden Lauf $q_0, q_1, \ldots, q_m$ von $\mathcal{A}$ auf v_0 mit $q_m \in F$. Da $v_0 \neq \varepsilon$, gilt $m \geq 1$. Jetzt ist aber $q_I', q_1, \ldots, q_m$ auch ein akzeptierender Lauf von $\mathcal{A}^*$ auf v_0, da der neue Anfangszustand q_0' dieselben Transitionen wie der alte q_0 hat und q_m auch weiterhin Endzustand in $\mathcal{A}^*$ ist.

Sei nun $k > 0$ und $v_0 \ldots v_{k-1} \in L(\mathcal{A}^*)$, d.h. es gibt einen akzeptierenden Lauf $q_I', q_1, \ldots, q_m$ von $\mathcal{A}^*$ auf $v_0 \ldots v_{k-1}$. Da $v_k \in L(\mathcal{A})$ gibt es auch einen akzeptierenden Lauf von $p_0, \ldots, p_l$ von $\mathcal{A}$ auf v_k. Insbesondere gilt $p_0 = q_I$, $p_l \in F$ und $l \geq 1$, da $v_k \neq \varepsilon$. Dann ist aber $q_I', q_1, \ldots, q_m, p_1, \ldots, p_l$ ein akzeptierender Lauf von $\mathcal{A}^*$ auf $v_0 \ldots v_k$, denn es gilt $p_1 \in \delta^*(q_m, v_k(0))$, da $p_1 \in \delta(q_I, v_k(0))$. $\qquad\square$

Wir erinnern noch an das fundamentale Resultat, dass die von NFAs erkannten Sprachen *genau* die regulären Sprachen sind. D.h. zu jeder regulären Sprache kann man einen NFA angeben, und umgekehrt lässt sich zu jedem NFA auch zeigen, dass die von ihm erkannte Sprache regulär laut Def. 1.1 ist. Die erste Richtung ist recht einfach; die Hauptteile des Beweises haben wir bereits gesehen.

Satz 1.6. *Ist L regulär, so gibt es einen NFA $\mathcal{A}$ mit $L(\mathcal{A}) = L$.*

Beweis. Übung.

Für die Umkehrung dieses Satzes braucht man dazu z.B. das *Arden'sche Lemma*. Den Beweis stellen wir wieder als Übungsaufgabe.

Satz 1.7. *Seien $U, V \subseteq \Sigma^*$ Sprachen, so dass $\varepsilon \notin U$, und $L \subseteq \Sigma^*$ eine Sprache, so dass $L = UL \cup V$. Dann gilt $L = U^*V$.*

Beweis. Übung.

Dieser Satz ist das Werkzeug mit dem sich für die von einem NFA beschriebene Sprache ein regulärer Ausdruck finden lässt. Der Trick dabei ist, einen NFA mit n Zuständen als rekursives Gleichungssystem mit n Gleichungen zu betrachten, welches man sukzessive durch Anwendung des Arden'schen Lemmas lösen kann.

Satz 1.8. *Wird L von einem NFA erkannt, so ist L regulär.*

Beweis. Sei $L = L(\mathcal{A})$ für einen NFA $\mathcal{A} = (Q, \Sigma, q_I, \delta, F)$. O.B.d.A. nehmen wir an, dass $Q = \{0, \ldots, n-1\}$ und $q_I = 0$ gilt.

Für jedes $i = 0, \ldots, n-1$ definieren wir nun die Sprache X_i bestehend aus all den Wörtern, für die es einen in i beginnenden akzeptierenden Lauf in $\mathcal{A}$ gibt. Formell also $X_i = L(Q, \Sigma, i, \delta, F)$. Beachte, dass $L = X_0$. Diese Sprachen genügen nun dem folgenden Gleichungssystem:

$$
X_i = \left(\bigcup_{a \in \Sigma} \bigcup_{j \in \delta(i,a)} \{a\}X_j \right) \cup \begin{cases} \{\varepsilon\} & \text{, falls } i \in F \\ \emptyset & \text{, sonst} \end{cases}
$$

Mithilfe von offensichtlichen Transformationen und sukzessiver Anwendung des Arden'schen Lemmas können nun Ausdrücke für die X_i bestimmt werden, die zeigen, dass diese jeweils nach Def. 1.1 regulär sind. Da $L = X_0$, gilt dies auch für L selbst. $\square$

Beispiel 1.9. Als Beispiel betrachten wir den folgenden NFA.

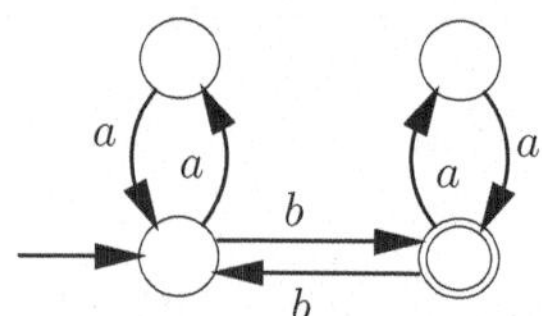

Das dazugehörige Gleichungssystem—unter Auslassung einiger Klammern—lautet wie folgt.:

$$
\begin{aligned}
X_0 &= aX_1 \cup bX_2 & &\text{(I)} \\
X_1 &= aX_0 & &\text{(II)} \\
X_2 &= aX_3 \cup bX_0 \cup \{\varepsilon\} & &\text{(III)} \\
X_3 &= aX_2 & &\text{(IV)}
\end{aligned}
$$

Einsetzen von (IV) in (III) liefert

$$
X_2 = aaX_2 \cup bX_0 \cup \varepsilon \quad \text{(V)}
$$

also

$$
X_2 = (aa)^*(bX_0 \cup \varepsilon) \quad \text{(VI)}
$$

Einsetzen von (VI) und (II) in (I) liefert

$$X_0 = aaX_0 \cup b(aa)^*(bX_0 \cup \varepsilon)$$
$$X_0 = (aa \cup b(aa)^*b)X_0 \cup b(aa)^*$$
$$X_0 = (aa \cup b(aa)^*b)^*b(aa)^*$$

wobei sich die zweite Gleichung durch Vereinfachung und die dritte Gleichung wiederum mit dem Arden'schen Lemma ergibt. Damit ist X_0 regulär.

1.1.3 Deterministische, endliche Automaten

Definition 1.10. Ein NFA $\mathcal{A} = (Q, \Sigma, q_0, \delta, F)$ heißt *deterministisch* (DFA), falls für alle $q \in Q$ und alle $a \in \Sigma$ gilt: $|\delta(q,a)| = 1$. In diesem Fall schreiben wir auch einfach $\delta(q,a) = p$ statt $\delta(q,a) = \{p\}$.

In einigen Anwendungsfällen sind nichtdeterministische Automaten nicht ausreichend, sondern man braucht deterministische. Daher stellt sich die Frage, ob man zu jedem nichtdeterministischen Automaten oder—äquivalenterweise—jeder regulären Sprache auch einen deterministischen Automaten finden kann, der diese erkennt. Die Antwort ist bekanntermaßen "ja", und sie wird typischerweise durch eine als *Potenzmengenkonstruktion* bekannt gewordene Umwandlung eines NFA in einen äquivalenten DFA gezeigt.

Satz 1.11. *Wird eine Sprache L von einem NFA mit n Zuständen erkannt, so wird L auch von einem DFA mit höchstens 2^n vielen Zuständen erkannt.*

Beweis. Sei $L = L(\mathcal{A})$ für einen NFA $\mathcal{A} = (Q, \Sigma, q_0, \delta, F)$. Dann sei $\mathcal{P} := (2^Q, \Sigma, \{q_0\}, \Delta, F')$ wobei für jedes $S \subseteq Q$ und jedes $a \in \Sigma$.

$$\Delta(S, a) := \bigcup_{q \in S} \delta(q, a)$$

und $F' := \{S \subseteq Q \mid F \cap S \neq \emptyset\}$.

Man beachte, dass $\mathcal{P}$ in der Tat ein DFA ist: Vom Zustand S erreicht man unter Lesen von a genau einen Zustand, auch wenn die Transitionsfunktion hier als Vereinigungsmenge geschrieben ist. Zustände sind allerdings Mengen von Zuständen aus $\mathcal{A}$, weswegen solch eine Vereinigungsmenge einen Zustand darstellt.

Es bleibt zu zeigen, dass $L(\mathcal{P}) = L(\mathcal{A})$ gilt. Für die $\supseteq$-Richtung existiere ein akzeptierender Lauf $q_0, \ldots, q_n$ von $\mathcal{A}$ auf einem Wort $w = a_0, \ldots, a_{n-1}$. Da $\mathcal{P}$ deterministisch ist, existiert ein eindeutiger Lauf $S_0, \ldots, S_n$ von $\mathcal{P}$ auf w. Es gilt offensichtlich $q_0 \in S_0$, da $S_0 = \{q_0\}$. Darüberhinaus wird die folgende Invariante für alle $i = 0, \ldots, n-1$ bewahrt: Ist $q_i \in S_i$, so ist $q_{i+1} \in S_{i+1}$. Dies ist der Fall, weil $q_{i+1} \in \delta(q_i, a_i)$ für alle diese i gilt. Somit gilt letztendlich auch $q_n \in S_n$, und da $q_n \in F$ auch $F \cap S_n \neq \emptyset$, weswegen $S_0, \ldots, S_n$ ein akzeptierender Lauf von $\mathcal{P}$ auf w ist.

Für die $\subseteq$-Richtung sei $S_0, \ldots, S_n$ ein akzeptierenden Lauf von $\mathcal{P}$ auf einem Wort $w = a_0 \ldots a_{n-1}$. Falls $n = 0$, also $w = \varepsilon$, so muss $S_0 \cap F \neq \emptyset$ gelten, was aber $q_0 \in F$ bedeutet, weswegen $\mathcal{A}$ auch w akzeptiert.

Sei also $n > 0$. Beachte, dass jeder $\mathcal{A}$-Zustand q in einem S_i in gewissem Sinne mit einem $q' \in S_{i-1}$ verbunden ist: Für jedes $i = 1, \ldots, n$ und jedes $q \in S_i$ existiert ein $q' \in S_{i-1}$, so dass $q \in \delta(q', a_{i-1})$. Dies ist eine sofortige Konsequenz aus der Definition von Δ. Dies bedeutet aber auch, dass sich für jedes $i = 1, \ldots, n$ und jedes $q \in S_i$ ein Lauf von $\mathcal{A}$ auf dem Wort $a_0 \ldots a_{i-1}$ konstruieren lässt, der in q endet. Da $S_n \cap F \neq \emptyset$, gibt es ein $q \in S_n$ mit $q \in F$. Die Anwendung dieser Beobachtung auf dieses q und $i = n$ liefert dann einen akzeptierenden Lauf von $\mathcal{A}$ auf w. $\square$

Da jeder DFA auch ein NFA per Definition ist, folgt also, dass die regulären Sprachen nicht nur genau diejenigen sind, die durch NFAs erkannt werden, sondern ebenfalls genau diejenigen, die durch DFAs erkannt werden.

Eine wichtige Konsequenz aus der Tatsache, dass DFAs ausreichen, um reguläre Sprachen zu beschreiben, ist der Komplementabschluss der Klasse der regulären Sprachen. Beachte, dass zu einer gegebenen, formalen Beschreibung α nicht ohne weiteres eine Beschreibung $\bar{\alpha}$ für das Komplement der Sprache gefunden werden kann. Dasselbe gilt für NFAs, da das Komplementieren aus der existentiellen Quantifizierung über Läufe eine universelle Quantifizierung machen würde. Diese kann aber i.A. nicht wieder als existentielle Quantifizierung beschrieben und somit mit einem NFA erkannt werden. Da DFAs aber auf einem gegebenen Wort jeweils einen eindeutigen Lauf haben, sind bei diesem Automatenmodell die Aussagen "es gibt einen Lauf auf w" und "für alle Läufe auf w" äquivalent.

Satz 1.12. *Für alle $L \subseteq \Sigma^*$ gilt: $L \in \text{REG} \Rightarrow \bar{L} \in \text{REG}$.*

Beweis. Sei $L \in \text{REG}$. Laut Satz 1.6 gibt es dann einen NFA $\mathcal{A}$ mit $L(\mathcal{A}) = L$. Nach Satz 1.11 lässt sich dieser per Potenzmengenkonstruktion in einen äquivalenten DFA $\mathcal{B}$ umwandeln. Es gilt also auch $L(\mathcal{B}) = L$.

Sei nun $\mathcal{B} = (Q, \Sigma, q_0, \delta, F)$. Definiere $\overline{\mathcal{B}} := (Q, \Sigma, q_0, \delta, Q \setminus F)$. Es bleibt zu zeigen, dass $L(\overline{\mathcal{B}}) = \overline{L(\mathcal{B})}$ gilt.

"$\subseteq$" Wir nehmen an, dass $w \in L(\overline{\mathcal{B}})$ gilt für ein beliebiges $w \in \Sigma^*$. Da $\mathcal{B}$ deterministisch ist, gibt es einen eindeutigen Lauf $q_0, \ldots, q_n$ von $\mathcal{B}$ auf w, so dass $q_n \in Q \setminus F$. Beachte, dass $Q \setminus F$ die Endzustände von $\overline{\mathcal{B}}$ sind. Da $\mathcal{B}$ und $\overline{\mathcal{B}}$ aber dieselben Anfangszustände und Transitionsfunktion haben, ist $q_0, \ldots, q_n$ auch ein Lauf von $\mathcal{B}$ auf w. Dieser endet aber in einem Nichtendzustand bzgl. $\mathcal{B}$. Da ein DFA höchstens einen Lauf auf einem gegebenen Wort haben kann, gibt es keinen akzeptierenden Lauf von $\mathcal{B}$ auf w, und somit gilt $w \notin L(\mathcal{B})$ bzw. $w \in \overline{L(\mathcal{B})}$.

"$\supseteq$" Wir benutzen die $\subseteq$-Richtung. Beachte, dass $\overline{\mathcal{B}}$ wiederum ein DFA ist, für den dann auch die $\subseteq$-Richtung, also $L(\overline{\overline{\mathcal{B}}}) \subseteq \overline{L(\overline{\mathcal{B}})}$ gelten muss. Da $F \subseteq Q$ gilt auch $Q \setminus (Q \setminus F) = F$. Das bedeutet einfach, dass zweimal Komplementieren wieder den alten Automaten herstellt, also $\overline{\overline{\mathcal{B}}} = \mathcal{B}$, woraus $L(\mathcal{B}) \subseteq \overline{L(\overline{\mathcal{B}})}$ folgt.

Dies ist aber äquivalent dazu, dass $\overline{L(\mathcal{B})} \supseteq \overline{\overline{L(\overline{\mathcal{B}})}} = L(\overline{\mathcal{B}})$ gilt, was noch zu beweisen war.

Somit ist $\overline{\mathcal{B}}$ auch ein NFA und nach Satz 1.8 und ist $L(\overline{\mathcal{B}}) = \overline{L}$ auch eine reguläre Sprache. $\square$

Sei L also eine reguläre Sprache L, die von einem NFA mit n Zuständen erkannt wird. Dann lässt sich zwar prinzipiell ein DFA für diese Sprache und damit auch für $\overline{L}$ konstruieren. Die Anzahl seiner Zustände ist im allgemeinen aber exponentiell in n, d.h. sie kann nur durch 2^n nach oben abgeschätzt werden. Man kann sogar zeigen, dass dies optimal ist, d.h., dass es Sprachen L_n, $n \in \mathbb{N}$ gibt, die von einem NFA mit $n+1$ Zuständen, aber nicht von einem DFA mit weniger als 2^n Zuständen erkannt werden.

Beachte, dass das Verfahren im obigen Beweis so präsentiert ist, dass der resultierende DFA immer 2^n Zustände hat. Dies lässt sich jedoch verbessern, indem man nur den Teil des DFA konstruiert, der vom Anfangszustand $\{q_0\}$ aus erreichbar ist. In den meisten Fällen erhält man so einen DFA mit wesentlich weniger als 2^n Zuständen.

Auch ist es möglich, die Definition eines DFA leicht abzuschwächen, indem man verlangt, dass es zu jedem Zustand und jedem Alphabetsymbol *höchstens* statt *genau* einen Nachfolgezustand gibt. Man überlegt sich leicht, dass jeder Automat durch Hinzunahme eines einzigen Zustands in einen umgewandelt werden kann, der zu jedem Zustand und Alphabetsymbol einen Nachfolger hat, ohne dass dabei die erkannte Sprache verändert wird.

1.2 Entscheidbarkeit und Komplexität

Zum Abschluss dieses Kapitels betrachten wir noch die algorithmische Handhabbarkeit der regulären Sprachen. Dazu definieren wir mehrere Entscheidungsprobleme.

- Das *Leerheitsproblem* für reguläre Sprachen ist das folgende. Gegeben ist eine reguläre Sprache, repräsentiert durch einen NFA oder DFA $\mathcal{A}$, entscheide, ob $L(\mathcal{A}) = \emptyset$ ist.
- Das *Universalitätsproblem* fragt, ob $L(\mathcal{A}) = \Sigma^*$ für einen gegebenen NFA $\mathcal{A}$ gilt.
- Das *Wortproblem* fragt zu gegebenem $\mathcal{A}$ und gegebenem Wort $w \in \Sigma^*$, ob $w \in L(\mathcal{A})$ gilt.

Ersteres ist im Grunde das wichtigste Entscheidungsproblem für reguläre Sprachen, da sich viele andere Fragen—so auch Universalitäts- und Wortproblem—auf dieses zurückführen lassen.

Bevor wir zeigen, dass diese Probleme entscheidbar sind, machen wir noch zwei Bemerkungen. Erstens kann die Komplexität solcher (oder ähnlicher) Entscheidungsprobleme natürlich von der Art und Weise, wie L repräsentiert ist, abhängen. Zweitens interessiert man sich oft für komplementäre Probleme. So will man z.B. wissen, ob ein gegebener NFA eine *nichtleere* Sprache beschreibt. Genau genommen handelt es sich dabei um das *Nichtleerheitsproblem*. Im folgenden werden wir diese beiden aber nicht weiter unterscheiden.

Der Grund dafür ist, dass wir bei solchen Entscheidungsverfahren meistens an deterministischen Verfahren interessiert sind, und bei solchen macht es prinzipiell keinen Unterschied, ob man das gegebene Problem oder sein Komplement löst.

Satz 1.13. *Das Leerheitsproblem für NFAs mit n Zuständen lässt sich in Zeit $\mathcal{O}(n^2)$ lösen.*

Beweis. Sei $\mathcal{A} = (Q, \Sigma, q_0, \delta, F)$ mit $|Q| = n$. Man kann $\mathcal{A}$ als gerichteten und kantenbeschrifteten Graphen mit Knotenmenge Q und Kantenrelation $q \xrightarrow{a} q'$, genau dann wenn $q' \in \delta(q, a)$, auffassen. Mithilfe einer Breiten- oder Tiefensuche, die alle von q_0 aus erreichbaren Zustände markiert, lässt sich in Zeit $\mathcal{O}(n^2)$ feststellen, ob es einen Zustand $q \in F$ gibt, welcher von q_0 aus erreichbar ist. Beachte, dass Breiten- oder Tiefensuche im worst-case linear in der Anzahl der Kanten eines Graphen sind. Diese wiederum kann natürlich quadratisch in der Anzahl der Knoten des Graphen sein.

Ist ein Endzustand in diesem Verfahren markiert worden, so ist $L(\mathcal{A}) \neq \emptyset$, denn der Pfad von q_0 nach q beschreibt einen akzeptierenden Lauf von $\mathcal{A}$ auf dem Wort, welches durch Konkatenation der einzelnen Kantenbeschriftungen entlang dieses Pfades entsteht. Wird in der Suche kein Endzustand markiert, so muss $L(\mathcal{A}) = \emptyset$ sein, dann kein Lauf von $\mathcal{A}$ auf irgendeinem Wort kann in einem Endzustand enden. $\qquad\square$

Das Wortproblem ist ebenfalls entscheidbar. Man kann im Prinzip ein ähnliches Verfahren verwenden, in dem der NFA $\mathcal{A}$ wieder als gerichteter Graph aufgefasst wird. Allerdings wird die Tiefen- oder Breitensuche so modifiziert, dass sie in Tiefe i nur noch diejenigen Nachfolger als erreichbar markiert, die Nachfolger eines erreichbaren Zustands bzgl. des i-ten Symbols des Eingabeworts sind. Außerdem darf die Suche natürlich nicht abbrechen, wenn in einer Iteration keine neuen erreichbaren Zustände gefunden wurden, sondern sie muss solange weitersuchen, bis alle in Tiefe $|w|$ erreichbaren Zustände gefunden wurden. Insgesamt ergibt sich so eine Laufzeit von $\mathcal{O}(n^2 \cdot |w|)$, falls $\mathcal{A}$ genau n Zustände hat.

Die folgenden Probleme sind für gegebene endliche Automaten $\mathcal{A}, \mathcal{B}$ ebenfalls entscheidbar.

a) Das *Schnittproblem*: Ist $L(\mathcal{A}) \cap L(\mathcal{B}) = \emptyset$?
b) Das *Äquivalenzproblem*: Ist $L(\mathcal{A}) = L(\mathcal{B})$?
c) Das *Subsumptionsproblem*: Ist $L(\mathcal{A}) \subseteq L(\mathcal{B})$?

Schwache, monadische Logik zweiter Stufe

In diesem Kapitel lernen wir die erste Anwendung von Automaten auf Entscheidungsprobleme in der Logik kennen. Wir definieren die *schwache monadische Logik zweiter Stufe* (engl.: *weak monadic second order logic*, WMSO) und zeigen, dass die Allgemeingültigkeit und Erfüllbarkeit von Formeln in dieser Logik mithilfe von Automaten entschieden werden kann.

2.1 Syntax und Semantik

Definition 2.1. Seien zwei abzählbar unendliche Mengen von *erststufigen Variablen* $V_1 = \{x, y, \ldots\}$ und *zweitstufigen Variablen* $V_2 = \{X, Y, \ldots\}$ gegeben. Formeln der *schwachen monadischen Logik zweiter Stufe* über V_1, V_2 sind gegeben durch folgende Grammatik.

$$\varphi \ ::= \ x < y \mid X(x) \mid \varphi_1 \vee \varphi_2 \mid \neg\varphi \mid \exists x.\varphi \mid \exists X.\varphi$$

wobei $x, y \in V_1$ und $X \in V_2$.

Das bedeutet also, dass für je zwei erststufige Variablen x, y der Ausdruck $x < y$ eine Formel ist. Außerdem ist $X(x)$ eine Formel, wenn X zweitstufige und x erststufige Variable ist. Sind φ_1, φ_2 Formeln, so auch $\varphi_1 \vee \varphi_2$. Ist φ Formel, so auch $\neg\varphi$ und $\exists x.\varphi$ und $\exists X.\varphi$, wobei wiederum x erst- und X zweitstufig ist.

In der Regel verwendet man Kleinbuchstaben für erststufige Variablen und Großbuchstaben für zweitstufige Variablen. Man kann aber auch andere Objekte, z.B. Bezeichner, für die Variablen verwenden; es muss nur immer klar sein, was eine Variable ist und welche Stufe sie hat.

Intuitiv rangieren die erststufigen Variablen über natürliche Zahlen und die zweitstufigen über endliche Mengen von natürlichen Zahlen. Die anderen Symbole haben die übliche Bedeutung, wir definieren sie später noch formal. So bedeutet etwa die Formel $\neg\exists y.y < x$, dass x gleich Null ist.

M. Hofmann, M. Lange, *Automatentheorie und Logik*, eXamen.press,
DOI 10.1007/978-3-642-18090-3_2, © Springer-Verlag Berlin Heidelberg 2011

Wir benutzen u.a. die folgende, üblichen Abkürzungen.

$$
\begin{aligned}
\varphi \wedge \psi &:= \neg(\neg\varphi \vee \neg\psi) & \varphi \rightarrow \psi &:= \neg\varphi \vee \psi \\
\forall x.\varphi &:= \neg\exists x.\neg\varphi & \forall X.\varphi &:= \neg\exists X.\neg\varphi \\
x \leq y &:= \neg(y < x) & x = y &:= x \leq y \wedge \neg(x < y) \\
x{=}0 &:= \neg\exists y.y < x
\end{aligned}
$$

Die Formel

$$
\exists X.(\forall x.x{=}0 \rightarrow X(x)) \wedge (\forall x.X(x) \rightarrow \exists y.x < y \wedge X(y))
$$

besagt dann, dass eine endliche Menge X existiert, die die Null enthält, also insbesondere nicht leer ist, und die zu jedem Element noch ein größeres enthält. So eine Menge gibt es nicht, also ist diese Formel falsch genauso, wie etwa die Formel $\exists x.x < x$.

Ein Vorkommen einer Variablen x (oder X) in einer Formel heißt *gebunden*, wenn im Syntaxbaum über ihm der Operator $\exists x$, bzw. $\exists X$ vorkommt. Ansonsten heißt dieses Vorkommen *frei*. Wir schreiben auch $\varphi(X_1,\ldots,X_n, x_1,\ldots,x_m)$ um anzudeuten, dass die freien Variablen in φ zu der Menge $\{X_1,\ldots,X_n,x_1,\ldots,x_m\}$ gehören. Eine Formel ohne freie Variablen wird auch *Satz* genannt.

In der Formel $\neg\exists y.y < x$ ist also x frei und y gebunden. In der Formel $\forall x.(\neg\exists y.y < x) \rightarrow X(x)$ ist X frei und x, y sind beide gebunden. Die Bedeutung einer Formel hängt von den Werten ihrer freien Variablen ab; je nach deren Belegung kann sie wahr oder falsch sein. Ein *Satz* ist also per se entweder wahr oder falsch. Z.B. ist die o.a. Formel $\exists x.x < x$ ein falscher Satz, während $\exists X.\forall x.X(x) \rightarrow \exists y.x < y \wedge X(y)$ ein wahrer Satz ist; man kann nämlich für X die leere Menge nehmen.

Definition 2.2. Wir definieren die Semantik einer WMSO-Formel als eine Relation $\models$ zwischen Belegungen und Formeln; erstere sind definiert als Abbildungen I, die erststufigen Variablen natürliche Zahlen und zweitstufigen Variablen endliche Mengen von natürlichen Zahlen zuordnen.

$$
\begin{aligned}
I &\models x = y & &\Longleftrightarrow & I(x) &= I(y) \\
I &\models x < y & &\Longleftrightarrow & I(x) &< I(y) \\
I &\models X(x) & &\Longleftrightarrow & I(x) &\in I(X) \\
I &\models \varphi \vee \psi & &\Longleftrightarrow & I &\models \varphi \text{ oder } I \models \psi \\
I &\models \neg\varphi & &\Longleftrightarrow & I &\not\models \varphi \\
I &\models \exists x.\varphi & &\Longleftrightarrow & &\text{es gibt ein } i \in \mathbb{N}, \text{ so dass } I[x \mapsto i] \models \varphi \\
I &\models \exists X.\varphi & &\Longleftrightarrow & &\text{es gibt eine endliche Teilmenge } M \subseteq \mathbb{N}, \text{ so dass} \\
& & & & &I[X \mapsto M] \models \varphi
\end{aligned}
$$

wobei $I[x \mapsto i]$ diejenige Abbildung ist, die x auf i abbildet und sich wie I auf allen anderen Argumenten verhält. Ähnliches gilt für die Abbildung $I[X \mapsto M]$.

Zwei Formeln sind *äquivalent*, $\varphi \equiv \psi$, falls für alle I gilt: $I \models \varphi \Longleftrightarrow I \models \psi$.

Ist φ ein Satz, so gilt $I \models \varphi \iff I' \models \varphi$ für alle Belegungen I, I'; die Bedeutung eines Satzes hängt also gar nicht von der Belegung ab. Man schreibt in diesem Falle daher $\models \varphi$, falls $I \models \varphi$ für ein und damit für alle I gilt.

Gilt $I \models \varphi$ für mindestens ein I, so ist φ *erfüllbar*. Eine Interpretation I mit $I \models \varphi$ heißt *Modell* von φ. Die kleinste Zahl n, so dass $I(x) < n$ und $I(X) \subseteq \{0, \ldots, n-1\}$ heißt *Größe des Modells I*. Eine Formel, die kein Modell hat, heißt *unerfüllbar*. Eine Formel φ, derart dass $I \models \varphi$ für alle I gilt, heißt *allgemeingültig*. Eine Formel φ ist allgemeingültig genau dann, wenn $\neg\varphi$ unerfüllbar ist.

Allgemeiner gilt $I \models \varphi \iff I' \models \varphi$, falls I und I' auf den freien Variablen von φ übereinstimmen; die Bedeutung einer Formel φ hängt also nur von der Einschränkung der jeweiligen Belegung auf die freien Variablen ab. Daher definiert man die Notation $I \models \varphi$ auch für endliche, partielle Belegungen I solange diese auf den freien Variablen von φ definiert sind.

Dadurch kann man insbesondere auch sinnvoll die Frage stellen, ob es zu gegebenem I und φ entscheidbar ist, ob $I \models \varphi$ gilt. Wir werden diese Frage weiter unten bejahen.

2.2 Verbindung zur Theorie formaler Sprachen

Sei Σ ein Alphabet. Für jedes Symbol $a \in \Sigma$ führen wir eine zweitstufige Variable P_a ein.

Ein Wort $w = a_0 \ldots a_{n-1}$ über Σ definiert dann eine Belegung I_w dieser Variablen durch $I_w(P_a) = \{i < n \mid a_i = a\}$. Es bezeichnet also $I_w(P_a)$ all diejenigen Positionen, an denen in w ein a steht. Diese Positionen werden immer ab 0 gezählt, also ist z.B.: $(abab)(1) = b$ und $I_w(P_b) = \{1, 3\}$. Beachte, dass die Menge $I_w(P_a)$ stets endlich ist.

Um I_w auch formal zu einer Belegung zu machen, legt man I_w für die anderen Variablen willkürlich fest oder beruft sich auf die oben getroffene Konvention über endliche Belegungen.

Umfassen die freien Variablen einer Formel φ höchstens die Variablen P_a für $a \in \Sigma$, also keine erststufigen Variablen und auch keine anderen zweitstufigen Variablen als die P_a, so macht es Sinn, ihren Wahrheitswert unter einer Belegung I_w zu betrachten, denn dieser hängt dann nicht von den willkürlichen Setzungen ab. Mit der weiter oben diskutierten Erweiterung der Semantik auf partielle Belegungen kann man dann auch auf die willkürlichen Setzungen verzichten.

Beispiel 2.3. Sei $\Sigma = \{a, b\}$. Wir betrachten die Formel $\varphi = \forall x. \neg(P_a(x) \land P_b(x))$. Für jedes Wort $w \in \Sigma^*$ gilt hier $I_w \models \varphi$, denn an keiner Position kann sowohl a als auch b stehen.

Die Formel $\psi = \forall x. \forall y. (P_a(x) \land P_b(y)) \to x < y$ gilt nicht für alle Wörter. Es ist $I_{aaabbbb} \models \psi$, aber $I_{aabab} \not\models \psi$, weil hier $P_b(2)$ (formal $2 \in I_{aabab}(P_b)$) und $P_a(3)$ gilt, aber natürlich nicht $3 < 2$.

Auf diese Weise definieren WMSO-Formeln Mengen von Wörtern, also Sprachen.

Definition 2.4. Sei Σ ein Alphabet und φ eine WMSO-Formel deren freie Variablen ausschließlich zweitstufig und in $\{P_a \mid a \in \Sigma\}$ enthalten sind. Die Sprache $L(\varphi) \subseteq \Sigma^*$ ist dann definiert durch

$$L(\varphi) \; := \; \{w \in \Sigma^* \mid I_w \models \varphi\}$$

wobei $I_w(P_w) = \{i < |w| \mid w(i) = a\}$.

Eine Sprache $L \subseteq \Sigma^*$ heißt *WMSO-definierbar*, falls es eine WMSO-Formel φ gibt mit $L = L(\varphi)$.

Wir betrachten ein paar Beispiele von WMSO-definierbaren Sprachen.

Beispiel 2.5.   a) Die Formel $\psi = \forall x. \forall y. (P_a(x) \wedge P_b(y)) \to x < y$ definiert die Sprache $a^* b^*$.

b) $\Sigma^* ab \Sigma^*$ ist WMSO-definierbar durch die Formel

$$\exists x. \exists y. P_a(x) \wedge P_b(y) \wedge x < y \wedge \neg \exists z. x < z \wedge z < y$$

c) $L = \{w \in \{a,b\}^* \mid |w| \text{ ist ungerade }\}$ ist WMSO-definierbar durch die Formel

$$\forall max. \Big(\neg (P_a(max) \vee P_b(max)) \Big) \wedge \Big(\forall y. \neg (P_a(y) \vee P_b(y)) \to max \leq y \Big) \to$$

$$\exists X. X(0) \wedge \Big(\forall x. \forall y. succ(x,y) \wedge y \leq max \to (X(x) \leftrightarrow \neg X(y)) \Big) \wedge X(max)$$

wobei $\psi(0) := \exists z. z{=}0 \wedge \psi(z)$ und $succ(x,y) := x < y \wedge \neg \exists z. x < z \wedge z < y$. Die Variable max bezeichnet hier immer die Wortlänge; sie ist ja festgelegt auf die kleinste Position an der kein Buchstabe mehr steht. Die Menge X umfasst alle geraden Zahlen kleiner oder gleich der Wortlänge, da sie 0 enthält und "immer abwechselt".

d) $L = \{w \in \{a,b,c\}^* \mid$ in w folgen auf jedes a nur a's bis irgendwann ein b auftritt $\}$ ist auch WMSO-definierbar durch die folgende Formel.

$$\forall x. P_a(x) \to \exists y. P_b(y) \wedge x < y \wedge \forall z. x < z \wedge z < y \to P_a(z)$$

Die hier definierte Formel $succ(x,y)$ besagt, dass y der Nachfolger von x ist.

Man kann WMSO auch mit $succ(x,y)$ anstelle von $x < y$ als primitiver zweistelliger Formel einführen: Die Formel $x < y$ lässt sich dann nämlich wie folgt definieren:

$$\begin{aligned}
x \leq y \;\; &:= \;\; \forall X. (\forall u. X(u) \to \forall v. succ(u,v) \to succ(y,v) \vee X(v)) \to \\
& \qquad\quad X(x) \to X(y) \\
x {=} y \;\; &:= \;\; x \leq y \wedge y \leq x \\
x < y \;\; &:= \;\; x \leq y \wedge \neg (x = y)
\end{aligned}$$

Mit anderen Worten: $x \leq y$ genau dann, wenn jede endliche Menge, die bis einschließlich y unter Nachfolger abgeschlossen ist, mit x auch y enthält.

2.2.1 Von Automaten zu Formeln

Satz 2.6. *Zu jeder regulären Sprache L über einem Alphabet Σ lässt sich eine WMSO-Formel φ_L angeben, so dass $L(\varphi_L) = L$.*

Beweis. Es sei ein NFA $\mathcal{A} = (Q, \Sigma, q_I, \delta, F)$ für L vorgelegt. Wir nehmen an, dass $Q = \{1, \ldots, n\}$ mit $q_I = 1$ und $q_I \notin F$. Wir führen nun zweitstufige Variablen $X_1, \ldots, X_n$ ein, die diesen Zuständen entsprechen. Die Idee ist, φ_L in der Form $\exists X_1 \ldots \exists X_n \ldots$ zu konstruieren, wobei die existentiellen Zeugen für die X_i dann einen erfolgreichen Lauf des Automaten repräsentieren sollen. Insbesondere soll $X_q(i)$ bedeuten, dass der Automat nach Abarbeiten des i-ten Symbols im Zustand q ist.

Hierzu definieren wir folgende Hilfsformeln:

$$uni(max) \; := \; \forall x. x < max \to \Big(\bigvee_q X_q(x)\Big) \wedge \Big(\bigwedge_{q \neq q'} \neg(X_q(x) \wedge X_{q'}(x))\Big)$$

$$init(max) \; := \; (max = 0) \vee \forall x. x{=}0 \to \bigvee_{(q',a):q' \in \delta(1,a)} P_a(x) \wedge X_{q'}(x))$$

$$lauf(max) \; := \; \forall y. y < max \to \forall x. succ(x,y) \to \bigvee_{(q,q',a):q' \in \delta(q,a)} P_a(x) \wedge X_q(x) \wedge X_{q'}(y)$$

$$akz(max) \; := \; \exists x. succ(x, max) \wedge \bigvee_{q \in F} X_q(x)$$

Ein "großes Oder", wie in $\bigvee_q \ldots \varphi_q$ bezeichnet eine Disjunktion ($\vee$) mit $n = |Q|$ Summanden. Man beachte, dass n fest ist, so dass man solch eine Disjunktion mit der vorhandenen Syntax ausdrücken kann. Eine alternative Notation wäre $\varphi_1 \vee \cdots \vee \varphi_n$. Analog bezeichnet $\bigwedge_{q \neq q'} \ldots$ eine Konjunktion mit $n^2 - n$ Faktoren, die den Zustandspaaren (q, q') mit $q \neq q'$ entsprechen.

Jetzt setzen wir

$$\varphi_L \; := \; \exists X_1 \ldots \exists X_n. \forall max. \neg\big(P_a(max) \vee P_b(max)\big) \wedge$$
$$\Big(\forall y. \neg\big(P_a(y) \vee P_b(y) \to max \leq y\big) \to$$
$$uni(max) \wedge init(max) \wedge lauf(max) \wedge akz(max)\Big)$$

Wie im Beispiel weiter oben bezeichnet max gerade die Wortlänge.

Die Klausel $uni(max)$ stellt sicher, dass an jeder Position $x < |w|$ genau eine der $X(x)$ gesetzt ist; $init(max)$ stellt sicher, dass der Zustand an Position 0 durch Lesen des ersten Symbols vom Startzustand aus entsteht, es sei denn, $max = 0$. Die Klausel $lauf(max)$ besagt, dass an allen weiteren Positionen der Folgezustand aus dem vorherigen mithilfe von δ entsteht und $akz(max)$ schließlich besagt, dass der letzte Zustand ein Endzustand ist es sei denn $max = 0$ und $q_I \in F$. $\qquad\square$

2.2.2 Von Formeln zu Automaten

Nunmehr wollen wir eine Art Umkehrung des eben bewiesenen Satzes formulieren, dahingehend, dass die Semantik beliebiger WMSO-Formeln durch NFA beschrieben werden kann. Hierzu repräsentieren wir Belegungen I einer festen endlichen Teilmenge $\mathcal{X}$ der Variablen als Wörter w_I über einem geeigneten Alphabet $\Sigma_{\mathcal{X}}$ und ordnen dann jeder Formel φ, die nur Variablen aus $\mathcal{X}$ enthält (frei oder gebunden) einen NFA $\mathcal{A}_\varphi$ zu (und zwar durch ein konstruktives Verfahren), derart dass $I \models \varphi \iff w_I \in L(\mathcal{A}_\varphi)$. Man kann dann insbesondere feststellen, ob ein Satz φ wahr ist, indem man prüft, ob $L(\mathcal{A}_\varphi) \neq \emptyset$ ist.

Sei also jetzt eine endliche Variablenmenge $\mathcal{X}$ fixiert, die sowohl erst- als auch zweitstufige Variablen beinhaltet. Wir wählen als Alphabet $\Sigma_{\mathcal{X}}$ Bewertungen dieser Variablen mit Wahrheitswerten, also $\Sigma_{\mathcal{X}} = 2^{\mathcal{X}}$. Ein Buchstabe in Σ ist also eine Funktion von $\mathcal{X}$ nach $\{0,1\}$.

Einer Belegung I der Variablen in $\mathcal{X}$ ordnen wir jetzt ein Wort $w_I \in \Sigma_{\mathcal{X}}^*$ zu. Die Länge von w_I ist gerade so groß, dass alle Zahlen, die in I eine Rolle spielen, Positionen in w_I sind, d.h. $|w_I|$ wird so klein wie möglich gewählt unter der Bedingung, dass für alle $x \in \mathcal{X}$ gilt $I(x) < |w_I|$ und für alle $X \in \mathcal{X}$ und $i \in I(X)$ gilt $i < |w_I|$.

Für $i < |w_I|$ definieren wir dann den i-ten Buchstaben $w_I(i)$ durch

$$w_I(i)(x) \;=\; \begin{cases} 0 & \text{, falls } i \neq I(x) \\ 1 & \text{, falls } i = I(x) \end{cases}$$

und

$$w_I(i)(X) \;=\; \begin{cases} 0 & \text{, falls } i \notin I(X) \\ 1 & \text{, falls } i \in I(X) \end{cases}$$

Man kann sich das Wort w_I als ein mehrspuriges $\{0,1\}$-Wort vorstellen, mit einer Spur für jede Variable. Ist zum Beispiel $\mathcal{X} = \{X, Y, x\}$ und $I(X) = \{0,4\}$ und $I(Y) = \{1,3\}$ und $I(x) = 2$, so hat w_I die Länge 5 und kann wie folgt veranschaulicht werden:

$$\begin{array}{c|ccccc} X & 1 & 0 & 0 & 0 & 1 \\ Y & 0 & 1 & 0 & 1 & 0 \\ x & 0 & 0 & 1 & 0 & 0 \end{array}$$

Der Buchstabe $w_I(3)$ ist also die Funktion, die X auf 0 und Y auf 1 und x auf 0 abbildet, oder zusammengefasst die folgende Spalte

$$\begin{pmatrix} 0 \\ 1 \\ 0 \end{pmatrix}$$

Die Spuren, die erststufigen Variablen entsprechen, enthalten immer genau eine 1 und sonst nur 0en, während die Spuren, die den zweitstufigen Variablen entsprechen, beliebige Bitmuster aufweisen.

Durch Induktion über den Formelaufbau definieren wir nun den gesuchten Automaten $\mathcal{A}_\varphi$. Der Automat erwartet jeweils, dass das Eingabewort tatsächlich von der Form w_I ist.

Der Automat für $X(x)$ muss prüfen, ob an der Stelle, an der in der x-Spur eine 1 steht, auch in der X-Spur eine 1 steht.

Der Automat für $x < y$ prüft, ob das Vorkommen der 1 auf der x-Spur vor dem auf der y-Spur erscheint.

Den Automaten für $\varphi \vee \psi$ erhält man aus den Automaten für φ und ψ wie in der Automatenkonstruktion für die Vereinigungsmenge; intuitiv rät man nichtdeterministisch, ob man das angebotene Wort entweder gemäß $\mathcal{A}_\varphi$ oder gemäß $\mathcal{A}_\psi$ verarbeiten möchte.

Den Automaten für $\neg\varphi$ erhält man aus $\mathcal{A}_\varphi$ durch Komplementierung, also Determinisierung mit der Potenzmengenkonstruktion gefolgt von der Vertauschung der End- und Nichtendzustände.

Den Automaten für $\exists X.\varphi$ erhält man aus $\mathcal{A}_\varphi$, indem man den Inhalt der zu X gehörigen Spur nichtdeterministisch errät. Die Zustände von $\mathcal{A}_{\exists X.\varphi}$ sind dieselben wie die von $\mathcal{A}_\varphi$, auch Start- und Endzustände sind unverändert. Die Folgezustände von (q, a) umfassen alle Folgezustände von q in $\mathcal{A}_\varphi$, die einem Symbol a' entsprechen, das mit a an allen Spuren bis auf der zu X gehörigen übereinstimmt. Darüberhinaus ist noch der Möglichkeit Rechnung zu tragen, dass X Elemente enthält, die größer oder gleich der Länge des Eingabewortes sind. Alle Zustände, von denen aus ein Pfad zu einem Endzustand existiert, dessen Beschriftungen allenfalls in der X-Spur eine 1 enthalten, werden daher zu Endzuständen gemacht.

Den Automaten für $\exists x.\varphi$ erhält man in ähnlicher Weise, wobei man zusätzlich dafür Sorge tragen muss, dass genau einmal eine 1 geraten wird und sonst immer nur 0er.

Die detaillierte Konstruktion verbleibt als Übung. Insgesamt erhält man so also zu jedem WMSO-Satz, der Prädikate P_a für jedes $a \in \Sigma$ enthält, einen äquivalenten NFA über Σ. Es ergibt sich somit das folgende Resultat.

Satz 2.7. *Zu jedem WMSO-Satz φ existiert ein NFA $\mathcal{A}_\varphi$ mit $L(\mathcal{A}_\varphi) = L(\varphi)$.*

2.2.3 Regularität und WMSO-Definierbarkeit

Aus den obigen zwei Konstruktionen ergeben sich nun wichtige Folgerungen. Die erste fasst lediglich die Sätze 2.7 und 2.6 zusammen.

Satz 2.8. *Eine Sprache $L \subseteq \Sigma^*$ ist regulär genau dann, wenn sie WMSO-definierbar ist.*

Die nächste kombiniert dies mit der Tatsache, dass das Leerheitsproblem für NFAs entscheidbar ist.

Satz 2.9. *Sei φ eine Formel und I eine Belegung. Es ist entscheidbar, ob $I \models \varphi$.*

Beweis. Übung.

Wir betrachten noch das existentielle Fragment WEMSO von WMSO. Dies besteht aus allen Formeln, die in positiver Normalform keine universellen, zweitstufigen Quantoren enthalten. So ist $\exists X.\forall y.P_a(y) \to \exists x.x < y \wedge X(x)$ z.B. eine WEMSO-Formel; die Formel $\forall x.(\exists X.\forall y.P_a(y) \to X(y)) \to P_b(x)$ jedoch nicht, weil die Quantifizierung über X dort auf der linken Seite der Implikation steht und somit eigentlich eine universelle Quantifizierung ist. Universelle erststufige Quantoren sind in WEMSO jedoch erlaubt.

Es ist bemerkenswert, dass WEMSO bereits genauso ausdrucksstark ist wie WMSO.

Satz 2.10. *Eine Sprache $L \subseteq \Sigma^*$ ist WMSO-definierbar genau dann, wenn sie WEMSO-definierbar ist.*

Beweis. Die Richtung "$\Leftarrow$" ist trivial, da jede WEMSO-Formel natürlich auch eine WMSO-Formel ist. Für die Richtung "$\Rightarrow$" betrachtet man die äquivalenz-erhaltenden Übersetzungen einer WMSO-Formel in einen NFA und dann zurück aus den Sätzen 2.7 und 2.6 und vergewissert sich, dass die resultierende Formel in der Tat zu WEMSO gehört. $\qquad\square$

Zuletzt analysieren wir noch die worst-case-Komplexität der Übersetzung einer WMSO-Formel in einen NFA. Seien $\mathcal{A}_1$ und $\mathcal{A}_2$ zwei NFAs mit jeweils höchstens n Zuständen. Dann hat ein NFA

- für die Vereinigung höchstens $2n + 1$,
- für das Komplement höchstens 2^n,
- für die existenzielle Quantifizierung höchstens n

Zustände. Damit kann eine Formel φ mit k logischen Operatoren zu einem NFA $\mathcal{A}$ mit $2^c_{\mathcal{O}(k)}$ vielen Zuständen für ein $c \in \mathbb{N}$ führen, wobei

$$2^c_0 := c \qquad \text{und} \qquad 2^c_{k+1} := 2^{2^c_k} \ .$$

2.3 Implementierung der monadischen Logik

In diesem Abschnitt lernen wir die praktisch einsetzbare Implementierung MONA der schwachen monadischen Logik kennen.

2.3.1 Das Tool MONA

MONA liest eine WMSO-Formel, konstruiert den dazugehörigen Automaten und entscheidet mit dessen Hilfe, ob die Formel gültig, unerfüllbar, oder keines von beiden ist. Im Falle der Erfüllbarkeit wird eine erfüllende Interpretation minimaler Größe angegeben. Ist die Formel nicht allgemeingültig, so wird eine

falsifizierende Interpretation minimaler Größe angegeben ("Gegenbeispiel").
Falls gewünscht, wird auch der Automat als Zustandstabelle angegeben.

Wir erläutern die Syntax und Verwendung von MONA hier anhand von
Beispielen; für die formale Definition verweisen wir auf die Dokumentation.

Sei even.mona eine Datei des folgenden Inhalts:

```
var2 A;
var1 maxi;
maxi = 9;
0 notin A &
all1 i: i < maxi => (i+1 in A <=> i in A)
```

Die ersten beiden Zeilen deklarieren zwei freie Variablen: A (zweitstufig)
und maxi (erststufig). Die dritte Zeile entspricht der Formel

$$\exists x_0.\exists x_2 \ldots \exists x_9. \bigwedge_{i<9} succ(x_i, x_{i+1}) \wedge x_0 = 0 \wedge x_9 = maxi$$

und stellt sicher, dass *maxi* den Wert neun erhält.
Mit dem Befehl mona even.mona erhält man folgende erfüllende Interpretation:

$$A \; \hat{=} \; 0101010101$$
$$A = \{1, 3, 5, 7, 9\}$$
$$maxi = 9$$

Mit der Option -w erhält man auch den Automaten.

Die MONA-Datei kann, wie auch in diesem Beispiel, mehrere Formeln
enthalten; diese verstehen sich als Konjunktion, sind also simultan zu erfüllen.

2.3.2 Spezifikation eines Binärzählers

Als nächstes wollen wir mit vier Mengenvariablen bis 16 zählen:

```
var2 A, B, C, D;
var1 maxi;

0 notin A & 0 notin B & 0 notin C & 0 notin D  &
maxi in A & maxi in B & maxi in C & maxi in D  &
all1 i: i < maxi =>
    (i+1 in A <=> i notin A)
  & ((i+1 in B <=> i notin B) <=> (i+1 notin A & i in A))
  & ((i+1 in C <=> i notin C) <=> (i+1 notin B & i in B))
  & ((i+1 in D <=> i notin D) <=> (i+1 notin C & i in C)))
;
```

An der Stelle 0 ist $A = B = C = D = 0$ (formal also $\neg A(0)$, etc.), an der
Stelle *maxi* ist $A = B = C = D = 1$. Dazwischen schreiten A, B, C, D wie ein
Binärzähler fort. Somit muss *maxi* mindestens 15 sein.

Wir können also mit k Mengenvariablen eine Mindestgröße des Modells
von 2^k erreichen. Durch Verfeinerung dieser Methode kann man noch viel
größere Modelle erzwingen, aber dazu später mehr.

2.3.3 Spezifikation eines Addierers

Im folgenden Beispiel verwenden wir endliche Mengen von natürlichen Zahlen, also die Werte zweitstufiger Variablen, um Bitmuster, also z.B. Binärzahlen zu repräsentieren. So repräsentiert man z.B. das Bitmuster 0110101 entsprechend der Binärzahl $(1010110)_2 = 86$ als $\{1, 2, 4, 6\}$, und es ist $86 = 2^6 + 2^4 + 2^2 + 2^1$.

Auf diese Weise repräsentiert also eine zweitstufige Variable ein Bitmuster beliebiger Länge; man kann das verwenden, um "Leitungen" in Familien logischer Schaltkreise, die mit einer Wortlänge parametrisiert sind, darzustellen. Wir tun dies hier für eine Familie von Addierwerken.

Wir geben uns eine Wortlänge \$ vor:

```
var1 $;
```

Hier ist \$ ein ganz normaler Bezeichner.

Die folgenden beiden Direktiven relativieren freie und gebundene Variablen auf den Bereich 0..\$:

```
defaultwhere1(p) = p <= $;
defaultwhere2(P) = P sub {0,...,$};
```

Ab jetzt bedeutet also zum Beispiel `all1 i:` ... in Wirklichkeit `all1 i: i <= $ =>` .... Wir definieren folgende Hilfsprädikate:

```
pred at_least_two(var0 A,var0 B,var0 C) =
        (A & B) | (A & C) | (B & C);
pred mod_two(var0 A,var0 B,var0 C,var0 @d) = (A <=> B <=> C <=> @d);
```

Das erste drückt aus, dass mindestens zwei von drei Boole'schen Variablen wahr sind. Die zweite drückt aus, dass `@d` die Summe modulo 2 von `A`, `B` und `C` ist.

Solche Hilfsprädikate können als Abkürzungen ähnlich wie Makros in der Programmiersprache C verstanden werden. Für die "nulltstufigen" Boole'schen Variablen können beliebige Formeln eingesetzt werden. MONA erlaubt Boole'sche ("nulltstufige") Variablen auch in quantifizierter Position. Diese verstehen sich als Konjunktion ($\forall$), bzw. Disjunktion ($\exists$), über die entsprechenden Wahrheitswerte. Z.B. bedeutet $\forall A.\varphi(A)$ dann $\varphi(0) \wedge \varphi(1)$.

Das nun folgende Prädikat drückt aus, dass `Result` die Summe von `X` und `Y` ist. Dabei werden die zweitstufigen Variablen `Result`, `X`, `Y` jeweils als Binärzahlen aufgefasst. `Cin` ist ein initialer Übertrag; `Cout` ist der resultierende Übertrag.

```
pred add(var2 X, var2 Y, var2 Result, var0 Cin, var0 Cout) =
ex2 C: (0 in C <=> Cin)
    & (all1 p:
          mod_two(p in X, p in Y, p in C, p in Result)
        & (p < $ =>  ((p+1 in C)
                <=> at_least_two(p in X, p in Y, p in C))))
    & (Cout <=> at_least_two($ in X, $ in Y, $ in C));
```

Die existentiell quantifizierte Variable C bezeichnet die Übertragsbits. Generell bietet sich existentielle Quantifizierung für die Modellierung interner Leitungen an.

Die WMSO erweitert die klassische Aussagenlogik um eine weitere "unendliche" Dimension: eine zweitstufige Variable bezeichnet gleich einen ganzen Vektor Boole'scher Variablen beliebiger Länge. Im Beispiel nutzen wir diese zusätzliche Dimension, um parametrisierte Schaltkreise zu modellieren (Addieren von \$-vielen Bits statt nur 3 oder 5 Bits). Alternativ oder manchmal sogar gleichzeitig lässt sich die unendliche Dimension zur Modellierung der Zeit einsetzen.

2.3.4 Spezifikation eines Synchronaddierers

Als nächstes definieren wir einen "effizienteren" Addierer, in dem der Übertrag separat vorab berechnet wird. Dadurch muss nicht auf das Ergebnis des jeweils vorherigen Ergebnisbits gewartet werden.

```
pred sync_add(var2 X, var2 Y, var2 Result, var0 Cin, Cout) =
    ex2 C:
        (all1 i:i in C <=> i=0 & Cin |
             ex1 j: j<i & (all1 k:j<k&k<i=> k in X | k in Y) &
                 at_least_two(j in X, j in Y, j=0&Cin)) &
        (all1 p: mod_two(p in X, p in Y, p in C, p in Result))     &
        (Cout <=> at_least_two($ in X, $ in Y, $ in C));
```

Das Übertragsbit ist an Position i gesetzt, wenn entweder $i = 0$ und Cin gesetzt ist, oder aber an einer früheren Position ein Übertrag aufgetreten ist und zwischen i und j nicht wieder verschluckt wurde.

Wir können nun formulieren, dass beide Versionen äquivalent sind:

```
all2 X,Y,Z: all0 Cin, Cout:
    add(X,Y,Z,Cin,Cout) <=> sync_add(X,Y,Z,Cin,Cout);
```

Das ist in der Tat der Fall, wie die folgende MONA-Ausgabe zeigt.

```
Automaton has 3 states and 3 BDD-nodes
ANALYSIS
Formula is valid
```

Als Gegenprobe ändern wir $j < i$ zu $j \leq i$ um: die Formel wird unerfüllbar, d.h. falsch.

Ersetzen wir die quantifizierten Variablen durch freie Variablen, so können wir auch konkret Ergebnisse ausrechnen:

```
var2 X, Y, Z; var0 Cout; $ = 5; X = {2,3};
# X=12 Y = {0,2,3,5}; # Y=35 sync_add(X,Y,Z,false,Cout);
```

Ein (das) erfüllende(s) Modell setzt Z auf $\{0, 3, 4, 5\}$ und Cout $=$ *false*.

2.4 Komplexität des Entscheidungsproblems

Sei 2_n definiert durch $2_0 = 1$ und $2_{n+1} = 2^{2_n}$. Wir haben bereits einen Algorithmus kennengelernt, der zu einer gegebenen WMSO-Formel der Länge n einen Automaten der Größe $2_{\mathcal{O}(n)}$ bildet und daraus abliest, ob die Formel erfüllbar ist. Wir wollen jetzt zeigen, dass es prinzipiell nicht effizienter gehen kann in folgendem Sinne.

Satz 2.11. *Sei T eine Turingmaschine und p ein Polynom, so dass T bei Eingabe eines Wortes w nach spätestens $2_{p(|w|)}$ Schritten hält. Es existiert eine in polynomialer Zeit berechenbare Funktion f, die jedem Wort w eine WMSO-Formel $f(w)$ zuordnet, derart, dass $f(w)$ wahr ist genau dann, wenn T das Wort w akzeptiert.*

Somit ist das Entscheidungsproblem für WMSO nicht leichter, als irgendein beliebiges anderes Problem der Zeitkomplexität $2_{\mathrm{poly}(n)}$. Aus dem Zeithierarchiesatz der Komplexitätstheorie folgt dann, dass die angegebene obere Schranke für das Entscheidungsproblem nicht essentiell verbessert werden kann: Angenommen, es gäbe einen Algorithmus, der zu vorgelegter WMSO-Formel φ deren Erfüllbarkeit entscheidet und eine worst-case Zeitkomplexität von z.B. $2_c^{n^{\mathcal{O}(1)}}$ für ein festes c hat. Dann könnte man auch jedes Problem, welches sich in sogenannter nichtelementarer Zeit $2_{\mathrm{poly}(n)}$ lösen lässt, doch auch in elementarer Zeit $2_c^{n^{\mathcal{O}(1)}}$ lösen. Dazu müsste man ja nur die entsprechende Turing-Maschine T und ihre Eingabe nehmen und in polynomialer Zeit die in Satz 2.11 beschriebene Reduktion auf das Erfüllbarkeitsproblem von WMSO reduzieren, welches sich laut Annahme in Zeit $2_c^{n^{\mathcal{O}(1)}}$ lösen ließe. Der erwähnte Zeithierarchie-Satz besagt jedoch, dass es Probleme geben muss, für die dies nicht möglich ist.

Zum Beweis des Satzes 2.11 geben wir uns also eine solche Maschine T und Polynom p vor. Die Maschine T akzeptiert w genau dann, wenn es ein Wort

$$\tilde{w} \;=\; w_0 \# w_1 \# w_2 \# w_3 \# w_4 \# w_5 \# w_6 \# w_7 \# \ldots \# w_N$$

gibt, wobei $N = 2_{p(|w|)}$, die Raute ($\#$) ein besonderes (Trenn-)Symbol ist, und die w_i, $i = 0, \ldots, N$ globale Konfigurationen (Zustand, Kopfposition und Bandinhalt) kodieren, in einer Weise, dass:

- w_0 die initiale Konfiguration von T mit Eingabe w ist,
- w_{i+1} die Folgekonfiguration von w_i gemäß der Übergangstafel von T ist (i.Z. manchmal $w_i \vdash_T w_{i+1}$),
- w_N eine akzeptierende Konfiguration ist.

Durch Wahl einer geeigneten Kodierung können wir annehmen, dass alle w_i die Länge N haben.

Die genannten Eigenschaften an solch ein Wort $\tilde{w}$ lassen sich sehr einfach in WMSO spezifizieren, sofern es nur gelingt, ein Prädikat $dist(x, y)$ zu definieren, derart dass $dist(x, y) \iff y - x = N$. Indem wir die w_i ggf. mit Leerzeichen künstlich verlängern, sehen wir, dass schon $dist(x,y) \iff y - x = N'$ wobei $N' \geq N$ genügen würde.

Ein solches wollen wir jetzt definieren. Natürlich muss die Größe der Formel $dist(x,y)$ polynomial in n sein, sonst entstünde keine polynomiale Reduktion; die oben skizzierte Übersetzungsfunktion f wäre also nicht in polynomialer Zeit berechenbar.

Wir dürfen also insbesondere nicht einfach schreiben

$$dist(x,y) \iff y = x + \underbrace{1 + 1 + 1 + 1 + 1 + \cdots + 1}_{(N+1 \text{ Summanden})}$$

Sei die Funktion F definiert durch $F(0) = 1, F(n + 1) = F(n)2^{F(n)}$. Offensichtlich gilt $F(n) \geq 2_n$ für alle $n \in \mathbb{N}$.

Satz 2.12. *Zu gegebenem $n \in \mathbb{N}$ lässt sich in polynomialer Zeit eine Formel $dist_n(x,y)$ berechnen, derart dass $dist_n(x,y) \iff y - x = F(n)$. Insbesondere ist die Länge von $dist_n(x,y)$ polynomial in n.*

Beweis. Man definiert die Formeln rekursiv über n wie folgt.

Wir setzen $dist_0(x,y) : \iff y = x + 1$. Wegen $F(0) = 1$ leistet dies das Verlangte.

Sei jetzt $dist_n(x,y)$ bereits konstruiert. Um $dist_{n+1}(x,y)$ zu definieren, verlangen wir die Existenz eines Wortes, das zwischen x und y alle Binärzahlen der Länge $dist_n(x,y)$ der Reihe nach hintereinandergeschrieben enthält. Gelingt es, das zu erzwingen, so gilt gerade $y - x = F(n + 1)$ wie verlangt.

Wir präsentieren die Lösung in MONA-Notation. Man beachte, dass man $dist$ nicht uniform in n definieren kann, es gibt also keine WMSO-Formel $\varphi(n,x,y)$ in drei Variablen derart, dass $\varphi(n,x,y) \iff dist_n(x,y)$ wäre, aber das wird ja zum Glück auch nicht benötigt.

```
pred distnpluseins(var1 x,y) =
   ex2 B, C:
   # Abstand mindestens 1
        x+1<y &
   # a,b durchlaufen alle Paare mit Abstand distn und  x<=a<y
     all1 a: x <= a & a < y => ex1 b: distn(a,b) &
   # y-x ist mindestens distn
      (a=x => b<=y) &
   # Initialisierung des ersten Blocks: B=10...0, C=00...0
      (a=x => a in B & a notin C &
           all1 c:a<c&c<b => c notin B & c notin C) &
   # B-Besetzung in alle Bloecke kopieren.
      (a in B <=> b in B) &
   # bei y faengt wieder ein Block an, also (b-a) | (y-x)
      (b=y => b in B) &
   # Besetzung des letzten Blocks zu C=11....1
      (b=y => all1 c: (a<=c & c<b) => c in C) &
   # Das erste C-bit jeden Blocks wechselt von Block zu Block
```

```
    (b in B  => (a in C <=> b notin C)) &
# Die folgenden C-bits jeden Blocks wechseln, wenn das
#  vorhergehende Bit von Eins auf Null geht.
    (a+1 notin B  =>
      ((b+1 notin C <=> a+1 in C) <=> (b notin C & a in C)));
```

$\square$

Zu Testzwecken kann man definieren:

```
pred distn(var1 x, y) = y=x+5;
var1 x, y;
distnpluseins(x,y);
```

und erhält als Antwort: $x = 0, y = 160$.

Indem man B, C zu freien Variablen macht, kann man sich deren Wertverlauf mit MONA ansehen. Man kann auch einzelne Konjunkte weglassen, um das Funktionsprinzip von *distnpluseins* zu studieren.

Welchen Aufwand ein Entscheidungsverfahren für WMSO wirklich benötigen kann, wird aus dem folgenden sehr konkreten Resultat deutlich.

Satz 2.13. *Jeder Boole'sche Schaltkreis, der die Erfüllbarkeit von WMSO-Formeln der Länge 613 entscheidet, hat mindestens 10^{128} Verbindungsleitungen.*

In der Praxis funktioniert MONA auch mit längeren Formeln ganz gut. Das liegt daran, dass viele Formeln, die aus der Praxis kommen, relativ einfach sind. Andererseits kann es aber auch passieren, dass MONA in eine de facto Endlosschleife gerät.

2.5 Presburger-Arithmetik

Unter der Presburger-Arithmetik versteht man die erststufige Logik über den natürlichen Zahlen und der Signatur $(0, +, =, <)$. Ihre Formeln (φ) und Terme (t) sind also durch die folgende Grammatik gegeben.

$$\varphi \ ::= \ t = t \mid t < t \mid \varphi \wedge \varphi \mid \neg\varphi \mid \exists x.\varphi$$
$$t \ ::= \ 0 \mid x \mid t + t$$

wobei x eine beliebige Variable ist. Wir sparen es uns hier, die Semantik formal aufzuschreiben, das sie sich vollkommen natürlich ergibt, wenn man beachtet, dass die Variablen durch Werte in $\mathbb{N}$ interpretiert werden, 0 die Null bezeichnet, und die binären Operationen $+, =, <$ wie üblich interpretiert werden.

Man kann in Presburger-Arithmetik also Aussagen über die Null, die Addition zweier Zahlen, deren Gleichheit bzw. deren relative Ordnung zueinander machen. Insbesondere hat man nicht die Multiplikation zur Verfügung.

Der Grund dafür ist der, dass die allgemeine Arithmetik—also erststufige Logik über den natürlichen Zahlen mit Addition und Multiplikation—unentscheidbar ist. Mithilfe der WMSO lässt sich relativ einfach zeigen, dass das Fragment der Presburger-Arithmetik im Gegensatz dazu entscheidbar ist.

Eine typische Formel der Presburger-Arithmetik ist z.B. die folgende. Sie besagt, dass y gerade ist.

$$\exists x.y = x + x$$

Beachte, dass die Null als einzige Konstante in der Signatur eingeführt wurde. Man kann jedoch jede andere natürliche Zahl leicht definieren. Zuerst betrachten wir, wie man die Eins erhält. Wir können folgende Abkürzung einführen.

$$(y = 1) \quad := \quad \forall x.x < y \to x = 0$$

Möchte man also in einer Formel φ die Konstante 1 verwenden, so setzt man zunächst an entsprechender Stelle eine frische Variable y ein und betrachtet dann stattdessen die Formel

$$\exists y.(y = 1) \land \varphi(y) \; .$$

Somit lassen sich dann auch weitere Konstanten definieren. Die genaue Ausführung verbleibt als Übung.

Wir betrachten zwei weitere Beispiele von Formeln der Presburger-Arithmetik. Das zweite benutzt das erste als Abkürzung.

$$\exists x.r < 5 \land y = x + x + x + x + x + r \qquad \text{``}y = r \bmod 5\text{''}$$
$$\exists z.\forall x > z.x = 0 \bmod 3 \to \exists u.\exists v.x = 15u + 27v$$

Neben der Multiplikation gibt es in der Presburger-Arithmetik auch keine Quantifikation über Mengen von natürlichen Zahlen so wie in der WMSO. Man kann beides nicht durch die in der Signatur vorhandenen Symbole definieren; insbesondere gibt es keine Formel $\varphi(x, y)$, derart dass $\varphi(x, y) \iff y = x^2$ wäre.

Die Allgemeingültigkeit und die Erfüllbarkeit von Formeln der Presburger-Arithmetik ist durch Übersetzung in WMSO entscheidbar. Variablen der Presburger-Arithmetik werden immer in Mengenvariablen übersetzt: die "Bedeutung" einer solchen Mengenvariablen ist durch die Binärkodierung gegeben. So wird 42 etwa durch $\{5, 3, 1\}$ kodiert, da ja $42 = 2^5 + 2^3 + 2^1$.

Die Relation $x = y + z$ lässt sich nun durch eine WMSO-Formel beschreiben, wobei man im Prinzip so vorgeht wie bei dem Addierwerk aus Abschnitt 2.3.3. Die Relation $x < y$ ersetzt man durch $\exists z.y = x + z + 1$. Somit wird es möglich, zu jeder Presburger-Formel φ eine WMSO-Formel $\hat{\varphi}$ anzugeben, derart dass φ erfüllbar ist genau dann, wenn $\hat{\varphi}$ erfüllbar ist. Folglich ist die Presburger-Arithmetik entscheidbar.

Es gibt andere Entscheidungsverfahren für die Presburger-Arithmetik, die auf Quantorenelimination (Verallgemeinerung von Gauß-Elimination) beruhen. Diese liefern insbesondere ein Verfahren mit worst-case Zeitkomplexität $2^{2^{2^{\mathcal{O}(n)}}}$.

Dagegen hat das angegebene Verfahren anscheinend die schlechtere Komplexität $2_{\mathcal{O}(n)}$ (vgl. Satz 2.13). In der Praxis zeigt sich aber, dass Automaten für WMSO-Formeln, die aus der Übersetzung von Presburger-Formeln entstehen, relativ klein bleiben und das resultierende Entscheidungsverfahren mit den auf Quantorenelimination basierenden konkurrieren kann. Dies lässt sich auch theoretisch begründen.

Satz 2.14. *Der minimale deterministische Automat für eine gegebene WMSO-Formel $\hat{\varphi}$, wobei φ eine Presburger-Formel ist, hat Größe $2^{2^{\mathcal{O}(n)}}$, wobei n die Länge von φ ist.*

Alternierende, endliche Automaten

In diesem Kapitel erweitern wir das Konzept des Nichtdeterminismus, welches einen Automaten "raten" lässt, welcher Nachfolgezustand in einer gegebenen Situation gut ist. Dazu führen wir ein duales Konzept ein—das der *universellen Wahl*. Dies lässt einen Automaten raten, welcher Nachfolgezustand in einer gegebenen Situation schlecht ist, d.h. durch welchen Nachfolgezustand sich kein Lauf finden lässt, der akzeptierend ist.

Man kann dies auch als paralleles Berechnungsmodell auffassen. Bei einer universellen Verzweigung werden mehrere Kopien des Automaten erzeugt, die jeweils in verschiedene Nachfolgerzustände übergehen. Von denen müssen alle akzeptieren, damit das vorgelegte Wort insgesamt akzeptiert wird. Auch Nichtdeterminismus kann man als Verzweigung in mehrere Kopien ansehen, von denen aber nur eine akzeptieren muss. Lässt man beide Arten der Verzweigung innerhalb eines Automaten zu, dann spricht man von alternierenden Automaten.

Die Sichtweise der parallelen Ausführung liefert jedoch lediglich eine Intuition. Das Erkennen eines Wortes durch einen alternierenden Automaten ist so wenig durch parallele Ausführung definiert, wie das des nichtdeterministischen Automaten durch Raten. Die mathematisch saubere Definition der Akzeptanz für alternierenden Automaten erfolgt durch eine geeignete Verallgemeinerung des Begriffs des Laufs.

Die Bedeutung der alternierenden Automaten liegt unter anderem darin, dass die logischen Konnektive "Und" oder "Oder" bereits fest verdrahtet sind und dadurch die Repräsentation logischer Systeme erleichtert wird.

3.1 Alternierende Automaten und ihre Läufe

Die Transitionsfunktion eines nichtdeterministischen Automaten liefert zu einem Zustand q und einem Alphabetsymbol a eine Menge von Zuständen $\{q_1, \ldots, q_k\}$. Implizit wird diese als Disjunktion über ihre Elemente verstanden, da ja lediglich von einem der darin vorhandenen Zustände ein akzeptie-

M. Hofmann, M. Lange, *Automatentheorie und Logik*, eXamen.press,
DOI 10.1007/978-3-642-18090-3_3, © Springer-Verlag Berlin Heidelberg 2011

render Lauf auf dem Rest des Wortes gesucht wird. Universelle Automaten könnte man syntaktisch genauso definieren, wobei man die Menge implizit als Konjunktion auffassen würde. Bringt man jetzt nichtdeterministische und universelle Wahl in einem einzigen Automatenmodell unter, so muss man explizit deutlich machen, wann es sich um die eine oder andere Form von Wahl eines Nachfolgezustands handelt. Dazu benutzt man positiv Boole'sche Formeln.

Definition 3.1. Sei Q eine Menge. Die Menge $\mathbb{B}^+(Q)$ der *positiv Boole'schen Formeln* über Q ist die kleinste Menge für die gilt:

- $Q \subseteq \mathbb{B}^+(Q)$,
- wenn $f, g \in \mathbb{B}^+(Q)$, dann $(f \vee g) \in \mathbb{B}^+(Q)$ und $(f \wedge g) \in \mathbb{B}^+(Q)$.

So ist im Falle $Q = \{q_1, q_2, q_3\}$ zum Beispiel $(q_1 \wedge (q_2 \vee q_3))$ eine positiv boolesche Formel. Man kann mit den üblichen Präzedenz- und Assoziationsregeln Klammern einsparen. Sei $f \in \mathbb{B}^+(Q)$.

Definition 3.2. Ein *alternierender, endlicher Automat* (AFA) ist ein Tupel $\mathcal{A} = (Q, \Sigma, q_I, \delta, F)$, wie bei einem NFA, aber mit dem Unterschied, dass $\delta : Q \times \Sigma \to \mathbb{B}^+(Q)$.

Hier ordnet also die Transitionsfunktion einem Zustand und einem Alphabetsymbol eine Kombination von Zuständen statt einer Menge von Zuständen zu. Intuitiv beschreibt diese, von welchen Nachfolgezuständen aus der Rest eines Wort akzeptiert werden muss.

Um Akzeptanz sauber definieren zu können, müssen wir zunächst den positiv Boole'schen Formeln eine Semantik geben, indem wir erklären, wann eine Teilmenge M von Q ein Modell einer Formel $f \in \mathbb{B}^+(Q)$ ist. Intuitiv ist dies der Fall, wenn f—als aussagenlogische Formel gesehen—zu *true* auswertet, wenn man alle Elemente von M durch *true* und alle Elemente von $Q \setminus M$ durch *false* ersetzt und die üblichen Regeln für die Boole'schen Konnektive verwendet.

Definition 3.3. Wir definieren die Modellbeziehung zwischen einer Menge $M \subseteq Q$ und einer positiv Boole'schen Formel aus $\mathbb{B}^+(Q)$ wie folgt durch Induktion über deren Aufbau.

$$
\begin{array}{lcl}
M \models q & \iff & q \in M \\
M \models f \vee g & \iff & M \models f \text{ oder } M \models g \\
M \models f \wedge g & \iff & M \models f \text{ und } M \models g
\end{array}
$$

Falls $M \models f$ gilt, so sagen wir auch, dass M *Modell* von f ist.

Sei $f = q_1 \wedge (q_2 \vee q_3)$. Es gilt z.B. $\{q_1, q_2\} \models f$ wie auch $\{q_1, q_3\} \models f$, jedoch auch $\{q_2, q_3\} \not\models f$ und $\{q_1\} \not\models f$.

Als nächstes erklären wir, was ein Lauf eines AFA auf einem Wort $w \in \Sigma^*$ ist. Dem Umstand, dass intuitiv bei einer Konjunktion in einer Transition mehrere Nachfolgezustände im Automaten gleichzeitig angenommen werden, tragen wir durch baumartige Läufe statt den wortartigen bei NFAs Rechnung.

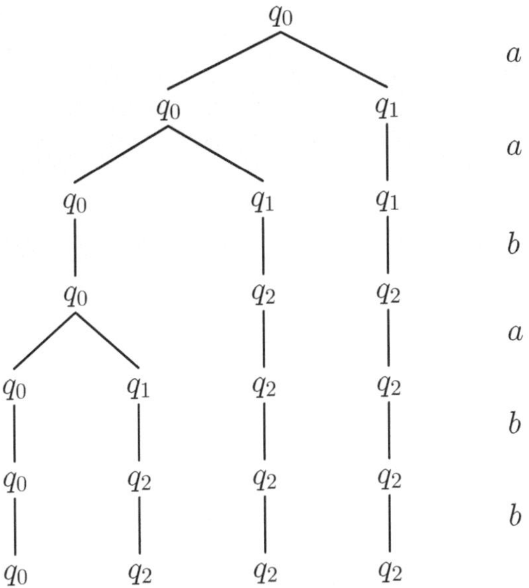

Abb. 3.1. Lauf des AFA aus Bsp. 3.5, rechts das gelesene Wort *aababb*.

Definition 3.4. Ein *Lauf* eines AFA $\mathcal{A} = (Q, \Sigma, q_I, \delta, F)$ auf einem Wort $w = a_1 \ldots a_n \in \Sigma^*$ ist ein Q-beschrifteter Baum r, dessen Pfade alle genau aus $n + 1$ vielen Knoten bestehen, mit folgenden Eigenschaften.

- Die Wurzel v_0 ist mit q_I beschriftet: $r(v_0) = q_I$.
- Für alle Knoten v auf der i-ten Ebene ($i = 0, \ldots, n - 1$) und alle ihre direkten Nachfolger $v_1, \ldots, v_k$ auf Ebene $i + 1$ gilt:

$$\{r(v_1), \ldots, r(v_k)\} \models \delta(r(v), a_{i+1})$$

Der Lauf r heisst *akzeptierend*, falls alle seine Blätter mit Endzuständen beschriftet sind: $r(v) \in F$ für alle Blätter v.

Wie üblich definieren wir wieder $L(\mathcal{A}) = \{w \in \Sigma^* \mid$ es gibt einen akzeptierenden Lauf von $\mathcal{A}$ auf $w\}$.

Beispiel 3.5. Sei $L = \{w \in \{a, b\}^* \mid$ auf jedes a folgt irgendwann noch ein $b\}$. Diese Sprache wird von dem AFA $\mathcal{A} = (\{q_0, q_1, q_2\}, \{a, b\}, q_0, \delta, \{q_0, q_2\})$ mit

$$\begin{array}{lll} \delta(q_0, a) = q_0 \wedge q_1 & \delta(q_1, a) = q_1 & \delta(q_2, a) = q_2 \\ \delta(q_0, b) = q_0 & \delta(q_1, b) = q_2 & \delta(q_2, b) = q_2 \end{array}$$

erkannt.

Intuitiv benutzt $\mathcal{A}$ den Zustand q_0 um nach Vorkommen des Buchstabens a zu suchen. Ist solch einer gefunden, so wird durch die Transition $q_0 \wedge q_1$ sowohl weiter im Restwort danach gesucht, als auch mithilfe von Zustand q_1 getestet, ob irgendwann noch ein b im Wort enthalten ist. Zustand q_2 signalisiert dann das erfolgreiche Finden eines b nach einem a.

Ein akzeptierender Lauf auf dem Wort $aababb$ ist in Abb. 3.1 dargestellt. Wie bei NFAs müssen (akzeptierende) Läufe im Allgemeinen nicht eindeutig sein.

Man kann sich leicht überlegen, dass $\mathcal{A}$ korrekt ist. Es gilt $L = \varepsilon \cup (a \cup b)^* b$. Man sieht außerdem, dass jeder Lauf von $\mathcal{A}$ auf einem beliebigen Wort $w = a_1 \ldots a_n$ einen Pfad enthalten muss, auf dem nur q_0 vorkommt. Solch ein Knoten hat genau einen Nachfolger, der ebenfalls mit q_0 beschriftet ist, falls der Knoten auf Ebene i vorkommt und $a_i = b$ gilt. Ist $a_i = a$, so hat er zwei Nachfolger, von denen einer mit dem Nichtendzustand q_1 beschriftet ist. So akzeptiert $\mathcal{A}$ genau diejenigen Wörter, die nicht auf a enden.

Beispiel 3.6. Sei $\Sigma = \{a\}$. Die Sprache $L_{29393} = \{w \in \Sigma^* \mid |w| = 1 \bmod 29393\}$ kann nicht von einem NFA mit weniger als 29393 Zuständen erkannt werden kann. Das Wort a^{29394} hat einen akzeptierenden Lauf. Hätte der Automat weniger als 29393 Zustände, dann würde ein Zustand in diesem Lauf doppelt besucht, und der Abstand zwischen beiden Besuchen wäre kleiner als 29393. Durch Herausschneiden des Stücks zwischen diesen Besuchen erhielte man einen akzeptierenden Lauf auf einem Wort a^u mit $1 < u < 29394$.

Die Sprache kann jedoch von einem AFA mit 57 Zuständen erkannt werden, denn es gilt:

$$\begin{aligned} 29393 &= 7 \cdot 13 \cdot 17 \cdot 19 \\ 56 &= 7 + 13 + 17 + 19 \end{aligned}$$

Seien $\mathcal{A}_i = (Q_i, \Sigma, q_{0,i}, \delta_i, F_i)$ jeweils die Standard-DFAs für die Sprachen $L_i = \{w \in \Sigma^* \mid |w| = 0 \bmod i\}$. Deren Transitionsrelation bildet einen Zykel auf Q_i, und ihre Endzustände sind jeweils $F_i = \{q_{0,i}\}$.

Sei nun $\mathcal{A} = (Q, \Sigma, q_0, \delta, F)$ mit

$$\begin{aligned} Q &:= \{q_0\} \uplus Q_7 \uplus Q_{13} \uplus Q_{17} \uplus Q_{19} \\ F &:= \{q_0\} \uplus F_7 \uplus F_{13} \uplus F_{17} \uplus F_{19} \end{aligned}$$

und

$$\begin{aligned} \delta(q_0, a) &:= q_{0,7} \wedge q_{0,13} \wedge q_{0,17} \wedge q_{0,19} \\ \delta(q, a) &:= q', \text{ falls } q \in Q_j \text{ und } \{q'\} = \delta_j(q, a) \end{aligned}$$

Jetzt gilt $L(\mathcal{A}) = L_{29393}$. Man beachte, dass nur im Zustand q_0 universell verzweigt wird. Alle anderen Transitionen sind deterministisch. Daher besteht ein Laufbaum von $\mathcal{A}$ auf einem Wort w aus seiner Wurzel mit 4 verschiedenen Nachfolgern, von denen aus nur ein einziger Pfad abgeht. Diese Pfade bilden dann die Läufe von $\mathcal{A}_7$, $\mathcal{A}_{13}$, etc. nach. In Ersterem kommen Endzustände nur auf jeder 7. Ebene vor, im Zweiten nur auf jeder 13., usw. Damit auf

einer Ebene somit alle Zustände Endzustände sein können, muss diese auf
einer Höhe liegen, die 1 modulo $7 \cdot 13 \cdot 17 \cdot 19$ ist. Die zusätzliche 1 kommt
daher, dass die simulierten Läufe von $\mathcal{A}_7$, etc. in dem Lauf von $\mathcal{A}$ wegen der
zusätzlichen Wurzel um 1 verschoben sind.

Es gilt also, dass man gewisse reguläre Sprachen mit kleineren AFAs als mit
NFAs erkennen kann. Darüberhinaus haben AFAs noch einen weiteren Vorteil.
Sie lassen sich sehr leicht—nämlich durch reine, syntaktische Dualisierung—
komplementieren.

Definition 3.7. Sei $\mathcal{A} = (Q, \Sigma, q_I, \delta, F)$ ein AFA. Der *duale AFA* ist $\overline{\mathcal{A}} :=$
$(Q, \Sigma, q_I, \overline{\delta}, Q \setminus F)$, wobei für alle $q \in Q$, alle $a \in \Sigma$ und alle $f, g \in \mathbb{B}^+(Q)$
gilt:

$$\overline{\delta}(q, a) \; := \; \overline{\delta(q, a)} \qquad \text{mit} \qquad \begin{aligned} \overline{q} \; &:= \; q \\ \overline{f \vee g} \; &:= \; \overline{f} \wedge \overline{g} \\ \overline{f \wedge g} \; &:= \; \overline{f} \vee \overline{g} \end{aligned}$$

Der duale AFA akzeptiert genau die Komplementsprache.

Satz 3.8. *Für jeden AFA $\mathcal{A}$ mit n Zuständen existiert ein AFA $\overline{\mathcal{A}}$ mit höchstens n Zuständen, so dass gilt: $L(\overline{\mathcal{A}}) = \overline{L(\mathcal{A})}$.*

Klar ist, dass $\overline{\mathcal{A}}$ höchstens so viele Zustände wie $\mathcal{A}$ hat. Um die Korrektheit
dieser Konstruktion zu zeigen, zeigt man, dass für alle $w \in \Sigma^*$ und alle $q \in Q$
gilt: $\mathcal{A}$ akzeptiert w startend im Zustand q genau dann, wenn $\overline{\mathcal{A}}$ das Wort
w vom Zustand q aus nicht akzeptiert. Damit dies per Induktion über die
Wortlänge geht, muss man die Aussage noch auf positiv Boole'sche Kombinationen von Zuständen erweitern.

Beweis. Übung.

3.2 Verbindung zu regulären Sprachen

Alternierende Automaten sind mindestens so ausdrucksstark wie nichtdeterministische, da sich der Nichtdeterminismus leicht durch das Boole'sche $\vee$
modellieren lässt.

Satz 3.9. *Für jeden NFA $\mathcal{A}$ mit n Zuständen existiert ein AFA $\mathcal{A}'$ mit höchstens $n + 1$ Zuständen, so dass gilt: $L(\mathcal{A}') = L(\mathcal{A})$.*

Beweis. Sei $\mathcal{A} = (Q, \Sigma, q_0, \delta, F)$ ein NFA. Definiere $\mathcal{A}' := (Q \uplus \{\bot\}, \Sigma, q_0, \delta', F)$
mit

$$\delta'(q, a) \; := \; \begin{cases} \bigvee_{p \in \delta(q,a)} p & \text{, falls } q \in Q \text{ und } \delta(q, a) \neq \emptyset \\ \bot & \text{, sonst} \end{cases}$$

Klar ist, dass $\mathcal{A}'$ nur höchstens $n + 1$ Zustände besitzt. Für die Korrektheit
der Konstruktion argumentieren wir wie folgt.

"$\supseteq$" Angenommen, $w \in L(\mathcal{A})$. Sei also $q_0, \ldots, q_n$ ist ein akzeptierender Lauf von $\mathcal{A}$ auf w. Dann ist dies—aufgefasst als Baum mit Wurzel q_0 und Blatt q_n—auch ein Lauf von $\mathcal{A}'$ auf w. Beachte, dass $\delta'(q, a)$ für jedes $q \in Q$ und jedes $a \in \Sigma$ ein Modell der Größe 1 hat. Da aufgrund der Akzeptanz von $\mathcal{A}$ nun $q_n \in F$ sein muss, sind auch alle Blätter dieses Baumlaufs mit Endzuständen beschriftet.

"$\subseteq$" Da in der Transitionstabelle von $\mathcal{A}'$ nur Disjunktionen und keine Konjunktionen vorkommen, gilt, dass es für jedes $q \in Q$ und jedes $a \in \Sigma$ eine Menge $M \subseteq Q$ gibt, so dass $M \models \delta(q, a)$ und $|M| = 1$. Daraus folgt, dass es für jedes $w \in L(\mathcal{A}')$ einen akzeptierenden Lauf gibt, der nur einen einzigen Pfad hat. Da vom Zustand $\perp$ aus kein Endzustand erreichbar ist, kann $\perp$ auf solch einem Pfad nicht vorkommen. Dann ist solch ein Pfad aber auch ein akzeptierender Lauf von $\mathcal{A}$ auf w. $\qquad\square$

Somit ist gezeigt, dass AFAs mindestens so ausdrucksstark sind wie NFAs, also alle regulären Sprachen erkennen. Es stellt sich sofort die Frage, ob auch die Umkehrung gilt, d.h. ob jede von einem AFA erkannte Sprache bereits regulär ist. Dies ist der Fall, wie wir im Folgenden zeigen werden. Es gilt also, dass AFAs genau die regulären Sprachen erkennen. Diese stellen also neben DFAs, NFAs, regulären Ausdrücken einen weiteren Formalismus zur Beschreibung der regulären Sprachen dar.

Wir zeigen, dass es zu jedem AFA einen äquivalenten NFA gibt. Die Konstruktion ist analog zu der bekannten Potenzmengenkonstruktion, welche aus einem NFA einen DFA baut. Um beweisen zu können, dass diese auch das Gewünschte leistet, benötigen wir eine kleine Überlegung zur Vorbereitung.

Seien $n \geq 1$ und $f_1, \ldots, f_n$ positiv Boole'sche Formeln über einem Q. Angenommen, jedes dieser f_i hat ein Modell M_i, $i = 1, \ldots, n$. Dann gilt $\bigcup_{i=1}^{n} M_i \models f_1 \wedge \ldots \wedge f_n$, weil bei positiv Boole'schen Formeln die Modellbeziehung unter Erweiterung des Modells abgeschlossen ist. Falls andererseits solch eine Konjunktion $\bigwedge_{i=1}^{n} f_i$ ein Modell M hat, so ist dieses natürlich auch Modell für jedes der Konjunkte f_i. Man kann sogar M ausdünnen zu einer Teilmenge N, die dann ein minimales Modell von f_i wird. Dies ist aber nicht unbedingt eindeutig.

Satz 3.10. *Sei $\mathcal{A}$ ein AFA mit n Zuständen. Dann gibt es einen NFA $\mathcal{A}'$ mit höchstens 2^n Zuständen, so dass $L(\mathcal{A}') = L(\mathcal{A})$ gilt.*

Beweis. Sei $\mathcal{A} = (Q, \Sigma, q_I, \delta, F)$. Definiere $\mathcal{A}' := (2^Q, \Sigma, \{q_I\}, \delta', F')$ mit $F' := \{Q' \mid Q' \subseteq F\}$ und

$$\delta'(Q', a) := \{Q'' \mid Q'' \models \bigwedge_{q \in Q'} \delta(q, a)\}$$

Die Größenbeschränkung von $\mathcal{A}'$ ergibt sich daraus sofort. Es bleibt noch $L(\mathcal{A}') = L(\mathcal{A})$ zu zeigen.

"$\supseteq$" Sei $w = a_1 \ldots a_k \in L(\mathcal{A})$, d.h. es gibt einen akzeptierenden Lauf r von $\mathcal{A}$ auf w. Wir definieren nun Mengen Q_i von Zuständen des NFA wie folgt.

$$Q_i \; := \; \{r(v) \mid v \text{ ist Knoten in } r \text{ auf Ebene } i+1\}$$

Wir behaupten, dass $Q_0, \ldots, Q_k$ ein akzeptierender Lauf von $\mathcal{A}'$ auf w ist.

Es gilt $Q_0 = \{q_I\}$, da r nur die Wurzel auf Ebene 1 hat und diese per Definition mit q_I beschriftet ist. Also fängt dieser Lauf im Anfangszustand von $\mathcal{A}'$ an. Da r akzeptierender Lauf von $\mathcal{A}$ auf w ist, liegen alle Blätter auf Ebene $k+1$ und sind nur mit Endzuständen beschriftet. Also gilt $Q_k \subseteq F$ bzw. $Q' \in F'$.

Es bleibt noch zu zeigen, dass $Q_{i+1} \in \delta'(Q_i, a_i)$ für alle $i = 0, \ldots, k-1$ gilt. Sei $Q_i = \{q_1, \ldots, q_m\}$. Diese kommen jeweils als Beschriftung eines Knotens auf Ebene i in r vor, und jeder dieser Knoten hat Nachfolgeknoten mit Beschriftungen $P_1, \ldots, P_m$. Da $Q_{i+1} = P_1 \cup \ldots \cup P_m$ und $P_j \models \delta(q_i, a_i)$ für alle $j = 1, \ldots, m$ gilt auch $Q_{i+1} \models \delta(q_1, a_i) \wedge \ldots \wedge \delta(q_k, a_i)$. Damit ist aber $Q_{i+1} \in \delta'(Q_i, a_i)$ was zu zeigen war.

"$\subseteq$" Sei $w = a_1 \ldots a_k \in L(\mathcal{A}')$ und $Q_0, Q_1, \ldots, Q_k$ ein akzeptierender Lauf von $\mathcal{A}'$ auf w. Dann gilt $Q_{i+1} \models \bigwedge_{q \in Q_i} \delta(q, a_{i+1})$ für alle $i = 1, \ldots, k-1$. Es ist leicht zu sehen, dass es dann für jedes $i = 0, \ldots, k-1$ und jedes $q \in Q_i$ eine Menge $M_{q,i} \subseteq Q_{i+1}$ gibt, so dass $M_{q,i} \models \delta(q, a_{i+1})$. Die Menge Q_{i+1} selbst hat jeweils diese Eigenschaft, evtl. reicht es aber aus, nur eine echte Teilmenge zu betrachten.

Wir konstruieren nun einen Lauf r von $\mathcal{A}$ auf w wie folgt. Die Wurzel wird mit q_0 beschriftet. Beachte, dass $Q_0 = \{q_0\}$ gilt. Somit bestehen die Beschriftungen auf Ebene 0 nur aus Zuständen aus Q_0. Dies wird jetzt invariant fortgesetzt. Ist einmal ein Knoten auf Ebene i konstruiert, so ist dessen Beschriftung aus Q_i. Nach obiger Überlegung gibt es eine Teilmenge $P \subseteq Q_{i+1}$, welche Modell der entsprechenden Transition ist. Für jeden Zustand in $q \in P$ legen wir nun einen neuen Knoten auf Ebene $i+1$ mit Beschriftung q an.

Aus der Invariante und der Tatsache, dass $Q_k \subseteq F$ ist, folgt, dass die Blätter auf Ebene $k+1$ alles Endzustände des AFA sind, womit der Lauf akzeptierend ist. $\qquad\square$

Es gilt also, dass jeder NFA im Grunde auch ein AFA ist und dass sich AFAs mit exponentiellem Aufwand in NFAs umwandeln lassen. Da zusätzlich AFAs ohne Vergrößerung der Zustandszahl komplementiert werden können, stellt sich die Frage, ob man nicht ein besseres Entscheidungsverfahren für WMSO bekommen kann, wenn man deren Formeln in AFAs statt in NFAs übersetzt. Der Induktionsanfang ist kein Problem, da jeder NFA als AFA aufgefasst werden kann. Die Komplementierung, die sich bei der Konstruktion eines NFAs aus einer WMSO-Formel als diejenige Operation erwiesen hat, die die größten Kosten verursacht, wird dadurch fast trivial. So würde sich also aus einer WMSO-Formel ein AFA linearer Größe erzeugen lassen, der dann mit nur einmaligem exponentiellen Aufwand in einen NFA umgewandelt werden kann. Somit ließe sich das Erfüllbarkeitsproblem für WMSO in einfach exponentieller Zeit entscheiden. Das widerspricht natürlich den Aussagen in Abschnitt 2.4, die besagen, dass sich WMSO nur in nicht-elementarer Zeit entscheiden lässt. Wo liegt also das Problem? Die Antwort auf diese Frage liegt bei der existentiellen Quantifizierung. Diese wird bei der Übersetzung von WMSO in NFAs durch *Projektion*—eine spezielle Form von Homomorphismen—dargestellt. Hat man einen NFA erstellt, der genau die Modelle einer Formel $\varphi(X_1, \dots, X_n)$ erkennt, welches Wörter über dem Alphabet $\Sigma \times \{0,1\}^n$ sind, so erhält man einen NFA für die Formel $\exists X_i.\varphi(X_1, \dots, X_n)$ einfach dadurch, dass man an allen Transitionen die i-te 0/1-Spur der gelesenen Alphabetsymbole löscht. Dies vergrößert offensichtlich nicht die Anzahl der Zustände im NFA.

Bei AFAs ist dies jedoch nicht auf diese einfache Art und Weise möglich (siehe Übung), sondern erfordert einen exponentiellen Aufwand im Allgemeinen. Man kann somit also WMSO-Formeln in AFAs statt NFAs übersetzen. Aber dadurch erhält man keine großen Vorteile, denn bei Verwendung von NFAs ist die existentielle Quantifizierung sehr leicht und die Komplementierung schwierig, während bei AFAs die Komplementierung sehr leicht, die existentielle Quantifizierung aber schwierig ist.

3.3 Gedächtnislose Läufe

Der Beweis von Satz 3.10 liefert noch eine interessante Beobachtung. Ein Zustand eines AFA kann mehrfach auf einer Ebene eines Laufes vorkommen, d.h. eine Ebene zwei verschiedene Knoten mit derselben Beschriftung besitzen. Die darunter liegenden Unterbäume müssen nicht unbedingt gleich sein. Für einen akzeptierenden Lauf ist lediglich verlangt, dass ihre Blätter mit Endzuständen beschriftet sind und die Beschriftungen der Nachfolger eines Knotens die Transitionsfunktion im Sinne der Modellbeziehung respektieren. Da eine positiv Boole'sche Formel im Allgemeinen verschiedene Modelle haben kann, können so leicht verschiedene Unterbäume entstehen. Der obige Beweis zeigt jedoch auch, dass man sich auf solche Fälle beschränken kann, in denen nicht verschiedene Unterbäume an solchen Stellen vorkommen. Solche Läufe bezeichnet man als gedächtnislos.

Definition 3.11. Sei $\mathcal{A}$ ein AFA, $w \in \Sigma^*$ und r ein Lauf von $\mathcal{A}$ auf w. Dieser heißt *gedächtnislos*, falls für alle Knoten v, v', die auf derselben Ebene in r liegen, gilt: Falls $r(v) = r(v')$, dann sind Unterbäume unter v und v' identisch.

Beispiel 3.12. Wir betrachten wieder die Sprache $L = \varepsilon \cup (a \cup b)^* b$ wie in Bsp. 3.5. Diese wird auch von dem AFA $\mathcal{A} = (\{q_0, q_1, q_2\}, \{a, b\}, q_0, \delta, \{q_0, q_2\})$ erkannt, welcher sich von dem aus Bsp. 3.5 nur in einer einzigen Transition unterscheidet.

$$\delta(q_0, a) = q_0 \wedge q_1 \qquad \delta(q_1, a) = q_1 \qquad \delta(q_2, a) = q_2$$
$$\delta(q_0, b) = q_0 \qquad \delta(q_1, b) = q_0 \vee q_2 \qquad \delta(q_2, b) = q_2$$

In Zustand q_1 kann er beim Lesen eines b sowohl in den Zustand q_2 übergehen, welcher signalisiert, dass auf ein bestimmtes a noch ein b gefolgt ist, wie auch

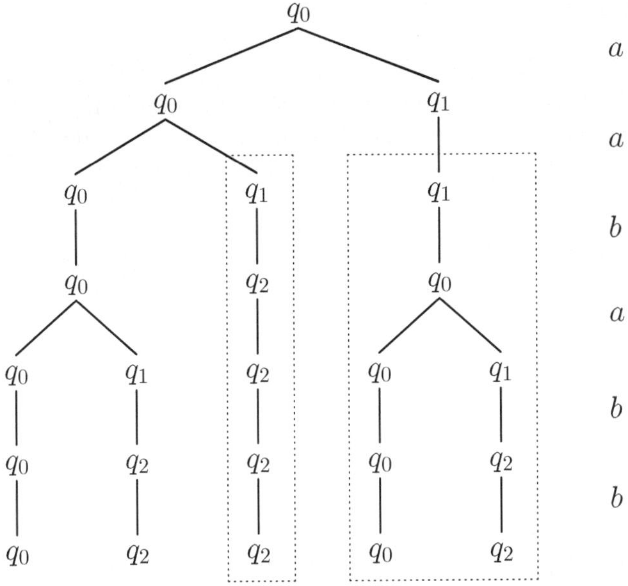

Abb. 3.2. Nichtgedächtnisloser, akzeptierender Lauf des AFA aus Bsp. 3.12.

zurück in den Scan-Zustand q_0 übergehen, welcher weiter nach Vorkommen von einem a fahndet.

Man vergewissere sich, dass der Lauf in Abb. 3.1 auf dem Wort $aababb$ auch ein Lauf des AFA $\mathcal{A}$ hier ist. Außerdem ist er gedächtnislos. Der in Abb. 3.2 gezeigte Lauf ist auch ein akzeptierender Lauf auf $aababb$, er ist jedoch nicht gedächtnislos.

Korollar 3.13. *Sei $\mathcal{A}$ ein AFA und $w \in \Sigma^*$. Es gilt $w \in L(\mathcal{A})$ genau dann, wenn es einen gedächtnislosen, akzeptierenden Lauf von $\mathcal{A}$ auf w gibt.*

Beweis. "$\Leftarrow$" Trivial, da jeder gedächtnislose, akzeptierende Lauf ein akzeptierender Lauf ist.

"$\Rightarrow$" Sei $\mathcal{A}'$ der in Satz 3.10 konstruierte, zu $\mathcal{A}$ äquivalente NFA. Angenommen, es gilt $w \in L(\mathcal{A})$. Dann gilt auch $w \in L(\mathcal{A}')$. Der Beweis von Satz 3.10 liefert dann wiederum einen akzeptierenden Lauf von $\mathcal{A}$ auf w. Dieser kann so gebaut werden, dass jedes Mal, wenn zwei Knoten auf derselben Ebene mit demselben Zustand beschriftet sind, auch die Beschriftungen ihrer unmittelbaren Nachfolger gleich sind. Daraus folgt dann, dass zwei Knoten auf derselben Ebene mit derselben Beschriftung auch identische Unterbäume besitzen. Also gibt es auch einen gedächtnislosen, akzeptierenden Lauf von $\mathcal{A}$ auf w. $\qquad\square$

3.4 Akzeptanz als Spiel

Wir machen zunächst einen kleinen Ausflug in die Spieltheorie und definieren eine der einfachsten Arten von Spielen, die sogenannten Erreichbarkeitsspiele. Diese werden wir für unsere Zwecke—Charakterisierung der Akzeptanz eines Worts durch einen AFA als Spiel—optimiert präsentieren.

Definition 3.14. Ein *Erreichbarkeitsspiel* zwischen zwei Spielern P_0 und P_1 ist ein zykel-freier, endlicher, gerichteter Graph $G = (V, V_0, V_1, E)$ mit Knotenmenge V und Kantenmenge E, so dass $V = V_0 \cup V_1$ und $V_0 \cap V_1 = \emptyset$. Die Knoten, also die Elemente von V, werden hier als *Positionen* bezeichnet.

Eine *Partie* ist eine maximale Sequenz von Positionen $v_0, v_1, \ldots, v_n$, so dass für alle $i < n$ gilt: $(v_i, v_{i+1}) \in E$. Maximalität bedeutet, dass v_n keinen Nachfolger in E hat; also kann diese Sequenz nicht weiter verlängert werden. Wir sagen, dass diese Partie in Position v_0 *beginnt*.

Ein solche Partie wird von Spieler P_i gewonnen, wenn $v_n \in V_{1-i}$ liegt.

Man kann sich Erreichbarkeitsspiele also so vorstellen, dass ein Spielstein auf einem Graphen liegt, und die zwei Spieler den Spielstein (nicht notwendigerweise abwechselnd) entlang der Kanten des Graphen verschieben. Kann ein Spieler nicht mehr ziehen, so hat sein Gegenspieler gewonnen. Es ist also das Bestreben von Spieler P_i, eine Position in V_{1-i} zu erreichen, die keinen Nachfolger in E hat.

Wir interessieren uns insbesondere für die *Möglichkeit* zu gewinnen. Dies wird über Strategien formalisiert.

Definition 3.15. Eine *positionale Strategie* für Spieler P_i in Position v_0 des Spiels G mit $G = (V, V_0, V_1, E)$ ist eine Funktion $\sigma : V_i \to V$, so dass $(v, \sigma(v)) \in E$ für alle $v \in V_i$.

Eine Partie $v_0, v_1, \ldots$ ist *konform* mit einer Strategie σ für Spieler P_i, falls für alle j gilt: wenn $v_j \in V_i$ dann ist $v_{j+1} = \sigma(v_j)$.

Eine Strategie σ für Spieler P_i ist eine *Gewinnstrategie*, falls P_i jede Partie gewinnt, die konform mit σ ist.

Wir benutzen die Spiele hier—wie oben angedeutet—als alternative Charakterisierung der Akzeptanz in AFAs. Man kann dies auch als spieltheoretische Semantik für AFAs bezeichnen. Andererseits kann man Spiele auch algorithmisch betrachten. Das belassen wir jedoch als Übung. Die wichtigste Fragestellung ist dann die, zu einem gegebenen Spiel und einer Position darin zu entscheiden, welcher der beiden Spieler eine Gewinnstrategie für das Spiel beginnend in der Position hat. Es sollte klar sein, dass höchstens einer der beiden Spieler solch eine Gewinnstrategie haben kann. Hätten beide eine, so könnten sie mit ihren Strategien gegeneinander spielen. Das Resultat wäre eine eindeutige Partie, die von beiden gewonnen werden müsste. Andererseits gilt, dass in dieser Art von Spielen mindestens ein Spieler eine (sogar positionale) Gewinnstrategie pro Position hat. Man kann dies für jede Position durch Induktion über die Länge der längsten Partie von ihm aus zeigen, indem man beachtet, dass P_i von Positionen v aus eine Gewinnstrategie hat, wenn entweder $v \in V_i$ liegt und ein Nachfolger existiert, von dem aus P_i eine Gewinnstrategie hat, oder aber $v \in V_{1-i}$ liegt und P_i von jedem der Nachfolger aus eine Gewinnstrategie hat.

Man kann die Frage, ob ein gegebener AFA $\mathcal{A}$ ein gegebenes Wort $w \in \Sigma^*$ akzeptiert, auf das Lösen eines Erreichbarkeitsspiels zurückführen. Dies wird intuitiv von zwei Spielern P_0 und P_1 gespielt, wobei P_0 zeigen soll, dass $w \in L(\mathcal{A})$ gilt, während P_1 das Gegenteil zeigen soll.

Definition 3.16. Das *Akzeptanzspiel* für $\mathcal{A}$ und $w = a_0 a_1 \ldots a_{n-1}$ ist definiert als $\mathcal{G}_{\mathcal{A},w} = (V, V_0, V_1, E)$ mit

$$
\begin{aligned}
V_0 &:= \{(q,i) \mid q \in Q \text{ und } 0 \le i < n\} \cup \{(q,n) \mid q \in Q \setminus F\} \\
V_1 &:= \{(M,i) \mid M \subseteq Q \text{ und } 1 \le i \le n\} \cup \{(q,n) \mid q \in F\} \\
V &:= V_0 \cup V_1
\end{aligned}
$$

und

$$
\begin{aligned}
E := {} & \{((q,i),(M,i+1)) \mid M \models \delta(q,a_i) \text{ und } i < n\} \\
& \cup \{((M,i),(q,i)) \mid q \in M\}
\end{aligned}
$$

Positionen der Form (q,n) haben keinen Nachfolger; ist $q \in F$, so gewinnt hier P_0, da P_1 nicht spielen kann. Ist $q \in Q \setminus F$, so gewinnt umgekehrt P_1. In einer Position (q,i) mit $i < n$ ist P_0 am Zug und wählt ein Modell der Formel $\delta(q,a_i)$. In einer Position (M,i) ist P_1 am Zug und wählt einen Zustand $q \in M$.

Satz 3.17. *Sei $\mathcal{A} = (Q, \Sigma, q_0, \delta, F)$ ein AFA und $w \in L$. Spieler P_0 gewinnt das Akzeptanzspiel $\mathcal{G}_{\mathcal{A},w}$ von Position $(q_0, 0)$ genau dann, wenn $w \in L(\mathcal{A})$.*

Beweis. "$\Leftarrow$" Wir schreiben $v \in L(q)$ für ein $q \in Q$, falls $v \in L(Q, \Sigma, q, \delta, F)$, also wenn $\mathcal{A}$ das Wort v akzeptieren würde, wenn er im Zustand q gestartet würde. Offensichtlich gilt also z.B. $w \in L(q_I)$.

Sei nun $w = a_0 \ldots a_{n-1} \in L(\mathcal{A})$. Wir müssen zeigen, dass Spieler P_0 eine Gewinnstrategie für das entsprechende Spiel hat. Um dies induktiv beweisen zu können, zeigen wir die stärkere Aussage, dass für alle Suffixe $a_i \ldots a_{n-1}$ Spieler P_0 eine Gewinnstrategie von Position (q,i) hat, falls $a_i \ldots a_{n-1} \in L(q)$. Dies zeigen wir durch Induktion über $n - i$, also die Länge des Suffixes. Ist $n - i = 0$, also $i = n$, so ist das Suffix $\varepsilon \in L(q)$ genau dann, wenn $q \in F$. Dann aber gewinnt P_0 von (q,n) aus, da hier $(q,n) \in V_1$ ist.

Anderenfalls muss es ein Modell M von $\delta(q,a_i)$ geben, derart dass $a_{i+1} \ldots a_{n-1} \in L(q')$ für alle $q' \in M$ gilt. Nach Induktionshypothese gewinnt P_0 das Akzeptanzsspiel für $a_{i+1} \ldots a_{n-1}$ also von allen Positionen (q',i) mit $q' \in M$.

Die Gewinnstrategie für P_0 besteht dann darin, gerade dieses Modell M zu wählen. Spieler P_1 kann sich nun für eines der $q' \in M$ entscheiden, aber egal, was er oder sie macht, kann P_0 mit der zugehörigen, aufgrund der Induktionshypothese existierenden Gewinnstrategie antworten.

"⇒" Sei nun $w \notin L(\mathcal{A})$. Nach Satz 3.8 gilt dann $w \in L(\overline{\mathcal{A}})$. Nach dem obigen Teil dieses Beweises hat Spieler P_0 eine Gewinnstrategie im Knoten $(q_0, 0)$ des Spiels $\mathcal{G}_{\overline{\mathcal{A}}, w}$. Man sieht leicht, dass $\mathcal{G}_{\mathcal{A}, w}$ aus diesem entsteht, indem die Wahlmöglichkeiten der beiden Spieler und die Gewinnmengen jeweils vertauscht werden. Das heißt, dass Spieler P_1 mit derselben Strategie, die eine Gewinnstrategie für Spieler P_0 in $\mathcal{G}_{\overline{\mathcal{A}}, w}$ vom Knoten $(q_0, 0)$ aus ist, jede Partie vom selbigen Knoten in $\mathcal{G}_{\mathcal{A}, w}$ gewinnen kann. Somit hat Spieler P_0 in diesem Spiel keine Gewinnstrategie.
□

Sternfreie Sprachen

Wir studieren nunmehr eine echte Teilklasse der regulären Sprachen: die *sternfreien Sprachen*. Wie die regulären Sprachen erlauben diese mehrere äquivalente Charakterisierungen: durch sternfreie reguläre Ausdrücke beschreibbar, durch erststufige Logik definierbar, etc.

4.1 Erststufige Logik

Die *erststufige Logik* (FO) ist das Fragment der WMSO, in dem keine Quantifikation über zweitstufige Variablen erlaubt ist. Erststufige Quantoren sind natürlich erlaubt. Zweitstufige freie Variablen, insbesondere solche der Form P_a für Alphabetsymbole a sind ebenso erlaubt. In der Regel sind alle zweitstufigen Variablen von dieser Form.

Definition 4.1. Die *Quantorentiefe* $qd(\varphi)$ einer FO-Formel φ ist die Schachtelungstiefe der erststufigen Quantoren darin. Sie ist induktiv wie folgt definiert.

$$
\begin{aligned}
qd(x < y) = qd(P_a(x)) &:= 0 \\
qd(\varphi \vee \psi) &:= \max\{qd(\varphi), qd(\psi)\} \\
qd(\neg\varphi) &:= qd(\varphi) \\
qd(\exists x.\varphi) &:= 1 + qd(\varphi)
\end{aligned}
$$

Zum Beispiel ist $\varphi = \forall x.P_a(x) \rightarrow \exists y.x<y \wedge P_b(x)$ eine FO-Formel der Quantorentiefe 2 mit

$$
L(\varphi) \;=\; (a \cup b \cup c)^* b(b \cup c)^* \cup (b \cup c)^*
$$

was besagt, dass auf jedes a später noch ein b folgt.

Man beachte, dass die in Abschnitt 2.1 gemachten Definitionen $x = y$ und $x = 0$ in das Fragment FO fallen, d.h., dass bei der Definition kein Gebrauch

M. Hofmann, M. Lange, *Automatentheorie und Logik*, eXamen.press,
DOI 10.1007/978-3-642-18090-3_4, © Springer-Verlag Berlin Heidelberg 2011

von der Quantifikation über zweitstufige Variablen gemacht wurde. Allerdings hat die Formel $x = 0$ bereits die Quantorentiefe 1. Wir führen zusätzlich die Abkürzungen

$$x < max \ := \ \bigvee_{a \in \Sigma} P_a(x)$$
$$x = max \ := \ \neg(x < max) \wedge \forall z.z < x \to z < max$$

ein, welche es uns erlauben, erststufige Variablen auf Positionen des Eingabewortes zu beschränken.

Offensichtlich ist jede FO-definierbare Sprache regulär, denn FO ist ja ein syntaktisches Fragment von WMSO, und WMSO definiert genau die regulären Sprachen. Es stellt sich die Frage, ob FO eventuell bereits so ausdrucksstark wie WMSO ist. Dies ist nicht der Fall. Insbesondere werden wir zeigen, dass es keine FO-Formel ψ gibt mit $L(\psi) = (aa)^*$. Bevor wir ins Detail gehen können, müssen wir uns ein Hilfsmittel aus der endlichen Modelltheorie erarbeiten— das *Ehrenfeucht-Fraïssé-Spiel*.

4.2 Ehrenfeucht-Fraïssé-Spiele

Zwei Personen, genannt *Spoiler* und *Duplicator* spielen folgendes Spiel: Gegeben sind zwei Wörter u und v über einem Alphabet Σ. Außerdem wird eine Zahl k von Runden vereinbart.

Es bietet sich an, sich die beiden Wörter als untereinander geschrieben vorzustellen. Spoiler beginnt das Spiel, indem er auf eine Position in entweder u oder v zeigt. Duplicator antwortet, indem er auf eine Position im jeweils anderen Wort zeigt und die beiden Positionen durch eine Linie verbindet. Die Buchstaben an den beiden Positionen müssen dabei aber übereinstimmen. Außerdem darf dabei keine schon vorhandene Verbindungslinie gekreuzt werden. Dann ist die erste Runde vorbei und es ist wieder Spoiler am Zug um die zweite Runde zu eröffnen, usw. Der Spieler Spoiler darf eine bereits gespielte Position abermals spielen; in diesem Fall muss Duplicator mit der korrespondierenden Position antworten. In keinem anderen Fall darf Duplicator eine schon gespielte Position wiederholen.

Kann Duplicator nicht spielen, so verliert er das Spiel. Ist die vereinbarte Rundenzahl vorbei, ohne dass Duplicator verloren hätte, so gewinnt Duplicator. Wir sagen dann, Duplicator gewinnt k Runden. Offensichtlich gewinnt Duplicator also immer 0 Runden, egal was die beiden Wörter u und v sind.

Dieses Spiel heißt Ehrenfeucht-Fraïssé-Spiel, im folgenden kurz EF-Spiel. Wir bezeichnen das EF-Spiel auf u, v mit k Runden als $G_k(u, v)$. Wir sagen Spoiler, bzw. Duplicator gewinnt $G_k(u, v)$, wenn Spoiler, bzw. Duplicator das Spiel immer gewinnen kann, wie geschickt auch immer der Gegner Duplicator bzw. Spoiler spielen mag. Wir sagen dann, dass der jeweilige Gegner das Spiel verliert (auch wenn er bei ungeschicktem Spiel des anderen vielleicht doch gewinnen könnte). Wie alle endlichen Spiele ist auch dieses Spiel determiniert: entweder Spoiler oder Duplicator gewinnt.

Beispiel 4.2. Sei $\Sigma = \{a, b\}$, $u = aabaacaa$, $v = aacaabaa$. Duplicator gewinnt $G_1(u, v)$, verliert aber $G_2(u, v)$ Um $G_2(u, v)$ zu gewinnen, würde Spoiler im ersten Zug das b in u spielen; Duplicator muss mit dem B in v antworten. In der zweiten Runde spielt Spoiler das c in u und Duplicator würde gerne c spielen, kann aber nicht, weil sich die Linien dann überkreuzen würden, und verliert.

Beispiel 4.3. Sei $\Sigma = \{a\}$, $|u| \geq 2^k - 1$, $|v| \geq 2^k - 1$. Hier kann Duplicator k Runden überleben—Duplicator gewinnt $G_k(u, v)$).

Um geeignete Invarianten formulieren zu können, benötigen wir noch die folgende Verallgemeinerung: Seien u, v Wörter, $\mathbf{s} = (s_0, s_1, \ldots, s_{n-1})$ und $\mathbf{t} = (t_0, t_1, \ldots, t_{n-1})$ Zahlenfolgen mit $s_i < |u|, t_i < |v|$ für alle $i = 0, \ldots, n - 1$. Das Spiel $G_k((u, \mathbf{s}), (v, \mathbf{t}))$ wird so gespielt wie $G_k(u, v)$ mit der Ausnahme, dass die Verbindungen s_i—t_i bereits als vorhanden gelten, somit dürfen die Positionen s_i in u und t_i in v von Duplicator nicht mehr gespielt werden, es sei denn, Spoiler hätte zuvor die korrespondierende Position gespielt. Außerdem dürfen die Verbindungen s_i—t_i nicht gekreuzt werden. Sollten sich solche vorgegebenen Verbindungen s_i—t_i und s_j—t_j kreuzen (also z.B. $s_i < s_j$ und $t_j < t_i$) oder verschiedene Buchstaben verbinden, so hat Duplicator sofort verloren, also schon nach 0 Runden.

Wir halten die folgenden grundlegenden Fakten als Lemma fest.

Lemma 4.4. *a)* $G_k(u, v)$ *ist dasselbe Spiel wie* $G_k((u, ()), (v, ()))$
b) $G_0((u, \mathbf{s}), (v, \mathbf{t}))$ *wird von Duplicator gewonnen, wenn sich die Verbindungen* s_i—t_i *weder kreuzen, noch verschiedene Buchstaben verbinden.*
c) $G_{k+1}((u, \mathbf{s}), (v, \mathbf{t}))$ *wird von Duplicator gewonnen, genau dann, wenn gilt:*
  – für alle $i < |u|$ *gibt es* $j < |v|$, *so dass Duplicator* $G_k((u, \mathbf{s}.i), (v, \mathbf{t}.j))$ *gewinnt;*
  – für alle $j < |v|$ *gibt es* $i < |u|$, *so dass Duplicator* $G_k((u, \mathbf{s}.i), (v, \mathbf{t}.j))$ *gewinnt.*

Beweis. Übung.

Der Satz von Ehrenfeucht und Fraïssé besagt, dass ein Spiel $G_k(u, v)$ von Duplicator genau dann gewonnen wird, wenn u und v durch FO-Formeln mit Quantorentiefe höchstens k nicht zu unterscheiden sind. Wenn bis auf weiteres von Formeln die Rede ist, so sind immer FO-Formeln über der Signatur $P_a(x)$ für $a \in \Sigma$ und $x < y$ gemeint. Beachte, dass Formeln der Form $x = y$ durch $<$ definierbar sind, ohne die Quantorentiefe zu erhöhen.

Wir fixieren ein Alphabet Σ und betrachten erststufige Formeln, deren freie zweitstufige Variablen der Menge $\{P_a \mid a \in \Sigma\}$ entstammen. Formeln der Quantorentiefe Null sind offensichtlich nur Boole'sche Kombinationen von atomaren Formeln, also $P_a(x)$ für a in Σ und $x < y$. Formeln der Quantorentiefe $k + 1$ sind von der Form $\exists x.\varphi(x)$, wobei φ von Quantorentiefe k ist, und außerdem Boole'sche Kombinationen solcher Formeln.

Ist φ Formel mit n freien erststufigen Variablen $x_0, \ldots, x_{n-1}$ (neben den zweitstufigen Variablen P_a) und $\mathbf{s} = (s_0, \ldots, s_{n-1})$, so schreiben wir $u, \mathbf{s} \models \varphi$ um zu sagen, dass φ wahr ist unter der durch u gegebenen Interpretation der Mengenvariablen P_a und der durch $\mathbf{s}$ gegebenen Belegung der freien erststufigen Variablen, formal also $I_u[\mathbf{x} \mapsto \mathbf{s}] \models \varphi$. Alternativ schreiben wir auch $u \models \varphi(\mathbf{s})$.

Definition 4.5. Seien u, v Wörter. Wir schreiben $u \equiv_k v$, wenn für alle Formeln φ mit $qd(\varphi) \leq k$, welche außer den P_a keine weiteren freien Variablen haben, gilt:

$$u \models \varphi \quad \Longleftrightarrow \quad v \models \varphi$$

Seien u, v Wörter und $\mathbf{s} = (s_0, \ldots, s_{n-1})$, $\mathbf{t} = (t_0, \ldots, t_{n-1})$ Tupel von Positionen darin. Wir schreiben $(u, \mathbf{s}) \equiv_{k,n} (v, \mathbf{t})$, wenn für alle Formeln φ mit n freien Variablen und $qd(\varphi) \leq k$, gilt:

$$u, \mathbf{s} \models \varphi \quad \Longleftrightarrow \quad v, \mathbf{t} \models \varphi$$

Satz 4.6. *Das Spiel $G_k((u, \mathbf{s}), (v, \mathbf{t}))$ wird von Duplicator genau dann gewonnen, wenn gilt $(u, \mathbf{s}) \equiv_{k,n} (v, \mathbf{t})$.*

Beweis. "$\Rightarrow$": Durch Induktion über k. Duplicator gewinnt 0 Runden, wenn $s_i < s_j \iff t_i < t_j$ und $u(s_i) = v(t_i)$ für alle i, j. Dann aber gilt für jede atomare Formel φ, dass $u \models \varphi(\mathbf{s}) \iff v \models \varphi(\mathbf{t})$, und durch Induktion über den Formelaufbau setzt sich dies auf beliebige quantorenfreie Formeln fort.

Sei nun die Behauptung für k schon gezeigt und gewinne Duplicator $k+1$ Runden. Wir zeigen wiederum durch Induktion über den Formelaufbau, dass $u \models \varphi(\mathbf{s}) \iff v \models \varphi(\mathbf{t})$. Der interessante Fall ist $\varphi = \exists x.\psi$. Wenn $u \models \varphi(\mathbf{s})$, so existiert eine Position s, derart dass $u \models \psi(s, \mathbf{s})$. Wir betrachten den Fall, in dem Spoiler mit der Position s eröffnet. Da ja nach Voraussetzung Duplicator eine Gewinnstrategie besitzt, muss er diesen Zug mit einer Position t beantworten können. Das Restspiel $G_k((u, s.\mathbf{s}), (v, t.\mathbf{t}))$ wird nun von Duplicator gewonnen, nach Induktionsvoraussetzung haben wir also $u, s.\mathbf{s} \equiv_{k,n+1} v, t.\mathbf{t}$ und es folgt $v \models \psi(t, \mathbf{t})$.

"$\Leftarrow$": Es gelte $(u, \mathbf{s}) \equiv_{k,n} (v, \mathbf{t})$. Unter Zuhilfenahme von Lemma 4.4 konstruieren wir eine Formel χ mit freien erststufigen Variablen $x_0, \ldots, x_{|\mathbf{t}|-1}$ und Quantorentiefe k, so dass $(w, \mathbf{r}) \models \chi$ genau dann, wenn Duplicator das Spiel $G_k((u, \mathbf{s}), (w, \mathbf{r}))$ gewinnt und $s_i < |v|$ für alle i. Beachte, dass $|\mathbf{r}| = |\mathbf{t}|$. Die Formel χ charakterisiert also den Gewinn aus Sicht von Duplicator des Spiels $G_k((u, \mathbf{s}), \_\_)$, in dem das eine Wort mit Positionsvektor festgelegt ist.

Ist $k = 0$, so ergibt sich χ als Konjunktion der folgenden Bedingungen:

$$\begin{aligned}
&a(x_i) && , \text{ falls } u_{s_i} = a \\
&x_i < x_j && , \text{ falls } s_i < s_j \\
&x_i < max
\end{aligned}$$

Die letzte Bedingung stellt somit sicher, dass x_i auf eine Position in w verweist. Offensichtlich hat χ hier Quantorentiefe 0.

Falls $k > 0$, so sei induktiv χ_i eine charakterisierende Formel der Quantorentiefe $k-1$ für das Spiel $G_{k-1}((u, i.\mathbf{s}), \underline{\quad})$. Wir setzen dann:

$$\chi(\mathbf{x}) = \bigwedge_{i=0}^{|u|-1} \exists x.\chi_i(x, \mathbf{x}) \wedge \forall x.x < max \rightarrow \bigvee_{i=0}^{|u|-1} \chi_i(x, \mathbf{x})$$

Diese Formel beschreibt gemäß Lemma 4.4 eine Gewinnstrategie für Duplicator. Beginnt Spoiler in u, so liefert das erste Konjunkt die entsprechende Antwort; beginnt Spoiler in v, so nehmen wir das zweite Konjunkt her. Man beachte, dass Züge in u durch Boole'sche Konnektive und Züge in w durch Quantoren modelliert werden. Beachte ebenso, dass $qd(\chi) = k$.

Das Spiel $G_k((u, \mathbf{s}), (u, \mathbf{s}))$ wird offensichtlich von Duplicator gewonnen, indem er die Züge von Spoiler einfach kopiert. Daher gilt $(u, \mathbf{s}) \models \chi$. Wenn nun $(u, \mathbf{s}) \equiv_k (v, \mathbf{t})$, so folgt aus der Definition von $\equiv_k$, dass auch $v, \mathbf{t} \models \chi$. Aufgrund der Konstruktion von χ bedeutet das, dass Duplicator das Spiel $G_k((u, \mathbf{s}), (v, \mathbf{t})$ gewinnt.

$\square$

Als einfache Anwendung zeigen wir den folgenden Satz:

Satz 4.7. *Die Sprache $L = (aa)^*$ ist nicht FO-definierbar, d.h. es gibt keine FO-Formel φ, so dass $u \models \varphi$ genau dann, wenn $u \in (aa)^*$.*

Beweis. Gäbe es so ein φ, dann hätte es eine bestimmte Quantorentiefe k. Das Spiel $G_k(a^{2^k}, a^{2^k-1})$ wird von Duplicator gewonnen, somit sind die beiden Wörter durch FO-Formeln der Quantorentiefe k nicht zu unterscheiden, also insbesondere nicht durch φ. Das eine Wort ist aber in L, das andere nicht. Dies führt die Annahme zu einem Widerspruch. $\square$

4.3 Abschlusseigenschaften

Die Klasse der FO-definierbaren Sprachen bildet also eine echte Teilklasse der regulären Sprachen. Es stellt sich die Frage, ob sich diese Klasse auch anders als nur durch FO-Definierbarkeit charakterisieren lässt. So werden reguläre Sprachen ja z.B. auch durch reguläre Ausdrücke und NFA beschrieben. In diesem Abschnitt wollen wir eine (Fast-)Teilklasse der regulären Ausdrücke kennenlernen, die genau die FO-definierbaren Sprachen beschreiben. Dadurch wird diese Sprachklasse also algebraisch charakterisiert.

Man kann natürlich genauso versuchen, diese Sprachklasse durch NFA mit speziellen Eigenschaften zu charakterisieren. Dies wird hier aber nicht weiter verfolgt. Es sei nur erwähnt, dass man das Automatenmodell der AFA recht leicht einschränken kann, um damit die Klasse der FO-definierbaren Sprachen zu charakterisieren. Dies betrachten wird später im Kontext der Automaten auf unendlichen Wörtern.

Definition 4.8. Sei Σ ein Alphabet. Die sternfreien Sprachen über Σ, geschrieben SF(Σ) bilden die kleinste Klasse von Sprachen über Σ, die unter folgendem abgeschlossen ist:

- $\emptyset$ ist sternfrei.
- $\{\varepsilon\}$ ist sternfrei.
- $\{a\}$ ist sternfrei für $a \in \Sigma$.
- Sind A, B sternfrei, so auch AB, $\overline{A}$, $A \cup B$

Beispiel 4.9. "Sternfrei" bedeutet nicht, dass in *jedem* Ausdruck, der solch eine Sprache beschreibt, kein Kleene-Stern-Operator vorkommen darf. Dadurch erweisen sich einige Sprachen als sternfrei, die auf den ersten Blick nicht so aussehen.

a) Σ^* ist sternfrei, da $\Sigma^* = \overline{\emptyset}$.

b) Sind A, B sternfrei, so auch $A \cap B = \overline{\overline{A} \cup \overline{B}}$ und $A \setminus B = A \cap \overline{B}$.

c) Falls $D \subseteq \Sigma$, so ist D^* sternfrei, da $D^* = \Sigma^* \setminus (\Sigma^*(\Sigma \setminus D)\Sigma^*)$.

d) Die Sprache $(ab)^*$ ist auch sternfrei, da $(ab)^* = \Sigma^* \setminus b\Sigma^* \setminus \Sigma^* aa\Sigma^* \setminus \Sigma^* bb\Sigma^*$.

Wir zeigen zunächst, dass diese Charakterisierung nicht über die FO-definierbaren Sprachen hinausgeht.

Satz 4.10. *Sei L eine sternfreie Sprache. Es gibt eine FO-Formel φ, so dass* $w \in L \iff w \models \varphi$.

Beweis. Wir definieren zu jeder sternfreien Sprache L eine Formel $\varphi_L(x, y)$ derart dass $u, (i, j) \models \varphi_L$, bzw. $u \models \varphi_L(i, j)$ genau dann, wenn $i \leq j < |u|$ und $u_i u_{i+1} \ldots u_{j-1} \in L$. Im Falle $i = j$ also $\varepsilon \in L$. Liegt φ_L vor, so gilt insbesondere $u \in L$ genau dann, wenn $u \models \exists x.\exists y.x{=}0 \wedge y{=}max \wedge \varphi_L(x, y)$.

Wir konstruieren nunmehr φ_L durch Induktion über die Herleitung der Sternfreiheit von L. Ist $L = \emptyset, L = \{a\}, L = \{\varepsilon\}$, so ist die Definition von φ_L eine leichte Übung. Z.B. können wir setzen:

$$\varphi_{\{a\}}(x, y) = P_a(x) \wedge x \leq y \wedge y < max \wedge \forall z.x < z \to y \leq z$$

Sei nun $L = \overline{L_1}$ und φ_{L_1} bereits konstruiert. Wir setzen $\varphi_{\overline{L}} := x < y \wedge y < max \wedge \neg\varphi_{L_1}$.

Ist $L = L_1 \cup L_2$ und $\varphi_{L_1}, \varphi_{L_2}$ schon definiert, so setzen wir $\varphi_L := \varphi_{L_1} \vee \varphi_{L_2}$.

Ist schließlich $L = L_1 L_2$, so setzen wir $\varphi_L(x, y) := \exists z.x \leq z \wedge z \leq y \wedge \varphi_{L_1}(x, z) \wedge \varphi_{L_2}(z, y)$.

Hierbei bezeichnet $\varphi_{L_1}(x, z)$ die Formel, die man aus $\varphi_{L_1}(x, y)$ durch Ersetzen von y durch z erhält.

Die offensichtlichen Verifikationen verbleiben als Übung. $\qquad\square$

Für die Umkehrung dieses Satzes (FO-definierbare Sprachen sind sternfrei) benötigen wir etwas Vorarbeit.

Lemma 4.11. *Für jedes $k \in \mathbb{N}$ ist die Relation $\equiv_k$ (Ununterscheidbarkeit durch Formeln der Quantorentiefe k) eine Äquivalenzrelation mit endlich vielen Äquivalenzklassen.*

Beweis. Dass $\equiv_k$ eine Äquivalenzrelation ist, ist leicht zu sehen (Übung).

Die Aussage über die Anzahl ihrer Äquivalenzklassen folgt aus der Tatsache, dass es bis auf logische Äquivalenz nur endliche viele Formeln einer festen Quantorentiefe k gibt. In der Tat kann ja durch offensichtliche Äquivalenzumformungen jede Formel der Quantorentiefe k in die *Pränex-Normalform* gebracht werden, also eine Folge von bis zu k Quantoren ($\exists$ und $\forall$), welche auf einen quantorenfreien Rumpf wirken. Dieser quantorenfreie Rumpf ist eine Boole'sche Kombination aus atomaren Formeln über den freien und den durch die Quantoren gebundenen Variablen. Eine Abschätzung für die Zahl der Formeln (bis auf Äquivalenz) ist also $2^k \cdot 2^{2^{|\Sigma| \cdot (k+n) + (k+n)^2}}$, wobei n die Anzahl der freien erststufigen Variablen ist.

Nun ist jede Äquivalenzklasse eindeutig durch die Menge der Formeln bestimmt, die in ihr gelten. Gibt es also (bis auf Äquivalenz) höchstens p Formeln, dann gibt es höchstens 2^p Mengen von Formeln und somit höchstens 2^p Äquivalenzklassen. $\qquad\square$

Lemma 4.12. *Zu jeder $\equiv_k$-Äquivalenzklasse W gibt es eine Formel φ_W, so dass $(u, \mathbf{s}) \in W \iff (u, \mathbf{s}) \models \varphi_W$.*

Beweis. Man definiert φ_W als die Konjunktion aller (bis auf Äquivalenz) Formeln der Quantorentiefe k, die in W gelten. Es gelte $(u, \mathbf{s}) \models \varphi_W$ und es sei $(v, \mathbf{t}) \in W$. Wir behaupten, dass $(u, \mathbf{s}) \equiv_k (v, \mathbf{t})$ und somit wie gewünscht $(u, \mathbf{t}) \in W$: Ist nämlich ψ eine beliebige Formel der Quantorentiefe k und gilt $(v, \mathbf{t}) \models \psi$, so ist eine zu ψ logisch äquivalente Formel in der Konjunktion φ_W erfasst, und es folgt $(u, \mathbf{s}) \models \psi$. Sei nun umgekehrt ψ eine Formel der Quantorentiefe k, die von $(u, \mathbf{s})$ erfüllt wird. Wäre $(v, \mathbf{t}) \not\models \psi$, so auch $(v, \mathbf{t}) \models \neg\psi$ und dann auch $(u, \mathbf{s}) \models \neg\psi$ nach der bereits bewiesenen Richtung. Letzteres aber steht im Widerspruch zur Annahme $(u, \mathbf{s}) \models \psi$. $\qquad\square$

Lemma 4.13. *Jede durch eine Formel der Quantorentiefe k definierte Sprache ist (endliche) Vereinigung von $\equiv_k$-Äquivalenzklassen.*

Beweis. Ist ein Wort u in L, so erfüllt es die definierende Formel. Jedes äquivalente Wort erfüllt dann aber auch diese Formel, ist somit auch in L. Somit kann die Sprache L eine Äquivalenzklasse entweder ganz oder gar nicht enthalten und ist daher Vereinigung derjenigen Klassen, die in ihr enthalten sind.

$\qquad\square$

Damit können wir auch besagte Umkehrung zeigen.

Satz 4.14. *Sei φ eine FO-Formel. Die Sprache $L(\varphi)$ ist sternfrei.*

Beweis. Wir führen eine Induktion über die Quantorentiefe k und den Formelaufbau.

Induktionsanfang: Die einzigen (bis auf Äquivalenz) geschlossenen Formeln von Quantorentiefe 0 sind die Formeln *true* und *false*. Beide definieren sternfreie Sprachen, nämlich $\emptyset$ und Σ^*.

Induktionsschritt: Habe φ die Quantorentiefe $k+1$. Boole'sche Operationen sind auf der Ebene der sternfreien Ausdrücke vorhanden; somit können wir uns auf den Fall $\varphi = \exists x.\psi$ beschränken, wobei ψ die Quantorentiefe k hat. Wir dürfen die Behauptung für ψ und alle anderen Formeln der Quantorentiefe k voraussetzen. Insbesondere ist jede $\equiv_k$-Äquivalenzklasse sternfrei.

Wir behaupten nun folgendes:

$$L(\varphi) \;=\; L(\exists x.\psi) \;=\; \bigcup_{(uav,|u|)\models\psi} [u]_{\equiv_k}\, a\, [v]_{\equiv_k}$$

Man beachte, dass dies eine endliche Vereinigung ist, da es ja überhaupt nur endlich viele $\equiv_k$-Äquivalenzklassen gibt.

Zum Beweis der Behauptung nehmen wir an, dass $w \models \varphi$. Somit ist $w = uav$ und $(uav,|u|) \models \psi(x)$. Dann aber ist w in $[u]_{\equiv_k}\,a\,[v]_{\equiv_k}$.

Sei umgekehrt $w = u'av'$, $u' \equiv_k u$, $v' \equiv_k v$ und $(uav,|u|) \models \psi(x)$, also $w \in [u]_{\equiv_k}\,a\,[v]_{\equiv_k}$. Dann gilt mithilfe des Satzes von Ehrenfeucht-Fraïssé auch $(u'av',|u'|) \equiv_k (uav,|u|)$, somit $(uav,|u|) \models \psi$, somit $w \models \varphi$.

Hierzu argumentieren wir wie folgt: Nach dem Satz von Ehrenfeucht-Fraïssé gewinnt Duplicator die Spiele $G_k(u,u')$ und $G_k(v,v')$. Duplicator gewinnt dann auch das Spiel $G_k((uav,|u|),(u'av',|u'|))$, denn Züge von Spoiler auf u oder u' werden entsprechend der Gewinnstrategie für $G_k(u,u')$ beantwortet, analog für (v,v'). Die Verbindung $a\!-\!a$ ist ja schon gespielt. Eine abermalige Anwendung des Satzes von Ehrenfeucht-Fraïssé liefert dann $(u'av',|u'|) \models \psi$, also $u'av' \models \varphi$. $\qquad\square$

Notizen

Zur Theorie regulärer Sprachen und endlicher Automaten gibt es eine Fülle an Literatur. Insbesondere die Standard-Textbücher von J. Hopcroft und J. Ullman sowie später noch zusammen mit R. Motwani [HU80, HMU01] oder auch das ältere Werk von M. Harrison [Har78] stellen die entsprechenden Sachverhalte detailliert und ausführlich dar. Die Äquivalenz zwischen den verschiedenen Beschreibungsformen für reguläre Sprachen, also insbesondere endliche Automaten und reguläre Ausdrücke, ist als Satz von Kleene nach S. Kleene bekannt [Kle56]. Das Arden'sche Lemma (Satz 1.7) wird D. Arden zugeschrieben [Ard60].

Satz 2.8 ist üblicherweise als Satz von Büchi/Elgot oder Büchi/Elgot/ Trakhentenbrot bekannt. Die darin formulierte Äquivalenz zwischen Regularität einer Sprache endlicher Wörter und ihrer WMSO-Definierbarkeit wurde von J. Büchi und C. Elgot [Büc60, Elg61, BE58] einerseits und unabhängig davon ebenfalls von B. Trakhtenbrot [Tra61] entdeckt.

Das Tool MONA wurde am Department for Computer Science der University of Aarhus in Dänemark, hauptsächlich von A. Møller entwickelt [KM01]. Es ist frei erhältlich über die Webseite http://www.brics.dk/mona. Eine Studie über die Verwendbarkeit dieses Tools wurde z.B. von N. Klarlund und anderen erstellt [HJJ$^+$95].

Den erwähnten Zeithierarchiesatz der Komplexitätstheorie kann man z.B. in C. Papadimitrious Standardwerk zur Komplexitätstheorie nachlesen [Pap94].

Satz 2.13 sowie die Kodierung einer platzbeschränkten Turing-Maschine in WMSO stammt aus L. Stockmeyers Dissertation [Sto74].

Die Unentscheidbarkeit der Arithmetik, also der erststufigen Logik über natürlichen Zahlen mit Addition und Multiplikation wurde 1931 von K. Gödel gezeigt [Göd31]. M. Presburger betrachtete dann das nach ihm benannte Fragment ohne Multiplikation und zeigte dessen Entscheidbarkeit [Pre27]. Satz 2.14 über die Große eines minimalen Automaten für eine Formel der Presburger-Arithmetik stammt von F. Klaedtke [Kla04].

Alternierung wurde zunächst im Kontext der mächtigeren Turing-Maschinen von A. Chandra, D. Kozen und L. Stockmeyer untersucht [CKS81].

L. Stockmeyer hat dann zusammen mit R. Ladner und R. Lipton dieses Konzept noch auf Klassen endlicher Automaten angewandt [LSL84]. Zuvor hatten bereits J. Brzozowski und E. Leiss Alternierung in Bezug auf reguläre Sprachen endlicher Wörter hin untersucht [BL80]; E. Leiss hat insbesondere Vergleiche zwischen den Größen nichtdeterministischer und alternierender, endlicher Automaten angestellt [Lei81, Lei85].

Die spiel-theoretische Charakterisierung der FO-Definierbarkeit einer Sprache in Satz 4.6 wurde von A. Ehrenfeucht [Ehr61] und R. Fraïssé [Fra54] entdeckt.

Satz 4.10 über die Äquivalenz zwischen Sternfreiheit und FO-Definierbarkeit ist auch als Satz von R. McNaughton und S. Papert bekannt [MP71]. Die in J. Büchis Arbeit entwickelte Korrespondenz zwischen Logik und Automatentheorie in Bezug auf WMSO wurde von dann R. McNaughton auf das Fragment der erststufigen Logik angewandt.

Übungsaufgaben

Übung 1. Bestimme die reguläre Sprache, die von dem NFA in Abb. 1.1 erkannt wird. Konstruiere einen äquivalenten DFA mit nur 4 Zuständen.

Übung 2. Gegeben sei der NFA $\mathcal{A} = (\{0, 1, 2, 3\}, \{a, b\}, 0, \delta, \{3\})$ mit

δ	a	b
0	$\{1\}$	$\{0, 3\}$
1	$\{0\}$	$\emptyset$
2	$\{3\}$	$\emptyset$
3	$\{2\}$	$\emptyset$

Konstruiere mittels der Potenzmengenkonstruktion einen DFA $\mathcal{A}'$, so dass $L(\mathcal{A}) = L(\mathcal{A}')$ gilt.

Übung 3. Beweise Satz 1.4. Gib auch jeweils eine obere Schranke an die Größe der entstehenden NFAs in Abhängigkeit der Anzahl der Zustände der NFAs aus der Eingabe an.

Übung 4. Beweise Satz 1.6. *Hinweis*: Führe eine Induktion über den Aufbau regulärer Sprachen und benutze die Sätze 1.4 und 1.5.

Übung 5. Beweise das Arden'sche Lemma (Satz 1.7). *Hinweis:* Benutze dabei, dass $L^* = \bigcup_{i \in \mathbb{N}} L^i$ gilt.

Übung 6. Sei $L_n := (a \cup b)^* a (a \cup b)^{n-1}$ für beliebiges $n \geq 2$. Zeige, dass

a) L_n von einem NFA mit $n + 1$ Zuständen erkannt wird.
b) L_n nicht von einem DFA mit weniger als 2^n Zuständen erkannt wird.
   Hinweis: Nutze aus, dass solch ein DFA nicht alle Wörter der Länge n voneinander unterscheiden kann.

Übung 7. Zeige, dass die Klasse REG neben den zentralen Operationen Vereinigung, Konkatenation und Kleene-Stern noch unten den folgenden Operationen abgeschlossen ist.

a) Durchschnitt: ($L_1, L_2 \in \mathrm{REG} \Rightarrow L_1 \cap L_2 \in \mathrm{REG}$),

b) Differenz: ($L_1, L_2 \in \mathrm{REG} \Rightarrow L_1 \setminus L_2 \in \mathrm{REG}$),

c) Spiegelung: ($L \in \mathrm{REG} \Rightarrow \{a_n \ldots a_1 \mid a_1 \ldots a_n \in L\} \in \mathrm{REG}$,

d) Homomorphismen: Seien Σ, Δ Alphabete und $h : \Sigma \to \Delta^*$ eine Abbildung. Diese kann homomorph zu einer Abbildung $\hat{h} : \Sigma^* \to \Delta^*$ erweitert werden: $\hat{h}(\varepsilon) = \varepsilon$ und $\hat{h}(av) = h(a)\hat{h}(v)$ für jedes $a \in \Sigma$. Zeige nun, dass gilt: $L \in \mathrm{REG} \Rightarrow \{\hat{h}(w) \mid w \in L\} \in \mathrm{REG}$.

e) Shuffle-Produkt: Wir definieren eine Abbildung $\bowtie$, die zwei Wörter auf die Menge aller ihrer Verzahnungen abbildet. Für alle $a \in \Sigma$, alle $w, v \in \Sigma^*$ sei

$$
\begin{aligned}
\varepsilon \bowtie v &:= \{v\} \\
aw \bowtie v &:= \{uau' \mid uu' \in w \bowtie v\}
\end{aligned}
$$

Beachte, dass in der letzten Klausel u und u' auch jeweils das leere Wort sein können.

Diese Verzahnung lässt sich dann in natürlicher Weise auf Sprachen fortsetzen:

$$
L_1 \bowtie L_2 := \bigcup_{w \in L_1} \bigcup_{v \in L_2} w \bowtie v
$$

Zeige nun, dass gilt: $L_1, L_2 \in \mathrm{REG} \Rightarrow L_1 \bowtie L_2 \in \mathrm{REG}$.

Übung 8. Zeige, dass Universalitäts-, Schnitt-, Äquivalenz- und Subsumptionsproblem für NFAs entscheidbar sind. Gib auch jeweils die asymptotische Komplexität in Bezug auf die Anzahl der Zustände der involvierten Automaten an.

Übung 9. Gib jeweils eine WMSO-Formel $\varphi(x, y)$ an, die die folgenden Sachverhalte beschreibt.

a) $x = y$, (ohne selbst das Symbol $=$ zu benutzen)

b) y liegt k-Positionen hinter x für ein festes k.

Gib jeweils einen WMSO-Satz φ an, der die folgenden Sprachen beschreibt.

d) An jeder k-ten Position steht ein a (für festes k).

e) Sei $\Sigma = \{a_0, \ldots, a_{n-1}\}$. Auf den Buchstaben a_i folgt jeweils $a_{(i+1) \bmod n}$.

f) Auf jedes a folgt irgendwann ein b und umgekehrt, solange das Wortende noch nicht erreicht ist. Dazwischen stehen nur c's.

g) Das Wort ist eine Permutation von v für ein festes $v \in \Sigma^+$.

Welche dieser Eigenschaften sind bereits FO-definierbar?

Übung 10. Konstruiere jeweils einen WMSO-Satz φ, so dass $L(\varphi)$ genau die von den folgenden NFAs erkannte Sprache ist.

a) 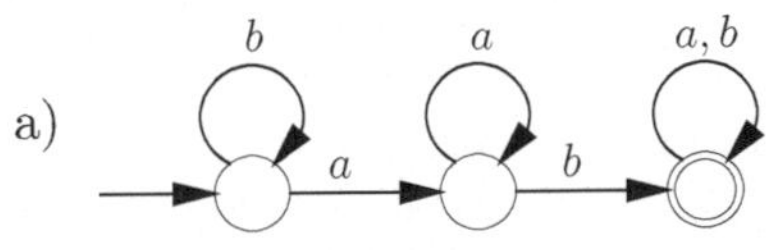

b) 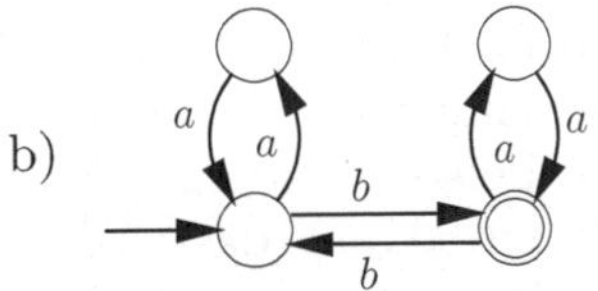

Übung 11. Sei $\varphi(X_1, \ldots, X_n, x_1, \ldots, x_m)$ eine WMSO-Formel und $\mathcal{A}$ ein NFA, so dass $L(\mathcal{A}) = L(\varphi)$ über dem Alphabet der $(n+m)$-spurigen $\{0,1\}$-Wörter gilt, in denen die letzten m Spuren jeweils genau eine 1 enthalten. Konstruiere NFAs $\mathcal{A}_1$ und $\mathcal{A}_2$, so dass jeweils gilt:

a) $L(\mathcal{A}_2) = L(\exists X_1.\varphi)$
b) $L(\mathcal{A}_1) = L(\exists x_1.\varphi)$

Übung 12. Konstruiere jeweils einen NFA, der genau die von den folgenden WMSO-Sätzen beschriebenen Sprachen erkennt.

a) $\forall x.P_a(x) \rightarrow \forall y.x < y \rightarrow P_b(y)$
b) $\exists x.P_b(x) \wedge \forall y.y < x \rightarrow P_a(y)$
c) $\forall X.\exists y.\forall x.X(x) \rightarrow x \le y \wedge P_a(y)$
d) $\exists X.\exists Y.(\forall z.X(z) \vee Y(z)) \wedge \forall x.\forall y.X(x) \wedge Y(y) \rightarrow x < y \wedge P_a(x) \wedge P_b(y)$
e) $\forall x.(\exists z.x < z) \rightarrow \exists y.x < y \wedge (P_a(x) \leftrightarrow \neg P_a(y))$

Übung 13. In Anlehnung an WEMSO sei WAMSO das Fragment von WMSO, welches in positiver Normalform keine existentielle, zweitstufige Quantifizierung zulässt. Zeige, dass eine Sprache WMSO-definierbar ist genau dann, wenn sie WAMSO-definierbar ist.

Übung 14. Lasse MONA die gemeinsamen Vielfachen von 2, 3 und 5 mindestens bis zur Größe 1000 berechnen.

Übung 15. Ein Bauer muss seinen Hund, seine Katze und seine Maus mit einem Boot über einen Fluss bringen. In das Boot passen aber immer nur er und ein Tier. Ist der Bauer bei seinen Tierchen an einem Ufer, dann sind alle brav. Ist er nicht bei ihnen, dann muss er darauf achten, dass niemals

- der Hund und die Katze zusammen an einem Ufer sind, denn die Katze würde dem Hund sonst eine risikoreiche Kapitalanlage aufschwatzen,
- die Katze und die Maus zusammen an einem Ufer sind, denn die Maus würde die Katze sonst zum Rauchen verleiten.

Lasse MONA einen Weg berechnen, wie der Bauer seine Tiere an das andere Ufer bringen kann, ohne dass der Hund sein Geld und die Katze ihre Gesundheit verliert. Berechne ebenfalls mit MONA die Mindestzahl an Überfahrten, die er mit dem Boot machen muss.

Übung 16. 4 Personen stehen nachts an einem Ufer eines Flusses, über den eine dunkle Brücke führt. Sie haben nur eine Taschenlampe. Es können immer nur höchstens 2 Personen gleichzeitig über die Brücke gehen. Am Ufer kann man im Dunklen warten, aber über die Brücke kann man nur mit der Taschenlampe gehen. Person A braucht für die Überquerung 5 min, Person B 10 min, Person C 20 min und Person D 25 min. Die Batterie der Taschenlampe hält nur 60 min. Lasse MONA eine Möglichkeit berechnen, alle vier Personen auf die andere Seite des Flusses zu bringen.

Übung 17. Das 8-Damen-Problem besteht darin, auf einem Schachbrett 8 Spielfiguren zu platzieren, so dass niemals zwei davon in einer Zeile, einer Spalte oder auf einer Diagonalen sich gegenseitig schlagen können. Lasse MONA eine Lösung des 8-Damen-Problems berechnen.

Übung 18. Sei $F(0) = 1$ und $F(n + 1) = F(n) \cdot 2^{F(n)}$ wie oben im Abschnitt 2.4 definiert. Wir nehmen an, dass es für jedes $n \in \mathbb{N}$ WMSO-Formeln $dist_n(x, y)$, $dist_n^{+1}(x, y)$ und $dist_n^{-1}(x, y)$ gibt, welche jeweils besagen, dass die Position y genau $F(n)$, $F(n) + 1$ bzw. $F(n) - 1$ Positionen hinter x in einem Wort liegt.

Sei T eine (deterministische) Turing-Maschine mit endlicher Zustandsmenge $Q = \{q_0, \ldots, q_n, q_{akz}\}$, Initialzustand q_0, Bandalphabet $\Gamma = \{0, 1\}$ und Transitionsfunktion $\delta : Q \times \Gamma \to Q \times \Gamma \times \{-1, 0, 1\}$, die jedem Paar aus aktuellem Zustand und Symbol unter dem Schreib-/Lesekopf auf dem Arbeitsband einen Nachfolgezustand, ein geschriebenes Symbol und eine Richtung zuordnet, in die der Kopf nach dem Schreiben bewegt wird. Wir nehmen an, dass T nur maximal $F(n)$ viele Bandzellen beansprucht und, falls sie die Eingabe akzeptiert, nach $F(n)$ vielen Schritten den akzeptierenden Zustand q_{akz} erreicht.

Eine Konfiguration von T lässt sich somit als Wort der Länge $F(n)$ kodieren, wobei die einzelnen Positionen in dem Wort jeweils eine 0 oder 1 aus dem Bandalphabet tragen und zusätzlich genau eine Position als diejenige ausgezeichnet ist, an der sich der Kopf von T befindet. Dies lässt sich z.B. über WMSO-Prädikate P_0, P_1 und *Kopf* machen. Es bietet sich zusätzlich noch an, ein weiteres Prädikat $\#$ zu verwenden, welches z.B. an jeder ersten Stelle solch eines Wortes gilt. Damit lassen sich solche Konfigurationen leicht zu einem Wort

$$w_0\ w_1\ w_2\ \ldots\ w_N$$

konkatenieren, wobei $N = F(n) - 1$ und jedes w_i Länge $F(n)$ hat.

Gib nun eine WMSO-Formel $\varphi_{T,w}$ an, welche erfüllbar ist genau dann, wenn T auf Eingabe $w = a_0 \ldots a_{n-1}$ nach $F(n)$ vielen Schritten eine akzeptierende Konfiguration erreicht. Konstruiere $\varphi_{T,w}$ dazu so, dass deren Modelle genau die oben beschriebenen Konkatenationen sind. Dazu muss diese insbesondere folgendes ausdrücken:

- Jede Konfiguration ist wohlgeformt, enthält also nur eine Kopfposition und eine Markierungsposition $\#$.
- Der Anfang besteht aus der Eingabe w, gefolgt von 0, und zu Anfang steht der Kopf ganz links. (Diese Konventionen kann man auch ändern, man muss aber entsprechendes verlangen.)

- Die Bandsymbole und an je zwei Positionen, die $F(n)$, $F(n) + 1$ oder $F(n) - 1$ viele Schritte auseinanderliegen, hängen je nach Vorhandensein des Schreib-/Lesekopfs an dieser Position über die Transitionsrelation δ voneinander ab. Dasselbe gilt für die Kopfpositionen in benachbarten Konfigurationen. Beachte auch, dass es Spezialfälle gibt, falls der Kopf ganz am Rand einer Konfiguration steht.
- Irgendwann wird der Akzeptanzzustand erreicht.

Übung 19. Das *Wortproblem*—auch *Model-Checking-Problem* genannt—für WMSO ist: gegeben ein Wort $w \in \Sigma^*$ und ein WMSO-Satz φ, entscheide ob $w \in L(\varphi)$ gilt oder nicht.

Gib einen Algorithmus an, der das Wortproblem für WMSO löst, dessen Platzverbrauch aber nur polynomial in der Größe der Eingabe ($|w| + |\varphi|$) beschränkt ist.

Übung 20. Sei WDSO ("weak dyadic second-order logic") die analog zu WMSO definierte Logik, mit der Modifikation, dass nun die zweistufige Quantifizierung über zweistelligen Prädikaten $X(x, y)$ erfolgt, an Stelle von $X(x)$ in WMSO. Die Syntax ist bis auf diese Ersetzung dieselbe wie bei WMSO. Zur Definition einer Semantik verwenden wir eine Abbildung I, die erststufige Variablen auf Positionen und zweitstufige Variablen auf *Mengen von Paaren von Positionen* abbildet. Dann definieren wir die Semantik genau wie bei WMSO, außer für die zweitstufigen Variablen:

$$I \models X(x,y) \quad \Longleftrightarrow \quad (I(x), I(y)) \in I(X)$$

$$I \models \exists X.\varphi \quad \Longleftrightarrow \quad \text{es gibt eine endliche Menge von Paaren}$$
$$M \subseteq \mathbb{N}^2, \text{ so dass } I[X \mapsto M] \models \varphi$$

Wir wollen nun ein wenig untersuchen, was diese Erweiterung mit sich bringt.

a) Nichtreguläre Sprachen: Finde einen WDSO-Satz φ, so dass $L(\varphi) = \{a^n b^n \mid n \geq 0\}$.

b) Kontextfreie Sprachen: Zeige, dass jede kontextfreie Sprache WDSO-definierbar ist.
   Hinweis: Gehe analog zum entsprechenden Teil des Beweises des Satzes von Büchi-Elgot-Trakhtenbrot vor. Sei G eine kontextfreie Grammatik. Mit zweistelligen Prädikaten lassen sich Teilwörter definieren. Benutze in der zu konstruierenden Formel φ_G für jedes Nichtterminal A eine zweistellige Relation X_A, die dann genau diejenigen Teilwörter enthalten soll, welche von A aus ableitbar sind. Zur Vereinfachung kann man annehmen, dass G in Chomsky-Normalform vorliegt.

c) Nicht-kontextfreie Sprachen: Finde einen WDSO-Satz φ, so dass $L(\varphi) = \{a^n b^n c^n \mid n \geq 0\}$.

d) Zeige, dass das Erfüllbarkeitsproblem der Logik WDSO unentscheidbar ist.

Hinweis: Es ist unentscheidbar, zu zwei gegebenen, kontextfreien Grammatiken festzustellen, ob der Schnitt der von ihnen erkannten Sprachen nicht-leer ist.

Übung 21. Sei $n > 1$. Definiere in Anlehnung an die Abkürzung $(y = 1)$ eine Formel der Presburger-Arithmetik, die besagt, dass $y = n$ ist.

Übung 22. Presburger-Arithmetik wurde als erststufige Logik über der Signatur $(0, +, =, <)$ definiert. Welche Operatoren darin lassen sich durch andere Ausdrücken? Gib (eine) minimale Signatur an, in der sich bereits alle Formeln der Presburger-Arithmetik ausdrücken lassen.

Übung 23. Führe die in Abschnitt 2.5 skizzierte Reduktion von Presburger-Arithmetik auf WMSO im Detail aus. Sei also φ eine Formel der Presburger-Arithmetik. Konstruiere eine WMSO-Formel $\hat{\varphi}$, die erfüllbar ist genau dann, wenn φ erfüllbar ist. Beachte dabei, dass φ in den natürlichen Zahlen interpretiert wird, während $\hat{\varphi}$ über Wörtern interpretiert wird. Der Trick dabei ist, dass man sich eine Formel $\varphi(x_1, \ldots, x_n)$ der Presburger-Arithmetik mit n freien Variablen auch über Wörtern über dem Alphabet $\{0,1\}^n$ interpretiert vorstellen kann. Die i-te Spur in solch einem Wort kodiert dann binär die Belegung der Variable x_i.

Übung 24. Sei $f \in \mathbb{B}^+(Q)$.

a) Seien $N \subseteq M \subseteq Q$ mit $N \models f$. Zeige Sie per Induktion über den Formelaufbau, dass auch $M \models f$ gilt.
b) Kann es sein, dass $\emptyset \models f$ gilt?
c) Kann es sein, dass $Q \not\models f$ gilt?

Übung 25. Gib eine positiv Boole'sche Formel f an, die zwei verschiedene, minimale Modelle hat. Dies sind dann zwei Mengen M, N, die mittels $\subseteq$ unvergleichbar sind.

Übung 26. Sei $M \subseteq Q$. Dann heißt M *minimales Modell* von $f \in \mathbb{B}^+(Q)$, falls $M \models f$ und $N \not\models f$ für alle $N \subsetneq M$.

a) Zeige oder widerlege: Jedes f hat genau ein minimales Modell.
b) Ein mAFA sei genauso definiert wie ein AFA mit dem Unterschied, dass in den Laufbäumen die Beschriftungen der unmittelbaren Nachfolgerknoten ein *minimales* Modell der entsprechenden Formel aus der Transitionsfunktion bilden müssen. Erkennen mAFAs genau die regulären Sprachen?

Übung 27. Konstruiere jeweils einen AFA für die Sprache $L_n = \{ww \mid w \in \{a,b\}^* \text{ und } |w| = n\}$ für jedes $n \in \mathbb{N}$. Dieser soll möglichst wenig Zustände haben. Zeichne einen akzeptierenden Lauf des konstruierten Automaten für L_3 auf dem Wort *abaaba*.
Hinweis: Man kann einen AFA für L_n mit ca. $4n$ Zuständen konstruieren.

Übung 28. Gegeben seien zwei AFAs $\mathcal{A}_1$ und $\mathcal{A}_2$ mit jeweils n und m Zuständen. Konstruiere einen AFA für die Sprache $L(\mathcal{A}_1)L(\mathcal{A}_2)$ und gib dessen Zustandszahl an. Beweise die Korrektheit der Konstruktion.

Übung 29. Beweise Satz 3.8, also die Korrektheit der Dualisierungskonstruktion für AFAs.

Übung 30. Beweise die Aussagen in Korollar 3.13 ohne die Potenzmengenkonstruktion für AFAs zu benutzen. Zeige dazu, wie sich ein möglicherweise nicht gedächtnisloser Lauf eines AFA sukzessive in einen gedächtnislosen umbauen lässt, ohne dass dabei die entsprechenden Bedingungen an akzeptierende Läufe verletzt werden.

Übung 31. Seien Σ, Δ Alphabete. Ein *Homomorphismus* von Σ nach Δ ist ein $h : \Sigma \to \Delta^*$. Dieser lässt sich in natürlicher Art und Weise auf Wörter und Sprachen über Σ fortsetzen:

$$
\begin{aligned}
\hat{h}(\varepsilon) &:= \varepsilon \\
\hat{h}(aw) &:= h(a)\hat{h}(w) \\
\hat{h}(L) &:= \{\hat{h}(w) \mid w \in L\}
\end{aligned}
$$

a) Sei L Sprache über Σ, h Homomorphismus, $\mathcal{A}$ ein NFA mit n Zuständen, $L(\mathcal{A}) = L$ und $m = \max\{|h(a)| : a \in \Sigma\}$. Zeige, dass $\hat{h}(L)$ von einem NFA mit $\mathcal{O}(mn)$ vielen Zuständen erkannt wird. (Dies ist eine Verfeinerung von Übungsaufgabe 7.)

b) Gib ein Beispiel dafür an, dass die in (a) verwendete Konstruktion bei AFAs nicht funktioniert. *Hinweis*: Wähle z.B. $\Sigma = \{a, b\}$, $\Delta = \{c\}$, $h(a) = c = h(b)$.

Übung 32. Für welche k gewinnt Spieler D das $G_k(u, v)$ auf den folgenden Wörtern u und v?

a) $u = aabaabaaba$ und $v = abaabaabaa$,

b) $u = a^n b a^{n+1}$ und $v = a^{n+1} b a^n$ für beliebiges $n \in \mathbb{N}$.

Übung 33. Zeige, dass der Spieler D das Spiel $G_k(a^{2^k}, a^{2^k+1})$ gewinnt, dass aber Spieler S das Spiel $G_{k+1}(a^{2^k}, a^{2^k+1})$ gewinnt.

Übung 34. Es sei $\Sigma = \{a, b\}$. Zeige oder widerlege jeweils, dass die folgenden Sprachen sternfrei sind.

a) $L_1 = (ab \cup ba)^*$,

b) $L_2 = (aa \cup bb)^*$.

Übung 35. Zeige, dass die Relation $\equiv_k$ (Ununterscheidbarkeit durch FO-Formeln der Quantorentiefe k) für jedes $k \in \mathbb{N}$ eine Äquivalenzrelation auf Wörtern ist.

Teil II

___

Unendliche Wörter

Automaten auf unendlichen Wörtern

In diesem Teil beschäftigen wir uns mit der Erkennbarkeit von Mengen von *unendlichen* Folgen von Symbolen durch endliche Automaten. Die Tatsache, dass ein Automat ein unendliches Wort verarbeiten soll, mag auf den ersten Moment unnatürlich erscheinen, wenn man sich vorstellt, dass ein Automat ein Wort vom Anfang zum Ende hin abfährt und dann durch Erreichen eines Zustands signalisiert, ob er das Wort akzeptiert oder nicht. Dies ist aber in Wahrheit nur ein Problem mit der Vorstellung. Mathematisch ist die Akzeptanz eines Wortes durch einen Automaten einfach durch die Existenz eines akzeptierenden Laufs gegeben. Genauso kann man sich bei die Frage stellen, ob ein Automat auf einem gegebenen unendlichen Wort einen akzeptierenden Lauf hat. Läufe auf unendlichen Wörtern können ganz leicht als Erweiterung (ins Unendliche) von Läufen auf endlichen Wörtern erklärt werden. Es bleibt lediglich zu definieren, was daran akzeptierend bzw. verwerfend sein soll. Offensichtlich kann dies nicht sinnvoll durch den letzten Zustand auf dem Lauf erklärt werden, da es einfach keinen letzten mehr gibt. Eine sehr natürliche Erweiterung der Akzeptanz durch Erreichen eines Endzustands ins Unendliche ist die sogenannte *Büchi-Bedingung*: Ein Lauf ist akzeptierend, wenn er immer wieder in einen Endzustand gelangt, wenn also unendlich oft Endzustände durchlaufen werden.

Algorithmisch sinnvolle Fragestellungen im Zusammenhang mit solchen Automaten sind dann zum Beispiel, ob ein gegebener Automat überhaupt irgendein unendliches Wort erkennt (Leerheitsproblem), oder ob zwei gegebene Automaten dieselben Wörter erkennen (Äquivalenzproblem). Das Wortproblem, also ob ein Automat ein vorgelegtes Wort erkennt, ist im allgemeinen nicht algorithmisch sinnvoll, da man ja ein unendliches Wort nicht "vorlegen" kann. Anders sieht es wiederum aus, wenn die unendliche Eingabe in endlicher Form durch Verwendung einer geeigneten kompakten Notation gegeben ist.

Wir definieren zunächst unendliche Wörter und Sprachen von solchen, bevor wir dann Automaten, die auf diesen Wörtern operieren, einführen. Diese sind weiterhin endliche Automaten, die sich syntaktisch nicht wesentlich von den herkömmlichen endlichen Automaten unterscheiden. Im einfachsten Fall

M. Hofmann, M. Lange, *Automatentheorie und Logik*, eXamen.press,
DOI 10.1007/978-3-642-18090-3_5, © Springer-Verlag Berlin Heidelberg 2011

definieren wir Akzeptanz über die oben genannte Büchi-Bedingung und erhalten dann Büchi-Automaten. Wir werden sehen, dass die algorithmische Behandlung dieser Automaten und der Klasse der von ihnen erkannten Sprachen komplizierter als im Fall der endlichen Wörter ist. Wir betrachten auch andere Arten, Akzeptanz zu definieren und erhalten somit andere Automatenmodelle. Die wichtigsten Fragestellungen sind dann die Determinisierbarkeit von solchen Automaten, die Relationen zwischen den Klassen der von verschiedenen Automatentypen erkannten Sprachen, deren Abschlusseigenschaften. Die wichtigste Anwendung endlicher Automaten auf unendlichen Wörtern liegt in der monadischen Logik zweiter Stufe (MSO). Diese hat dieselbe Syntax wie die WMSO aus Kapitel 2; semantisch unterscheidet sie sich aber darin, dass zweitstufige Variablen über beliebige, nicht notwendigerweise endliche Teilmengen von $\mathbb{N}$ rangieren. Eine Belegung der Variablen lässt sich dann in Analogie zur Konstruktion in Abschnitt 2.2 als *unendliches* Wort auffassen.

5.1 Unendliche Wörter und reguläre ω-Sprachen

Sei Σ wieder ein endliches Alphabet. Ein *unendliches Wort* über Σ—auch ω-Wort genannt—ist eine unendliche Folge $w = a_0 a_1 a_2 \ldots$ von Buchstaben $a_i \in \Sigma$. Wir bezeichnen die Menge der unendlichen Wörter über Σ mit Σ^ω.

Eine Teilmenge $L \subseteq \Sigma^\omega$ wird als ω-Sprache bezeichnet. Da es in diesem Teil hauptsächlich um unendliche Wörter geht, sprechen wir über ω-Wörter und ω-Sprachen auch einfach als Wörter und Sprachen. Sollte es in speziellen Fällen dann doch einmal um endliche Wörter und deren Sprachen gehen, so werden wir dies dann explizit klar machen.

Sei $w \in \Sigma^\omega$ und $a \in \Sigma$. Wir schreiben $|w|_a$ für die Anzahl der Vorkommen des Buchstabens a im Wort w. Beachte, dass $|w|_a = \infty$ möglich ist. Da das zugrundeliegende Alphabet endlich ist, muss es sogar für jedes $w \in \Sigma^\omega$ ein $a \in \Sigma$ geben, so dass $|w|_a = \infty$ gilt.

Man kann unendliche Wörter nicht konkatenieren, da man intuitiv niemals durch das gesamte erste Wort laufen kann um dann irgendwann den Übergang in das zweite Wort zu machen. Man kann aber natürlich die Linkskonkatenation eines unendlichen Wortes mit einem endlichen Wort definieren: Ist $v \in \Sigma^*$ und $w \in \Sigma^\omega$, so ist $vw \in \Sigma^\omega$. Dies wird in natürlicher Weise auf Sprachen fortgesetzt: Ist $U \subseteq \Sigma^*$ und $V \subseteq \Sigma^\omega$, so ist $UV := \{uv \mid u \in U, v \in V\} \subseteq \Sigma^\omega$.

Genauso kann man die unendliche Iteration eines endlichen Wortes $w \in \Sigma^*$ als $w^\omega := www\ldots$ definieren und dies ebenfalls auf Sprachen erweitern: Sei $L \subseteq \Sigma^*$. Dann ist $L^\omega := \{w_0 w_1 w_2 \ldots \mid w_i \in L \text{ für alle } i \in \mathbb{N}\}$.

Beispiel 5.1. Die Menge aller Wörter, in denen unendlich viele b's vorkommen, die jeweils durch eine gerade Anzahl von a's getrennt werden, ist z.B. $((aa)^* b)^\omega$.

In der Theorie formaler Sprachen über endlichen Wörtern stellt die Klasse der regulären Sprachen zweifelsohne wegen ihrer Abschlusseigenschaften und aufgrund von Entscheidbarkeitsresultaten eine der wichtigsten Sprachklassen dar. Es stellt sich nun die Frage, ob sich etwas analoges im Bereich der Sprachen unendlicher Wörter finden lässt. Wir benutzen hier zunächst die regulären Sprachen endlicher Wörter, um auf eventuell recht willkürlich anmutende Weise eine Klasse regulärer Sprachen unendlicher Wörter zu definieren. Später zeigen wir dann, dass diese Definition in gewissem Sinne richtig ist, nämlich dadurch, dass dieser Klasse ein natürliches Automatenmodell gegenübersteht, und sie ähnliche Abschlusseigenschaften hat und Entscheidbarkeitsresultate zulässt.

Definition 5.2. Sei $L \subseteq \Sigma^\omega$ eine Sprache unendlicher Wörter. Dann ist L ω-*regulär* (oder im Folgenden auch einfach nur *regulär*), falls es ein $n \in \mathbb{N}$ und reguläre Sprachen $U_0, \ldots, U_{n-1}, V_0, \ldots, V_{n-1} \subseteq \Sigma^*$ gibt mit $\varepsilon \notin V_i$, $i = 0, \ldots, n-1$, so dass gilt:

$$L \;=\; \bigcup_{i=0}^{n-1} U_i V_i^\omega \;.$$

Beispiel 5.3. Sei $\Sigma = \{a, b, c\}$. Die Sprache $L = \{w \in \Sigma^\omega \mid |w|_a = \infty \Rightarrow |w|_b = \infty\}$ ist ω-regulär. Dies sieht man am einfachsten dadurch, dass man die Bedingung in ihrer Definition in eine Disjunktion umschreibt. Ein Wort w ist in L genau dann, wenn es unendlich viele b's enthält oder nur endlich viele a's. Damit lässt sich L folgendermaßen darstellen.

$$(a \cup b \cup c)^* \big((a \cup c)^* b\big)^\omega \;\cup\; (a \cup b \cup c)^* (b \cup c)^\omega$$

Satz 5.4. *Die Klasse der ω-regulären Sprachen ist abgeschlossen unter Vereinigung und Linkskonkatenation mit regulären Sprachen endlicher Wörter.*

Beweis. Abschluss unter Vereinigung ist offensichtlich. Der Abschluss unter dieser Linkskonkatenation folgt aus der Kommutativität von Vereinigung und Konkatenation: Sei R eine reguläre Sprache und L eine ω-reguläre Sprache. Dann lässt sich letztere schreiben als $\bigcup_{i=1}^{n} U_i V_i^\omega$ für geeignete reguläre Sprachen U_i, V_i. Desweiteren gilt

$$RL \;=\; R\Big(\bigcup_{i=1}^{n} U_i V_i^\omega\Big) \;=\; \bigcup_{i=1}^{n} R(U_i V_i^\omega) \;=\; \bigcup_{i=1}^{n} (RU_i) V_i^\omega \;.$$

Da nun RU_i für jedes i wiederum eine reguläre Sprache ist, bildet die gesamte Vereinigung eine ω-reguläre Sprache. $\qquad\square$

Um weitere Abschlusseigenschaften wie die unter Durchschnitt und insbesondere Komplement nachzuweisen, ist wie im Falle endlicher Wörter ein Automatenmodell nützlich, welchem wir uns nunmehr zuwenden.

5.2 Büchi-Automaten

Wie oben bereits angedeutet unterscheiden sich Büchi-Automaten syntaktisch nicht von endlichen Automaten. Lediglich ihre Semantik über unendlichen Wörtern wird durch unendliches Durchlaufen von Endzuständen erklärt.

Definition 5.5. Ein *Büchi-Automat* (NBA) ist ein Tupel $\mathcal{A} = (Q, \Sigma, q_I, \delta, F)$, wobei

- Q eine endliche Menge von *Zuständen* ist,
- Σ ein endliches *Alphabet* ist,
- $q_I \in Q$ ein ausgezeichneter *Anfangszustand* ist,
- $\delta : Q \times \Sigma \to 2^Q$ die *Transitionsfunktion* ist und
- $F \subseteq Q$ eine ausgezeichnete Menge von *Endzuständen* ist.

Ein *Lauf* von $\mathcal{A}$ auf einem Wort $w = a_0 a_1 a_2 \ldots \in \Sigma^\omega$ ist eine unendliche Folge von Zuständen $\rho = q_0, q_1, q_2, \ldots$ beginnend mit dem Anfangszustand $q_0 = q_I$, so dass $q_i \in \delta(q_{i-1}, a_i)$ für alle $i \geq 1$.

Mit $Inf(\rho)$ bezeichnen wir die Menge derjenigen Zustände, die unendlich oft in ρ vorkommen. Beachte, dass $Inf(\rho)$ niemals leer ist, da Q endlich ist.

Ein solcher Lauf ρ ist *akzeptierend*, wenn $Inf(\rho) \cap F \neq \emptyset$, also wenn ein Endzustand unendlich oft durchlaufen wird. Aufgrund der Endlichkeit von Q ist dies gleichbedeutend damit, dass die Endzustandsmenge F in ρ unendlich oft (also immer wieder) besucht wird.

Die Sprache $L(\mathcal{A})$ des Büchi-Automaten ist definiert als die Menge aller ω-Wörter, für die ein akzeptierender Lauf existiert.

Der NBA $\mathcal{A}$ heißt *deterministisch* (DBA), falls $|\delta(q, a)| = 1$ für alle $q \in Q$ und alle $a \in \Sigma$.

Die Transitionsrelation eines DFA schreiben wir eventuell auch als Funktion vom Typ $Q \times \Sigma \to Q$; und wie im Falle der DFAs lassen wir es auch zu, dass ein Zustand keinen Nachfolger besitzt. Solche Automaten sind ebenfalls leicht durch Hinzufügen eines einzigen Zustands in einen DFA zu überführen.

Beispiel 5.6. Sei $\Sigma = \{a, b\}$ und $L_1 = (a^* b)^\omega$ die Sprache aller Wörter, die unendlich viele b's enthalten. Diese kann von einem NBA erkannt werden, welcher grafisch wie folgt repräsentiert ist.

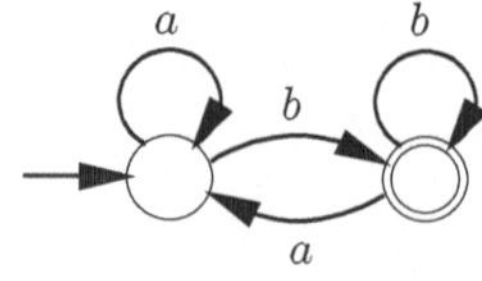

Wie bei endlichen Automaten lassen sich Zustandsmenge und Transitionsrelation als gerichteter, kantenbeschrifteter Graph darstellen. Die Endzustandsmenge wird durch doppelte Kreise angezeigt, und der Startzustand hat einen eingehenden Pfeil, der von außen kommt.

Es sollte klar sein, dass dieser NBA $\mathcal{A}$ wirklich L_1 erkennt. Hat ein vorgelegtes Wort unendlich viele b's, so muss $\mathcal{A}$ zwangsläufig den rechten Zustand unendlich oft besuchen. Da dieser ein Endzustand ist, wird in solch einem Fall das Wort akzeptiert. Hat umgekehrt ein Wort nur endlich viele Vorkommen von b, so wird $\mathcal{A}$ irgendwann nur noch im linken Zustand verweilen und dadurch den einzigen Endzustand nur endlich oft besuchen. Dadurch wird das Wort nicht akzeptiert.

Beachte, dass der NBA aus diesem Beispiel sogar ein DBA ist. Dies wird in der Argumentation über seine Korrektheit benutzt, indem implizit davon gesprochen wird, dass er nur einen einzigen Lauf auf jedem Wort hat. Dies ist wie bei Automaten auf endlichen Wörtern ein charakteristisches Merkmal für Determinismus.

Beispiel 5.7. Sei weiterhin $\Sigma = \{a, b\}$ aber $L_2 = L((a \cup b)^* a^\omega)$ die Sprache der Wörter, die nur endlich viele b's enthalten. L_2 ist das Komplement von L_1 aus Bsp. 5.6—es gilt $L_2 = \Sigma^\omega \setminus L_1$. Diese Sprache wird von dem folgenden NBA erkannt.

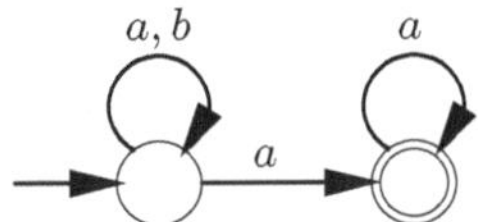

Der NBA in diesem Beispiel ist kein DBA. Dies ist kein Zufall, denn man kann zeigen, dass L_2 von keinem DBA erkannt werden kann. Dies ist ein wichtiges Resultat, welches in Kontrast zu den Resultaten über endliche Automaten auf endlichen Wörtern steht. Es gilt ja, dass jede von einem NFA erkannte Sprache auch von einem DFA erkannt wird. Entsprechendes gilt also nicht für NBAs und DBAs. Damit sind nichtdeterministische Büchi-Automaten also in ihrer Ausdrucksstärke echt stärker als deterministische Büchi-Automaten.

Satz 5.8. *Es gibt Sprachen, die von einem NBA, aber nicht von einem DBA erkannt werden.*

Beweis. Als Zeugen für diese Aussagen nehmen wir gerade die Sprache $L = \{w \in \{a, b\}^\omega \mid |w|_b < \infty\}$ aus Bsp. 5.7. Dieses Beispiel hat gezeigt, dass L von einem NBA erkannt werden kann. Sei nun angenommen, dass es einen DBA $\mathcal{A} = (Q, \Sigma, q_0, \delta, F)$ gibt, so dass $L = L(\mathcal{A})$.

Betrachte zunächst das Wort $w_0 = ba^\omega$. Da $w_0 \in L$, muss es einen akzeptierenden Lauf $\rho_0 = q_0, q_1, \ldots$ von $\mathcal{A}$ auf w_0 geben. Dieser muss unendlich viele Endzustände durchlaufen, also gibt es auch ein $i_0 \in \mathbb{N}$, so dass ρ_0 nach Lesen des einzigen b und i_0 weiteren Schritten einen Endzustand besitzt.

Betrachte als nächstes das Wort $w_1 = ba^{i_0}ba^\omega$. Da $w_1 \in L$ muss es auch einen akzeptierenden Lauf ρ_1 von $\mathcal{A}$ auf w_1 geben. Da zusätzlich w_0 und w_1 in den ersten $i_0 + 1$ Buchstaben übereinstimmen und $\mathcal{A}$ deterministisch ist, müssen auch ρ_0 und ρ_1 in den ersten $i_0 + 2$ Zuständen übereinstimmen. Da

ρ_2 akzeptierend ist, gibt es wiederum ein $i_1 \in \mathbb{N}$, so dass ρ_2 nach Lesen des letzten b und i_1 weiteren Schritten einen Endzustand besucht.

Dann betrachtet man das Wort $w_2 = ba^{i_0}ba^{i_1}ba^{\omega}$ und führt diese Argumentation fort. So kann man ein unendliches Wort $w = ba^{i_0}ba^{i_1}ba^{i_2}ba^{i_3}b\ldots$ konstruieren, welches von $\mathcal{A}$ ebenfalls erkannt wird. Ein akzeptierender Lauf ρ ergibt sich als eindeutige unendliche Sequenz, welches gemeinsame Präfixe mit allen Läufen ρ_i auf den w_i hat. Da die w_i jeweils so konstruiert wurden, dass das nächste gemeinsame Präfix mit einem ρ_{i+1} mindestens einen Endzustand enthält, kommen in ρ tatsächlich unendlich viele Endzustände vor. Dies ist aber ein Widerspruch zu der Annahme $L(\mathcal{A}) = L$, da $w \notin L$. $\square$

Beispiel 5.9. Sei nun $\Sigma = \{a, b, c\}$ und L die Sprache aller Wörter, in denen auf jedes b irgendwann ein c folgt. Es ist

$$L = (a \cup c)^{\omega} \cup (a \cup b \cup c)^*c(a \cup c)^{\omega} \cup (a \cup b \cup c)^*(b(a \cup b \cup c)^*c)^{\omega} \, .$$

Ein passender Büchi-Automat $\mathcal{A} = (Q, \Sigma, q_0, \delta, F)$ für L ist gegeben durch die Zustandsmenge $Q = \{q_0, q_1\}$, die Transitionsfunktion

$$\begin{aligned}
\delta(q_0, b) &:= \{q_1\} \\
\delta(q_0, a) = \delta(q_0, c) &:= \{q_0\} \\
\delta(q_1, c) &:= \{q_0\} \\
\delta(q_1, a) = \delta(q_1, b) &:= \{q_1\}
\end{aligned}$$

und die Endzustandsmenge $F = \{q_0\}$.

In den obigen Beispielen wurde deutlich, dass es ω-reguläre Sprachen gibt, die durch NBAs erkannt werden, und es NBA-erkennbare Sprachen gibt, die ω-regulär sind. Dies ist kein Zufall, denn NBAs erkennen genau die ω-regulären Sprachen. Im Gegensatz zur Determinisierbarkeit ist dies also eine Eigenschaft, die sich aus der Welt der endlichen Wörter auf die Welt der unendlichen Wörter überträgt. Bevor wir sie beweisen, überlegen wir uns noch drei Konstruktionen auf NFAs und NBAs.

Lemma 5.10. *Seien $\mathcal{A}, \mathcal{B}$ zwei NBAs. Dann existiert ein NBA $\mathcal{C}$ mit $L(\mathcal{C}) = L(\mathcal{A}) \cup L(\mathcal{B})$.*

Beweis. Übung.

Lemma 5.11. *Seien $\mathcal{A}$ ein NFA und $\mathcal{B}$ ein NBA. Dann existiert ein NBA $\mathcal{C}$ mit $L(\mathcal{C}) = L(\mathcal{A})L(\mathcal{B})$.*

Beweis. Übung.

Lemma 5.12. *Sei $\mathcal{A}$ ein NFA mit $\varepsilon \notin L(\mathcal{A})$. Dann existiert ein NBA $\mathcal{B}$ mit $L(\mathcal{B}) = L(\mathcal{A})^{\omega}$.*

Beweis. Übung.

Satz 5.13. *Eine Sprache L ist ω-regulär genau dann, wenn ein Büchi-Automat $\mathcal{A}$ existiert mit $L(\mathcal{A}) = L$.*

Beweis. "$\Rightarrow$" Sei L ω-regulär. Also existieren reguläre Sprachen endlicher Wörter $U_1, \ldots, U_n, V_1, \ldots, V_n$ mit $\varepsilon \notin V_i$ für alle $i = 0, \ldots, n-1$, so dass $L = \bigcup_{i=1}^{n} U_i V_i^{\omega}$. Jede dieser Sprachen U_i, V_i wird von einem NFA erkannt. Durch sukzessive Anwendung von Lemmas 5.10–5.12 erhält man dann auch einen NBA für L.

"$\Leftarrow$" Ist umgekehrt ein Büchiautomat $\mathcal{A} = (Q, \Sigma, q_0, \delta, F)$ gegeben, so bezeichne $L_{q,q'}$ die Sprache aller Wörter, für die ein endlicher Lauf von q nach q' existiert. Diese ist offensichtlich regulär, denn sie wird beispielsweise von dem NFA erkannt, den man aus $\mathcal{A}$ erhält, wenn man q zum Anfangszustand und q' zum einzigen Endzustand macht. Dann gilt

$$L(\mathcal{A}) \;=\; \bigcup_{q \in F} L_{q_0,q} L_{q,q}^{\omega} \tag{5.1}$$

Die Richtung "$\supseteq$" gilt, da jedes Wort in der rechten Seite offensichtlich einen Lauf in $\mathcal{A}$ hat, welcher unendlich oft einen Endzustand durchläuft. Die Richtung "$\subseteq$" gilt, da jeder akzeptierende Lauf von $\mathcal{A}$ einen bestimmten Endzustand unendlich oft durchlaufen muss. Dieser unterteilt das gelesene Wort in unendlich viele Stücke, die jeweils in den Disjunkten der rechten Seite liegen. $\square$

Mithilfe dieser Äquivalenz kann man Abschlusseigenschaften der Klasse der ω-regulären Sprachen durch Angabe entsprechender Automatenkonstruktionen zeigen, z.B. für den Abschluss unter Schnitten, wie im Folgenden gezeigt wird. Im nächsten Kapitel beweisen wir dann ebenso den Abschluss unter Komplement, welcher sich allerdings im Gegensatz zur Situation bei den endlichen Automaten recht kompliziert gestaltet. Der Grund dafür ist zum einen die bereits bewiesene Tatsache, dass DBA echt schwächer als NBA sind. Erschwerend hinzu kommt noch, dass selbst DBA nicht einfach durch Vertauschen der End- mit den Nichtendzuständen komplementiert werden können. Ein solcher DBA würde ja akzeptieren, wenn ein Nichtendzustand des ursprünglichen Automaten unendlich oft erreicht wird. Das bedeutet aber nicht, dass kein Endzustand unendlich oft erreicht wird.

Satz 5.14. *Seien $\mathcal{A}$ und $\mathcal{B}$ jeweils NBAs mit n bzw. m Zuständen. Dann existiert ein NBA $\mathcal{A}$ mit höchstens $3 \cdot n \cdot m$ Zuständen, so dass $L(\mathcal{C}) = L(\mathcal{A}) \cap L(\mathcal{B})$.*

Beweis. Die Grundidee liefert der von NFAs bekannte Produktautomat. Diese bedarf jedoch noch einer kleinen Modifikation um der Tatsache zu begegnen, dass akzeptierende Läufe in $\mathcal{A}$ und $\mathcal{B}$ jeweils zu verschiedenen Momenten Endzustände besuchen können. Wir fügen also noch eine weitere Komponente hinzu, welche protokolliert, ob zuletzt kein Endzustand, nur einer in

$\mathcal{A}$ oder einer in beiden gesehen wurde. Ist letzteres der Fall, so setzt man diesen Zähler wieder zurück.

Formal ist die Konstruktion folgendermaßen gegeben. Seien $\mathcal{A} = (Q, \Sigma, q_0, \delta, F)$ und $\mathcal{B} = (Q', \Sigma, q_0', \delta', F')$. Definiere

$$\mathcal{C} := (Q \times Q' \times \{0, 1, 2\}, \Sigma, (q_0, q_0', 0), \Delta, Q \times Q' \times \{2\})$$

mit

$$\Delta((q, q', i), a) := \{(p, p', j) \mid p \in \delta(q, a), p' \in \delta'(q', a)\}$$

wobei

$$j = \begin{cases} 1, & \text{falls } i = 0 \text{ und } p \in F, \text{ oder } i = 1 \text{ und } p' \notin F' \\ 2, & \text{falls } i = 1 \text{ und } p' \in F' \\ 0, & \text{sonst} \end{cases}$$

Die angegebene Größenbeschränkung an $\mathcal{C}$ ist offensichtlich. Es bleibt noch die Korrektheit zu zeigen.

"$\supseteq$" Sei $w \in L(\mathcal{A}) \cap L(\mathcal{B})$. Dann existieren akzeptierende Läufe $\rho = q_0, q_1, \ldots$ von $\mathcal{A}$ auf w und $\rho' = q_0', q_1', \ldots$ von $\mathcal{B}$ auf w. Beachte, dass die Transitionsfunktion Δ von $\mathcal{C}$ deterministisch in ihrer dritten Komponente ist. D.h. bei einem Übergang von (q, q', i) zu (p, p', j) ist j eindeutig durch q, q' und i gegeben. Somit gibt es einen Lauf $\rho'' = (q_0, q_0', i_0), (q_1, q_1', i_1), \ldots$ der in seinen ersten beiden Komponenten die Läufe ρ und ρ' simuliert. Setzt man nun $i_0 = 0$ fest, so beginnt dieser im Anfangszustand und alle i_j, $j \in \mathbb{N}$, sind damit ebenfalls festgelegt. Man beachte nun, dass es unendlich viele $i_j = 2$ geben muss, da ρ unendlich oft Zustände in F und ρ' unendlich oft Zustände in F' durchläuft. Dadurch hat die Sequenz $i_0, i_1, i_2, \ldots$ die Form $(0^+ 1^+ 2^+)^\omega$, und damit ist ρ'' akzeptierender Lauf von $\mathcal{C}$ auf w.

"$\subseteq$" Analog. $\qquad\square$

Zum Abschluss dieses Kapitels erweitern wir die Definition eine Büchi-Automaten dahingehend, dass man mehrere Anfangszustände zulässt. Aus technischer Sicht ist dies für die eine oder andere Anwendung einfacher.

Solch ein NBA ist von der Form $(Q, \Sigma, I, \delta, F)$ mit $I \subseteq Q$, und ein akzeptierender Lauf beginnt in einem beliebigen Zustand in I. Es ist klar, dass man damit mindestens soviel machen kann wie mit den oben vorgestellten NBAs. Andererseits kann man damit nicht mehr machen.

Satz 5.15. *Zu jedem NBA mit mehreren Initialzuständen und insgesamt n Zuständen existiert ein äquivalenter NBA mit $n+1$ Zuständen und nur einem Anfangszustand.*

Beweis. Übung.

6

Komplementierung von Büchi-Automaten

Im vorigen Kapitel haben wir gesehen, dass deterministische Büchi-Automaten erstens echt schwächer als nichtdeterministische und zweitens nicht unter Komplementen abgeschlossen sind. Man kann also nicht wie bei NFAs einfach eine Umwandlung in deterministische Automaten vornehmen, um zu einem gegebenen NBA einen für die Komplementsprache zu erhalten. Dennoch stellt sich die Frage, ob die Klasse der von NBAs erkannten Sprachen unter Komplementen abgeschlossen ist. In diesem Kapitel werden wir zeigen, dass dies in der Tat der Fall ist. Der Beweis ist jedoch komplizierter und basiert auf kombinatorischen Resultaten. Am Ende verwenden wir dies, um die Entscheidbarkeit der monadischen Logik zweiter Stufe über den natürlichen Zahlen zu zeigen.

6.1 Zwei Sätze der unendlichen Kombinatorik

Die Komplementierung von Büchi-Automaten nach Büchi verwendet zwei kombinatorische Sätze: Königs Lemma und den Satz von Ramsey, die wir hier der Vollständigkeit halber mit Beweis angeben.

Satz 6.1 (Königs Lemma). *In einem Baum mit unendlich vielen Knoten, aber endlichem Verzweigungsgrad (kein Knoten hat unendlich viele Kinder) gibt es einen unendlichen Pfad.*

Beweis. Wir konstruieren induktiv eine Folge von Knoten $a_0, a_1, \ldots$, so dass a_{n+1} Kind von a_n ist und unterhalb a_n jeweils unendlich viele Knoten liegen, also a_n unendlich viele Nachkommen hat. Man nimmt für a_0 die Wurzel des Baumes; diese hat nach Voraussetzung unendlich viele Nachkommen. Sind $a_0, \ldots, a_n$ schon gefunden, so wählt man a_{n+1} als eines derjenigen Kinder von a_n, das unendlich viele Nachkommen hat. Ein solches muss vorhanden sein, denn sonst hätte a_n selbst nur endlich viele Nachkommen. In dieser Weise entsteht wie verlangt ein unendlicher Pfad. $\qquad\square$

M. Hofmann, M. Lange, *Automatentheorie und Logik*, eXamen.press,
DOI 10.1007/978-3-642-18090-3_6, © Springer-Verlag Berlin Heidelberg 2011

Für das zweite kombinatorische Resultat brauchen wir eine kleine Definition: Wenn A eine Menge ist, dann bezeichnet $\binom{A}{2}$ die Menge der zweielementigen Teilmengen von A.

Satz 6.2 (Satz von Ramsey). *Sei A eine unendliche Menge, C eine endliche Menge von Farben und $f : \binom{A}{2} \to C$ eine Färbung der zweielementigen Teilmengen von A mit Farben aus C. Dann existiert eine unendliche Teilmenge B von A, so dass f eingeschränkt auf $\binom{B}{2}$ konstant ist, d.h. es gibt eine feste Farbe $c \in C$, so dass $f(\{x, y\}) = c$ für alle $x, y \in B$.*

Beweis. Zunächst müssen wir A anordnen. (Wir können o.B.d.A. A mit $\mathbb{N}$ identifizieren und die normale Ordnung verwenden. Sollte A überabzählbar sein, dann schränken wir zunächst willkürlich auf eine abzählbare Teilmenge ein.) Außerdem können wir annehmen, dass $C = \{1, \dots, k\}$.

Wir konstruieren jetzt eine Folge $(a_0, A_0, c_0), (a_1, A_1, c_1), (a_2, A_2, c_2), \dots$ so dass $a_0 < a_1 < a_2 < \dots$ und $A_0 \supseteq A_1 \supseteq A_2 \supseteq \dots$ und so dass die A_i alle unendlich sind und $f(\{a_i, x\}) = c_i$ für alle $x \in A_i$ und $a_{i+1} \in A_i$ für alle i.

Wir wählen a_0 beliebig und c_0 als eine Farbe, die unendlich viele Paare der Form $\{a_0, x\}$ färbt und dann $A_0 = \{x \mid f(\{a_0, x\}) = c_0\}$. Das geht, weil es nur endlich viele Farben gibt.

Ist die Folge schon bis n gebildet, dann nehmen wir aus A_n wiederum ein beliebiges Element a_{n+1} und verschaffen uns A_{n+1}, c_{n+1} wie bei (a_0, A_0, c_0). Eine Farbe taucht nun unendlich oft auf in der Folge der c_i. Die Menge derjenigen a_n's, die diese Farbe haben, leistet das Verlangte. $\qquad\square$

6.2 Komplementierung nach Büchi

Sei $\mathcal{A} = (Q, \Sigma, q_0, \delta, F)$ ein Büchi-Automat. Wir wollen einen Büchi-Automaten $\mathcal{A}'$ konstruieren, so dass $L(\mathcal{A}) = \overline{L(\mathcal{A}')}$. Für ein endliches Wort $u \in \Sigma^*$ definieren wir Relationen zwischen zwei Zuständen aus Q wie folgt.

- $q \xrightarrow{u} q'$ bedeutet: von Zustand q kommt man unter Abarbeitung von u im Automaten nach q'.

- $q \xrightarrow{u}_{\mathsf{fin}} q'$ bedeutet: von Zustand q kommt man unter Abarbeitung von u im Automaten nach q' und durchläuft dabei einen Endzustand.

Klar ist: Wenn $q \xrightarrow{u}_{\mathsf{fin}} q'$ dann natürlich auch $q \xrightarrow{u} q'$. Außerdem gilt: Wenn $q \xrightarrow{u} q_1$ und $q_1 \xrightarrow{v} q'$ und $q_1 \in F$, dann auch $q \xrightarrow{uv}_{\mathsf{fin}} q'$.

Wir definieren eine Äquivalenzrelation $\sim \subseteq \Sigma^* \times \Sigma^*$ wie folgt:

$$u \sim v \quad \Longleftrightarrow \quad \forall q.\forall q'.(q \xrightarrow{u} q' \Leftrightarrow q \xrightarrow{v} q') \text{ und } (q \xrightarrow{u}_{\mathsf{fin}} q' \Leftrightarrow q \xrightarrow{v}_{\mathsf{fin}} q')$$

Es sollte klar sein, dass $\sim$ tatsächlich eine Äquivalenzrelation, also reflexiv, symmetrisch und transitiv ist.

Zwei Wörter sind also bzgl. $\sim$ äquivalent, wenn der fest gewählte Automat dieselben Zustandsübergänge unter diesen beiden Wörtern machen kann, selbst wenn man das Durchlaufen eines Endzustandes mitbewertet.

Als nächstes machen wir ein paar wichtige Beobachtungen bzgl. der Äquivalenzrelation $\sim$. Wir schreiben $[u]_\sim$ für die Äquivalenzklasse des Wortes u unter dieser Relation, also $[u]_\sim := \{v \mid u \sim v\}$. Mit $\Sigma^*/\sim$ bezeichnen wir die Menge aller Äquivalenzklassen von $\sim$.

Lemma 6.3. *Die Äquivalenzrelation $\sim$ hat endlichen Index, d.h. es gibt nur endlich viele Äquivalenzklassen.*

Beweis. Jede Klasse ist eindeutig bestimmt durch zwei Mengen von Zustandspaaren. Also gibt es höchstens $2^{2|Q|^2}$ viele Klassen. $\qquad\square$

Lemma 6.4. *Jede Äquivalenzklasse der Relation $\sim$ ist eine reguläre Sprache.*

Beweis. Für Zustände q und q' seien $L_{q,q'} := \{u \mid q \xrightarrow{u} q'\}$ und $L_{q,q'}^{\mathsf{fin}} := \{u \mid q \xrightarrow{u}_{\mathsf{fin}} q'\}$. Es sollte klar sein, dass diese Sprachen alle regulär sind. Bei $L_{q,q'}$ nimmt man den NBA $\mathcal{A}$ und macht q zum Anfangszustand und q' zum einzigen Endzustand. Bei $L_{q,q'}^{\mathsf{fin}}$ geht man genauso vor, führt aber in den Zuständen noch ein Bit mit, welches zunächst auf 0 gesetzt wird, bei einem Durchlauf eines Endzustands auf 1 gesetzt wird. Endzustand ist dann nur noch die Kombination aus q' und dem Bit 1.

Nun gilt folgende Gleichung für jedes $u \in \Sigma^*$.

$$[u]_\sim \;=\; \Big(\bigcap_{\substack{q,q' \in Q \\ q \xrightarrow{u} q'}} L_{q,q'}\Big) \;\cap\; \Big(\bigcap_{\substack{q,q' \in Q \\ q \xrightarrow{u}_{\mathsf{fin}} q'}} L_{q,q'}^{\mathsf{fin}}\Big)$$

Beachte, dass es nur endlich viele Zustände und somit nur endlich viele Zustandspaare gibt. Somit handelt es sich also bei der rechten Seite um einen endlichen Schnitt regulärer Sprachen. Die Klasse der regulären Sprachen ist aber unter endlichen Schnitten abgeschlossen, wodurch die linke Seite der Gleichung also ebenfalls eine reguläre Sprache bildet. $\qquad\square$

Lemma 6.5. *Seien U, V zwei Äquivalenzklassen von $\sim$ und sei $w \in UV^\omega$. Wenn $w \in L(\mathcal{A})$, so ist sogar $UV^\omega \subseteq L(\mathcal{A})$.*

Beweis. Wir zerlegen das Wort w als $w = uv_1v_2v_3v_4\ldots$ mit $u \in U$ und $v_i \in V$ und betrachten einen akzeptierenden Lauf. Aus der Annahme, dass U, V Äquivalenzklassen sind können wir dann einen akzeptierenden Lauf für jedes andere Wort aus UV^ω konstruieren. $\qquad\square$

Lemma 6.6. *Seien U, V zwei Klassen von $\sim$ und $w \in UV^\omega$. Wenn $w \in \overline{L(\mathcal{A})}$, so ist sogar $UV^\omega \subseteq \overline{L(\mathcal{A})}$.*

Beweis. Angenommen, es gäbe ein $w' \in UV^\omega$ mit $w' \in L(\mathcal{A})$. Dann würde mit Lemma 6.5 auch $w \in L(\mathcal{A})$ gelten, was der Annahme widerspricht. $\qquad\square$

Lemma 6.7. *Für jedes beliebige Wort $w = a_0a_1a_2\cdots \in \Sigma^\omega$ existieren Äquivalenzklassen U, V von $\sim$, so dass $w \in UV^\omega$.*

Beweis. Jedes endliche Wort liegt in einer Klasse (nämlich "seiner" Klasse). Wir betrachten folgende Färbung von $\binom{\mathbb{N}}{2}$. Setze $f(\{i,j\})$ gleich der Äquivalenzklasse von $a_i \ldots a_{j-1}$, wobei o.B.d.A. $i < j$. Der Satz von Ramsey liefert eine Äquivalenzklasse V und eine unendliche Teilmenge $S \subseteq \mathbb{N}$, so dass für alle $i, j \in S$ mit $i < j$ gilt: $a_i \ldots a_{j-1} \in V$. Wenn jetzt i_0 das kleinste Element von S ist und U die Äquivalenzklasse von $a_0 \ldots a_{i_0-1}$ ist, dann folgt $w \in UV^\omega$. $\square$

Satz 6.8. *Sei $\mathcal{A}$ ein Büchi-Automat. Die Sprache $\overline{L(\mathcal{A})}$ ist ω-regulär.*

Beweis. Aus Lemmas 6.5–6.7 folgt zunächst das Folgende.

$$\overline{L(\mathcal{A})} \;=\; \bigcup \{UV^w \mid U, V \in \Sigma^*/\sim \text{ und } UV^\omega \cap L(\mathcal{A}) = \emptyset\}$$

Jetzt ist noch zu bemerken, dass $\Sigma^*/\sim$ endlich ist. Damit bildet die rechte Seite dieser Gleichung aber eine ω-reguläre Sprache. $\square$

Es folgt mit Satz 5.13, dass auch ein NBA $\mathcal{A}'$ existiert, der gerade das Komplement von $L(\mathcal{A})$ erkennt. Dieser lässt sich sogar effektiv berechnen. Dabei kann man wie folgt vorgehen. Die endlich vielen Äquivalenzklassen werden durch Repräsentanten dargestellt und aus dem Automaten abgelesen. Durch Tiefensuche im Automaten kann man dann diejenigen Klassen U, V identifizieren, für die UV^ω disjunkt von $L(\mathcal{A})$ ist. Wegen Lemma 6.5 und 6.6 ist das ja gleichbedeutend damit, dass uv^ω nicht in $L(\mathcal{A})$ ist, wobei $u \in U$ und $v \in V$ beliebige Repräsentanten sind.

Korollar 6.9. *Sei $\mathcal{A}$ ein NBA mit n Zuständen. Dann existiert ein NBA $\mathcal{A}'$, so dass $L(\mathcal{A}') = \overline{L(\mathcal{A})}$ und $|\mathcal{A}'| = \mathcal{O}(2^{2n^2})$.*

Wir werden im Folgenden noch sehen, dass diese Schranke asymptotisch nicht optimal ist.

6.3 Entscheidbarkeit der monadischen Logik zweiter Stufe

Die monadische Logik zweiter Stufe (MSO) hat dieselbe Syntax wie ihre schwache Variante WMSO, jedoch wird die Restriktion, dass bei WMSO zweitstufige Quantoren nur über endliche Mengen rangieren, aufgehoben. Die Formel

$$\exists X. \forall x. X(x) \rightarrow \exists y. x < y \wedge X(y)$$

ist also in WMSO nicht gültig, in MSO jedoch gültig. Man kann als Zeuge für das X einfach die Menge $\mathbb{N}$ aller natürlichen Zahlen hernehmen.

So wie WMSO als Logik über endlichen Wörtern angesehen werden kann, kann MSO als entsprechende Logik über unendlichen Wörtern angesehen werden. Die Alphabetsymbole ergeben sich wieder als Bitvektoren einer Länge, die bestimmt ist durch die Anzahl der freien Variablen einer Formel.

Die Logik MSO, also monadische Logik zweiter Stufe interpretiert über unendlichen Wörtern, ist insbesondere deshalb wichtig, weil sich viele Formalismen, mit denen man Sprachen unendlicher Wörter spezifizieren kann, in diese Logik einbetten lassen.

Die wichtigste Frage bzgl. MSO ist natürlich wieder einmal die der Entscheidbarkeit. Diese ist jedoch jetzt recht leicht zu sehen. Mit der oben geklärten Frage des Komplementabschlusses der ω-regulären Sprachen kann man eine Übersetzung von MSO nach NBA in Analogie zur Übersetzung von WMSO nach NFA aus dem Abschnitt 2.2.2 angeben. Wichtig ist ebenfalls, dass man zu einem gegebenen NBA entscheiden kann, ob die von ihm erkannte Sprache leer ist oder nicht.

Satz 6.10. *Das Problem, zu einem gegebenen NBA festzustellen, ob die von ihm erkannte Sprache nicht leer ist, ist in polynomialer Zeit entscheidbar.*

Beweis. Sei $\mathcal{A} = (Q, \Sigma, q_0, \delta, F)$ ein NBA. Diesen identifizieren wir mit seinem Transitionsgraphen. Es gilt $L(\mathcal{A}) \neq \emptyset$ genau dann, wenn es ein $q \in Q$ gibt, so dass q von q_0 aus erreichbar ist und q selbst von q aus erreichbar ist auf einem Zykel, der mindestens Länge 1 hat und einen Endzustand durchläuft. Die Richtung "$\Leftarrow$" darin ist leicht zu sehen. Für die Richtung "$\Rightarrow$" nehme man sich einen akzeptierenden Lauf. Dieses ist unendlich und besucht unendlich oft Endzustände, aber insgesamt gibt es nur endlich viele Zustände, die er durchlaufen kann. Also muss er irgendwann einmal einen Zustand zwei Mal besuchen, so dass dazwischen ein Endzustand durchlaufen wird.

Mithilfe von Tiefen- oder Breitensuche kann man in polynomialzeit testen, ob es solch einen Zustand q gibt und somit das Leerheitsproblem für NBA entscheiden. $\qquad\square$

Satz 6.11. *Es existiert ein effektives Verfahren, das zu gegebener MSO-Formel φ entscheidet, ob sie erfüllbar ist.*

Beweis. Zu gegebener MSO-Formel φ mit freien Mengenvariablen $X_0, \ldots, X_{n-1}$ (möglicherweise $n = 0$, also φ geschlossen) konstruiert man einen Büchi-Automaten $\mathcal{A}_\varphi$ über dem Alphabet $2^{\{0,\ldots,n-1\}}$ (also einelementiges Alphabet, wenn $n = 0$) derart, dass $L(\mathcal{A}_\varphi) = \{w \mid w \models \varphi\}$, wobei $w \models \varphi$ bedeutet, dass φ wahr ist, wenn man die Variable X_i als die Menge $\{j \mid i \in a_j\}$ interpretiert, wobei $w = a_0 a_1 a_2 \ldots$. Man liest also das Wort w als unendliche Wertetabelle für die X_i.

Die Konstruktion des Automaten erfolgt durch Induktion über den Aufbau von φ. Die Boole'schen Operationen gehen wie üblich (Produktautomat, Komplementierung). Existenzquantoren behandelt man wieder durch Alphabetprojektion, welches Nichtdeterminismus einführt.

Dies realisiert eine Reduktion auf das Leerheitsproblem für NBA, welches laut Satz 6.10 entscheidbar ist. $\qquad\square$

Wie in Korollar 6.9 gesagt wird bei der Komplementierung eines NBA nach dem hier vorgestellten Verfahren die Zustandszahl exponentiell erhöht, also auch bei der Behandlung von Allquantoren, die man ja als $\neg\exists\neg$ auffasst. Dies führt wie beim Verfahren für WMSO zu einer nichtelementaren Komplexität $DTIME(2_{\mathcal{O}(n)})$ des Entscheidungsproblems. In der Praxis ist dieses Verfahren aber wesentlich schwieriger zu implementieren als das Verfahren für WMSO.

Weitere Akzeptanzbedingungen

Die Büchi-Akzeptanzbedingung—unendliches Auftreten von Zuständen aus einer Menge—ist zwar eine natürliche Erweiterung der Akzeptanz endlicher Automaten auf endlichen Wörtern, jedoch sicherlich nicht die einzige Möglichkeit, Akzeptanz auf unendlichen Wörtern zu definieren. In diesem Kapitel lernen wir weitere Akzeptanzbedingungen und die entsprechenden Automatentypen kennen.

7.1 Rabin-, Streett- und Paritätsautomaten

Läufe solcher Automaten sind wiederum unendliche Sequenzen $\rho = q_0, q_1, \dots$ von Zuständen, die der Transitionsfunktion gehorchen und jeweils im Anfangszustand beginnen. Für solch einen Lauf ρ bezeichnen wir mit $Inf(\rho)$ die Menge derjenigen Zustände, die unendlich oft auf diesem Lauf vorkommen, d.h.

$$Inf(\rho) \;=\; \{q \mid q = q_i \text{ für unendlich viele } i\}$$

Definition 7.1. Ein *Rabin-Automat* (NRA) ist ein Tupel $\mathcal{A} = (Q, \Sigma, q_0, \delta, \mathcal{F})$, wobei Q, Σ, q_0, δ wie bei NBAs definiert sind, und $\mathcal{F} = \{(G_1, F_1), \dots, (G_k, F_k)\}$ mit $G_i, F_i \subseteq Q$.

Solch ein NRA heißt *deterministisch* (DRA), falls $|\delta(q, a)| = 1$ für alle $q \in Q$ und $a \in \Sigma$.

Ein Lauf $\rho = q_0, q_1, \dots$ eines NRA heißt *akzeptierend*, falls es ein $i \in \{1, \dots, k\}$ gibt, so dass $Inf(\rho) \cap G_i \neq \emptyset$ und $Inf(\rho) \cap F_i = \emptyset$. Die Sprache $L(\mathcal{A})$ ist wieder die Menge aller Wörter, für die es einen akzeptierenden Lauf gibt.

Die Größe eines NRA ist die Anzahl $|Q|$ seiner Zustände. Der *Index* eines Rabin-Automaten ist die Größe seiner Endzustandskomponente, also hier k.

Die Endzustandskomponente enthält also Paare von im Unendlichen erlaubten und verbotenen Zuständen.

M. Hofmann, M. Lange, *Automatentheorie und Logik*, eXamen.press,
DOI 10.1007/978-3-642-18090-3_7, © Springer-Verlag Berlin Heidelberg 2011

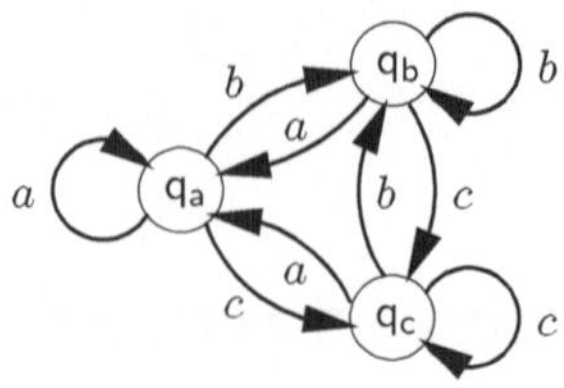

Abb. 7.1. Transitionsfunktion eines Automaten über dem Alphabet $\Sigma = \{a, b, c\}$.

Beispiel 7.2. Sei $\Sigma = \{a, b, c\}$. Betrachte die Sprache $L := \{w \in \Sigma^\omega \mid |w|_a = \infty \Rightarrow |w|_b = \infty\}$. Der NRA in Abb. 7.1 protokolliert in seiner Zustandsmenge einfach das zuletzt gelesene Zeichen eines Worts. Um ihn L erkennen zu lassen, reicht es aus sich zu überlegen, dass ein Wort w in L ist genau dann, wenn der eindeutige Lauf darauf entweder unendlich oft den Zustand q_b durchläuft oder nur endlich oft den Zustand q_a. Ersteres wird durch das Rabin-Paar $(\{q_b\}, \emptyset)$ modelliert. Letzteres wiederum entspricht dem Rabin Paar $(Q, \{q_a\})$.

Somit wird der in Abb. 7.1 gezeigte Automat mit

$$\mathcal{F} \;=\; \{(\{q_b\}, \emptyset), (Q, \{q_a\})\}$$

zu einem NRA—bzw. sogar DRA—der L erkennt.

Die Streett-Bedingung ist das duale zu der Rabin-Bedingung. Syntaktisch ist ein Streett-Automat nicht von einem Rabin-Automat zu unterscheiden, seine Akzeptanz ist jedoch dual zu der eines Rabin-Automaten definiert.

Definition 7.3. Ein *Streett-Automat* (NSA) ist ein Tupel $\mathcal{A} = (Q, \Sigma, q_0, \delta, \mathcal{F})$, wie bei einem NRA, also insbesondere mit $\mathcal{F} = \{(G_1, F_1), \ldots, (G_k, F_k)\}$. *Deterministische* Streett-Automaten (DSA) sind wie üblich definiert.

Ein Lauf $\rho = q_0, q_1, \ldots$ eines NSA ist *akzeptierend*, falls für alle $i = 1, \ldots, k$ gilt: $\mathit{Inf}(\rho) \cap G_i \neq \emptyset \implies \mathit{Inf}(\rho) \cap F_i \neq \emptyset$. Die vom NSA $\mathcal{A}$ erkannte Sprache ist ebenfalls wie üblich definiert.

Genauso ist die Größe eines NSA wieder die Anzahl $|Q|$ seiner Zustände, und sein *Index* ist die Größe seiner Endzustandskomponente, also k.

Die Endzustandskomponente eines Streett-Automaten beschreibt also Abhängigkeiten der Form, dass ein bestimmter Zustand nur unendlich oft durchlaufen werden darf, wenn auch ein anderer unendlich oft durchlaufen wird.

Beispiel 7.4. Betrachte wieder die Sprache $L = \{w \in \{a, b, c\}^\omega \mid |w|_a = \infty \Rightarrow |w|_b = \infty\}$. Den in Abb. 7.1 gezeigten Automaten kann man auch als NSA bzw. DSA auffassen. Die Beschreibung der Sprache L lässt sich sehr leicht als Streett-Bedingung modellieren: $\mathcal{F} = \{(\{q_a\}, \{q_b\})\}$.

Die von Rabin- bzw. Streett-Automaten erkannte Sprachklasse enthält mindestens die ω-regulären Sprachen, weil die Büchi-Bedingung ein Spezialfall der Rabin- oder Streett-Bedingungen ist.

Satz 7.5. *Für jeden NBA $\mathcal{A}$ der Größe n existiert ein NRA (NSA) $\mathcal{A}'$ der Größe n und vom Index 1, so dass $L(\mathcal{A}') = L(\mathcal{A})$.*

Beweis. Übung.

Die Dualität zwischen Rabin- und Streett-Bedingung wird durch das folgende Lemma formalisiert.

Lemma 7.6. *Sei $\mathcal{A} = (Q, \Sigma, q_0, \delta, \mathcal{F})$ ein NRA oder NSA und ρ ein Lauf dieses Automaten auf einem Wort $w \in \Sigma^\omega$. Dann ist ρ akzeptierend bzgl. der Rabin-Bedingung $\mathcal{F}$ genau dann, wenn ρ nicht akzeptierend bzgl. der Streett-Bedingung $\mathcal{F}$ ist.*

Beweis. Übung.

Daraus folgt sofort, dass sich ein DRA leicht zu einem DSA und umgekehrt komplementieren lässt.

Satz 7.7. *Für jeden DRA (DSA) $\mathcal{A}$ der Größe n und Index k gibt es einen DSA (DRA) $\overline{\mathcal{A}}$ der Größe n und Index k, so dass $L(\overline{\mathcal{A}}) = \Sigma^\omega \setminus L(\mathcal{A})$.*

Beweis. Die Konstruktion ist trivial. Setze $\overline{\mathcal{A}} := \mathcal{A}$. Wichtig ist, dass dieser als Automat mit der jeweils anderen Akzeptanzbedingung aufgefasst wird. Die Korrektheit folgt mit Lemma 7.6 sofort aus der Tatsache, dass ein deterministischer Automat auf einem gegebenen Wort $w \in \Sigma^\omega$ genau einen Lauf hat. $\square$

Beachte, dass der Determinismus eine wichtige Voraussetzung in diesem Satz ist. Ein NRA lässt sich i.A. nicht so leicht in einen NSA komplementieren, da Nichtakzeptanz durch einen nichtdeterministischen Automaten eine universelle Aussage ist, die über alle Läufe quantifiziert. Dies wiederum kann aber nicht ohne weiteres von einem nichtdeterministischen Automaten modelliert werden.

Ein Nachteil von Rabin- und Streett-Automaten ist, dass ihre Akzeptanzbedingung jeweils nicht unter Komplement abgeschlossen ist. Beachte, dass sich dies auch bei der Büchi-Bedingung so verhält: "nicht unendlich oft" lässt sich nicht einfach wiederum als "unendlich oft" formulieren.

Wir definieren noch eine weitere Akzeptanzbedingung, welche dual zu sich selbst ist. Dabei werden den Zuständen eines Automaten Prioritäten zugeordnet, wobei gerade Prioritäten als gut und ungerade als schlecht anzusehen sind und ihr Betrag ausdrückt, wie wichtig der Zustand im Vergleich zu anderen ist.

Definition 7.8. Ein *Paritätsautomat* (NPA) ist ein $\mathcal{A} = (Q, \Sigma, q_0, \delta, \Omega)$, wobei Q, Σ, q_0, δ wie üblich definiert sind, und $\Omega : Q \to \mathbb{N}$. Ein *deterministischer* NPA (DPA) ist wie üblich definiert.

Ein Lauf $\rho = q_0, q_1, \ldots$ eines Paritätsautomaten heißt *akzeptierend* falls $\max\{\Omega(q) \mid q \in \mathit{Inf}(\rho)\}$ gerade ist.

Der *Index* eines Paritätsautomaten misst die Komplexität seiner Akzeptanzbedingung und ist gegeben als $|\{\Omega(q) \mid q \in Q\}|$, also die Anzahl verschiedener Prioritäten, die in ihm verwendet werden.

Beispiel 7.9. Wir betrachten wieder die Sprache $L = \{w \in \{a,b,c\}^\omega \mid |w|_a = \infty \Rightarrow |w|_b = \infty\}$ wie oben. Den in Abb. 7.1 gezeigten Automaten kann man ebenso als NPA bzw. DPA hernehmen, um damit L zu erkennen. Beachte, dass ein unendliches Durchlaufen des Zustands q_b offensichtlich gut in Bezug auf diese Sprache ist. Deswegen sollte dieser Zustand eine gerade Priorität haben. Ein unendliches Durchlaufen des Zustands q_a ist nur dann gut, wenn auch q_b unendlich oft durchlaufen wird, ansonsten schlecht. Deswegen sollte er eine ungerade Priorität, die kleiner ist als die von q_b, haben. Schlussendlich kann Zustand q_c dann wieder eine noch kleinere gerade Priorität bekommen, denn diesen unendlich oft zu durchlaufen ist im Prinzip gut, es sei denn, q_a wird auch unendlich oft durchlaufen. Setze also

$$\Omega(q_a) = 1 \ , \quad \Omega(q_b) = 2 \ , \quad \Omega(q_c) = 0$$

wodurch dieser Automat zu einem NPA mit Index 3 wird, der L erkennt.

Die Selbstdualität der Paritätsbedingung ist darin begründet, dass in einem Lauf ρ die maximale, unendlich oft auftretenden Priorität eindeutig ist (was die Endlichkeit der zugrundeliegenden Zustandsmenge benutzt). Diese ist nicht gerade genau dann, wenn sie ungerade ist, und "unendlich oft ungerade" lässt sich wiederum als "unendlich oft gerade" darstellen, wenn man alle Prioritäten um eine ungerade Zahl verschiebt. Solch eine Transformation erhält natürlich die totale Quasi-Ordnung auf den Zuständen, die durch Vergleich ihrer Prioritäten gegeben ist.

Beachte, dass dieses Prinzip leider wiederum nur zur Komplementierung deterministischer Automaten verwendet werden kann, weil bei solchen existentielle und universelle Quantifizierung über die Läufe auf einem gegebenen Wort dasselbe sind.

Satz 7.10. *Für jeden DPA $\mathcal{A}$ der Größe n und vom Index k gibt es einen DPA $\overline{\mathcal{A}}$ der Größe n und vom Index k, so dass $L(\overline{\mathcal{A}}) = \Sigma^\omega \setminus L(\mathcal{A})$.*

Beweis. Sei $\mathcal{A} = (Q, \Sigma, q_0, \delta, \Omega)$ ein DPA. Definiere $\overline{\mathcal{A}} := (Q, \Sigma, q_0, \delta, \overline{\Omega})$, wobei für alle $q \in Q$:

$$\overline{\Omega}(q) \ := \ \Omega(q) + 1 \ .$$

Klar ist, dass $\overline{\mathcal{A}}$ ebenfalls deterministisch ist. Die Abschätzung seiner Größe und seines Index ergeben sich direkt aus dieser Konstruktion.

Sei außerdem $w \in \Sigma^\omega$ und ρ der eindeutige Lauf von $\mathcal{A}$ auf w. Beachte, dass ρ dann auch der eindeutige Lauf von $\overline{\mathcal{A}}$ auf w ist und dass die maximale, unendliche oft auftretende Priorität darin bzgl. Ω gerade ist genau dann, wenn sie bzgl. $\overline{\Omega}$ ungerade ist. $\qquad\qquad\square$

Wie bei Rabin- und Streett-Automaten können Paritätsautomaten ebenfalls die Büchi-Bedingung leicht modellieren. Damit gilt also, dass Paritätsautomaten ebenfalls mindestens die Klasse der ω-regulären Sprachen erkennen.

Satz 7.11. *Für jeden NBA $\mathcal{A}$ der Größe n existiert ein äquivalenter NPA $\mathcal{A}'$ der Größe n und vom Index 2.*

Beweis. Übung.

Andererseits gilt, dass NPAs höchstens die ω-regulären Sprachen erkennen. D.h. aus einem NPA lässt sich auch ein äquivalenter NBA gewinnen. Dies geht allerdings nicht ohne Vergrößerung der Zustandszahl, da die Paritätsbedingung offensichtlich mächtiger ist als die Büchi-Bedingung. Die Transformation beruht auf der Tatsache, dass die maximale, unendlich oft auftretende Priorität in einem Lauf gerade ist genau dann, wenn es einen Moment in dem Lauf gibt, ab dem eine gerade Priorität unendlich oft auftritt und keine größere Priorität mehr vorkommt. Dies ist aber als Büchi-Bedingung formulierbar, und ein nichtdeterministischer Automat kann über seine Zustandsmenge sowohl diese gerade Priorität wie auch diesen Moment erraten.

Satz 7.12. *Für jeden NPA $\mathcal{A}$ der Größe n und vom Index k existiert ein NBA $\mathcal{A}'$ mit höchstens $n \cdot (k + 1)$ Zuständen, so dass $L(\mathcal{A}') = L(\mathcal{A})$.*

Beweis. Sei $\mathcal{A} = (Q, \Sigma, q_0, \delta, \Omega)$ ein NPA. Wir konstruieren einen äquivalenten NBA $\mathcal{A}'$, der intuitiv wie folgt arbeitet. Er besteht aus mehreren Komponenten, von der eine einfach eine Kopie von $\mathcal{A}$ ist, die auch den Anfangszustand enthält, aber keine Endzustände. In eine andere Komponente zu wechseln bedeutet Erraten des oben genannten Moments. In dieser kommen dann nur noch Zustände mit beschränkter Priorität vor.

Formal wird $\mathcal{A}'$ wie folgt konstruiert. Sei G die Menge der in $\mathcal{A}$ verwendeten *geraden* Prioritäten und $Q|_i = \{q \in Q \mid \Omega(q) \leq i\}$ für jedes $i \in G$. Dann ist $\mathcal{A}' = (Q', \Sigma, q_0, \delta', F)$, wobei

$$Q' := Q \cup \bigcup_{i \in G} \{i\} \times Q|_i$$

Das jeweilige $\{i\}$ dient lediglich dazu, die einzelnen Zustände in den verschiedenen Komponenten zu markieren. Die Transitionsfunktion ist dann die folgende.

$$\delta'(q, a) := \delta(q, a) \cup \{(i, q') \mid m \leq i \leq k, i \text{ gerade}, q' \in \delta(q, a), \Omega(q') \leq i\}$$
$$\delta((i, q), a) := \{(i, q') \mid q' \in \delta(q, a), \Omega(q') \leq i\}$$

Die Endzustände sind dann jeweils diejenigen mit ursprünglicher Priorität i in i-Komponenten.

$$F := \{(i, q) \mid \Omega(q) = i\}$$

Es sollte klar sein, dass $\mathcal{A}'$ höchstens $|Q|+|G|\cdot|Q|$, also $n(k+1)$ viele Zustände hat. Es bleibt noch die Korrektheit der Konstruktion zu zeigen.

"$\supseteq$" Sei $w \in L(\mathcal{A})$. Dann existiert ein akzeptierender Lauf $\rho = q_0, q_1, \ldots$ von $\mathcal{A}$ auf w, d.h. $\max\{\Omega(q) \mid q \in \mathit{Inf}(\rho)\}$ ist gerade. Also existiert ein gerades i mit $m \leq i \leq k$, so dass unendliche viele q_j die Priorität i haben, aber nur endliche viele haben jeweils eine Priorität i' mit $i' > i$. Also gibt es ein $n \in \mathbb{N}$, so dass für alle $j \geq n$ gilt: $\Omega(q_j) \leq i$. Zusätzlich gibt es unendlich viele $j \geq n$, so dass $\Omega(q_j) = i$. Man vergewissert sich leicht, dass dann

$$q_0, q_1, \ldots, q_{j-1}, (i, q_j), (i, q_{j+1}), (i, q_{j+2}), \ldots$$

ein akzeptierender Lauf von $\mathcal{A}'$ auf w ist.

"$\subseteq$" Analog. $\qquad\qquad\qquad\qquad\qquad\qquad\qquad\qquad\qquad\qquad\qquad\quad$ $\square$

Auf eine sehr ähnliche Art und Weise lässt sich auch eine Rabin-Bedingung in eine Büchi-Bedingung übersetzen. Dies liegt daran, dass die Rabin-Bedingung existentiell über Paare von Mengen quantifiziert und ein nichtdeterministischer Büchi-Automat in seinem Zustandsraum diese Quantifizierung nachbauen kann. Eine Umwandlung eines Streett-Automaten in einen Büchi-Automaten ist dagegen schwieriger, aber ebenfalls möglich.

Satz 7.13. *Für jeden NRA $\mathcal{A}$ der Größe n und vom Index k existiert ein äquivalenter NBA $\mathcal{A}'$ mit höchstens $n \cdot (k+1)$ vielen Zuständen.*

Beweis. Übung.

7.2 Muller-Automaten

Nachdem die offensichtlich stärkeren Akzeptanzbedingungen Rabin, Streett und Parität dennoch nicht die Klasse der erkennbaren Sprachen im Vergleich zu Büchi vergrößern, stellt sich die Frage, ob es überhaupt eine Akzeptanzbedingung geben kann, die dies leistet. Wir betrachten dazu natürlich weiterhin nur vernünftige Bedingungen, d.h. solche, die wie die oben genannten über das unendliche Auftreten von Zuständen definiert sind. Dann gibt es eine offensichtlich mächtigste Akzeptanzbedingung, nämlich die sogenannte Muller-Bedingung.

Definition 7.14. Ein *Muller-Automat* (NMA) ist ein $\mathcal{A} = (Q, \Sigma, q_0, \delta, \mathcal{F})$, wobei Q, Σ, q_0, δ wie üblich definiert sind und $\mathcal{F} \subseteq 2^Q$. *Deterministische* Muller-Automaten (DMA) sind ebenfalls wie üblich definiert.

Die Größe eines NMA ist wieder die Anzahl $|Q|$ seiner Zustände, und sein *Index* ist die Größe seiner Endzustandskomponente, also $|\mathcal{F}|$.

Ein Lauf $\rho = q_0, q_1, \ldots$ eines NMA ist *akzeptierend*, falls $\mathit{Inf}(\rho) \in \mathcal{F}$. Wiederum ist $L(\mathcal{A})$ die vom NMA $\mathcal{A}$ erkannte Sprache.

Beispiel 7.15. Wir betrachten noch einmal die Sprache $L = \{w \in \{a,b,c\}^\omega \mid |w|_a = \infty \Rightarrow |w|_b = \infty\}$ und den in Abb. 7.1 gezeigten Automaten. Da dieser in seinem Zustand immer das zuletzt gelesene Zeichen reflektiert, kann man ihm leicht eine Muller-Bedingung zuweisen, so dass er zu einem NMA bzw. sogar DMA wird, der L erkennt. Definiere dazu lediglich

$$\mathcal{F} := \{S \subseteq \{q_a, q_b, q_c\} \mid q_a \in S \Rightarrow q_b \in S\}$$

als Endzustandskomponente. Somit wird dieser Automat zu einem DMA vom Index 6, der L erkennt.

In einem Muller-Automaten wird also einfach explizit tabuliert, welche Mengen von Zuständen unendlich oft durchlaufen werden dürfen. Im Gegensatz dazu kann man die anderen Akzeptanzbedingungen als symbolische Repräsentation von solchen Mengen auffassen. Es ist also nicht verwunderlich, dass man mithilfe von Muller-Automaten die anderen Automaten simulieren kann.

Satz 7.16. *Für jeden NBA / NRA / NSA / NPA $\mathcal{A}$ der Größe n existiert ein äquivalenter NMA $\mathcal{A}'$ der Größe n.*

Beweis. Der Trick ist, den Automaten an sich beizubehalten und lediglich die Akzeptanzbedingung in der neuen Endzustandskomponente explizit zu machen. Wir zeigen dies hier exemplarisch für den Fall der Rabin-Automaten. Die anderen Fälle sind analog bzw. folgen gleich aus Satz 7.5.

Sei $\mathcal{A} = (Q, \Sigma, q_0, \delta, \{(G_1, F_1), \ldots, (G_k, F_k)\})$ ein NRA. Definiere einen NMA $\mathcal{A}' := (Q, \Sigma, q_0, \delta, \mathcal{F})$, wobei für alle $S \subseteq Q$ gilt:

$$S \in \mathcal{F} \iff \exists i \in \{1, \ldots, k\} \text{ mit } S \cap G_i \neq \emptyset \text{ und } S \cap F_i = \emptyset$$

Sei nun $w \in \Sigma^\omega$. Dann ist $w \in L(\mathcal{A})$ genau dann, wenn es einen Lauf ρ gibt, der akzeptierend bzgl. der Rabin-Bedingung $\{(G_1, F_1), \ldots, (G_k, F_k)\}$ ist. Sei $S = Inf(\rho)$. Dies bedeutet, dass es ein $i \in \{1, \ldots, k\}$ gibt, so dass $S \cap G_i \neq \emptyset$ und $S \cap F_i = \emptyset$. Somit ist $S \in \mathcal{F}$ und ρ ist damit auch akzeptierender Lauf von $\mathcal{A}'$ auf w. Die Rückrichtung gilt genauso. $\square$

Obwohl die Muller-Bedingung auf den ersten Blick viel stärker als die Büchi-Bedingung z.B. aussieht, erkennen Muller-Automaten auch nur die ω-regulären Sprachen.

Satz 7.17. *Für jeden NMA $\mathcal{A}$ der Größe n und vom Index k gibt es einen NBA $\mathcal{A}'$ der Größe höchstens $n + k \cdot n \cdot 2^n$ mit $L(\mathcal{A}') = L(\mathcal{A})$.*

Beweis. Sei $\mathcal{A} = (Q, \Sigma, q_0, \delta, \mathcal{F})$ ein NMA mit $|Q| = n$ und $\mathcal{F} = \{F_1, \ldots, F_k\}$. Wir konstruieren einen äquivalenten NBA, der intuitiv wie folgt arbeitet. Er besteht aus $k + 1$ vielen Komponenten, die jeweils einen Teilgraphen von $\mathcal{A}$ darstellen. Eine dieser Komponenten ist lediglich eine Kopie von $\mathcal{A}$ und enthält den Anfangszustand des NBA aber kein Endzustände. In dieser Komponente kann $\mathcal{A}'$ ein beliebiges Präfix eines Wort in $L(\mathcal{A})$ erkennen. Ab irgendeinem Zeitpunkt werden in einem akzeptierenden Lauf von $\mathcal{A}$ jedoch genau die Zustände in einem F_i durchlaufen. Dazu kann $\mathcal{A}'$ zu jedem Zeitpunkt nichtdeterministisch in eine der k unabhängigen Komponenten wechseln, die aus Kopien von $\mathcal{A}$, eingeschränkt auf ein jeweiliges F_i, bestehen. Dadurch ist gewährleistet, dass höchstens die Zustände aus einem F_i unendlich oft in einem Lauf vorkommen. Es muss aber auch noch sichergestellt werden, dass diese alle unendlich oft vorkommen. Dazu enthält jede dieser Komponenten einen Zähler in Form einer Zustandsmenge, in der die in dieser Komponente durchlaufenen Zustände protokolliert werden. Enthält dieses Protokoll das gesamte F_i, so signalisiert der NBA dies mit einem Endzustand wird und setzt es wieder auf $\emptyset$ zurück.

Formal sei $\mathcal{A}' := (Q', \Sigma, q_0, \delta', F)$ mit

$$Q' \;:=\; Q \cup \bigcup_{i=1}^{k} \{i\} \times F_i \times 2^{F_i} \; .$$

Das jeweilige $\{i\}$ ist natürlich unnötig, erleichtert jedoch die Notation der Transitionsfunktion.

$$\delta'(q, a) \;:=\; \delta(q, a) \cup \{(i, q', \emptyset) \mid i \in \{1, \ldots, k\}, q' \in \delta(q, a) \cap F_i\}$$

$$\delta'((i, q, S), a) \;:=\; \begin{cases} \{(i, q', S \cup \{q\}) \mid q' \in \delta(q, a) \cap F_i\} & \text{, falls } S \neq F_i \\ \{(i, q', \emptyset) \mid q' \in \delta(q, a) \cap F_i\} & \text{, falls } S = F_i \end{cases}$$

Endzustände sind alle solche, in denen in einer der F_i-Komponenten protokolliert wurde, dass alle Zustände aus F_i durchlaufen wurden.

$$F \;:=\; \{(i, q, F_i) \mid i \in \{1, \ldots, k\}, q \in F_i\}$$

Es bleibt noch die Korrektheit dieser Konstruktion zu zeigen.

"$\supseteq$" Angenommen, $w \in L(\mathcal{A})$. Dann existiert ein Lauf $\rho = q_0, q_1, \ldots$, so dass $Inf(\rho) \in \mathcal{F}$, also $Inf(\rho) = F_i$ für ein $i \in \{1, \ldots, k\}$. D.h. es gibt ein $j \in \mathbb{N}$, so dass $q_h \in F_i$ für alle $h \geq j$ und zusätzlich gibt es für jedes $q \in F_i$ unendlich viele h mit $q_h = q$. Man vergewissere sich, dass

$$\rho' \;=\; q_0, q_1, \ldots, q_{j-1}, (i, q_j, \emptyset), (i, q_{j+1}, \{q_j\}), (i, q_{j+2}, \{q_{j+1}, q_{j+2}\}), \ldots$$

ein Lauf von $\mathcal{A}'$ auf w ist. Dieser ist außerdem akzeptierend, weil er unendlich viele Zustände der Form (i, q', F_i) enthalten muss, da nach Voraussetzung alle Zustände aus F_i unendlich oft in ρ vorkommen und somit die Protokoll-Komponente der Zustände unendlich oft F_i sein muss.

"$\subseteq$" Analog. $\qquad\qquad\square$

Wenn man die Sätze 7.5, 7.11, 7.16 und 7.17 und die Definition von ω-Regularität zusammennimmt, so ergibt sich, dass alle hier vorgestellten Automatentypen genau die ω-regulären Sprachen erkennen.

Korollar 7.18. *Für eine Sprache $L \subseteq \Sigma^\omega$ sind die folgenden Aussagen äquivalent.*

a) L ist ω-regulär.
b) L wird von einem NBA erkannt.
c) L wird von einem NRA erkannt.
d) L wird von einem NSA erkannt.
e) L wird von einem NPA erkannt.
f) L wird von einem NMA erkannt.

7.3 Co-Büchi-Automaten

Zum Abschluss dieses Kapitels betrachten wir noch das Komplement der Büchi-Bedingung als Akzeptanzbedingung.

Definition 7.19. Ein *co-Büchi-Automat* (NcoBA) ist ein $\mathcal{A} = (Q, \Sigma, q_0, \delta, F)$, wie bei einem NBA—insbesondere mit $F \subseteq Q$ einer Menge von Endzuständen. Solch ein NcoBA heißt wiederum *deterministisch* (DcoBA), falls $|\delta(q,a)| = 1$ für alle $q \in Q$ und $a \in \Sigma$. Die Größe eines NcoBA ist ebenfalls die Anzahl $|Q|$ seiner Zustände.

Ein Lauf $\rho = q_0, q_1, \ldots$ eines NcoBA heißt *akzeptierend*, falls es ein $i \in \{1, \ldots, k\}$ gibt, so dass $q_j \in F$ für alle $j \geq i$. Die Sprache $L(\mathcal{A})$ ist wieder die Menge aller Wörter, für die es einen akzeptierenden Lauf gibt.

Beispiel 7.20. Die co-Büchi-Akzeptanzbedingung ist natürlich wie geschaffen für Sprachen, die über höchstens endliches Vorkommen von Ereignissen in einem Wort definiert sind. So wird die Sprache $L = \{w \in \{a, b\}^\omega \mid |w|_b < \infty\}$ z.B. von dem folgenden co-Büchi-Automaten erkannt.

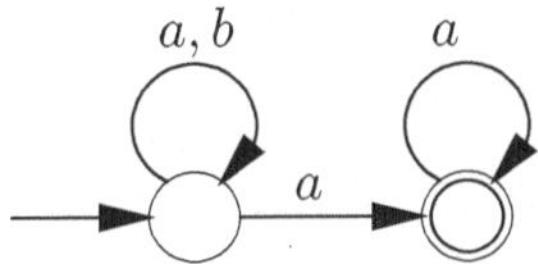

Andererseits kann man diesen Automaten auch als NBA auffassen, und die erkannte Sprache bleibt dieselbe. Dies liegt natürlich daran, dass von dem Endzustand aus kein Nichtendzustand mehr erreichbar ist. So kommen in einem Lauf dieses Automaten unendliche viele Endzustände vor genau dann, wenn nur endlich viele Nichtendzustände vorkommen.

Einen Unterschied zwischen Büchi- und co-Büchi-Akzeptanzbedingung gibt es jedoch in Bezug auf den folgenden Automaten.

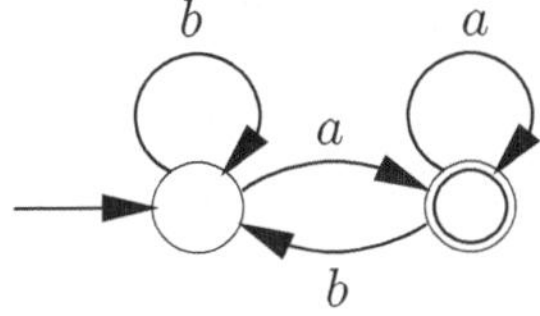

Als NcoBA aufgefasst erkennt dieser tatsächlich die Sprache L. Als NBA aufgefasst erkennt er jedoch die Menge aller Wörter, in denen unendliche viele a's vorkommen. Dies ist eine echte Obermenge von L, zu der z.B. $(ab)^\omega$ gehört, welches jedoch nicht zu L gehört.

Der Name co-Büchi-Automat stammt daher, dass ein Lauf $\rho = q_0, q_1, \ldots$ die co-Büchi-Bedingung erfüllt, also ab einem gewissen Moment nur noch Endzustände durchläuft, genau dann, wenn dieser Lauf nicht akzeptierend bzgl. der Büchi-Bedingung für die Menge $Q \setminus F$ ist. Das bedeutet, dass sich zumindest die deterministischen Varianten von Büchi und co-Büchi-Automaten leicht ineinander komplementieren lassen.

Satz 7.21. *Für jeden DBA / DcoBA $\mathcal{A}$ der Größe n existiert ein DcoBA / DBA $\overline{\mathcal{A}}$ der Größe n, so dass $L(\overline{\mathcal{A}}) = \Sigma^\omega \setminus L(\mathcal{A})$.*

Beweis. Übung.

Ein wesentlicher Unterschied zwischen Büchi- und co-Büchi-Automaten besteht darin, dass sich letztere determinisieren lassen.

Satz 7.22. *Für jeden NcoBA $\mathcal{A}$ mit n Zuständen existiert ein DcoBA $\mathcal{A}'$ mit höchstens 3^n vielen Zuständen, so dass $L(\mathcal{A}') = L(\mathcal{A})$.*

Wir präsentieren den Beweis an späterer Stelle in einem anderen Kontext. Interessanterweise lässt sich die sogenannte Miyano-Hayashi-Konstruktion, die ursprünglich dafür konzipiert wurde, einen alternierenden Büchi-Automaten in einen nichtdeterministischen Büchi-Automaten zu überführen, auch dazu verwenden, co-Büchi-Automaten zu determinisieren.

Es stellt sich die Frage nach dem relativen Zusammenhang zwischen der Klasse der von co-Büchi erkannten bzw. ω-regulären Sprachen. Man erkennt recht leicht, dass letztere mindestens so mächtig wie erstere sein muss, da sich die co-Büchi-Bedingung leicht als Muller-Bedingung formulieren lässt. Dies führt aber zu einem unnötigen Blow-Up bei der weiteren Übersetzung in einen NBA. Andererseits kann man die co-Büchi-Bedingung aber auch leicht als Spezialfall der Paritätsbedingung ansehen, und dann Satz 7.12 anwenden. Dies liefert das folgende Resultat.

Satz 7.23. *Für jeden NcoBA $\mathcal{A}$ der Größe n existiert ein NBA $\mathcal{A}'$ der Größe höchstens $2n$, so dass $L(\mathcal{A}') = L(\mathcal{A})$.*

Beweis. Übung.

Andererseits lässt sich nicht jeder NBA äquivalent in einen NcoBA umwandeln.

Satz 7.24. *Es gibt ω-reguläre Sprachen, die nicht von einem NcoBA erkannt werden.*

Beweis. Betrachte die Sprache $L = \{w \in \{a, b\}^\omega \mid w$ enthält unendlich viele $b\}$. Diese ist offensichtlich ω-regulär. Sei andererseits angenommen, dass diese auch von einem NcoBA erkannt würde. Dann würde sie laut Satz 7.22 auch von einem DcoBA erkannt, und nach Satz 7.21 würde ihr Komplement $\overline{L}$ auch von einem DBA erkannt. Dies ist aber laut Satz 5.8 nicht der Fall. $\square$

Determinisierung von Büchiautomaten

Der Titel dieses Kapitels klingt paradox; denn in Abschnitt 5.2 haben wir gesehen, dass deterministische Büchi-Automaten echt schwächer als nicht-deterministische sind. Es gibt ω-reguläre Sprachen, die nicht von einem DBA erkannt werden können. Somit muss es also NBA geben, die sich nicht determinisieren lassen. Die Antwort liegt in der Akzeptanzbedingung. Wie wir sehen werden, sind deterministische Rabin-, Muller- oder Paritätsautomaten ausdrucksstark genug für diese Aufgabe. Dasselbe gilt zwar auch für Streett-Automaten. Wir präsentieren hier jedoch zunächst die bekannte *Safra-Konstruktion*, die aus einem NBA einen DMA macht, den man auch leicht als DRA auffassen kann.

Beispiel 8.1. Sei $L = \{w \in \{a,b\}^\omega \mid |w|_b < \infty\}$ die aus Satz 5.8 bekannte Sprache, welche nicht von einem DBA erkannt werden kann. Sie wird jedoch von dem Automaten

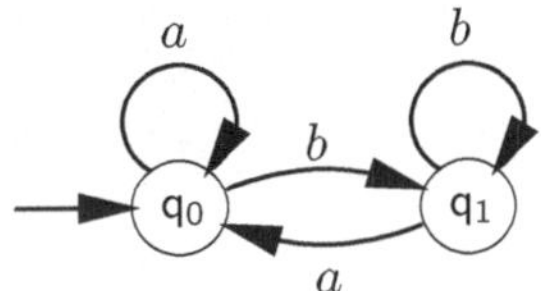

erkannt, wenn man als Akzeptanzbedingung formuliert, dass ein unendlicher Lauf den Zustand q_0 unendlich oft besucht, den Zustand q_1 jedoch nur endlich oft. Dies ist leicht als Rabin-Bedingung $\mathcal{F} = \{(\{q_0\}, \{q_1\})\}$ oder auch als Paritätsbedingung mit $\Omega(q_0) = 0$ und $\Omega(q_1) = 1$ formalisierbar.

Am Schluss dieses Kapitels zeigen wir noch, wie man durch leichte Modifikation der Safra-Konstruktion sogar gleich einen DPA aus einem NBA konstruieren kann.

M. Hofmann, M. Lange, *Automatentheorie und Logik*, eXamen.press,
DOI 10.1007/978-3-642-18090-3_8, © Springer-Verlag Berlin Heidelberg 2011

8.1 Fundamentales Problem der Determinisierung

Bevor wir die Safra-Konstruktion kennenlernen, beantworten wir noch eine offensichtliche Frage: Kann man nicht die bei endlichen Automaten auf endlichen Wörtern wohlbekannte Potenzmengenkonstruktion, die einen NFA in einen DFA umwandelt, bei NBA ebenso anwenden? Die Antwort ist nein. In naivster Variante würde diese zu einem gegebenen NBA $\mathcal{A} = (Q, \Sigma, q_0, \delta, F)$ einen deterministischen Automaten konstruieren, dessen Zustandsmenge 2^Q ist und dessen Transitionsfunktion definiert ist als

$$\delta'(S, a) \ := \ \bigcup_{q \in S} \delta(q, a)$$

für jedes $a \in \Sigma$. Es stellt sich die Frage, wie man geeignet die Akzeptanzbedingung festlegen kann, so dass der resultierende Automat genau $L(\mathcal{A})$ erkennt. Dass dies nicht geht, zeigt folgendes Beispiel. Betrachte den NBA $\mathcal{A}$:

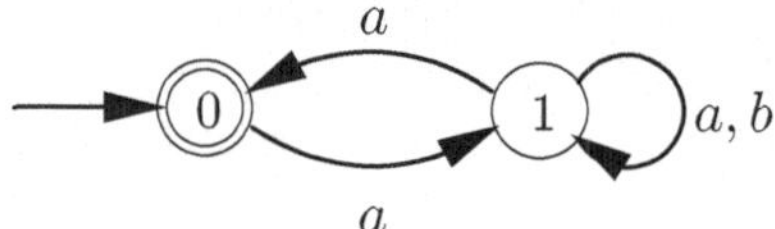

Dieser erkennt nur Wörter, die unendlich viele Teile der Form aa haben.

Als nächstes betrachten wir den deterministischen Automaten $\mathcal{B}$, der aus $\mathcal{A}$ durch Anwenden der Potenzmengenkonstruktion entsteht. Dieser sieht folgendermaßen aus.

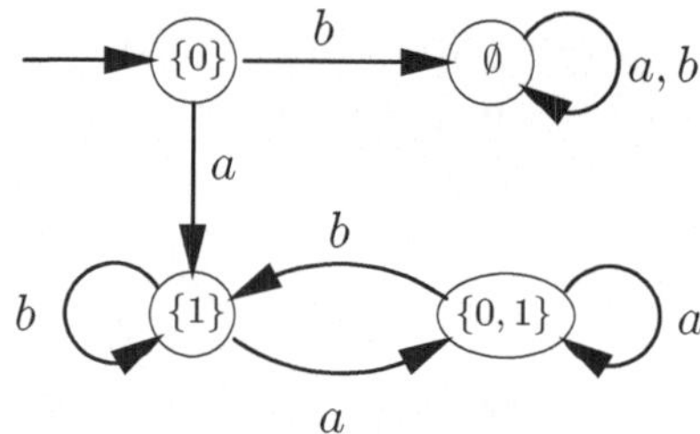

Wir zeigen jetzt, dass $\mathcal{B}$ mit keiner wie auch immer formulierten Muller-Bedingung zu $\mathcal{A}$ äquivalent ist.

Satz 8.2. *Sei $\mathcal{A}$ der wie oben konstruierte NBA und $\mathcal{B}$ der wie oben konstruierte, deterministische Automat dazu. Es gibt kein $\mathcal{F} \subseteq 2^{\{0,1\}}$, so dass $\mathcal{B}$ mit der Muller-Bedingung $\mathcal{F}$ zu einem DMA wird und $L(\mathcal{B}) = L(\mathcal{A})$ gilt.*

Beweis. Durch Widerspruch. Sei solch ein $\mathcal{F} \subseteq 2^{\{0,1\}}$ gegeben. Betrachte zunächst das Wort $w = a(aab)^\omega$. Es gilt $w \in L(\mathcal{A})$. Dann müsste auch $\mathcal{B}$ einen akzeptierenden Lauf auf w haben. Da $\mathcal{B}$ deterministisch ist, gibt es genau einen Lauf auf w, und dieser besucht die Zustände $\{1\}$ und $\{0, 1\}$ unendlich oft. Also gilt $\{\{1\}, \{0, 1\}\} \in \mathcal{F}$. Damit würde $\mathcal{B}$ aber auch das Wort $a(ab)^\omega$ akzeptieren, welches nicht in $L(\mathcal{A})$ liegt. $\qquad\square$

Somit ist also nicht nur gezeigt worden, dass sich NBAs nicht per Potenzmengenkonstruktion in DBAs umwandeln lassen, was wir sowieso schon wussten, sondern auch, dass die Potenzmengenkonstruktion mit keiner der im vorigen Kapitel vorgestellten Akzeptanzbedingungen versehen werden kann, um damit NBAs zu determinisieren.

Das obige Beispiel ist zwar geeignet, um diese recht starke Aussagen zu beweisen. Allerdings erklärt es nicht gut, woran genau die Potenzmengenkonstruktion scheitert. Dies zu verstehen ist natürlich essentiell dafür, eine funktionierende Konstruktion zu entwerfen.

Zunächst bemerken wir, dass die Potenzmengenkonstruktion eine Überapproximation an die Sprache eines NBA liefert.

Satz 8.3. *Sei $\mathcal{A}$ ein NBA und $\mathcal{B}$ der DBA, der durch die übliche Potenzmengenkonstruktion aus $\mathcal{A}$ entsteht. Dann gilt $L(\mathcal{B}) \supseteq L(\mathcal{A})$.*

Beweis. Übung.

Somit macht die Potenzmengenkonstruktion also höchstens etwas falsch, lässt salopp gesprochen aber nichts aus. Um genauer zu analysieren, was falsch gemacht wird, betrachte die beiden NBAs $\mathcal{A}_1$ (links) und $\mathcal{A}_2$ (rechts) über dem einelementigen Alphabet $\Sigma = \{a\}$.

Es gilt offensichtlich $L(\mathcal{A}_1) = \{a^\omega\}$ und $L(\mathcal{A}_2) = \emptyset$, da in $\mathcal{A}_2$ kein Lauf unendlich oft einen Endzustand enthalten kann. Dennoch entsteht bei der Potenzmengenkonstruktion aus beiden Automaten derselbe folgende Automat.

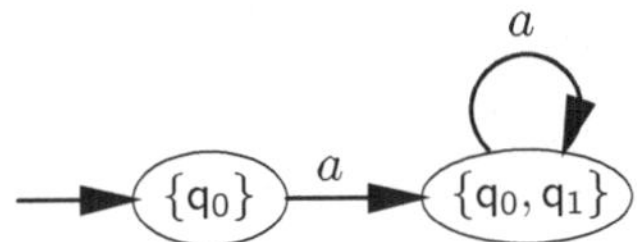

Wir verfolgen einmal die Zustände q_0 und q_1 durch die Makrozustände des Potenzmengenautomaten auf dem einzigen Wort a^ω. Es ist klar, dass—mit Ausnahme des Anfangszustands—jeder Makrozustand einen der Mikrozustände q_0 oder q_1 nur enthält, weil der Zustand davor einen gewissen enthalten hat. In anderen Worten: Kein Zustand tritt urplötzlich in einem Makrozustand auf, ohne dass es nicht einen Grund dafür gegeben hätte in Form eines Vorgängers im Vorgängermakrozustand.

Für den aus $\mathcal{A}_1$ entstehenden Potenzmengenautomaten ergibt sich das folgende Diagramm.

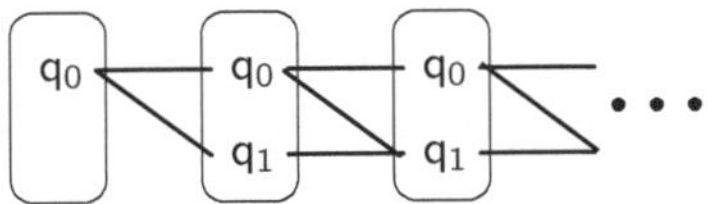

Man erkennt, dass der Zustand q_1 im jeweiligen Makrozustand enthalten ist, weil er sowohl wegen q_0 als auch q_1 im Makrozustand davor hineinkommt. Für den aus $\mathcal{A}_2$ entstehenden Potenzmengenautomaten ergibt sich jedoch das folgende Diagramm.

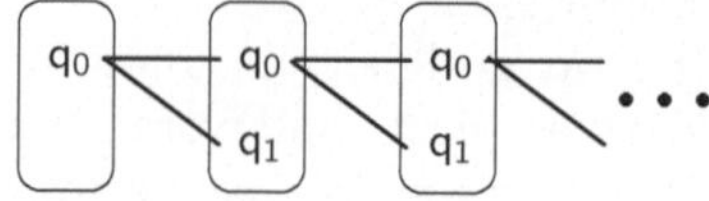

Der Unterschied ist der folgende. Der erste Lauf der Makrozustände enthält einen internen Pfad, auf dem unendlich oft der Endzustand q_1 vorkommt. Der zweite Lauf enthält dies nicht. Daher sollte der erste akzeptierend sein, der zweite jedoch nicht. Da beide jedoch dieselben Makrozustände durchlaufen, muss eine Akzeptanzbedingung entweder verfeinert anhand der Übergänge zwischen den Makrozuständen definiert werden, oder die Determinisierungsprozedur muss andere Makrozustände verwenden, die diesen Unterschied deutlich und anhand einer der bekannten Akzeptanzbedingungen definierbar machen. Das fundamentale Problem bei der Determinisierung von Büchi-Automaten besteht also darin, akzeptierende Läufe des nichtdeterministischen Büchi-Automaten in Form von internen Pfaden o.ä. aufzufinden.

8.2 Safra-Konstruktion

Für den Rest dieses Abschnitts sei $\mathcal{A} = (Q, \Sigma, q_0, \delta, F)$ ein NBA. Wir wollen einen deterministischen Muller-Automaten $\mathcal{M}$ konstruieren, so dass $L(\mathcal{A}) = L(\mathcal{M})$. Es ist nützlich, sich den Muller-Automaten $\mathcal{M}$ imperativ vorzustellen: In diesem Sinne ist der momentane Zustand von $\mathcal{M}$ ein Baum von Prozessen, wobei ein Prozess besteht aus

- einer eindeutigen Nummer PID,
- einer Menge von $\mathcal{A}$-Zuständen,
- einem Zeiger auf den Vaterprozess (außer beim Wurzelprozess) und Zeigern auf die Kinderprozesse, falls vorhanden,
- einer Lampe.

Zusätzlich wird eine lineare Ordnung aller momentan aktiven Prozesse mitgeführt, so dass man feststellen kann, welcher zuerst erzeugt wurde.

Am Anfang gibt es nur einen Prozess. Dieser ist beschriftet mit $\{q_0\}$. Das Fortschalten beim Lesen eines Symbols a erfolgt durch sukzessives Ausführen der folgenden Schritte:

a) Sollte ein Prozess Endzustände enthalten, so wird ein neuer Kindprozess erzeugt. Dieser ist beschriftet mit diesen Endzuständen. Die Endzustände verbleiben aber auch beim Elternprozess.

b) Jeder Prozess (einschließlich der neu erzeugten) wird gemäß der Potenzmengenkonstruktion weitergeschaltet. Man ersetzt also seine Beschriftung B durch $\bigcup_{q \in B} \delta(q, a)$.

c) Die Beschriftungen der Kinder sollen disjunkt sein: Kommt ein Zustand in beiden vor, so muss der jüngere Prozess verzichten. Sollte dabei die Beschriftung leer werden, so wird der Prozess samt seinen (ebenfalls leeren) Kindern, Enkeln, etc. entfernt.

d) Sollten die Beschriftungen aller Kinder die Beschriftung des Elternknotens ergeben, so werden alle Kinder und Kindeskinder entfernt und die Lampe des Elternknotens kurz aufgeblitzt.

Ein Wort ist akzeptiert, wenn im entsprechenden Lauf ein Knotenname ab einem gewissen Zeitpunkt immer vorhanden ist (nicht entfernt wird) und immer wieder blitzt.

Die folgenden Invarianten lassen sich beobachten:

a) Die Beschriftungen der Kinder bilden zusammen immer eine echte Teilmenge der Beschriftung des Elternknotens.

b) Die Wurzelbeschriftung entspricht der naiven Potenzmengenkonstruktion.

Formal ist die Zustandsmenge von $\mathcal{M}$ als die Menge der *Safra-Bäume* erklärt:

Definition 8.4. Ein Safra-Baum über Q ist ein Tupel $(K, <, p, l, !)$, wobei folgendes gilt.

- Für die Knotenmenge K gilt $K \subseteq \{1, \ldots, 2|Q|\}$.
- Die Funktion $p : K \to K$ ordnet jedem Knoten x außer der Wurzel seinen Vaterknoten $p(x)$.
- "$<$" ist eine lineare Ordnung auf K. ($k_1 < k_2$ bedeutet, dass k_1 älter als k_2 ist.) Der Wurzelnoten r ist immer der älteste (kleinste) bzgl. $<$.
- Die Beschriftung der Knoten ist gegeben als Funktion $l : K \to 2^Q$, so dass für alle $k, k' \in K$ und Wurzel r gilt:
  - Wenn $p(k) = p(k')$ dann $l(k_1) \cap l(k_2) = \emptyset$. D.h. Bruderknoten haben disjunkte Beschriftungen.
  - Wenn $k \neq r$, so ist $l(k) \subseteq l(p(k))$. D.h. die Beschriftung eines Knotens ist eine Teilmenge der Beschriftung seines Vaters.
  - Wenn $k \neq r$, so ist $\bigcup_{k':p(k')=k} l(k') \subsetneq l(k)$. D.h. ein Vaterknoten enthält mehr Zustände in seiner Beschriftung als alle seine Söhne zusammen.
- Die Funktion $! : K \to \{true, false\}$ zeichnet einzelne Knoten aus, so dass für alle $k \in K$ gilt: Wenn $!k$, dann hat k keine Kinder (es gibt kein k' mit $p(k') = k$).

Ist t ein Safra-Baum, so bezeichnen wir seine Komponenten mit $K_t, p_t, \ldots$.

Zuerst beobachten wir, dass ein Safra-Baum nicht alle $2|Q|$ zur Verfügung stehenden Knotennamen ausschöpfen kann. Dies liegt daran, dass Vaterknoten in ihrer Beschriftung immer mehr Zustände tragen müssen als die Vereinigung aller ihrer Sohnknoten hat. Somit gibt es zu jedem $q \in Q$ höchstens einen (und damit eindeutigen) tiefsten Knoten in einem Safra-Baum, der q enthält.

Lemma 8.5. *Ein Safra-Baum über Q hat höchstens $|Q|$ viele Knoten.*

Beweis. Übung.

Eine Konsequenz daraus ist, dass also stets mindestens $|Q|$ Knotennamen unbenutzt sind.

Mit $S(Q)$ bezeichnen wir die Menge der Safra-Bäume über Q. Als nächstes schätzen wir deren Anzahl nach oben hin ab.

Lemma 8.6. *Sei Q Zustandsmenge mit $|Q| = n$. Dann ist $|S(Q)| = 2^{\mathcal{O}(n \log n)}$.*

Beweis. Ein Safra-Baum ist eindeutig bestimmt durch

- die Menge $K \subseteq \{1, \ldots, 2n\}$ mit $|K| \leq n$.
- eine Funktion $f : Q \to \{\bot, 1, \ldots, 2n\}$, die jedem Zustand einen eindeutigen Knoten zuordnet, in dem er vorkommt,
- die Elternfunktion $p : \{1, \ldots, n\} \to \{\bot, 1, \ldots, 2n\}$,
- die Bruderfunktion $s : \{1, \ldots, n\} \to \{\bot, 1, \ldots, 2n\}$,

Beachte, dass Eltern- und Bruderfunktion nur auf K definiert sein müssen. Da es hier nur um die Abschätzung der Anzahl verschiedener Bäume geht, können wir davon ausgehen, dass diese lediglich auf den Knoten $\{1, \ldots, n\}$ definiert sind. Außerdem kann man sich auch auf den Fall beschränken, dass K genau n statt nur höchstens n viele Knoten hat, denn unbenutzte Knotennamen kann man ja als Dummyknoten sich irgendwo im Baum vorstellen.

Die Anzahl der möglichen Safra-Bäume über Q ist somit beschränkt durch

$$\binom{2n}{n} \cdot ((2n + 1)^n)^3 \;=\; \frac{(2n)!}{(n!)^2} \cdot (2n + 1)^{3n} \;=\; 2^{\mathcal{O}(n \log n)}$$

$\square$

Die Safra-Konstruktion verwendet Safra-Bäume als Zustände eines deterministischen Automaten. Wir müssen also erklären, wie man von einem Safra-Baum unter Einlesen eines Alphabetsymbols zum eindeutigen nächsten Zustand kommt. Wir halten weiterhin den NBA $\mathcal{A} = (Q, \Sigma, q_0, \delta, F)$ fest und definieren nun eine Transitionsfunktion auf Safra-Bäumen über Q.

Definition 8.7. Die Übergangsfunktion $\Delta : S(Q) \times \Sigma \to S(Q)$ ist wie folgt definiert. Sei t ein Safra-Baum, a ein Eingabesymbol. Der Safra-Baum $t' = (K', p', l', !') = \Delta(t, a)$ wird aus $t = (K, p, l, !)$ gemäß der folgenden Schritte in der hier gegebenen Reihenfolge berechnet:

a) Ist $l(k) \cap F \neq \emptyset$ für einen Knoten k, so führe ein neues Kind mit frischem Namen ein und beschrifte es mit $l(k) \cap F$. Adjustiere die Altersrelation, so dass das neue Kind der jüngste Knoten wird.

b) Wende die Potenzmengenkonstruktion auf alle Knotenbeschriftungen an, d.h., ersetze $l(k)$ durch $\bigcup_{q \in l(k)} \delta(q, a)$ für alle Knoten k inklusive der in Schritt 1 erzeugten neuen Knoten.

c) Erscheint ein Zustand in mehreren Kindern desselben Knotens, so belasse ihn nur im ältesten derselben, d.h. entferne ihn aus allen anderen und damit auch aus deren Kindern, falls er dort vorhanden ist. Entferne Knoten, die dabei leer werden.

d) Entsprechen die Beschriftungen aller Kinder eines Knotens k der Beschriftung von k und ist diese nicht leer, so entferne die Kinder und setze $!'(k) = \text{true}$.

e) Für alle anderen Knoten setze $!'(k) = \text{false}$, selbst wenn $!(k) = \text{true}$.

Beispiel 8.8. Wir betrachten den folgenden NBA

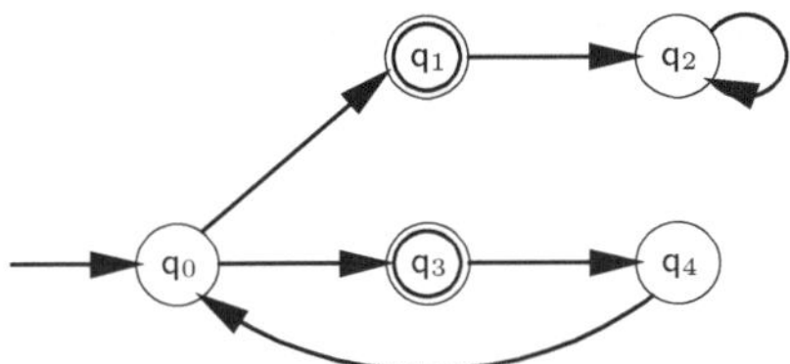

Die von ihm erkannte Sprache (über einem einstelligen Alphabet) ist irrelevant. Wir beginnen die Konstruktion mit dem Safra-Baum t_0, der nur aus der Wurzel besteht, welche mit der Menge der Anfangszustände, also $\{q_0\}$ beschriftet ist. Die Wurzel habe den Namen 1. Wir notieren dies als $\{q_0\}_1$.

Nach einem Transitionsschritt ergibt sich einfach der Safra-Baum $t_1 = \{q_0, q_1, q_3\}_1$ per Potenzmengenkonstruktion, weil q_0 kein Endzustand ist. Im nächsten Schritt wird zunächst ein neuer Sohnknoten mit Namen 2 erzeugt; dieser nimmt die Endzustände q_1 und q_3 auf. Nach Anwenden der Potenzmengenkonstruktion ergibt sich der Safra-Baum

$$t_2 = \begin{array}{c} \{q_0, q_1, q_2, q_3, q_4\}_1 \\ | \\ \{q_2, q_4\}_2 \end{array} \quad .$$

Im nächsten Transitionsschritt wird zunächst wieder ein Sohnknoten der Wurzel erzeugt, da diese die Endzustände q_1 und q_3 enthält. Der neue Knoten erhält den Namen 3. Die Potenzmengenkonstruktion ändert nichts an der Beschriftung der Wurzel, der Knoten 2 trägt jedoch jetzt die Beschriftung $\{q_0, q_2\}$, und der neue Knoten 3 würde die Beschriftung $\{q_2, q_4\}$ erhalten. Da q_2 jedoch in dem älteren Bruderknoten 2 bereits vorkommt, wird dieser Zustand gelöscht, und es ergibt sich der Safra-Baum

$$t_3 = \begin{array}{c} \{q_0, q_1, q_2, q_3, q_4\}_1 \\ \diagup \quad \diagdown \\ \{q_0, q_2\}_2 \quad \{q_4\}_3 \end{array} \quad .$$

Als nächstes wird wieder gemäß Potenzmengenkonstruktion weitergeschaltet, was nichts an der Wurzel ändert. Die beiden Sohnknoten tragen dann aber die

Beschriftungen $\{q_0, q_1, q_2, q_3\}$ sowie $\{q_0\}$. Da diese nicht disjunkt sind, wird der Zustand q_0 in Knoten 3 gelöscht, wodurch seine Beschriftung leer wird und er insgesamt verschwindet.

$$t_4 \;=\; \begin{array}{c} \{q_0, q_1, q_2, q_3, q_4\}_1 \\ \big| \\ \{q_0, q_1, q_2, q_3\}_2 \end{array} \;.$$

Nach einem weiteren Transitionsschritt müssen zunächst die Endzustände jeweils zu neuen Sohnknoten abgespalten werden. Man erkennt jedoch, dass dies bei der Wurzel nicht gemacht werden muss, weil die Endzustände q_1 und q_3 auch in dem Knoten 2 vorkommen, so dass ein neuer Sohn der Wurzel gleich wieder gelöscht werden würde. Somit wird dem Sohn 2 temporär ein neuer Sohn (also ein Enkel der Wurzel) hinzugefügt, welcher mit $\{q_1, q_3\}$ beschriftet ist. Nach Weiterschalten mittels der Potenzmengenkonstruktion erhält Knoten 2 jedoch dieselbe Beschriftung wie die Wurzel, nämlich $\{q_0, \dots, q_4\}$. Deswegen wird Knoten 2 mitsamt seinem gerade erst eingeführten Sohn wieder gelöscht, und die Wurzel blitzt auf. Der nächste Safra-Baum ist also

$$t_5 \;=\; \{q_0, q_1, q_2, q_3, q_4\}_1^! \;.$$

Es ist nicht schwer zu sehen, dass dessen Nachfolger beim nächsten Transitionsschritt wieder t_2 ist.

Das Blitzen der Wurzel in t_5 soll nun anzeigen, dass es in den Beschriftungen der Wurzel in der Sequenz $t_0 t_1 (t_2 t_3 t_4 t_5)^\omega$ einen akzeptierenden Lauf des NBA gibt. Dies ist der Fall, weil sich alle Zustände in der Beschriftung der Wurzel in t_5 über einen Endzustand—aufgrund des Abspaltens der Endzustände über neue Sohnknoten—auf einen Zustand in der Beschriftung der Wurzel in t_2 zurückverfolgen lassen. Beachte jedoch, dass die nicht bedeutet, dass jeder Lauf, der in den Beschriftungen der Wurzel eingebettet ist, akzeptierend ist. So gilt dies ja z.B. nicht für den Lauf $q_0 q_1 q_2^\omega$. Allerdings ist garantiert, dass es zumindest einen akzeptierenden gibt, nämlich $(q_0 q_3 q_4)^\omega$.

Nach diesem Beispiel ist die formale Definition des deterministischen Muller-Automaten nicht mehr überraschend.

Definition 8.9. Wir definieren den zu $\mathcal{A}$ gehörigen DMA $\mathcal{M}$ als $(S(Q), \Sigma, t_0, \Delta, \mathcal{F})$, wobei

- $S(Q)$ die Menge der Safra-Bäume über Q wie oben definiert ist,
- der Safra-Baum $t_0 = (\{1\}, l, p, !)$ mit $l(1) = \{q_0\}$, $p(1) = 1$, $!(1) = \mathit{false}$ den Anfangszustand darstellt,
- die deterministische Transitionsfunktion Δ wie oben definiert ist,
- $\mathcal{F}$ aus der Menge aller Mengen M von Safra-Bäumen besteht, so dass es einen Knotennamen k gibt, der in allen Bäumen aus M vorhanden ist und ein Baum in M ist, in dem $!(k) = \mathit{true}$ gilt.

Als nächstes wollen wir beweisen, dass die Konstruktion korrekt ist, dass also $\mathcal{A}$ und $\mathcal{M}$ dieselbe Sprache erkennen.

Für beliebige Zustände q, q' aus einem der Automaten $\mathcal{A}$ oder $\mathcal{M}$ und ein endliches Wort w über dem Alphabet Σ schreiben wir $q \xrightarrow{w} q'$, falls dieser unter Lesen des Wortes w vom Zustand q in den Zustand q' übergehen kann. Wir schreiben $q \xrightarrow{w}_{\mathsf{fin}} q'$, falls solch ein Übergang möglich ist, wobei zwischendurch mindestens ein Endzustand durchlaufen wird. Dies macht natürlich nur bei $\mathcal{A}$ Sinn, da $\mathcal{M}$ als Muller-Automat keine expliziten Endzustände hat im Gegensatz zu dem NBA $\mathcal{A}$. Wir machen zunächst drei wichtige Beobachtungen.

a) Gilt $t_0 \xrightarrow{w} t$ in $\mathcal{M}$, so auch $q_0 \xrightarrow{w} q$ für jeden Zustand q der in t erwähnt wird. Dies liegt einfach daran, dass in den Wurzeln der Safra-Bäume lediglich die Potenzmengenkonstruktion auf $\mathcal{A}$ stattfindet, und jeder Zustand in einem Knoten eines Safra-Baums auch in dessen Wurzel vorkommen muss.

b) Gilt $t \xrightarrow{w} t'$ in $\mathcal{M}$ und hat k in t keine Kinder und bleibt k im gesamten Lauf bis t' am Leben und hat k in t' dann ein Kind n, so existiert für jeden Zustand $q' \in l(n)$ ein Zustand $q \in l(k)$ mit $q \xrightarrow{w}_{\mathsf{fin}} q'$. Dies liegt daran, dass neue Kinder nur aus Endzuständen in den Beschriftungen erzeugt werden.

c) Gilt $t \xrightarrow{w} t'$ in $\mathcal{M}$ und hat k in t keine Kinder und bleibt k im gesamten Lauf bis t' am Leben und ist $!(k) = \mathit{true}$ in t', so existiert für jeden Zustand $q' \in l(k)$ ein Zustand $q \in l(k)$ mit $q \xrightarrow{w}_{\mathsf{fin}} q'$. Dies folgt sofort aus der zweiten Beobachtung.

Lemma 8.10. *Seien* $U_0 = \{q_0\}, U_1, U_2, \ldots$ *Teilmengen von* Q *und seien* $u, v_1, v_2, v_3, \ldots$ *endliche Wörter, so dass gilt:*

- *für alle* $q \in U_1$ *gilt* $q_0 \xrightarrow{u} q$,
- *für alle* $q' \in U_{i+1}$ *existiert* $q \in U_i$ *mit* $q \xrightarrow{v_i}_{\mathsf{fin}} q'$.

Dann ist $uv_1v_2v_3 \cdots \in L(\mathcal{A})$.

Beweis. Konstruiere einen Baum, dessen Knoten mit Zuständen beschriftet sind. An der Wurzel steht q_0, die Knoten der Tiefe i sind mit den Zuständen aus U_i beschriftet. Zustand q' auf Niveau $i + 1$ ist Kind von Zustand q auf Niveau i, wenn gilt $q \xrightarrow{v_i}_{\mathsf{fin}} q'$. Der Baum ist unendlich, da auf jedem Niveau Knoten vorhanden sind. Somit gibt es nach Königs Lemma (Satz 6.1) einen unendlichen Pfad, der einen akzeptierenden Lauf in $\mathcal{A}$ definiert. $\qquad\square$

Satz 8.11. $L(\mathcal{M}) \subseteq L(\mathcal{A})$.

Beweis. Sei $w \in \Sigma^\omega$ und $w \in L(\mathcal{M})$. Es existiert also ein akzeptierender Lauf von $\mathcal{M}$ auf w. Dies ist eine Folge von Safra-Bäumen, so dass es einen Knoten k gibt, der in diesem Lauf ab einem gewissen Zeitpunkt immer präsent ist und unendlich oft markiert ist ("blitzt").

Sei nun t_i der Safra-Baum beim i-ten Blitzen von k nach k's letztmaligem Verschwinden und U_i die Beschriftung von k in t_i. Sei weiterhin v_i das Segment von w, das von t_i bis t_{i+1} abgearbeitet wird und u das Präfix von t, das bis zu t_1 abgearbeitet wird. Lemma 8.10 liefert dann $w \in L(\mathcal{A})$. $\qquad\square$

Die Rückrichtung ist etwas komplizierter. Hier geht es darum, einen akzeptierenden Lauf ρ von $\mathcal{A}$ auf einem Wort w in dem eindeutigen Lauf von $\mathcal{M}$ auf w wiederzufinden. Diesen gibt es natürlich in der Wurzel, da diese lediglich die Potenzmengenkonstruktion simuliert. Allerdings muss die Wurzel nicht unendlich oft blitzen. Tut sie dies, so ist $w \in L(\mathcal{M})$ gezeigt. Ansonsten sei f ein Endzustand, der unendlich oft in ρ vorkommt. Betrachte das erste Vorkommen von f in ρ nach dem letztmaligen Blitzen der Wurzel. Zu diesem Zeitpunkt wird ein neues Kind der Wurzel eingerichtet, dessen Beschriftung f enthält. Wir verfolgen den Lauf nun in diesem Kind. Es könnte sein, dass ein älteres Kind irgendwann (möglicherweise gleich am Anfang) den Lauf von diesem Kind übernimmt oder das Kind gar verschwindet. Dann konzentrieren wir uns entsprechend auf dieses ältere Kind usw. und finden auf diese Weise ein Kind der Wurzel, in dem der restliche Lauf nachgebildet wird. Sollte auch dieses nicht immer wieder blitzen, so finden wir mit demselben Argument unterhalb von ihm ein Kind, das nicht mehr verschwindet und den gesamten Restlauf nachbildet etc. Nachdem aber die Safra-Bäume eine beschränkte Tiefe haben, kann das nicht ewig so weitergehen und wir finden einen Knoten, der am Leben bleibt und immer wieder blitzt.

Satz 8.12. $L(\mathcal{A}) \subseteq L(\mathcal{M})$.

Beweis. Sei $w \in \Sigma^\omega$ und $\rho = q_0 q_1 q_2 \ldots$ ein akzeptierender Lauf von $\mathcal{A}$ auf w. Mit $t_0, t_1, t_2, \ldots$ bezeichnen wir die Folge der Safra-Bäume im eindeutig bestimmten Lauf von $\mathcal{M}$ auf w. Wir schreiben $t_i = (K_i, <_i, p_i, l_i, !_i)$. Ein Knoten k heiße *persistent*, wenn er ab einem gewissen Zeitpunkt i nicht mehr verschwindet, also $k \in K_j$ für alle $j \geq i$. Der *Beginn* $B(k)$ eines persistenten Knotens k ist das kleinste i, so dass $k \in K_j$ für alle $j \geq i$. Sind k, k' persistent und gilt $k <_j k'$ für ein $j \geq \max(B(k), B(k'))$, so folgt $k <_j k'$ für alle $j \geq \max(B(k), B(k'))$ und wir schreiben dann $k < k'$. Hierdurch werden die persistenten Knoten total geordnet. Es gilt im übrigen $k < k' \iff B(k) < B(k')$.

Beachte, dass die Wurzel der Safra-Bäume persistent ist. Also ist die Menge der persistenten Knoten nicht leer. Sind k, k' persistent und gilt $k = p_j(k')$ für ein $j \geq \max(B(k), B(k'))$, so folgt $k = p_j(k')$ für alle $j \geq \max(B(k), B(k'))$ und wir schreiben dann $k = p(k')$. Hierdurch bilden die persistenten Knoten einen (endlichen!) Baum. Die Tiefe $H(k)$ eines persistenten Knotens ist die Tiefe von k in diesem Baum, also sein Abstand von der Wurzel. Ein persistenter Knoten k *trifft den Lauf*, wenn $j \geq B(k)$ existiert mit $q_j \in l_j(k)$. Wir bemerken, dass die Wurzel 1 den Lauf trifft.

Unter allen persistenten Knoten, die den Lauf treffen, suchen wir nun einen mit maximaler Tiefe und unter allen, die diese maximale Tiefe erreichen, bestimmen wir den ältesten und bezeichnen ihn mit k_0. Wir behaupten nun: k_0 blitzt unendlich oft, also $!_i(k_0) = true$ für unendlich viele i.

Sei $q_i \in l_i(k_0)$. Nachdem k_0 der älteste persistente Knoten auf diesem Niveau ist, gilt auch $q_j \in l_j(k_0)$ für alle $j \geq i$. Würde nämlich der Lauf von einem älteren Knoten übernommen, so wäre dieser auch persistent.

Zu jedem $j_1 \geq i$ findet man $j_2 \geq j_1$ mit $q_{j_2} = f \in l_{j_2}(k_0)$, da ja f immer wieder vorkommt. Zu diesem Zeitpunkt wird ein Kind von k_0 erzeugt, wessen Beschriftung f enthält. Würde k_0 ab diesem Zeitpunkt nicht mehr blitzen, so bliebe dieses oder ein älteres Kind am Leben und träfe den Lauf im Widerspruch zur Extremalität von k_0. $\square$

Zusammengefasst haben wir nun folgendes bewiesen.

Korollar 8.13. *Zu jedem Büchi-Automaten $\mathcal{A} = (Q, \Sigma, q_0, \delta, F)$ mit $|Q| = n$ existiert ein deterministischer Muller-Automat $\mathcal{M}$ mit $2^{\mathcal{O}(n \log n)}$ Zuständen, so dass $L(\mathcal{A}) = L(\mathcal{M})$ ist.*

Dieser Satz liefert einen alternativen Zugang zur Entscheidbarkeit der MSO, da man einen deterministischen Muller-Automaten sehr leicht komplementieren kann: Man ersetzt einfach die Akzeptanzbedingung $\mathcal{F}$ durch ihr Komplement. Man kann somit einer MSO-Formel φ induktiv einen deterministischen Muller-Automaten zuordnen. Beim Behandeln des Existenzquantors muss man dann aber den Umweg über einen nichtdeterministischen Büchi-Automaten gehen, der dann wieder mithilfe der Safra-Konstruktion zu determinisieren ist.

Korollar 8.14. *Zu jedem Büchi-Automaten $\mathcal{A} = (Q, \Sigma, q_0, \delta, F)$ mit $|Q| = n$ existiert ein deterministischer Rabin-Automat $\mathcal{M}$ mit $2^{\mathcal{O}(n \log n)}$ Zuständen und Index höchstens $2n$, so dass $L(\mathcal{A}) = L(\mathcal{M})$ gilt.*

Beweis. Der DMA $\mathcal{M}$ aus der Safra-Konstruktion lässt sich als Rabin-Automat auffassen. Dazu sei lediglich

$$G_i := \{t \in S(Q) \mid \text{der Knoten } i \text{ blitzt in } t\ \}$$
$$F_i := \{t \in S(Q) \mid t \text{ enthält den Knoten } i \text{ nicht}\ \}$$

für $i = 1, \ldots, 2n$. $\square$

Dieses Resultat ist auch asymptotisch optimal. Man kann zeigen, dass man Index und Zustandszahl eines äquivalenten DRA nicht wesentlich verkleinern kann. Wir präsentieren dieses Resultat hier ohne detaillierten Beweis, sondern zeigen lediglich NBAs, die zum Beweis dieser unteren Schranke geeignet sind.

Beispiel 8.15. Es sei $n \in \mathbb{N}$, $\Sigma_n = \{\#, 1, \ldots, n\}$ und $\mathcal{A}_n$ der durch folgendes Diagramm gegebene NBA mit Zustandsmenge $\{q_0, q_z, q_1, \ldots, q_n\}$.

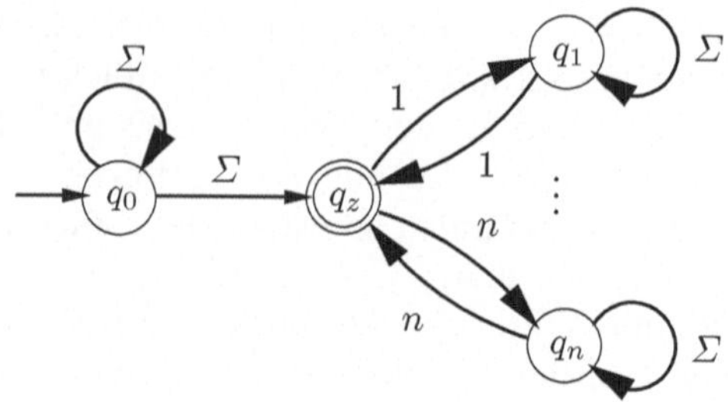

Man vergewissert sich leicht, dass die von $\mathcal{A}_n$ erkannte Sprache all diejenigen Wörter w über Σ_n umfasst, die nicht mit $\#$ beginnen und für die es Zahlen $i_1, \ldots, i_k \in \{1, \ldots, n\}$ gibt, derart, dass jedes zweibuchstabige Wort $i_j i_{j+1}$, sowie $i_k i_1$ unendlich oft in w vorkommt. So kann beispielsweise (im Falle $n = 5$) ein Wort, welches jeweils unendlich oft die Teilwörter 32, 24, 41, 13 enthält, von $\mathcal{A}$ abgearbeitet werden. Man begibt sich mit dem ersten Auftreten von 32 nach q_2, kann dann beim nächsten Auftreten von 24 unter Besuch von q_z nach q_4 wechseln, sodann beim nächsten Auftreten von 41 unter Besuch von q_z nach q_1 wechseln usw. Umgekehrt überlegt man sich, dass ein Wort der Form $(i_1 i_2 \ldots i_n \#)^\omega$, wobei $i_1 i_2 \ldots i_n$ eine Permutation von $\{1, \ldots, n\}$ ist, nicht von $\mathcal{A}_n$ akzeptiert wird. So können etwa im Falle $n = 5$ die Wörter $(12345\#)^\omega$ und $(31254\#)^\omega$ nicht akzeptiert werden.

Aus diesem Beispiel können dann untere Schranken an die Komplementierung und Determinisierung von NBA gewonnen werden, was wir hier allerdings nur skizzieren, s.a. die Notizen zu diesem Teil.

Satz 8.16. *Das Komplement der von $\mathcal{A}_n$ aus Bsp. 8.15 erkannten Sprache kann von keinem NBA mit weniger als $n!$ Zuständen erkannt werden.*

Das liegt daran, dass die Läufe eines solchen NBA auf zwei verschiedenen Wörtern der Form $(i_1 \ldots i_n \#)\omega$ keinen unendlich oft vorkommenden Zustand gemeinsam haben können, da man sonst auch einen akzeptierenden Lauf auf einem Wort aus $L(\mathcal{A}_n)$ konstruieren könnte.

Korollar 8.17. *Es gibt Büchi-Automaten $\mathcal{A}_n$ mit $\mathcal{O}(n)$ vielen Zuständen, für die es keine deterministischen Rabinautomaten mit nur $2^{\mathcal{O}(n)}$ vielen Zuständen und Index $\mathcal{O}(n)$ gibt.*

Die in Bsp. 8.15 definierten Automaten sind von dieser Art. Gäbe es nämlich zu diesen Automaten äquivalente deterministische Rabinautomaten der genannten Größe, so erhielte man durch Komplementierung zunächst Streett-Automaten derselben Größe für die Komplementsprache, welche nach Umwandlung in NBA dann die untere Schranke des vorhergehenden Satzes verletzen.

8.3 Deterministische Paritätsautomaten

Wir geben zunächst eine Konstruktion an, die durch leichte Modifikation der Safra-Konstruktion direkt einen deterministischen Paritätsautomaten liefert. Danach zeigen wir, wie man allgemein deterministische Paritätsautomaten erhalten kann.

8.3.1 Verfeinerung der Safra-Konstruktion

Wir repräsentieren hierzu die lineare Ordnung $<$ auf den Knoten durch ein numerisches Senioritätsmaß, welches jedem Knoten k einen Senioritätswert $a(k)$ im Bereich $\{1, \ldots, |Q|\}$ zuordnet. Die Ordnung kann dann durch $k < k' \iff a(k) < a(k')$ definiert werden und ist somit nicht mehr explizit mitzuführen. Die Wurzel erhält den größten Senioritätswert $|Q|$; neu erzeugte Knoten erhalten den höchsten unbesetzten Senioritätswert. Stirbt ein Knoten, so rücken alle jüngeren Knoten auf und erhöhen ihren Senioritätswert entsprechend. Die Senioritätswerte der aktiven Knoten bilden also jeweils eine Menge der Form $\{t, t+1, \ldots |Q|\}$.

Zusätzlich enthält ein modifizierter Safra-Baum eine numerische Komponente $s^\dagger$, welche die Seniorität des ältesten bei der Erzeugung des Safra-Baums aus seinem Vorgänger verstorbenen Knoten angibt.

Formal besteht also ein modifizierter Safra-Baum aus $K, p, l, !$ wie bisher und zusätzlich einer Funktion $s : K \to \{0, \ldots, |Q|\}$, sowie einer Zahl $s^\dagger \in \{0, \ldots, |Q|\}$. Die Übergangsrelation ist wie vorher definiert, mit dem Unterschied, dass sich die lineare Ordnung nunmehr aus den Senioritätswerten ergibt und die Senioritäten wie oben beschrieben fortgeschaltet werden. Außerdem ist jeweils der Wert $s^\dagger$ auf die Seniorität des ältesten bei der Entstehung des Baumes verstorbenen Knotens zu setzen. Stirbt kein Knoten, so ist $s^\dagger = 0$.

Ist t ein modifizierter Safra-Baum, so bezeichnen wir mit $s^!_t$ die Seniorität des ältesten blitzenden Knoten (0, falls kein Knoten blitzt). Formal also

$$s^!_t \;=\; \max(\{0\} \cup \{s_t(k) \mid !_t(k) = \mathit{true}, k \in K_t\})$$

Wir ordnen nun jedem so modifizierten Safra-Baum t eine Priorität $\Omega(t)$ wie folgt zu:

- Falls $s^!_t > s^\dagger_t$ (gutes Ereignis), so ist $\Omega(t) = 2s^!_t$, also gerade.
- Falls $s^!_t \le s^\dagger_t$ (schlechtes Ereignis), so ist $\Omega(t) = 2s^\dagger_t + 1$, also ungerade.

Lemma 8.18. *Sei $t_0, t_1, t_2, \ldots$ ein Lauf im modifizierten Muller-Automaten. Genau dann ist $t_0, t_1, t_2, \ldots$ ein akzeptierender Lauf im Sinne des Muller-Automaten, wenn die größte unendlich vorkommende Priorität in der Folge $\Omega(t_0), \Omega(t_1), \Omega(t_2), \ldots$ gerade ist, also wenn $t_0, t_1, t_2, \ldots$ im Sinne eines Paritätsautomaten akzeptierend ist.*

Beweis. Nehmen wir zunächst an, dass $t_0, t_1, t_2, \ldots$ im Sinne des Muller-Automaten akzeptierend ist. Es gibt dann einen Knoten k, der irgendwann nicht mehr ausstirbt und unendlich oft blitzt. Der Knoten kann noch eine endliche Zahl von Malen seine Seniorität erhöhen; das passiert genau dann, wenn ein älterer Knoten ausstirbt. Irgendwann hat der Knoten k seine endgültige Seniorität s erreicht und kein noch seniorerer Knoten stirbt mehr aus. Beachte, dass evtl. neu erzeugte Knoten kleinere Seniorität als k haben und diesen nicht "überholen" können. Demnach ist $2s$ die größte unendlich oft vorkommende Priorität und sie ist gerade.

Ist umgekehrt die größte unendlich oft vorkommende Priorität gerade, etwa $2s$, so gilt ab dem Zeitpunkt, wo keine Prioritäten größer als $2s$ vorkommen, dass kein Knoten von Seniorität s oder älter mehr stirbt. Das bedeutet, dass der zur Priorität $2s$ führende blitzende Knoten persistent ist und also der Lauf im Sinne des Muller-Automaten akzeptierend ist. $\square$

Da auch die Zahl der modifizierten Safra-Bäume durch $2^{\mathcal{O}(n \log n)}$ beschränkt ist, erhalten wir zusammenfassend:

Satz 8.19. *Zu jedem NBA $\mathcal{A}$ mit n Zuständen existiert ein deterministischer Paritätsautomat $\mathcal{M}$ mit $2^{\mathcal{O}(n \log n)}$ Zuständen und Index höchstens $2n + 2$, so dass $L(\mathcal{M}) = L(\mathcal{A})$.*

Beispiel 8.20. Zur Illustration des Verfahrens verfolgen wir den Lauf im DPA, welcher mit dem Automaten aus Bsp. 8.8 assoziiert ist.

Der Startzustand ist gegeben durch $t_0 = (\{q_0\}_1^5; s^! = s^\dagger = 0)$; die Seniorität eines Knotens wird als Superskript notiert. Im Falle der Wurzel hat sie den höchstmöglichen Wert $|Q| = 5$. Der Wert $s^!$ ist eigentlich nicht Teil des Zustandes, da er berechnet werden kann.

Wir gehen über zu $t_1 = (\{q_0, q_1, q_3\}_1^5; s^! = s^\dagger = 0)$ und dann

$$t_2 \;=\; \begin{array}{c} \{q_0, q_1, q_2, q_3, q_4\}_1^5 \\[4pt] | \\[4pt] \{q_2, q_4\}_2^4 \end{array} \;; s^! = s^\dagger = 0 \;.$$

Der neu erzeugte Knoten 2 erhält also die größte freie Seniorität 4. Ein weiterer Schritt liefert

$$t_3 \;=\; \begin{array}{c} \{q_0, q_1, q_2, q_3, q_4\}_1^5 \\[4pt] \diagup \quad \diagdown \\[4pt] \{q_0, q_2\}_2^4 \quad \{q_4\}_3^3 \end{array} \;; s^! = 0; s^\dagger = 2 \;.$$

Der Wert $s^\dagger = 2$ begründet sich aus der Tatsache, dass bei der Erzeugung von t_3 temporär ein Bruder von Knoten 3 erzeugt wurde, welcher dann die Seniorität 2 erhält und sogleich wieder verschwindet. Der nächste Baum ist

$$t_4 \;=\; \begin{array}{c} \{q_0, q_1, q_2, q_3, q_4\}_1^5 \\[4pt] | \\[4pt] \{q_0, q_1, q_2, q_3\}_2^4 \end{array} \;; s^! = 0; s^\dagger = 3 \;.$$

Hier vermerken wir das Versterben des Knotens 3 mit Seniorität 3 durch die Setzung $s^\dagger = 3$. Der nächste Baum ist

$$t_5 \;=\; \{q_0, q_1, q_2, q_3, q_4\}_1^5 \;\;;\; s^! = 5; s^\dagger = 4 \,.$$

Der Knoten der höchsten Seniorität blitzt ($s^! = 5$) und der Knoten der Seniorität 4 stirbt, so dass $s^\dagger = 4$. Es treten weiterhin temporäre Knoten von kleineren Senioritäten auf; diese werden nicht vermerkt.

Der Folgezustand ist nun wiederum t_2. Die Prioritäten der Zustände ergeben sich zu $\Omega(t_0) = \Omega(t_1) = \Omega(t_2) = 1$ und $\Omega(t_3) = 5$, $\Omega(t_4) = 7$, $\Omega(t_5) = 10$. Die höchste unendlich oft vorkommende Priorität im Lauf $t_0 t_1 (t_2 t_3 t_4 t_5)^\omega$ ist also 10.

8.3.2 Latest Appearance Records

In diesem Abschnitt stellen wir eine allgemeinere Konstruktion vor, die benutzt werden kann, um einen Muller- in einen Paritätsautomaten umzuwandeln. Dabei ist es unerheblich, ob der Muller-Automat deterministisch oder echt nichtdeterministisch ist. Der erzeugte Paritätsautomat ist dann ebenfalls deterministisch oder echt nichtdeterministisch. Diese Konstruktion ließe sich also auch zusammen mit der Safra-Konstruktion einsetzen, um aus einem NBA einen äquivalenten DPA zu machen. Sie ist aber asymptotisch wesentlich schlechter als die im vorigen Abschnitt vorgestellte.

Es sei Σ ein endliches Alphabet und $\mathcal{F} \subseteq 2^\Sigma$ eine Menge von Symbolmengen. Wir definieren $L_\mathcal{F} \subseteq \Sigma^\omega$ als Menge derjenigen ω-Wörter w über Σ, derart dass die Menge der in w unendlich oft vorkommenden Symbole in $\mathcal{F}$ aufgeführt ist.

Satz 8.21. *Seien Σ und $\mathcal{F}$ wie eben definiert und $|\Sigma| = n$. Die Sprache $L_\mathcal{F}$ kann von einem DPA mit $n! \cdot n$ Zuständen erkannt werden.*

Beweis. Die Zustände des DPA sind Paare (l, i), wobei l eine wiederholungsfreie Liste (Permutation) von Σ ist und i eine Zahl im Bereich $0 \dots n - 1$ ist. Der Anfangszustand ist beliebig. Die Übergangsfunktion des DPA ist wie folgt erklärt:

$$\delta'(((a_0, a_1, ..., a_{n-1}), i), a) = ((a, a_0, a_1, ..., a_{j-1}, a_{j+1}, ...a_{n-1}), j), \text{ falls } a = a_j$$

Man verschiebt also das aktuell gelesene Symbol an den Anfang der Liste und vermerkt im Positionszeiger seine alte Position. Ist also beispielsweise der aktuelle Zustand $(bcad, 2)$ und wird c gelesen, so lautet der neue Zustand $(cbad, 1)$.

Das bedeutet, dass nach einer Einschwingzeit die Permutationskomponente des Zustands immer die Reihenfolge des letzten Vorkommens aller Symbole visualisiert. Man bezeichnet sie deshalb als Latest Appearance Record (LAR).

Es verbleiben noch die Prioritäten. Wir setzen fest:

$$\Omega((q_0, q_1, ..., q_{n-1}), i) = 2i, \qquad \text{falls } \{q_0, q_1, ..., q_i\} \in \mathcal{F}$$
$$\Omega((q_0, q_1, ..., q_{n-1}), i) = 2i + 1, \quad \text{falls } \{q_0, q_1, ..., q_i\} \notin \mathcal{F}$$

Die Verifikation, dass der so konstruierte DPA die Sprache $L_{\mathcal{F}}$ erkennt, verbleibt als Übung. $\qquad \square$

Korollar 8.22. *Sei $\mathcal{A}$ ein DMA mit n Zuständen. Es existiert ein DPA mit $n! \cdot n$ Zuständen, der $L(\mathcal{A})$ erkennt.*

Beweis. Übung.

Entscheidungsverfahren für ω-Automaten

Automaten sollen den algorithmischen Zugang zu logischen Problemen, insbesondere den Erfüllbarkeitsproblem liefern. In diesem Kapitel widmen wir uns nun dem algorithmischen Fragestellungen bzgl. der verschiedenen Typen von Automaten auf unendlichen Wörtern. Wir betrachten im Wesentlichen das Leerheitsproblem (ist $L(\mathcal{A}) = \emptyset$?) und das Universalitätsproblem (ist $L(\mathcal{A}) = \Sigma^\omega$?). Ersteres z.B. lässt sich dann zusammen mit einer äquivalenzerhaltenden Reduktion von Formeln in Automaten verwenden, um Erfüllbarkeit zu entscheiden. Dies wurde ja auch bereits bei den Entscheidungsverfahren für WMSO und MSO so verwendet. Andere Probleme wie das Wortproblem für endlich repräsentierte ω-Wörter etc. lassen sich normalerweise leicht auf diese reduzieren.

Die einfachsten Verfahren basieren auf Erreichbarkeitstests, die auf den Transitionsgraphen der Automaten arbeiten. Wir stellen aber noch zwei andere Verfahren vor, welche Universalität für NBA auf andere Art und Weise lösen.

9.1 Verschiedene Leerheitsprobleme

Wir haben bereits bei der Entscheidbarkeit von MSO in Abschnitt 6.3 angedeutet, wie man Leerheit für NBA entscheiden kann—siehe Satz 6.10. An dieser Stelle betrachten wir zunächst das Leerheitsproblem für die allgemeineren Rabin-Automaten und erhalten dann ein stärkeres Resultat als Satz 6.10 für NBA. Ein wichtiges Hilfsmittel bei diesem und weiteren Verfahren ist die Zerlegung eines gerichteten Graphen in starke Zusammenhangskomponenten.

Definition 9.1. Sei $G = (V, E)$ ein gerichteter Graph. Die *reflexiv-transitive Hülle* E^* der Relation E ist definiert als

$$E^* = \bigcup_{i \in \mathbb{N}} E^i$$

M. Hofmann, M. Lange, *Automatentheorie und Logik*, eXamen.press,
DOI 10.1007/978-3-642-18090-3_9, © Springer-Verlag Berlin Heidelberg 2011

wobei

$$E^0 \;:=\; \{(v,v) \mid v \in V\}$$
$$E^{i+1} \;:=\; \{(v,w) \mid \exists u \in V.(v,u) \in E^i \text{ und } (u,w) \in E\}$$

Somit besteht E^i aus denjenigen Paaren (v,w), für die es einen Weg der Länge i von v nach w im Graphen G gibt. E^* besteht aus den Paaren (v,w) für die w von v aus überhaupt erreichbar ist.

Definition 9.2. Eine *starke Zusammenhangskomponente* (SCC) ist ein $C \subseteq V$, so dass für alle $v,w \in C$ gilt: $(v,w) \in E^*$. Eine SCC C ist *maximal*, falls jede Obermenge $C' \supseteq C$ keine SCC ist.

Eine SCC C heißt *nichttrivial*, wenn sie mindestens eine Kante enthält, wenn also $C \times C \cap E \neq \emptyset$ gilt.

Beachte, dass es genau die nichttrivialen SCCs sind, in denen es von jedem Zustand zu jedem Zustand einen Pfad gibt, der mindestens die Länge 1 hat.

Es ist klar, dass jeder gerichtete Graph eine eindeutige Zerlegung in maximale, starke Zusammenhangskomponenten besitzt.

Satz 9.3. *Sei $G = (V,E)$ ein gerichteter Graph. Dann lässt sich in Zeit $\mathcal{O}(|E|)$ eine Zerlegung in maximale SCCs berechnen.*

Bevor wir im Folgenden komplexitätstheoretische Abschätzungen an gewisse Entscheidungsverfahren machen, müssen wir uns noch über die Größe einer Eingabe, bestehend aus einem endlichen Automaten im Klaren sein. Um möglichst präzise Aussagen machen zu können, die auf Satz 9.3 aufbauen, verwenden wir hier die Anzahl der *Transitionen* eines nichtdeterministischen Automaten als Maß für seine Größe. Beachte, dass dies genau der Anzahl der Kanten in seinem Transitionsgraphen entspricht. Wir können außerdem o.B.d.A. davon ausgehen, dass dies eine obere Schranke an die Anzahl der Zustände ist. Im Zweifelsfall muss man einem Automaten noch einen Dummy-Zustand hinzufügen, von dem aus nichts erkannt wird, so dass jeder Zustand mindestens eine ausgehende Kante haben kann. Somit gilt, falls man die Verfahren in der Anzahl der Zustände eines Automaten messen möchte, dass sich die Komplexität in der Anzahl der Transitionen dadurch quadrieren kann.

Satz 9.4. *Das Leerheitsproblem für nichtdeterministische Rabin-Automaten mit n Transitionen und Index k ist in Zeit $\mathcal{O}(nk)$ lösbar.*

Beweis. Sei $\mathcal{A} = (Q, \Sigma, q_0, \delta, \{(G_1, F_1), \ldots, (G_k, F_k)\})$ ein NRA. Dann gilt: $L(\mathcal{A}) \neq \emptyset$ genau dann, wenn es ein $i \in \{1, \ldots, k\}$ gibt, so dass es einen Pfad von q_0 zu einem $q \in G_i$ gibt und einen nichtleeren Pfad von q nach q, auf dem kein Zustand in F_i vorkommt.

Man kann nun folgendermaßen vorgehen. O.B.d.A. kann man davon ausgehen, dass nur noch Zustände vorhanden sind, die vom Initialzustand aus erreichbar sind. Danach geht man alle $i = 1, \ldots, k$ durch und entfernt zunächst in Zeit $\mathcal{O}(n)$ alle Zustände aus F_i. Dann berechnet man die SCC-Zerlegung des Transitionsgraphen in Zeit $\mathcal{O}(n)$ und prüft für jeden Zustand in G_i, ob dieser in einer nichttrivialen SCC liegt. Letzteres ist in konstanter Zeit möglich. Ist solch ein i und Zustand in G_i gefunden, so ist die Sprache des NRA nichtleer, anderenfalls ist sie leer. Das Verfahren läuft insgesamt in Zeit $\mathcal{O}(nk)$. $\quad\square$

Korollar 9.5. *Das Leerheitsproblem für nichtdeterministische Büchi-Automaten mit n Transitionen ist in Zeit $\mathcal{O}(n)$ lösbar.*

Beweis. Ein NBA mit Endzustandsmenge F ist ein Spezialfall eines NRA mit Endzustandskomponente $\mathcal{F} = \{(F, \emptyset)\}$ und somit vom Index 1. $\quad\square$

Ebenso kann man leicht einen NPA als NRA auffassen, wodurch sich die Schranke aus Satz 9.4 ebenfalls leicht auf NPA überträgt.

Korollar 9.6. *Das Leerheitsproblem für nichtdeterministische Paritätsautomaten mit n Transitionen und Index k ist in Zeit $\mathcal{O}(nk)$ lösbar.*

Beweis. Sei $\mathcal{A} = (Q, \Sigma, q_0, \delta, \Omega)$ ein nichtdeterministischer Paritätsautomat vom Index k. Sei $k' := \lfloor \frac{k}{2} \rfloor$. Es ist leicht zu sehen, dass der Rabinautomat $\mathcal{A}' = (Q, \Sigma, q_0, \delta, \{(G_0, F_0), \ldots, (G_{k'}, F_{k'})\})$ mit

$$
\begin{aligned}
G_i &:= \{q \in Q \mid \Omega(q) = 2i\} \\
F_i &:= \{q \in Q \mid \Omega(q) > 2i\}
\end{aligned}
$$

dieselbe Sprache erkennt wie $\mathcal{A}$. Außerdem ist sein Index $\mathcal{O}(k)$. $\quad\square$

Nicht jedoch leicht zu übertragen ist dieses Resultat auf nichtdeterministische Streett-Automaten. Zur Erinnerung: Diese sind syntaktisch genauso wie Rabin-Automaten definiert, in ihrer Akzeptanzbedingung wird jedoch universell statt existentiell über die Paare von Endzustandsmengen quantifiziert. Bevor wir dafür ein Verfahren vorstellen, beweisen wir noch ein kleines technisches Lemma.

Definition 9.7. Sei $\mathcal{A}$ ein Automat mit Zustandsmenge Q und $\rho = q_0 q_1 q_2 \ldots$ ein Lauf des Automaten auf einem beliebigen Wort. Dieser heißt *ultimativ-periodisch*, falls es $i \geq 0$, $n \geq 1$ gibt, so dass für alle $j \geq i$ gilt: $q_j = q_{j+n}$.

Ein ultimativ-periodischer Lauf verfängt sich also in einer Schleife.

Lemma 9.8. *Sei $\mathcal{A}$ ein NSA. Dann gilt $L(\mathcal{A}) \neq \emptyset$ genau dann, wenn es einen akzeptierenden und ultimativ-periodischen Lauf in $\mathcal{A}$ gibt.*

Beweis. "$\Leftarrow$" Trivial.

"$\Rightarrow$" Sei $w \in L(\mathcal{A})$. Dann gibt es einen akzeptierenden Lauf ρ von $\mathcal{A}$ auf w. Angenommen, dieser ist nicht ultimativ-periodisch. Da es nur endlich viele Zustände gibt, enthält dieser ein kleinstes Teilstück der Form $p_1, \ldots, p_m, p_1$, so dass für alle $i = 1, \ldots, k$ gilt: $G_i \cap \{p_1, \ldots, p_m\} = \emptyset$ oder $F_i \cap \{p_1, \ldots, p_m\} \neq \emptyset$. Dann erfüllt auch der Lauf $(p_1 \ldots p_m)^\omega$ die Streett-Bedingung. Schließlich sieht man leicht, dass das Hinzufügen endlicher Präfixe nichts daran ändert. $\quad\square$

Als nächstes betrachten wir einen Algorithmus STAUX, welcher als Eingabe einen Graphen $\mathcal{G} = (V, E)$ und eine Menge $\mathcal{S} = \{(G_1, F_1), \ldots, (G_k, F_k)\}$ von Paaren von Knotenmenge erhält und entscheidet, ob es in $\mathcal{G}$ eine nichttriviale starke Zusammenhangskomponente C gibt, so dass für alle $i = 1, \ldots, k$ folgendes gilt.

$$G_i \cap C \neq \emptyset \implies F_i \cap C \neq \emptyset$$

Dieser arbeitet folgendermaßen. Zunächst wird der Graph in SCCs zerlegt und man betrachtet nur die nichttrivialen davon. Gibt es eine, die nichtdisjunkt mit allen F_i ist, so sind wir fertig. Anderenfalls führt man für jede SCC C folgendes durch. Man geht alle Paare (G_i, F_i) der Reihe nach durch. Ist der Schnitt aus C und F_i leer, so muss erstens auch der Schnitt aus C und G_i leer sein und C "gut" bzgl. der noch verbleibenden Paare sein. Dies überprüft man, indem man G_i aus dem Graphen entfernt und den Algorithmus rekursiv mit den noch verbleibenden Paaren auf den Teilgraphen anwendet. In Pseudo-Code liest sich das folgendermaßen.

STAUX$(\mathcal{G} = (V, E), \{(G_1, F_1), \ldots, (G_k, F_k)\})$

    seien $C_1, \ldots, C_m$ die nichttrivialen SCCs von $\mathcal{G}$
    `if` $\exists i \in \{1, \ldots, m\}.\forall j = 1, \ldots, k.\ C_i \cap F_j \neq \emptyset$ `then return` *true*
    `for` $i = 1, \ldots, m$ `do`
        $j := \min\{h \mid C_i \cap F_h = \emptyset\}$
        $\mathcal{G}' := (V \setminus G_j, E \cap (V \setminus G_j) \times (V \setminus G_j))$
        $\mathcal{S}' := \{(G_{j+1}, F_{j+1}), \ldots, (G_k, F_k)\}$
        `if` STAUX$(\mathcal{G}', \mathcal{S}') = $ *true* `then return` *true*
    `done`
    `return false`

Lemma 9.9. *Algorithmus* STAUX *liefert* true *auf Eingabe* $\mathcal{G} = (V, E)$ *und* $\mathcal{S}$ *genau dann, wenn es eine nichttriviale SCC C gibt, so dass für alle $(G, F) \in S$ gilt: $G \cap C = \emptyset$ oder $F \cap C \neq \emptyset$.*

Beweis. Übung.

Lemma 9.10. *Algorithmus* STAUX *terminiert auf Eingabe* $\mathcal{G} = (V, E)$ *und* $\mathcal{S} = \{(G_1, F_1), \ldots, (G_k, F_k)\}$ *in* $\mathcal{O}(nk + k^2)$ *vielen Schritten, wobei $n = |E|$.*

Beweis. Nach Satz 9.3 ist die SCC-Zerlegung in $\mathcal{O}(n)$ möglich. O.B.d.A. gehen wir wieder davon aus, dass es höchstens n Knoten im Graphen gibt. Sei $T(n, k)$ die worst-case Laufzeit des Algorithmus. Offensichtlich gilt $T(n, 0) = \mathcal{O}(1)$. Desweiteren gilt für $k > 0$:

$$T(n, k) \;=\; \mathcal{O}(n) + \sum_{i=1}^{m} \mathcal{O}(k + n) + T(|C_i|, k - 1) \;\leq\; \mathcal{O}(n + k) + T(n, k - 1)$$

Die Ungleichung gilt, weil wir bereits annehmen können, dass $T(n, k)$ mindestens linear im ersten Argument ist. Man vergewissere sich, dass $T(n, k) = \mathcal{O}(nk + k^2)$ eine Lösung dieser Rekurrenz ist. $\qquad\square$

Satz 9.11. *Das Leerheitsproblem für nichtdeterministische Streett-Automaten mit n Transitionen und Index k ist in Zeit $\mathcal{O}(nk^2)$ lösbar.*

Beweis. Sei $\mathcal{A} = (Q, \Sigma, q_0, \delta, \{(G_1, F_1), \ldots, (G_k, F_k)\})$ ein NSA. Aufgrund von Lemma 9.8 reicht es aus, nach ultimativ-periodischen Läufen zu suchen, um auf Nichtleerheit zu testen. Deswegen gilt $L(\mathcal{A}) \neq \emptyset$ genau dann, wenn es eine SCC $C \subseteq Q$ gibt, die von q_0 aus erreichbar ist, so dass der NSA, den man aus $\mathcal{A}$ gewinnt, indem alle Zustände, die nicht zu C gehören, gelöscht werden, eine nichtleere Sprache akzeptiert. Die Wahl des Anfangszustands ist dabei irrelevant, da C eine SCC ist und somit entweder von allen oder von keinem Zustand aus ein Wort akzeptiert wird. Somit gilt, dass $L(\mathcal{A})$ nichtleer ist genau dann, wenn Algorithmus STAUX den Transitionsgraphen von $\mathcal{A}$, eingeschränkt auf die Zustände, die vom Anfangszustand aus erreichbar sind, akzeptiert. Die Behauptung folgt dann also aus Lemma 9.10. $\square$

Es ist wichtig, dass Algorithmus STAUX nicht direkt auf den Transitionsgraphen des NSA angewandt wird, sondern nur auf den vom Anfangszustand aus erreichbaren Teil. Beachte, dass der Algorithmus selbst sich nicht um Erreichbarkeit von irgendwelchen Zuständen aus kümmert. So könnte es eine SCC geben, die dazu führt, dass STAUX die Ausgabe *true* liefert, die aber selbst vom Anfangszustand aus nicht erreichbar ist. Somit muss die Sprache des NSA auch nicht unbedingt nichtleer sein. Andererseits kann man nicht im Algorithmus STAUX selbst verlangen, dass die Eingabe aus einem zusammenhängenden Graphen besteht, da diese Eigenschaft vor den rekursiven Aufrufen verletzt werden kann.

9.2 Universalitätsproblem für Büchi-Automaten

Wenden wir uns nun dem komplementären Problem zu—dem Universalitätsproblem. Beachte, dass dies auf Seite der Logik dem Allgemeingültigkeitsproblem entspricht, sowie Leerheit (oder besser gesagt Nichtleerheit) dem Erfüllbarkeitsproblem entspricht.

9.2.1 Universalität durch Komplementierung

Aus den obigen Resultaten können wir gleich ein Verfahren für das Universalitätsproblem für Büchi-Automaten konstruieren.

Korollar 9.12. *Das Universalitätsproblem für nichtdeterministische Büchi-Automaten mit n Zuständen ist in Zeit $2^{\mathcal{O}(n \log n)}$ lösbar.*

Beweis. Sei $\mathcal{A}$ ein NBA mit n Zuständen. Laut Korollar 8.14 existiert ein deterministischer Rabin-Automat $\mathcal{A}'$ mit höchstens $2^{\mathcal{O}(n \log n)}$ vielen Zuständen und Index höchstens $2n$, so dass $L(\mathcal{A}') = L(\mathcal{A})$ gilt. Nach Satz 7.7 lässt sich dieser ohne Blow-Up in Zustandszahl und Index zu einem DSA $\overline{\mathcal{A}}$ komplementieren; also gilt $L(\overline{\mathcal{A}}) = \Sigma^\omega \setminus L(\mathcal{A})$.

Die Behauptung folgt dann sofort aus Satz 9.11, da $L(\mathcal{A}) = \Sigma^\omega$ genau dann, wenn $L(\overline{\mathcal{A}}) = \emptyset$ gilt. Beachte, dass der eventuelle quadratische Blow-Up im Vergleich zwischen Anzahl der Zustände und Anzahl der Transitionen von der Konstante im Exponenten verschluckt wird. $\qquad\square$

9.2.2 Universalität mit dem Satz von Ramsey

Es gibt noch ein alternatives Verfahren für das Universalitätsproblem für Büchi-Automaten, welches auf der in Abschnitt 6.2 definierten Äquivalenzrelation für Büchi-Automaten und dem Satz von Ramsey beruht.

Sei für den Rest dieses Abschnitts ein Büchiautomat $\mathcal{A} = (Q, \Sigma, q_0, \delta, F)$ fixiert. Zur Erinnerung: Seien $u, v \in \Sigma^*$. Es gilt

$$u \sim v \iff \forall q.\forall q'.(q \xrightarrow{u} q' \Leftrightarrow q \xrightarrow{v} q') \wedge (q \xrightarrow{u}_{\text{fin}} q' \Leftrightarrow q \xrightarrow{v}_{\text{fin}} q')$$

Eine Äquivalenzklasse L dieser Relation ist durch zwei Mengen von Zustandspaaren gekennzeichnet: Die Menge V_L aller Paare (q, q'), so dass $q \xrightarrow{w} q'$ für alle $w \in L$, sowie die Menge V_L^{fin} aller Paare (q, q'), so dass $q \xrightarrow{w}_{\text{fin}} q'$ für alle $w \in L$.

Wie üblich bezeichnet man mit $[w]$ die Äquivalenzklasse des Wortes $w \in \Sigma^*$. Für Mengen von Paaren (Relationen) $R, S \subseteq Q \times Q$ definiert man wie üblich $R; S = \{(q, q') \mid \exists \breve{q}.(q, \breve{q}) \in R, (\breve{q}, q') \in S\}$.

Lemma 9.13. *a) Es gilt* $V_{[\varepsilon]} = \{(q, q) \mid q \in Q\}$ *und* $V_{[\varepsilon]}^{\text{fin}} = \{(q, q) \mid q \in F\}$.
b) Für $a \in \Sigma$ *gilt* $V_{[a]} = \{(q, q') \mid q' \in \delta(a, q)\}$ *und* $V_{[a]}^{\text{fin}} = \{(q, q') \mid q' \in \delta(a, q)$ *und* $(q \in F$ *oder* $q' \in F)\}$.
c) Für $u, v \in \Sigma^*$ *gilt:* $V_{[uv]} = V_u; V_v$ *und* $V_{[uv]}^{\text{fin}} = V_{[u]}^{\text{fin}}; V_{[v]} \cup V_{[u]}; V_{[v]}^{\text{fin}}$.

Beweis. Übung.

Man kann sich nun mithilfe dieses Lemmas eine Übersicht über die endlich vielen Äquivalenzklassen verschaffen: Ausgehend von $[a]$ für $a \in \Sigma$ konstruiert man durch sukzessive Anwendung des Lemmas Repräsentationen für weitere Wörter, bis keine neuen Klassen mehr entstehen.

Beispiel 9.14. Wir betrachten den folgenden Automaten.

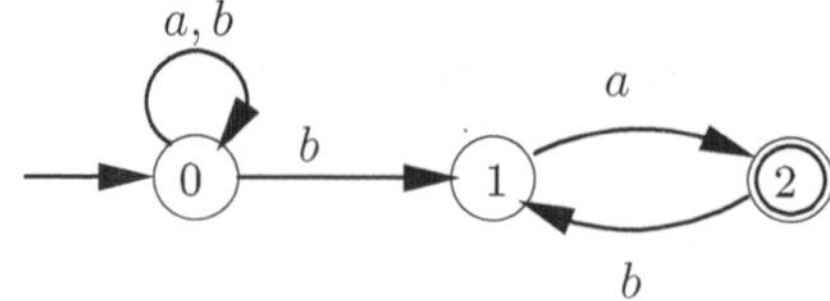

Wir repräsentieren Äquivalenzklassen grafisch als "Schaltboxen", z.B.:

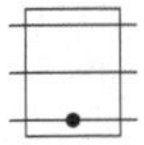

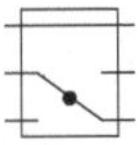

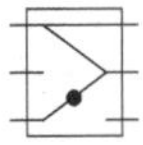

Die Zustände sind als Ein- und Ausgabedrähte repräsentiert. Hier stellen die Drähte oben den Zustand 0, die in der Mitte den Zustand 1 und die unten den Zustand 2 dar. Ein Zustand q auf der Eingabeseite (links) wird mit einem Zustand q' auf der Ausgabeseite (rechts) verbunden, wenn $q \xrightarrow{u} q'$. Gilt zusätzlich $q \xrightarrow{u}_{\mathrm{fin}} q'$, so wird die Verbindung mit einem Kreis gekennzeichnet.

Hat man Äquivalenzklassen $[u]$ und $[v]$ in dieser Form gegeben, so kann die Äquivalenzklasse $[uv]$ durch Hintereinanderschalten abgelesen werden:

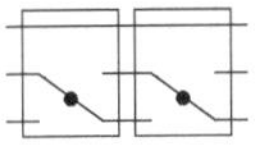

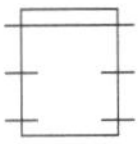

Ebenso erhalten wir folgendes.

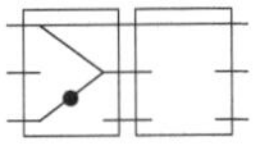

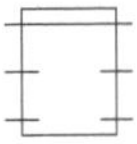

Aus der letzten Gleichung ergibt sich $[baa] = [aa]$. Indem wir so weiterverfahren, erhalten wir folgende Multiplikationstabelle:

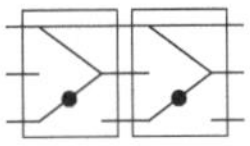

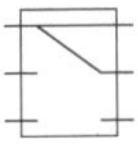

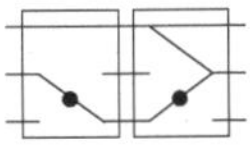

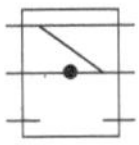

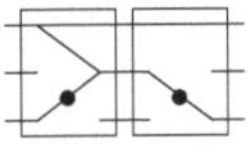

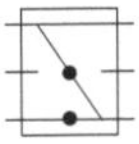

	a	b	ab	ba	bb	aa	bba	aba	bab	$bbab$	$abab$
a	aa	ab	bb	aba	bb	aa	bba	bba	$abab$	$bbab$	$bbab$
b	ba	bb	bab	bba	bb	aa	bba	ba	$bbab$	$bbab$	bab
ab	aba	bb	$abab$	bba	bb	aa	bba	aba	$bbab$	$bbab$	$abab$
ba	aa	bab	bb	ba	bb	aa	bba	bba	bab	$bbab$	$bbab$
bb	bba	bb	$bbab$	bba	bb	aa	bba	bba	$bbab$	$bbab$	$bbab$
aa	aa	bb	bb	bba	bb	aa	bba	bba	$bbab$	$bbab$	$bbab$
bba	aa	$bbab$	bb	bba	bb	aa	bba	bba	$bbab$	$bbab$	$bbab$
aba	aa	$abab$	bb	aba	bb	aa	bba	bba	$abab$	$bbab$	$bbab$
bab	ba	bb	bab	bba	bb	aa	bba	ba	$bbab$	$bbab$	bab
$bbab$	bba	bb	$bbab$	bba	bb	aa	bba	bba	$bbab$	$bbab$	$bbab$
$abab$	aba	bb	$abab$	bba	bb	aa	bba	aba	$bbab$	$bbab$	$abab$

Viele der Gleichungen sind rein algebraische Konsequenzen von anderen. So kann man etwa $[ba][abab] = [ba][ab][ab] = [bb][ab] = [bbab]$ folgern.

Mithilfe des folgenden Satzes lässt sich dann die Universalität unmittelbar entscheiden.

Satz 9.15. *Es gilt* $L(\mathcal{A}) = \Sigma^\omega$ *genau dann, wenn für alle Klassen* $[u], [v]$ *mit* $[uv] = [u]$ *und* $[vv] = [v]$ *mit* $v \neq \varepsilon$ *gilt: es gibt einen Zustand* q *mit* $(q_0, q) \in V_{[u]}$ *und* $(q, q) \in V^{\mathrm{fin}}_{[v]}$.

Beweis. "$\Rightarrow$" Nehmen wir zunächst an, dass $L(\mathcal{A}) = \Sigma^\omega$. Seien zwei Klassen $[u], [v]$ mit $[uv] = [u]$ und $[vv] = [v]$ mit $v \neq \varepsilon$ vorgelegt. Betrachte einen akzeptierenden Lauf von $\mathcal{A}$ auf uv^ω. Wir finden einen Zustand q und Zahlen $i_0 \geq 0, i_1 > 0$ etc., so dass $q_0 \xrightarrow{uv^{i_0}} q$ und $q \xrightarrow{v^{i_1}}_{\text{fin}} q$. Wegen $[uv] = [u]$ und $[vv] = [v]$ bedeutet das aber, dass $(q_0, q) \in V_{[u]}$ und $(q, q) \in V_{[v]}^{\text{fin}}$.

"$\Leftarrow$" Sei umgekehrt die Bedingung an die Klassen $[u], [v]$ erfüllt und $w \in \Sigma^\omega$ beliebig. Wie im Beweis von Lemma 6.7 finden wir mithilfe des Satzes von Ramsey Äquivalenzklassen $[u], [v]$, sowie eine Indexfolge $i_1 < i_2 < i_3 < \ldots$, so dass $[w_{0\ldots i_0}] = [u]$ und $[w_{i_j+1, \ldots i_{j'}}] = [v]$ für $j' > j$. Daraus folgt unmittelbar $[vv] = [v]$ und, indem wir u ggf. durch uv ersetzen, auch $[uv] = [u]$. Also gibt es nach Annahme einen Zustand q mit $(q_0, q) \in V_{[u]}$ und $(q, q) \in V_{[v]}^{\text{fin}}$. Dies liefert einen akzeptierenden Lauf von $\mathcal{A}$ auf w. $\square$

In der Praxis prüft man für jede idempotente Äquivalenzklasse, also $[v]$ mit $[vv] = [v]$, ob es eine Klasse u gibt mit $[uv] = [u]$ und $(q_0, q) \in V_{[u]} \Rightarrow (q, q) \notin V_{[v]}^{\text{fin}}$. Findet man solche Klassen $[u], [v]$, so akzeptiert $\mathcal{A}$ nicht alle Wörter, nämlich insbesondere nicht uv^ω. Findet man keine solchen Beispiele, dann akzeptiert $\mathcal{A}$ jedes beliebige Wort.

Der Automat aus Beispiel 9.14 akzeptiert *nicht* alle Wörter: Die *idempotenten* Äquivalenzklassen, also v mit $[v][v] = [v]$, sind $[ba]$, $[bb]$, $[aa]$, $[bba]$, $[bbab]$, $[abab]$. Alle außer $[abab]$ verletzen die Bedingung aus dem Satz, insbesondere ist sie für $u = [b]$ und $v = [aa]$ verletzt und in der Tat wird $b(aa)^\omega$ nicht akzeptiert.

Man hätte hier die Konstruktion der Multiplikationstabelle gleich nach der Entdeckung von $[aa]$ abbrechen können. Akzeptiert der Automat jedoch alle Wörter, so muss die vollständige Tabelle generiert werden, da man ja sonst nicht weiß, ob nicht doch noch Klassen $[u]$ und $[v]$ wie beschrieben gefunden werden.

9.2.3 Reduktion von Subsumption auf Universalität

Schließlich wenden wir uns der etwas allgemeineren Frage zu, ob $L(\mathcal{A}) \subseteq L(\mathcal{A}')$ für vorgelegte Büchi-Automaten $\mathcal{A}$ und $\mathcal{A}'$ gilt. Dies lässt sich recht einfach auf das bereits behandelte Universalitätsproblem reduzieren:

Satz 9.16. *Seien $\mathcal{A}$ und $\mathcal{A}'$ NBAs über demselben Alphabet Σ. Dann kann in linearer Zeit ein NBA $\mathcal{A}''$ über einem Alphabet Δ konstruiert werden, so dass gilt: $L(\mathcal{A}'') = \Delta^\omega$ genau dann, wenn $L(\mathcal{A}) \subseteq L(\mathcal{A}')$.*

Beweis. Seien $\mathcal{A} = (Q, \Sigma, q_0, \delta, F)$ und $\mathcal{A}' = (Q', \Sigma, q_0', \delta', F')$. Es ist $L(\mathcal{A}) \subseteq L(\mathcal{A}')$ genau dann, wenn für jedes Wort $w \in \Sigma^\omega$ und jeden akzeptierenden Lauf $r \in Q^\omega$ von $\mathcal{A}$ auf w ein akzeptierender Lauf von $\mathcal{A}'$ auf w existiert.

Die universelle Quantifizierung über akzeptierende Läufe von $\mathcal{A}'$ wird nun über die Alphabeterweiterung zu $\Delta = \Sigma \times Q$ der universellen Quantifizierung über Wörter zugeschlagen.

Genauer gesagt sind $Q'', \delta'', q_0'', F''$ so zu wählen, dass ein Wort $(w, r) \in (\Sigma \times Q)^\omega$ genau dann akzeptiert wird, wenn entweder r kein akzeptierender Lauf von $\mathcal{A}$ auf w ist, oder aber $w \in L(\mathcal{A})$ ist.

Hierzu muss zum einen ein Lauf von $\mathcal{A}'$ auf w zu raten und zum anderen zu prüfen, ob der gegebene Lauf r der Übergangstafel δ folgt. Ist dies irgendwann nicht der Fall, so kann sofort akzeptiert werden. Ansonsten wird geraten, ob entweder r nicht akzeptierend ist (durch Raten eines Zeitpunktes, ab dem keine Endzustände mehr kommen), oder aber der geratene Lauf von $\mathcal{A}'$ akzeptierend ist. Die Details verbleiben als Übung. $\qquad\square$

Um also das Subsumptionsproblem $L(\mathcal{A}) \subseteq L(\mathcal{A}')$ zu lösen, konstruiert man diesen Automaten $\mathcal{A}''$ und wendet dann eines der Entscheidungsverfahren für das Universalitätsproblem an.

9.3 Size-change Termination

In diesem Abschnitt betrachten wir eine Anwendung von Büchi-Automaten auf die Frage, ob ein gegebenes rekursives Programm terminiert.

9.3.1 Rekursive Programme

Gegeben sei eine Menge F von Funktionssymbolen verschiedener Stelligkeit. Ein (rekursives) *Programm* enthält für jedes Funktionssymbol $f \in F$ der Stelligkeit n genau eine Gleichung der Form

$$f(x_1, \ldots, x_n) = f_1(\mathbf{t}_1), \ldots, f_l(\mathbf{t}_l)$$

Hierbei sind $f_1, \ldots f_l$ beliebige Funktionssymbole in F (einschließlich f selbst). Die Terme $\mathbf{t}_i$ sind aufgebaut aus den Variablen $x_1, \ldots, x_n$ und der Vorgängerfunktion $x - 1$. Solche Programme abstrahieren von konkreten, rekursiven Programmen im Hinblick auf ihr Verhalten bzgl. Termination.

Beispiel 9.17. Ein funktionales, rekursives Programm zur Multiplikation zwei natürlicher Zahlen kann z.B. folgendermaßen modelliert werden. Man nimmt ein zweistelliges Symbol p und ein dreistelliges Symbol m.

$$\begin{aligned}
\mathsf{p}(x, y) &= \mathsf{p}(x, y - 1) \\
\mathsf{m}(x, y, u) &= \mathsf{p}(x, u), \mathsf{m}(x, y - 1, u)
\end{aligned}$$

Es sollte klar sein, dass dieses rekursive Programm keine Multiplikation selbst berechnet—wir haben den Programmen ja auch noch keine formale Semantik gegeben. Aber man kann sich vorstellen, dass damit ein Programm abstrahiert wird, welches für beliebige, natürliche Zahlen x, y, u rekursiv den Wert $x \cdot y + u$ berechnet. Insbesondere sollte das konkrete (hier nicht näher ausgeführte) Programm zur Multiplikation immer terminieren, falls ein Aufruf von $m(x, y, u)$ für jede Setzung der Variablen x, y, u terminiert. Was Termination genau bedeuten soll, wird weiter unten ausgeführt.

Beispiel 9.18. Die Ackermann-Funktion ist leicht mit einem dreistelligen Funktionssymbol a zu modellieren.

$$\mathsf{a}(x,y,u) \;=\; \mathsf{a}(x-1,u,u), \mathsf{a}(x,y-1,u)$$

Beispiel 9.19. Wir bringen noch zwei künstliche Beispiele, die nicht unbedingt aus der Abstraktion eines konkreten Programms entstammen.

$$\begin{aligned}
\mathsf{f}(x,y,z) &= \mathsf{g}(x,x,y) \\
\mathsf{g}(x,y,z) &= \mathsf{h}(x,y-1,z-1) \\
\mathsf{h}(x,y,z) &= \mathsf{i}(x,y-1,z-1) \\
\mathsf{i}(x,y,z) &= \mathsf{k}(x,y-1,z-1) \\
\mathsf{k}(x,y,z) &= \mathsf{f}(x,y-1,z-1)
\end{aligned}$$

und

$$\mathsf{t}(x,y,z,w) \;=\; \mathsf{t}(x,x,z,w-1), \mathsf{t}(x-1,z,w-1,y-1), \mathsf{t}(z,x-1,y,w-1)$$

Die Idee ist, dass durch solch ein Programm partielle Funktionen $\mathbb{N}^k \to \{0\}$ definiert werden. Per Definition ist $f(x_1,\ldots,x_n) = 0$, falls $x_i = 0$ für ein i (Striktheit). Für andere Werte ergibt sich der Funktionswert aus der definierenden Gleichung

$$f(\mathbf{x}) \;=\; u_1(\mathbf{x}_1),\ldots,u_k(\mathbf{x}_k)\;.$$

Sind *alle* $u_i(\mathbf{x}_i)$ gleich 0 und damit insbesondere definiert, so ist auch $f(\mathbf{x})$ definiert und damit gleich 0. Ist auch nur einer der Terme $u_q(\mathbf{x}_1),\ldots,u_k(\mathbf{x}_k)$ undefiniert, so ist auch die linke Seite undefiniert.

Die Frage, die uns hier besonders interessiert, ist: Sind alle Instanzen $f(u_1,\ldots,u_n)$ in einem gegebenen Programm definiert? Man kann dies wie oben angedeutet als Terminationsproblem ansehen. Ein Funktionsaufruf terminiert, wenn eines der Argumente 0 ist, ansonsten terminiert es nur, wenn alle rekursiven Aufrufe terminieren. Die Frage ist also, ob eine rekursive Funktion für alle Eingaben terminiert.

Bei den Beispielsfunktionen $\mathsf{p},\mathsf{m},\mathsf{a}$ oben sind alle Instanzen definiert. Bei f haben wir jedoch

$$\begin{aligned}
\mathsf{f}(10,10,10) &= \mathsf{g}(10,10,10) = \mathsf{h}(10,9,9) = \mathsf{i}(10,8,8) = \mathsf{k}(10,7,7) = \\
\mathsf{f}(10,6,6) \;\;&= \mathsf{g}(10,10,6) \;\; = \mathsf{h}(10,9,5) = \mathsf{i}(10,8,4) = \mathsf{k}(10,7,3) = \\
\mathsf{f}(10,6,2) \;\;&= \mathsf{g}(10,10,6) \;\; = \ldots
\end{aligned}$$

Man sieht, dass $\mathsf{f}(10,10,10)$ und größere Instanzen nicht definiert sind; bestimmte kleinere Instanzen dagegen sind es schon.

Um das zweite künstliche Beispiel von oben zu analysieren, schreiben wir $f(\mathbf{t}) \rightsquigarrow g(\mathbf{u})$ zum Zeichen, dass der Aufruf $f(\mathbf{t})$ den Aufruf $g(\mathbf{u})$ unmittelbar nach sich zieht. Dann gilt

$$\mathsf{t}(3,10,11,4) \rightsquigarrow \mathsf{t}(2,11,3,9) \;\rightsquigarrow \mathsf{t}(3,1,11,8) \;\rightsquigarrow \mathsf{t}(3,3,11,7) \rightsquigarrow$$
$$\mathsf{t}(11,2,3,6) \;\rightsquigarrow \mathsf{t}(11,11,3,5) \rightsquigarrow \mathsf{t}(3,10,11,4) \rightsquigarrow \ldots$$

und damit ist $\mathsf{t}(3,10,11,4)$ nicht definiert. Hingegen ist $\mathsf{t}(10,10,10,10)$ definiert, wie man mithilfe eines Rechners feststellt. Es empfiehlt sich, dies über dynamische Programmierung zu tun.

Es sollte klar sein, dass in vielen Fällen ein reales funktionales Programm P, dessen Terminationsverhalten nicht vom Wertverlauf abhängt, zu einem Programm P' im obigen Sinne abstrahiert werden kann in einer solchen Weise, dass P' genau dann für alle Eingaben terminiert, wenn P es tut. Natürlich ist das nicht immer möglich, denn für unsere Programme ist die Frage nach der Termination für alle Eingaben entscheidbar, wie wir gleich sehen werden.

Vorher bemerken wir noch, dass solch eine automatische Terminationsanalyse nicht nur für Programme, sondern gerade auch für Beweise sehr nützlich ist. Induktive Beweise stellt man sich gern rekursiv vor; man verwendet die zu zeigende Aussage einfach und geht dabei davon aus, dass solche Verwendungen bezüglich irgendeines Maßes kleiner sind, als die gerade aktuelle. Ein solcher "rekursiver" Beweis ist natürlich nur dann gültig, wenn jeder "Aufruf" tatsächlich terminiert; somit ist ein rechnergestützter Beweisprüfer, der solche Beweisstrategien anbietet, auf eine Terminationsanalyse angewiesen.

9.3.2 Termination als Sprachinklusion

Für den Rest dieses Kapitels sei ein Programm P mit Funktionssymbolen F vorgegeben. Es sei n die maximale Zahl von Funktionsaufrufen in der rechten Seite einer Gleichung.

Wir betrachten das Alphabet $\Sigma = F \times \{1, \ldots, n\}$ und definieren die ω-Sprache $L_{\mathsf{call}} \subseteq \Sigma^\omega$ als die Menge aller unendlichen Aufrufsequenzen: ein Wort $(f_0, d_0)(f_1, d_1)(f_2, d_2) \ldots$ ist in L_{call} genau dann, wenn ein Aufruf der Form $f_{i+1}(\mathbf{t})$ in der rechten Seite der definierenden Gleichung von f_i an d_i-ter Stelle vorkommt. Wir lassen Klammern und Kommas weg und schreiben so ein Wort als $f_0 d_0 f_1 d_1 \ldots$.

Im Beispiel mit $F = \{\mathsf{f}, \mathsf{g}, \mathsf{h}, \mathsf{i}, \mathsf{k}\}$ enthält L_{call} fünf Wörter, nämlich

$$
\begin{aligned}
w_{\mathsf{f}} &= (\mathsf{f1g1h1i1k1})^\omega \\
w_{\mathsf{k}} &= \mathsf{k1} w_{\mathsf{f}} \\
w_{\mathsf{i}} &= \mathsf{i1} w_{\mathsf{k}} \\
w_{\mathsf{h}} &= \mathsf{h1} w_{\mathsf{i}} \\
w_{\mathsf{g}} &= \mathsf{g1} w_{\mathsf{h}}
\end{aligned}
$$

Im Beispiel mit $F = \{\mathsf{t}\}$ ist $L_{\mathsf{call}} = (\mathsf{t1} \cup \mathsf{t2} \cup \mathsf{t3})^\omega$ Im Beispiel mit $F = \{\mathsf{m}, \mathsf{p}\}$ schließlich wäre $L_{\mathsf{call}} = ((\mathsf{m1} \cup \mathsf{m2})\mathsf{p1})^\omega \cup (\mathsf{p1}(\mathsf{m1} \cup \mathsf{m2}))^\omega$.

Eine Aufrufsequenz terminiert, wenn es eine Variable gibt, die immer wieder dekrementiert wird. Denn dann kann ja ein noch so hoher Startwert irgendwann zu Null reduziert werden und damit die Termination herbeiführen.

Natürlich muss man verlangen, dass jede Aufrufsequenz in diesem Sinne terminiert und die dies bezeugende Variable kann immer jeweils eine andere sein. Es sei L_{term} die Sprache der in diesem Sinne terminierenden Aufrufsequenzen.

Es gilt im Beispiel "Multiplikation", dass $(\text{m}2)^\omega \in L_{\text{term}}$, da hier die Variable y immer wieder dekrementiert wird. Im zweiten künstlichen Beispiel gilt $(\text{t}1)^\omega \in L_{\text{term}}$, ja sogar $(\text{t}1 \cup \text{t}3)^\omega \subseteq L_{\text{term}}$. Auf der anderen Seite ist $(\text{t}2\text{t}3\text{t}1\text{t}3\text{t}1\text{t}3)^\omega \notin L_{\text{term}}$.

Das gesamte Programm P wird für alle Aufrufe terminieren genau dann, wenn $L_{\text{call}} \subseteq L_{\text{term}}$ gilt. Dies ist also z.B. beim zweiten künstlichen Beispiel nicht der Fall.

9.3.3 Terminationsanalyse mit Büchi-Automaten

Die Sprache L_{term} ist Büchi-erkennbar, also ω-regulär. Sei m die maximale Stelligkeit eines Funktionssymbols in F. Der Einfachheit halber nehmen wir an, dass alle Funktionssymbole die Stelligkeit m haben. Dies lässt sich natürlich leicht durch Hinzunahme von Variablen, die in rekursive Aufrufe einfach unverändert weitergereicht werden, erreichen.

Wir definieren einen NBA $\mathcal{A} = (Q, \Sigma, I, \delta, F)$ mit mehreren Anfangszuständen wie folgt.

- Zustandsmenge ist $Q = \{1, \dots, m\} \times \{0, 1\}$,
- Initialzustände sind alle Zustände: $I = Q$.
- Die Übergangsfunktion δ ergibt sich wie folgt: Sei $g(y_1, \dots, y_m)$ der d-te Aufruf in der definierenden Gleichung für $f(x_1, \dots, x_m)$. Ist $y_j = x_i$, so nehmen wir $(j, 0)$ in $\delta((i, \_), (f, d))$ auf. Ist $y_j = x_i - 1$, so nehmen wir $(j, 1)$ in $\delta((i, \_), (f, d))$ auf.
- Endzustände sind alle Zustände der Form $(i, 1)$.

$\mathcal{A}$ errät also die Variable, die immer wieder in dem als Wort vorliegenden Aufruf dekrementiert wird. Diese merkt er sich in der Zustandsmenge. Außerdem wird in der Zustandsmenge signalisiert, wenn diese dekrementiert wird.

Im Beispiel der Abstraktion der Multiplikationsfunktion haben wir konkret die folgende Transitionsfunktion.

$$
\begin{aligned}
\delta((1, \_), (\text{p}, 1)) &= \{(1, 0)\} \\
\delta((2, \_), (\text{p}, 1)) &= \{(2, 1)\} \\
\delta((1, \_), (\text{m}, 1)) &= \{(1, 0)\} \\
\delta((2, \_), (\text{m}, 1)) &= \emptyset \\
\delta((3, \_), (\text{m}, 1)) &= \{(2, 0)\} \\
\delta((1, \_), (\text{m}, 2)) &= \{(1, 0)\} \\
\delta((2, \_), (\text{m}, 2)) &= \{(2, 1)\} \\
\delta((3, \_), (\text{m}, 2)) &= \{(3, 1)\}
\end{aligned}
$$

Im ersten künstlichen Beispiel haben wir einen nichtdeterministischen Übergang:

$$\delta((1, \_), (\mathsf{f}, 1)) = \{(1, 0), (2, 0)\}$$

Die vollständige Übergangsfunktion geben wir hier nicht an.

Es sollte klar sein, dass $\mathcal{A}$ genau die terminierenden Aufrufe erkennt, da er akzeptiert, wenn es eine Variable gibt, die in einer vorliegenden Aufrufsequenz immer wieder dekrementiert wird. Somit kann die Belegung dieser Variablen mit einer natürlichen Zahl noch so hoch sein; sie wird ultimativ irgendwann zu Null. Also gilt $L_{\mathsf{term}} = L(\mathcal{A})$.

Satz 9.20. *Sei P ein rekursives Programm, und L_{call} und L_{term} die dazugehörigen Sprachen aller und aller terminierender Aufrufe. Es gilt $L_{\mathsf{call}} \subseteq L_{\mathsf{term}}$ genau dann, wenn $f(\mathbf{x})$ für alle Funktionen f in P und alle Belegungen für $\mathbf{x}$ definiert ist.*

Beweis. Übung.

Die Termination solch eines Programms kann daher mit Satz 9.16 entschieden werden. Alternativ kann man auch gleich einen Büchiautomaten $\mathcal{A}'$ konstruieren, der die Sprache $\overline{L_{\mathsf{call}}} \cup L_{\mathsf{term}}$ erkennt. Das geht auch ohne Komplementierung von Büchiautomaten, da ein Büchiautomat für $\overline{L_{\mathsf{call}}}$ direkt angegeben werden kann. Dieser ist deterministisch und hat nur Endzustände, kann jedoch steckenbleiben. Man testet den so entstandenen Büchi-Automaten auf Universalität.

10

Alternierende Automaten

Im Teil über endliche Wörter haben wir alternierende Automaten eingeführt, die sich einerseits als Erweiterung des nichtdeterministischen Automatenmodells, andererseits aber als nicht ausdrucksstärker erwiesen haben. Ihr Vorteil im Vergleich zu nichtdeterministischen bestand darin, dass sich gewisse Sprachen mit wesentlich kleineren alternierenden Automaten erkennen lassen und dass sie sich direkt komplementieren lassen.

Bei unendlichen Wörtern kann man genauso das Modell des nichtdeterministischen Büchi-Automaten zu einem alternierenden erweitern und sich fragen, ob damit eventuell mehr Sprachen erkannt werden. Die Antwort ist wiederum "nein". Interessant ist jedoch, dass die Übersetzung von einem alternierenden in einen nichtdeterministischen Büchi-Automaten zwar einerseits ebenfalls nicht über die Potenzmengenkonstruktion funktioniert (wie dies bei der Übersetzung eines AFAs in einen NFAs der Fall war), aber doch zumindest um einiges einfacher ist als die Übersetzung eines NBA in einen DRA oder DPA.

10.1 Alternierende Büchi-Automaten

So wie sich ein NBA rein syntaktisch nicht von einem NFA unterscheidet, ist ein alternierender Büchi-Automat ebenfalls genauso wie ein AFA definiert. Insbesondere ist somit seine Transitionstabelle eine Funktion, die jedem Zustand und Alphabetsymbol eine positiv Boole'sche Kombination aus Zuständen zuordnet. Er erkennt Sprachen unendlicher Wörter, somit sind seine Läufe unendliche Bäume.

Definition 10.1. Ein *alternierender Büchi-Automat* (ABA) ist ein Tupel $\mathcal{A} = (Q, \Sigma, q_0, \delta, F)$ mit $q_0 \in Q$, $\delta : Q \times \Sigma \to \mathbb{B}^+(Q)$ und $F \subseteq Q$. Ein Lauf eines ABA auf einem Wort $w = a_0 a_1 \ldots \in \Sigma^\omega$ ist ein unendlicher, Q-beschrifteter Baum t, dessen Wurzel mit q_0 beschriftet ist, so dass für jeden Knoten n auf Ebene i folgendes gilt.

M. Hofmann, M. Lange, *Automatentheorie und Logik*, eXamen.press,
DOI 10.1007/978-3-642-18090-3_10, © Springer-Verlag Berlin Heidelberg 2011

$$\{t(m) \mid m \text{ Nachfolger von } n\} \models \delta(t(n), a_i)$$

Solch ein Lauf heißt *akzeptierend*, falls es auf jedem Ast des Baums unendlich viele Knoten $n_0, n_1, \ldots$ gibt, so dass $t(n_i) \in F$ für alle $i \in \mathbb{N}$ gilt.

Wieder sieht man leicht, dass alternierende Automaten mindestens so ausdrucksstark wie nichtdeterministische sind. Der Beweis wird in Analogie zum Beweis von Satz 3.9 geführt.

Satz 10.2. *Für jeden NBA $\mathcal{A}$ mit n Zuständen existiert ein ABA $\mathcal{A}'$ mit höchstens n Zuständen, so dass $L(\mathcal{A}') = L(\mathcal{A})$ gilt.*

Beispiel 10.3. Betrachte die ω-reguläre Sprache $L = \{w \mid |w|_a = \infty\}$. Diese wird z.B. von dem NBA

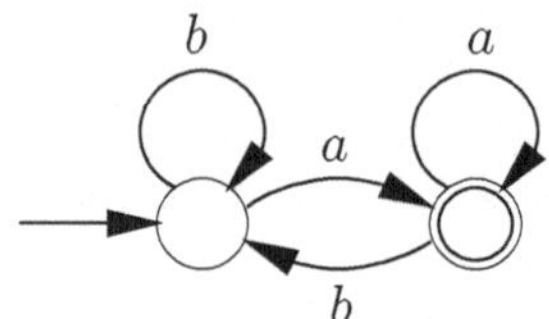

erkannt. Somit existiert nach Satz 10.2 auch ein ABA, der L erkennt. Man kann jedoch L auch unter echter Verwendung von Alternierung mit einem ABA erkennen. Das Prinzip dabei ist, dass auf linearen Strukturen "unendlich oft" dasselbe ist wie "immer wieder". Der ABA liest dann sukzessive Zeichen des Eingabeworts. Ist dies ein a, so kann er im selben Zustand verbleiben, denn er muss lediglich prüfen, ob danach wieder ein a vorkommt, usw. Ist dieses jedoch nicht ein a, dann verzweigt er universell. Ein Teil verbleibt in dem Zustand, in dem auch im nächsten Schritt geprüft wird, ob später wieder ein a vorkommt. Der andere testet, ob wirklich irgendwann noch ein a vorkommt. Sei $\mathcal{A} = (\{q_0, q_1, q_2\}, \Sigma, q_0, \delta, \{q_0, q_2\})$ mit

$$\begin{aligned}
\delta(q_0, a) &= q_0 & \delta(q_1, a) &= q_2 & \delta(q_2, _) &= q_2 \\
\delta(q_0, b) &= q_0 \wedge q_1 & \delta(q_1, b) &= q_1
\end{aligned}$$

Ein *gedächtnisloser Lauf* ist wie bei einem AFA definiert. Auf einer Ebene des Laufs gibt es keine zwei verschiedenen Knoten mit derselben Beschriftung und unterschiedlichen Unterbäumen. Wiederum gilt, dass sich gedächtnislose Läufe als DAGs darstellen lassen, so dass jedes Niveau höchstens $|Q|$ viele Knoten enthält.

Der Beweis, dass es zu jedem akzeptierenden Lauf auch immer einen gedächtnislosen gibt, lässt sich jedoch nicht wie bei AFAs einfach durch sukzessives Umbauen führen. Dies deshalb, weil es in einem nichtgedächtnislosen Lauf eines ABA unendlich viele Paare von Knoten geben kann, die die Eigenschaft der Gedächtnislosigkeit verletzen.

Definition 10.4. Sei t ein Lauf eines ABA $\mathcal{A} = (Q, \Sigma, q_0, \delta, F)$ auf einem Wort $w \in \Sigma^\omega$. Der *Rang* eines Knoten n, i. Z. $rang(n)$ ist das maximale k in einer Sequenz $n_0, \ldots, n_k$, so dass

- $n = n_0$,
- für alle $i = 0, \ldots, k-1$ gilt: n_{i+1} ist ein Nachfolger von n_i,
- $n_k \in F$ und $n_i \notin F$ für alle $i < k$.

Insbesondere gilt $rang(n) = 0$, falls $t(n) \in F$ und $rang(n) = \infty$, falls es einen Pfad von n aus gibt, der niemals einen Endzustand besucht.

Ein *Niveau* eines solchen Laufs ist eine Menge von Knoten, die alle denselben Abstand zur Wurzel haben. Der Rang eines Niveaus ist der maximale Rang eines seiner Knoten: $rang(N) = \max\{rang(n) \mid n \in N\}$.

Lemma 10.5. *Sei $\mathcal{A}$ ein ABA über Σ und t ein Lauf auf einem $w \in \Sigma^\omega$. Die folgenden Aussagen sind äquivalent.*

a) Der Lauf t ist akzeptierend.
b) Jeder Knoten in t hat endlichen Rang.
c) Jedes Niveau in t hat endlichen Rang.
d) Unendlich viele Niveaus haben endlichen Rang.

Beweis. "(a) $\Rightarrow$ (b)" Durch Widerspruch. Angenommen, es gäbe einen Knoten mit unendlichem Rang. Dann gibt es auch einen Pfad in t, auf dem nur endlich viele Endzustände vorkommen, womit t nicht akzeptierend ist.

"(b) $\Rightarrow$ (a)" Ebenfalls durch Widerspruch. Angenommen, der Lauf ist nicht akzeptierend. Dann muss es also einen Pfad geben, auf dem nicht unendlich oft Endzustände vorkommen. Man beachte, dass wegen der Definition der positiv Boole'schen Formeln jeder Zustand einen Nachfolger haben muss. Daher ist jeder Pfad in solch einem Lauf unendlich, und somit gibt es auf solch einem angenommenen Pfad einen letzten Endzustand, der einen Nachfolger hat. Dieser kann aber dann offensichtlich nicht endlichen Rang haben.

"(b) $\Rightarrow$ (c)" Folgt sofort daraus, dass Läufe nur endlich verzweigend sind und deswegen jedes Niveau nur endlich viele Knoten besitzt.

"(c) $\Rightarrow$ (b)" und "(c) $\Rightarrow$ (d)" sind trivial.

"(d) $\Rightarrow$ (c)" Seien N_1 und N_2 zwei aufeinanderfolgende Niveaus in t. Man sieht leicht, dass der Rang von N_1 endlich ist, wenn der seines Nachfolgers N_2 endlich ist, da N_1 selbst nur endlich viele Elemente hat. Genauer: Es gilt $rang(N_1) \leq rang(N_2)+1$, da im schlimmsten Fall der Knoten mit maximalem Rang in N_2 einen Vorgänger in N_1 hat, der nicht mit einem Endzustand beschriftet ist.

Die Behauptung folgt nun aus der Tatsache, dass in einem Lauf, in dem unendlich viele Niveaus endlichen Rang haben, auf jedes Niveau später eines mit endlichem Rang folgt. □

Lemma 10.6. *Sei $\mathcal{A}$ ein ABA über dem Alphabet Σ und $w \in \Sigma^\omega$. Falls $w \in L(\mathcal{A})$, dann gibt es einen gedächtnislosen und akzeptierenden Lauf von $\mathcal{A}$ auf w.*

Beweis. Angenommen $w \in L(\mathcal{A})$, d.h. es gibt einen akzeptierenden Lauf t von $\mathcal{A}$ auf w. Seien $N_0, N_1, \ldots$ die jeweiligen Niveaus von t. Laut Lemma 10.5 gilt $rang(N_i) < \infty$ für alle $i \in \mathbb{N}$. Falls t nicht gedächtnislos ist, dann gibt es ein kleinstes $i \in \mathbb{N}$, und zwei verschiedene Knoten $n_1, n_2 \in N_i$, deren Unterbäume verschieden sind, für die aber $t(n_1) = t(n_2)$ gilt. O.B.d.A. gelte $rang(n_1) \leq rang(n_2)$. Man sieht leicht, dass das Ersetzen des Unterbaums von n_1 an die Stelle von n_2 nicht die Tatsache zerstört, dass t akzeptierend ist. Dies wird von Lemma 10.5 gezeigt, denn im entstehenden Lauf haben alle Niveaus erst recht endlichen Rang.

Sei $t_0 = t$ und t_1 derjenige Lauf, der dadurch entsteht, dass diese Ersetzung auf t_0 solange durchgeführt wird, bis es auf dem i-ten Niveau keine Knoten mehr gibt, die die Gedächtnislosigkeit verletzen. Da jedes Niveau eines Laufs nur endlich viele Knoten hat, muss so ein t_1 existieren. Dieses Verfahren lässt sich nun ins Unendliche iterieren, wobei Läufe $t_0, t_1, \ldots$ erzeugt werden. Sei t^* der *Limes* dieser Konstruktion, d.h. der eindeutig bestimmte Baum, der für jedes i bis zum Niveau i mit t_i übereinstimmt. Beachte, dass sogar gilt: Für das i-te Niveau N_i in t^* existiert ein $k \in \mathbb{N}$, so dass N_i auch das i-te Niveau von allen t_j mit $j \geq k$ ist.

Wir behaupten, dass t^* ein akzeptierender und gedächtnisloser Lauf von $\mathcal{A}$ auf w ist. Dazu betrachten wir ein beliebiges Niveau N_j aus t^*. Da N_j in fast allen t_i ebenso vorkommt, kann es keine zwei Knoten enthalten, die die Gedächtnislosigkeit verletzen. Somit ist t^* zumindest gedächtnislos. Außerdem ist $rang(N_j)$ auch endlich, denn mit steigendem i kann dieser in den jeweiligen t_i nur abnehmen. Laut Lemma 10.5 ist t^* dann aber auch ein akzeptierender Lauf. $\qquad\square$

Dieses Resultat können wir wiederum verwenden um zu zeigen, dass ABAs nicht mehr als die ω-regulären Sprachen erkennen.

Satz 10.7. *Sei $\mathcal{A}$ ein ABA mit n Zuständen. Dann gibt es einen NBA $\mathcal{A}'$ mit höchstens 3^n vielen Zuständen, so dass $L(\mathcal{A}') = L(\mathcal{A})$ gilt.*

Beweis. Sei $\mathcal{A} = (Q, \Sigma, q_0, \delta, F)$. Wir konstruieren einen NBA $\mathcal{A}'$, der intuitiv in jedem Schritt eine mögliche Ebene eines gedächtnislosen Laufs von $\mathcal{A}$ auf einem Eingabewort rät. Um zu überprüfen, ob dieser Lauf akzeptierend ist, also ob es keinen Pfad darin gibt, auf dem nur endlich viele Endzustände vorkommen, merkt sich $\mathcal{A}'$ in jedem Schritt außerdem noch diejenigen Zustände im aktuellen Niveau, von denen aus man noch einen Endzustand durchlaufen muss. Ist diese einmal leer, dann müssen wiederum alle Zustände des aktuellen Niveaus so verfolgt werden.

O.B.d.A. nehmen wir $q_0 \notin F$ an. Wir setzen $Q' = \{(P, O) \mid O \subseteq P \subseteq Q\}$ und $\mathcal{A}' = (Q', \Sigma, (\{q_0\}, \{q_0\}), \delta', F')$, wobei

$$\delta'((P,\emptyset),a) \;=\; \{(P',P'\setminus F)\mid P'\models \bigwedge_{q\in P}\delta(p,a)\}$$

$$\delta'((P,O),a) \;=\; \{(P',O'\setminus F)\mid P'\models \bigwedge_{q\in P}\delta(p,a)\;\text{ und}$$

$$O'\subseteq P'\;\text{ und }\;O'\models \bigwedge_{q\in O}\delta(q,a)\}$$

und $F' = 2^Q\times\{\emptyset\}$.

Die Behauptung über die Größenbeschränkung von $\mathcal{A}'$ ist leicht ersichtlich, da ein Paar (P,O) mit $O\subseteq P\subseteq Q$ als Funktion aufgefasst werden kann, die jedem Zustand $q\in Q$ drei Möglichkeiten lässt: $q\in O, q\in P\setminus O, q\in Q\setminus P$.

Es bleibt noch die Korrektheit der Konstruktion, also $L(\mathcal{A}') = L(\mathcal{A})$ zu zeigen.

"$\supseteq$" Sei $w = a_0a_1\ldots \in L(\mathcal{A})$, d.h. es gibt einen akzeptierenden Lauf von $\mathcal{A}$ auf w. Laut Lemma 10.6 gibt es dann auch einen gedächtnislosen und akzeptierenden Lauf. Dieser lässt sich als DAG darstellen, so dass jedes Niveau dieses Laufs eine Teilmenge $P\subseteq Q$ bildet. Seien $P_0,P_1,\ldots$ diese Ebenen. Offensichtlich gilt $P_0=\{q_0\}$. Außerdem gilt für alle $i\in\mathbb{N}$:

$$P_{i+1}\models \bigwedge_{q\in P_i}\delta(q,a_i)$$

Wir definieren nun Mengen O_i für $i\in\mathbb{N}$ induktiv wie folgt. $O_0=\{q_0\}$ und, für $i\geq 1$:

$$O_i \;=\; \begin{cases} P_i\,, & \text{falls } O_{i-1}=\emptyset \\ \displaystyle\bigcup_{O'\subseteq P_{i-1}}\{O'\setminus F\mid O'\models \bigwedge_{q\in O_{i-1}}\delta(q,a)\}, & \text{sonst} \end{cases}$$

Man vergewissere sich, dass $(P_0,O_0),(P_1,O_1),\ldots$ in der Tat ein Lauf von $\mathcal{A}'$ auf w ist. Es bleibt lediglich zu zeigen, dass dieser auch akzeptierend ist. Dazu beobachten wir zunächst, dass für alle $i\in\mathbb{N}$ folgendes gilt. Wenn $O_i\neq\emptyset$, dann ist $rang(O_{i+1}) < rang(O_i)$, wobei wir die O_i als Niveaus in dem Lauf auf w ansehen. Außerdem gilt $rang(O_i)=0$ nur, wenn $O_i=\emptyset$. Da der Rang eines jeden O_i aber endlich sein muss, denn $|O_i| < \infty$, und laut Lemma 10.5 hat jeder Knoten in O_i nur endlichen Rang, folgt daraus sofort, dass es unendlich viele i geben muss, so dass $O_i=\emptyset$ ist. Damit ist der Lauf aber akzeptierend.

"$\subseteq$" Angenommen $(P_0,O_0),(P_1,O_1),\ldots$ ist ein akzeptierender Lauf von $\mathcal{A}'$ auf $w = a_0a_1\ldots \in \Sigma^\omega$. Man sieht leicht, dass $P_0,P_1,\ldots$ die Niveaus eines gedächtnislosen Laufs von $\mathcal{A}$ auf w repräsentieren. Es bleibt wieder zu zeigen, dass dieser akzeptierend ist. Nach Voraussetzung gibt es $i_0 < i_1 < \ldots$, so dass $O_{i_j} = \emptyset$ für alle $j\in\mathbb{N}$. Dann gilt aber $rang(P_{i_j+1}) < \infty$ für alle $j\in\mathbb{N}$, denn $O_{i_j+1} = P_{i_j+1}$ für alle $j\in\mathbb{N}$. Da aber auf jedes solche i_j wieder ein i_{j+1} folgt mit $O_{i_{j+1}} = \emptyset$, gibt es keinen Pfad, der von einem Knoten im Niveau $q\in P_{i_j+1}$ ausgeht und niemals einen Endzustand besucht.

Somit gibt es also unendlich viele Niveaus mit endlichem Rang. Laut Lemma 10.5 ist der Lauf dann aber akzeptierend. $\square$

Wir bemerken, dass es sich bei dieser Konstruktion um die in Satz 7.22 bereits erwähnte handelt, mit der man einen nichtdeterministischen co-Büchi-Automaten determinisieren kann.

10.2 Komplementierung mittels Alternierung

Wir wollen noch eine weitere Möglichkeit kennenlernen, einen NBA zu komplementieren. Dazu nutzt man aus, dass sich alternierende Automaten relativ einfach komplementieren lassen. Bei ABAs reicht es jedoch nicht einfach aus, die Transitionen durch ihre dualen Boole'schen Funktionen zu ersetzen wie man dies bei AFAs macht (siehe Satz 3.8). Auch die Akzeptanzbedingung in den Läufen muss komplementiert werden. Bei endlichen Läufen ist dies einfach; am Ende erreicht man einen Endzustand genau dann, wenn man nicht einen Nicht-Endzustand erreicht. Daher reicht es dort aus, End- und Nicht-Endzustände zu vertauschen. Bei unendlichen Läufen wird die Büchi-Bedingung jedoch zu einer co-Büchi-Bedingung im Komplement. Statt jetzt sich zu überlegen, mit welchen Tricks man wohl diese wieder als Büchi-Bedingung kodieren kann, machen wir sozusagen aus der Not eine Tugend und betrachten zunächst alternierende co-Büchi-Automaten.

Definition 10.8. Ein *alternierender co-Büchi-Automat* (AcoBA) ist ein Tupel $\mathcal{A} = (Q, \Sigma, q_0, \delta, F)$, welches wie bei einem ABA definiert ist. Ebenso ist der Lauf eines AcoBA auf einem Wort $w \in \Sigma^\omega$ definiert. Solch ein Lauf ist im Gegensatz zu dem Lauf eines ABA jedoch akzeptierend, wenn auf allen Pfaden nur endlich viele Zustände $q \notin F$ vorkommen.

Lemma 10.9. *Für jeden ABA $\mathcal{A}$ mit n Zuständen gibt es einen AcoBA $\overline{\mathcal{A}}$ mit höchstens n Zuständen, so dass $L(\overline{\mathcal{A}}) = \Sigma^\omega \setminus L(\mathcal{A})$ gilt. Die Umkehrung gilt ebenso.*

Beweis. Übung.

Da jeder NBA auch ein ABA ist, überträgt sich dies auch gleich auf NBAs.

Korollar 10.10. *Zu jedem NBA $\mathcal{A}$ mit n Zuständen gibt es einen AcoBA $\overline{\mathcal{A}}$ mit höchstens n Zuständen, so dass $L(\overline{\mathcal{A}}) = \Sigma^\omega \setminus L(\mathcal{A})$ gilt.*

Wie bei ABAs kann man sich bei AcoBAs ebenfalls auf gedächtnislose Läufe, also insbesondere solche, die sich als DAG repräsentieren lassen, beschränken.

Lemma 10.11. *Sei $\mathcal{A}$ ein AcoBA und $w \in \Sigma^\omega$. Es gilt: Wenn $w \in L(\mathcal{A})$, dann gibt es einen gedächtnislosen Lauf von $\mathcal{A}$ auf w.*

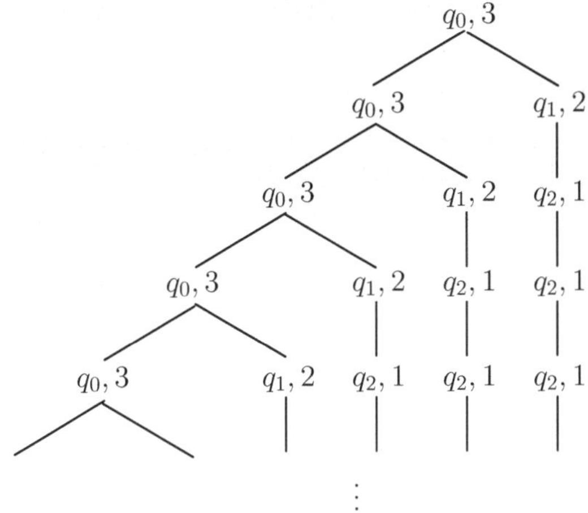

Abb. 10.1. Lauf eines AcoBA mit Reihung.

Beweis. Übung.

Um nun einen AcoBA in einen ABA zu übersetzen, reichern wir gedächtnislose Läufe, so um zusätzliche Information an, dass die Akzeptanz des ursprünglichen Laufes durch den Automaten als Büchi-Bedingung auf dem angereicherten Lauf formuliert werden kann. Der gesuchte ABA wird dann die Zusatzinformation raten.

Definition 10.12. Sei t ein gedächtnisloser Lauf eines AcoBA mit n Zuständen. Eine *Reihung* ist eine Beschriftung ℓ der Knoten von t mit Zahlen ("Rängen") aus dem Bereich $\{1, \dots, 2n\}$, so dass gilt:

- Ist k' Nachfolger von n, so gilt $\ell(k') \leq \ell(k)$;
- Ist $t(k) = q$ und $\ell(k)$ ungerade, so ist $q \in F$;
- Jeder unendliche Pfad in t enthält unendlich viele Knoten mit ungerader Beschriftung.

Lemma 10.13. *Ein gedächtnisloser Lauf t eines AcoBA ist insbesondere dann akzeptierend, wenn eine Reihung ℓ des Laufes t existiert.*

Beweis. Sei ein Lauf t mit Reihung ℓ gegeben. Ist $n_0, n_1, n_2, \dots$ ein unendlicher Pfad in t, so muss wegen der ersten Bedingung ein i_0 existieren, sodass $\ell(n_i) = \ell(n_{i_0})$ für alle $i \geq i_0$. Wegen der dritten Bedingung muss dann $\ell(n_i)$ für alle $i \geq i_0$ ungerade sein und das bedeutet wegen der zweiten Bedingung, dass $n_i \in F$; somit enthält der Pfad ab i_0 nur noch Endzustände. Also ist er im Sinne des AcoBA akzeptierend. $\qquad\square$

Beispiel 10.14. Betrachte den AcoBA $\mathcal{A} = (\{q_0, q_1, q_2\}, \{a\}, q_0, \delta, \{q_0, q_2\})$, wobei

$$\delta(q_0, a) = q_0 \wedge q_1 \, , \quad \delta(q_1, a) = q_2 \, , \quad \delta(q_2, a) = q_2 \, .$$

Der einzige und akzeptierende Lauf dieses AcoBA auf dem Wort a^ω ist mit einer Reihung in Abb. 10.1 dargestellt.

Reihungen, die nur die Zahlen 1 und 2 oder gar nur die 1 benutzen, existieren für diesen Lauf nicht. Das liegt daran, dass es Knoten gibt, die unendlich viele Nicht-Endzustände als Nachkommen haben. Dennoch liegen auf jedem Pfad nur endlich viele Nicht-Endzustände; der Lauf ist ja akzeptierend.

Wir werden nunmehr die Umkehrung von Lemma 10.13 beweisen.

Lemma 10.15. *Sei t ein akzeptierender Lauf eines AcoBA mit n Zuständen. Es existiert dann eine Reihung von t.*

Beweis. Wir verwenden folgende Terminologie: Ein Nachkomme eines Knotens k in einem Lauf ist ein von k aus erreichbarer Knoten. Auch k selbst gilt als "Nachkomme" von k. Die Wendung "für fast alle Nachkommen" bedeutet "für alle Nachkommen, bis auf endlich viele Ausnahmen". Ein Knoten k mit $t(k) \in F$ wird als "Endzustand" bezeichnet.

Wir definieren induktiv Knotenmengen $S_0 \subseteq S_1 \subseteq S_2 \subseteq \ldots$ wie folgt.

- $S_0 := \emptyset$;
- Ist S_{2i} schon definiert, so umfasst S_{2i+1} alle Knoten k, derart dass alle Nachkommen von k Endzustände sind, oder in S_{2i} liegen.
- Ist S_{2i} schon definiert, so umfasst S_{2i+2} alle Knoten k, derart dass fast alle Nachkommen von k Endzustände sind oder in S_{2i} liegen;

Folgende Eigenschaften sind unmittelbar oder durch einfache Induktion über i einzusehen: Für alle $i \in \mathbb{N}$ gilt:

- $S_{2i} \subseteq S_{2i+1} \subseteq S_{2i+2}$,
- ist k' Nachkomme von k und $k \in S_i$, so ist auch $k' \in S_i$,
- sind fast alle Nachkommen von k in S_{2i}, so ist auch $k \in S_{2i}$.

Als nächstes zeigen wir, dass für jedes $i \leq n$ ein Niveau l_i existiert, so dass jedes Niveau l unterhalb von l_i (also $l \geq l_i$) mindestens i Knoten in S_{2i} aufweist. Da kein Niveau mehr als n Knoten umfasst, bedeutet das, dass bereits S_{2n} alle Knoten umfasst.

Wir zeigen diese Behauptung durch Induktion über i. Für $i = 0$ ist nichts zu zeigen. Ist die Behauptung für ein festes i schon gezeigt, so unterscheiden wir zwei Fälle. Ist das Komplement von S_{2i} endlich, dann liegt jeder Knoten in S_{2i+2}, da nach Annahme fast alle seine Nachkommen in S_{2i} liegen. Die Behauptung ist dann mit $l_{i+1} = 0$ erfüllt.

Ist schließlich das Komplement von S_{2i} unendlich, so gibt es zunächst einmal einen Knoten $n \in S_{2i+2} \setminus S_{2i}$. Wären nämlich alle Knoten im Komplement von S_i nicht in S_{2i+2}, dann hätte jeder Knoten n im Komplement von S_{2i} unendlich viele Nachkommen, die nicht Endzustände sind und außerdem selbst im Komplement von S_{2i} liegen. Das erlaubt uns wie folgt, einen Pfad zu konstruieren, der die co-Büchi Bedingung verletzt: wir beginnen mit einem beliebigen Knoten im Komplement von S_{2i} und suchen einen (echten) Nachkommen im Komplement auf, der kein Endzustand ist und auch im Komplement von S_{2i} liegt. Mit diesem fahren wir ebenso fort und erhalten auf diese Art einen Pfad, der unendlich viele Nicht-Endzustände enthält im Widerspruch zur Annahme an t. Es gibt also einen Knoten $k_0 \in S_{2i+2} \setminus S_{2i}$. Wir argumentieren jetzt, dass ausgehend von k_0 ein Pfad konstruiert werden kann, welcher ebenfalls zur Gänze in $S_{2i+2} \setminus S_{2i}$ liegt. Die Behauptung folgt daraus unmittelbar, indem man l_i auf das Niveau von k setzt. Für die Konstruktion des Pfades genügt es zu zeigen, dass jeder Knoten in $S_{2i+2} \setminus S_{2i}$ einen *Nachfolger* in $S_{2i+2} \setminus S_{2i}$ hat (von dem aus kann man ja dann genauso weiterfahren). Ist nämlich $k \in S_{2i+2} \setminus S_{2i}$, dann sind alle seine Nachkommen in S_{2i+2}, da die S_j-Mengen unter Nachfolgern abgeschlossen sind. Wären aber alle Nachfolger von k in S_{2i}, dann wären insbesondere fast alle Nachkommen von k in S_{2i} und also k selbst auch in S_{2i}.

Wir konstruieren nun die gewünschte Reihung ℓ nach folgender Vorschrift. Für Knoten k ist $\ell(k)$ gegeben als das kleinste i, so dass $k \in S_i$. Es bleibt zu zeigen, dass dies in der Tat eine Reihung liefert.

- Ist k' Nachfolger von k, so ist $\ell(k') \leq \ell(k)$. Das ist offensichtlich.
- Ist $\ell(k) = 2i + 1$, also ungerade, so sind alle Nachkommen von k Endzustände oder in S_{2i}. Da dies insbesondere für k selber gilt, muss also k Endzustand sein, da sonst $\ell(k) \leq 2i$ wäre.
- Ist $k_0, k_1, k_2, \ldots$ ein unendlicher Pfad, so enthält die Folge $\ell(k_0), \ell(k_1), \ldots$ unendlich viele ungerade Einträge: Ist $\ell(k_t) = 2i + 2$, also gerade, so sind fast alle Nachkommen von k_t Endzustände oder liegen in S_{2i}. Insbesondere muss es also ein $t' \geq t$ geben, sodass alle Nachkommen von $k_{t'}$ diese Eigenschaft haben. Damit aber ist $\ell(k_{t'}) \leq 2i + 1$. Auf jeden geraden Eintrag folgt also ein echt kleinerer. Die Behauptung ergibt sich daraus unmittelbar.

$\square$

Diese Vorarbeiten ermöglichen nun die Konstruktion eines äquivalenten ABA:

Satz 10.16. *Für jeden AcoBA $\mathcal{A}$ mit n Zuständen gibt es einen ABA $\mathcal{A}'$ mit höchstens $2n^2 + 1$ vielen Zuständen, so dass $L(\mathcal{A}') = L(\mathcal{A})$ gilt.*

Beweis. Sei $\mathcal{A} = (Q, \Sigma, q_0, \delta, F)$ ein AcoBA. Definiere $\mathcal{A}' = (Q', \Sigma, q_0', \delta', F')$ mit $Q' = \{\bot\} \cup Q \times \{1, \ldots, 2n\}$, $q_0' = (q_0, 2n)$, $F' = \{(q, i) \mid i \text{ ist ungerade }\}$ und

$$\delta(\bot, a) \;=\; \bot$$

$$\delta((q, i), a) \;=\; \begin{cases} \bot & , \text{ falls } q \notin F \text{ und } i \text{ ist ungerade} \\ \delta(q, a)|_i & , \text{ sonst} \end{cases}$$

wobei $(\varphi \vee \psi)|_i = \varphi|_i \vee \psi|_i$, $(\varphi \wedge \psi)|_i = \varphi|_i \wedge \psi|_i$ und $q|_i = \bigvee_{j \leq i}(q, j)$.

Intuitiv errät $\mathcal{A}'$ zu jedem Knoten in einem gedächtnislosen Lauf von $\mathcal{A}$ auf einem w eine Reihung und speichert diese in der zweiten Komponente des Zustands ab. Die Übergänge überprüfen, dass in der Tat eine Reihung vorliegt. Die detaillierte Verifikation verbleibt als Übung. $\qquad\square$

Korollar 10.17. *Für jeden NBA $\mathcal{A}$ mit n Zuständen existiert ein NBA $\overline{\mathcal{A}}$ mit höchstens 3^{2n^2+1} vielen Zuständen, so dass $L(\overline{\mathcal{A}}) = \Sigma^\omega \setminus L(\mathcal{A})$ ist.*

Beweis. Sei $\mathcal{A}$ ein NBA mit n Zuständen. Dieser ist insbesondere ein ABA. Laut Lemma 10.9 existiert dann ein AcoBA $\overline{\mathcal{A}}$ mit n Zuständen, der dessen Komplement erkennt. Mit Satz 10.16 lässt dieser sich in einen ABA $\overline{\mathcal{A}}'$ mit $2n^2 + 1$ vielen Zuständen umwandeln. Schließlich liefert Satz 10.7 dafür einen NBA mit höchstens der geforderten Zustandszahl. $\qquad\square$

Korollar 10.17 liefert zwar eine asymptotisch schlechtere Komplementierungskonstruktion für NBAs als die von Safra aus Korollar 8.13. Diese hat jedoch den Vorteil, dass sie u.U. einfacher implementiert werden kann.

10.3 Schwache Automaten

Die Automaten, die sich mithilfe von Satz 10.16 ergeben, haben eine besondere Struktur, die wir hier explizit machen wollen.

Definition 10.18. Ein ABA (AcoBA) $\mathcal{A} = (Q, \Sigma, q_0, \delta, F)$ heißt *schwach*, i.Z. WABA (WAcoBA), wenn es eine Funktion $\Phi : Q \to \mathbb{N}$ gibt, so dass gilt:

- falls $\Phi(q) = \Phi(q')$, so gilt $q \in F \iff q' \in F$;
- falls q' in $\delta(q, a)$ vorkommt, so ist $\Phi(q') \leq \Phi(q)$.

Es ist klar, dass die durch $\Phi(q, i) = i$ und $\Phi(\bot) = 0$ definierte Funktion auf den Zuständen des Automaten aus Satz 10.16 diesen Bedingungen genügt.

Traditionell werden schwache Automaten in der folgenden äquivalenten Form definiert.

Lemma 10.19. *Ein ABA (AcoBA) $\mathcal{A} = (Q, \Sigma, q_0, \delta, F)$ ist genau dann schwach, wenn es eine Partition der Zustandsmenge Q in Klassen $Q_1, Q_2, \ldots, Q_\ell$ gibt, sodass folgende zwei Bedingungen erfüllt sind:*

- *jede Klasse enthält entweder nur Endzustände oder nur Nicht-Endzustände;*
- *es gibt eine partielle Ordnung $\sqsubseteq$ auf der Menge der Klassen, so dass für alle $q, q' \in Q$, alle $a \in \Sigma$ und alle Mengen Q', Q'' aus der Partition gilt: Falls $q' \in \delta(a, q)$ und $q' \in Q'$ und $q \in Q''$, so ist $Q' \sqsubseteq Q''$.*

Beweis. Die *nichtleeren* Mengen der Form $\Phi^{-1}(i) := \{q \mid \Phi(q) = i\}$ bilden eine Partition der verlangten Art. Die partielle Ordnung legt man durch $\Phi^{-1}(i) \sqsubseteq \Phi^{-1}(j) \iff i \leq j$ fest.

Für die umgekehrte Richtung kann man o.B.d.A. eine Nummerierung der Klassen voraussetzen derart, dass $Q_i \sqsubseteq Q_j \Rightarrow i \leq j$. Man definiert dann $\Phi(q)$ als dasjenige i für welches $q \in Q_i$ ist. $\qquad\square$

Lemma 10.20. *Für jeden WABA mit n Zuständen existiert ein äquivalenter WAcoBA mit n Zuständen und umgekehrt.*

Beweis. Ist $q_0, q_1, q_2, \dots$ ein Pfad in einem akzeptierenden Lauf eines schwachen Automaten, so ist die Folge $\Phi(q_0), \Phi(q_1), \dots$ schwach monoton fallend, es existiert also i_0 derart, dass $\Phi(q_i) = \Phi(i_0)$ für alle $i \geq i_0$. Die Zustände q_i mit $i \geq i_0$ sind also allesamt Endzustände, so dass der Lauf sogar im Sinne der co-Büchi-Bedingung akzeptierend ist. Die Umkehrung gilt genauso. $\square$

Daraus ergibt sich zusammen mit Lemma 10.9 gleich folgendes.

Lemma 10.21. *Für jeden WABA $\mathcal{A}$ mit n Zuständen existiert ein äquivalenter WABA $\overline{\mathcal{A}}$ mit höchstens n Zuständen, so dass $L(\overline{\mathcal{A}}) = \Sigma^\omega \setminus L(\mathcal{A})$ gilt.*

Daraus wiederum folgt sofort, dass schwache, alternierende Büchi-Automaten gar nicht schwächer sind als normale, alternierende Büchi-Automaten.

Satz 10.22. *Für jeden ABA $\mathcal{A}$ mit n Zuständen existiert ein äquivalenter WABA $\mathcal{A}'$ mit höchstens $2n^2 + 1$ vielen Zuständen.*

Beweis. Indem wir $\mathcal{A}$ formal dualisieren, erhalten wir einen AcoBA $\mathcal{A}'$ mit n Zuständen für $\Sigma^\omega \setminus L(\mathcal{A})$. Die Konstruktion aus Satz 10.16 liefert dann einen WABA für das Komplement und schließlich mit vorherigem Lemma der gesuchte WABA für $L(\mathcal{A})$. $\square$

Wir erweitern nun das Modell der schwachen Büchi-Akzeptanzbedingung auf die Paritätsbedingung.

Definition 10.23. Ein *schwacher alternierender Paritätsautomat* (WAPA) ist ein Tupel $(Q, \Sigma, q_0, \delta, \Omega)$, wobei Q, Σ, q_0, δ wie bei ABAs erklärt sind und $\Omega : Q \to \mathbb{N}$. Läufe von WAPA sind zunächst wie bei ABA definiert. Solch ein Lauf ist jedoch *akzeptierend*, wenn für jeden Pfad $q_0, q_1, q_2, \dots$ darin gilt, dass die größte in der Folge $\Omega(q_0), \Omega(q_1), \dots$ vorkommende Zahl gerade ist.

Im Gegensatz zu den in Abschnitt 7.1 definierten "normalen" Paritätsautomaten ist hier also die Akzeptanz durch Erreichbarkeit anstatt durch unendlich wiederholtes Vorkommen definiert. Man könnte meinen, dass dieses Akzeptanzkriterium zu schwach sei, um repetitiv definierte Sprachen wie $L = \{w \mid |w|_a = \infty\}$ zu erkennen. Unter Zuhilfenahme der Alternierung kann das aber leicht dadurch geschehen, dass ständig neue Prozesse erzeugt werden, die auf ein Eintreffen von a warten. In der Tat wird der ABA aus Beispiel 10.3 mit der Festlegung $\Omega(q_i) = i$ zum äquivalenten WAPA. Im eindeutig bestimmten Lauf dieses Automaten auf einem Wort der Form $(a \cup b)^k b^\omega \notin L$ gibt es ja u.a. den Pfad $q_0^k q_1^\omega$, welcher eben nicht der Akzeptanzbedingung genügt.

Zum Abschluss zeigen wir noch, dass WAPAs und WABAs zueinander äquivalent sind, was also bedeutet, dass WAPAs ebenfalls genau die ω-regulären Sprachen erkennen.

Satz 10.24. *Für jeden WABA mit n Zuständen gibt es einen äquivalenten WAPA mit höchstens n Zuständen.*

Beweis. Sei $\mathcal{A} = (Q, \Sigma, \delta, q_0, F)$ ein WABA mit $\Phi : Q \to \mathbb{N}$. Wir können o.B.d.A. voraussetzen, dass $q \in F \iff \Phi(q)$ ungerade (durch Verschmelzen gleichartiger Klassen $\Phi^{-1}(i)$ oder durch passendes Heraufsetzen von Φ). Sei außerdem k ungerade und mindestens so groß wie $\max\{\Phi(q) \mid q \in Q\}$.

Den verlangten WAPA erhalten wir als $(Q, \Sigma, q_0, \delta, \Omega)$, wobei $\Omega(q) = k - \Phi(q)$.

In jedem Pfad eines Laufs dieses WAPAs nehmen nun die Ω-Werte schwach monoton zu (werden nicht kleiner) und erreichen damit nach einer gewissen Zeit ihr Maximum, welches dann nicht mehr verlassen wird. Der Lauf ist offensichtlich akzeptierend genau dann, wenn dieses Maximum gerade ist. $\quad\square$

Satz 10.25. *Für jeden WAPA mit n Zuständen gibt es einen äquivalenten WABA mit höchstens n^2 vielen Zuständen.*

Beweis. Sei $\mathcal{A} = (Q, \Sigma, q_0, \delta, \Omega)$ ein WAPA. Es ist klar, dass es höchstens $|Q|$ viele verschiedene Werte $\Omega(q)$ gibt. Da für die Akzeptanzbedingung nur die Parität (gerade/ungerade) der Werte $\Omega(q)$ und ihre relative Größe zueinander wichtig sind, können wir o.B.d.A. davon ausgehen, dass $\Omega : Q \to \{0, \dots, |Q| - 1\}$ oder $\Omega : Q \to \{1, \dots, |Q|\}$ gilt. Sei M die Menge dieser vorkommenden Prioritäten.

Wir definieren nun einen WAPA $\mathcal{A}' = (Q \times M, \Sigma, (q_0, \Omega(q_0)), \delta', \Omega')$ über $\delta'((q, i), a) = \delta(q, a)|_i$, wobei

$$
\begin{aligned}
q'|_i &= (q', \max\{i, \Omega(q')\}) \\
(f \vee g)|_i &= f|_i \vee g|_i \\
(f \wedge g)|_i &= f|_i \wedge g|_i \, .
\end{aligned}
$$

Außerdem ist $\Omega'(q, i) = i$.

$\mathcal{A}'$ simuliert also $\mathcal{A}$ und protokolliert in einer zweiten Zustandskomponente das Maximum der Prioritäten in den bisher durchlaufenen Zuständen. Es sollte klar sein, dass $\mathcal{A}'$ tatsächlich äquivalent zu $\mathcal{A}$ ist, denn ihre Läufe sind dieselben, wenn man die zweite Zustandskomponente in $\mathcal{A}'$ nicht betrachtet. Sei außerdem $m_0, m_1, \dots$ eine beliebige Folge natürlicher Zahlen und eine weitere Folge induktiv definiert über $k_0 := m_0$, $k_{i+1} := \max\{k_i, m_{i+1}\}$. Es sollte klar sein, dass die Maxima der in den beiden Folgen auftretenden Zahlen gleich sind. Somit ist ein Lauf für $\mathcal{A}$ genau dann akzeptierend, wenn der entsprechende Lauf, in dem die zweiten Zustandskomponenten auf eindeutige Weise eingefügt werden, für $\mathcal{A}'$ akzeptierend ist.

Der new Automat hat höchstens $|Q|^2$ viele Zustände. Wir müssen nur noch zeigen, dass es sich bei $\mathcal{A}'$ bereits um einen WABA handelt. Sei m die maximal auftretende Priorität in $\mathcal{A}'$. Die geforderte Funktion Φ erhält man dann durch $\Phi(q, i) = m - i$, und als Endzustände definiert man die Menge $F = \{(q, i) \in Q \mid \Omega(q, i) \text{ ist ungerade}\}$. $\quad\square$

Wir bemerken noch, dass eine analoge Abschwächung des Akzeptanzkriteriums für ABA eine echte Einschränkung darstellt. Es gibt eine ω-reguläre Sprache L, so dass für keinen ABA $\mathcal{A}$ gilt: $w \in L \iff$ jeder Pfad π im Lauf von $\mathcal{A}$ auf w enthält einen Endzustand. Ein konkretes Beispiel wäre hier etwa die Sprache $a^\omega \cup a^* b^\omega$. Der Lauf auf a^ω ist akzeptierend. Gäbe es endliche Pfade beliebiger Länge, die keinen Endzustand enthalten, so gäbe es wegen Königs Lemma auch einen unendlichen Pfad ohne Endzustände, was ein Widerspruch zur Akzeptanz ist. Also gibt es ein Niveau n, so dass jeder Pfad spätestens bei Niveau n einen Endzustand enthält. Das Wort $a^n b a^\omega$ würde also auch akzeptiert. Man beachte, dass die Transitionsfunktion alternierender Automaten hier immer total ist und somit jeder Zustand zu jedem Eingabesymbol mindestens einen Nachfolger hat.

Linearzeit-Temporale Logik

In diesem Kapitel betrachten wir noch eine weitere Logik, die sich einerseits von der Art ihrer Operatoren her wesentlich von MSO unterscheidet, sich andererseits jedoch in MSO—sogar in FO—einbetten lässt. Der Unterschied zu MSO besteht hauptsächlich darin, dass es keine direkten Quantoren über Positionen und Mengen von Positionen in einem Wort gibt. Stattdessen stellt man sich im Rahmen der Temporallogik ein Wort als einen zeitlichen Ablauf von Ereignissen, die durch die Alphabetsymbole kodiert sind, vor. Eine temporallogische Formel wird dann immer in einer einzigen Position des Wortes interpretiert. Diese stellt sozusagen den jetzigen Zeitpunkt dar, während das Suffix des Wortes an dieser Position die Zukunft repräsentiert. Die Operatoren der temporalen Logik machen dann Aussagen über Ereignisse in der Zukunft. Hier beschränken wir uns auf eine der einfachsten Temporallogiken, das sogenannte LTL.

Die Sichtweise des zeitlichen Ablaufens eines Wortes legt eine Beziehung zu Automaten nahe. Diese Nähe zeichnet sich hier dadurch aus, dass die Übersetzung von LTL in Büchi-Automaten einfacher und vor allem effizienter ist, als das über die Kodierung in MSO der Fall wäre.

LTL wird auch häufig als Spezifikationssprache für reaktive Systeme eingesetzt. Eines der fundamentalen Probleme, welches in diesem Gebiet auftritt, ist, zu einer Beschreibung eines reaktiven Systems $\mathcal{T}$ und einer gegebenen Spezifikation φ zu entscheiden, ob $\mathcal{T}$ die Anforderung φ erfüllt. Auch dort erweisen sich Büchi-Automaten wiederum als geeignetes Hilfsmittel für den algorithmischen Zugang zu einem logischen Problem.

11.1 Syntax und Semantik

Wir erinnern noch einmal an die Übersetzung einer WMSO-Formel in einen NFA aus dem Kapitel 2. Eine WMSO-Formel φ mit freien Variablen $X_1, \ldots, X_n$ —zur Vereinfachung nehmen wir an, dass diese nur freie zweitstufige Variablen enthält—wurde dort in einen NFA übersetzt, der über dem Alphabet $\{0, 1\}^n$

M. Hofmann, M. Lange, *Automatentheorie und Logik*, eXamen.press,
DOI 10.1007/978-3-642-18090-3_11, © Springer-Verlag Berlin Heidelberg 2011

arbeitet. Ein Wort ist also zusammengesetzt aus Vektoren der Länge n. Dies kann man aber auch als Wort mit n Spuren ansehen. Die i-te Spur kodiert dann die Belegung der Variablen X_i—eine 1 steht genau an den Positionen, die zu der Menge gehören, die X_i interpretiert.

Bei den weiteren Untersuchungen an Automaten in diesem Buch sind wir meist davon ausgegangen, dass das Alphabet abstrakt als Menge gegeben ist. Dies schließt natürlich den Fall der n-stelligen Vektoren mit ein. Hier kommen wir jetzt wieder darauf zurück. In einer LTL-Formel gibt es ebenfalls zweitstufige Variablen. Traditionell bezeichnet man diese jedoch als *Propositionen* und schreibt Kleinbuchstaben $p, q, \ldots$ anstatt der bisher üblichen Großbuchstaben $X, Y, \ldots$. Wir werden dies hier praktisch genauso handhaben. Es gilt wiederum, dass eine endliche Menge $\mathcal{P}$ von Propositionen oder zweitstufigen Variablen ein Alphabet $\Sigma = 2^{\mathcal{P}}$ definiert. Es bietet sich jedoch der Einfachheit halber an, solch ein Alphabetsymbol als Teilmenge der Propositionen anstatt als Vektor aufzufassen. So kann man z.B. schlicht $p \in a_i$ schreiben anstatt eine neue Notation für den Zugriff auf die p-te Komponente des Vektors a_i einführen zu müssen. Mathematisch sind diese beiden Sichtweise jedoch natürlich äquivalent. Die Teilmenge besteht genau als denjenigen Propositionen, an deren Stelle im Vektor eine 1 stehen würde.

Definition 11.1. Sei $\mathcal{P} = \{p, q, \ldots\}$ eine Menge von Propositionen. Formeln der *Linearzeit-Temporallogik* (LTL) über Σ sind gegeben durch die folgende Grammatik.

$$\varphi \ ::= \ p \mid \varphi \vee \varphi \mid \neg\varphi \mid \bigcirc\varphi \mid \varphi\mathsf{U}\varphi$$

wobei $p \in \mathcal{P}$. Wir benutzen neben den üblichen Abkürzungen der Aussagenlogik auch die folgenden: $\varphi\mathsf{R}\psi := \neg(\neg\varphi\mathsf{U}\neg\psi)$, $\mathsf{F}\varphi := \mathit{true}\mathsf{U}\varphi$ und $\mathsf{G}\varphi := \neg\mathsf{F}\neg\varphi$.

Sei $w = a_0a_1\ldots \in (2^{\mathcal{P}})^{\omega}$. Die Semantik einer LTL-Formel ist induktiv definiert für alle $i \in \mathbb{N}$ wie folgt.

$$
\begin{aligned}
w, i &\models p &\iff&\quad p \in a_i \\
w, i &\models \varphi \vee \psi &\iff&\quad w, i \models \varphi \text{ oder } w, i \models \psi \\
w, i &\models \neg\varphi &\iff&\quad w, i \not\models \varphi \\
w, i &\models \bigcirc\varphi &\iff&\quad w, i + 1 \models \varphi \\
w, i &\models \varphi\mathsf{U}\psi &\iff&\quad \text{es gibt } k \geq i, \text{ so dass } w, k \models \psi \\
& & &\quad \text{und für alle } j : i \leq j < k \Rightarrow w, j \models \varphi
\end{aligned}
$$

Wie oben bereits erwähnt, wird eine LTL-Formel also an einer Position in einem Wort interpretiert. Sinnvolle Aussagen über solche Positionen sind z.B. "die aktuelle Position gehört zu p, aber nicht zu q", was durch die Formel $p \wedge \neg q$ ausgedrückt wird.

Der Operator $\bigcirc$ liest sich als *"in der nächsten Position"*. Die Formel $p \wedge \bigcirc q$ drückt dann aus, dass an der aktuellen Position (u.a.) ein p steht, welches von einem q gefolgt wird.

Der Operator U steht für *"until"*. Die Formel $\varphi\mathsf{U}\psi$ gilt in einer aktuellen Position eines Wortes, wenn es in der Zukunft (inklusive des momentanen

Zeitpunkts) eine Position gibt, in der ψ gilt, so dass alle Positionen davor (wiederum inklusive des momentanen Zeitpunkts) φ erfüllen. Damit also $\varphi U \psi$ zu einem Zeitpunkt t gilt, muss entweder ψ zum Zeitpunkt t gelten, oder aber φ muss zum Zeitpunkt t und allen folgenden Zeitpunkten bis (ausschließlich) zum erstmaligen Auftreten von ψ. Insbesondere muss ψ auch tatsächlich irgendwann auftreten.

Ein Spezialfall davon ist das sogenannte *"finally"* F. Hier ist das linke Argument des U-Operators *true*, d.h. an die dazwischenliegenden Zeitpunkte werden keine Anforderungen gestellt. Daher bedeutet Fφ, dass irgendwann in der Zukunft oder bereits jetzt φ gilt.

Der zu F duale Operator ist das *"generally"* G. Die Formel Gφ bedeutet, dass ab sofort φ immer gilt. Man überlegt sich leicht, dass dies gleichbedeutend damit ist, dass es keinen Moment in der Zukunft gibt, in dem φ nicht gilt— daher die Dualität zum F-Operator.

Das Duale zum allgemeineren U ist das *"release"* R. Die Formel $\varphi R \psi$ besagt, dass ψ gelten muss, solange es nicht von φ abgelöst wird. Somit sind Modelle dieser Formel solche, in denen ab dem aktuellen Moment entweder ψ immer gilt, oder ψ gilt bis zu einem Moment, in dem sowohl ψ als auch φ gelten.

Auf natürliche Art und Weise, genauer gesagt durch Interpretation einer Formel in der ersten Position eines Wortes, lässt sich einer LTL-Formel eine Sprache unendlicher Wörter zuordnen.

Definition 11.2. Sei $\Sigma = 2^{\mathcal{P}}$, $w \in \Sigma^{\omega}$ und $\varphi \in$ LTL. Wir schreiben $w \models \varphi$ falls $w, 0 \models \varphi$, und $L(\varphi) := \{w \mid w \models \varphi\}$.

Beispiel 11.3. In LTL lässt sich "unendlich oft gilt φ" durch GFφ ausdrücken. Dies besagt, dass immer irgendwann—also immer wieder—φ gilt. Genauso bedeutet FG$\neg\varphi$ dann, dass φ nur endlich oft gilt.

Die Sprache $\{w \in (2^{\{p,q\}})^{\omega} \mid$ wenn unendliche viele Positionen zu p gehören, dann auch unendlich viele zu $q\}$ ist LTL-definierbar. Sie wird durch die Formel GF$q \vee$ FG$\neg p$ beschrieben.

Setzt man die Alphabetsymbole aus Σ als gegeben voraus, so stellt sich die Frage, wie man z.B. eine umgangssprachliche Beschreibung einer formalen Sprache über Σ in eine LTL-Formel umsetzt. Dazu kann man *charakteristische Formeln* χ_a verwenden. Sei wiederum $\Sigma = 2^{\mathcal{P}}$ und $\mathcal{P}$ endlich. Dann lässt sich ein Alphabetsymbol $a \in \Sigma$, also $a \subseteq \mathcal{P}$, durch Aufzählung derjenigen Propositionen, die in ihm enthalten sind, sowie derjenigen, die dies nicht sind, eindeutig beschreiben.

$$\chi_a \;:=\; \left(\bigwedge_{p \in a} p \right) \wedge \left(\bigwedge_{p \notin a} \neg p \right)$$

Beispiel 11.4. Die Sprache, die nur aus dem Wort $(ab)^{\omega}$ besteht, wird z.B. durch die LTL-Formel

$$\chi_a \wedge \mathsf{G}\big((\chi_a \to \bigcirc \chi_b) \wedge (\chi_b \to \bigcirc \chi_a)\big)$$

beschrieben.

Wir bemerken ohne Beweis, dass die Sprache $(a(a \cup b))^\omega$, also die Menge aller Wörter, in denen an jeder geraden Stelle ein a steht, nicht LTL-definierbar ist. Dies hängt damit zusammen, dass LTL-definierbare Sprachen bereits auch in FO auf unendlichen Wörtern definierbar sind. Zur Erinnerung: Auf endlichen Wörtern lässt sich in FO nicht die Sprache aller Wörter gerader Länge definieren. Das Prinzip hinter der Nichtausdrückbarkeit obiger Sprache ist genau dasselbe.

Die Semantik einer LTL-Formel ist bereits in FO aufgeschrieben. Genauer gesagt lässt sich durch Formalisierung der semantischen Gleichungen zu jeder LTL-Formel φ eine FO-Formel $\hat{\varphi}(x)$ angeben, so dass für alle $i \in \mathbb{N}$ gilt: $w, i \models \varphi \iff w, i \models \hat{\varphi}(x)$. Somit gilt $w \models \varphi \iff w \models \hat{\varphi}(min)$. Daraus ergibt sich insbesondere, dass jede in LTL definierbare Sprache auch in FO definierbar ist.

Definition 11.5. Eine LTL-Formel ist in *positiver Normalform*, wenn sie nur aus Literalen $p, \neg p$ mit $p \in \mathcal{P}$ und den Operatoren $\vee, \wedge, \bigcirc, \mathtt{U}$ und $\mathtt{R}$ aufgebaut ist.

Lemma 11.6. *Jede LTL-Formel φ über einem Alphabet Σ ist äquivalent zu einer LTL-Formel φ' in positiver Normalform, so dass $|\varphi'| \leq 2 \cdot |\varphi|$ gilt.*

Beweis. Übung.

In den folgenden Übersetzungen von LTL-Formeln in Automaten auf unendlichen Wörtern spielen die sogenannten *Abwicklungen* der temporalen Operatoren $\mathtt{U}$ und $\mathtt{R}$ eine große Rolle. Was damit gemeint ist, wird anhand des $\mathtt{U}$-Operators im folgenden Lemma erklärt.

Lemma 11.7. *Für alle $\varphi, \psi \in LTL$ gilt: $\varphi \mathtt{U} \psi \equiv \psi \vee (\varphi \wedge \bigcirc(\varphi \mathtt{U} \psi))$.*

Beweis. Wir zeigen hier nur die Richtung "$\Rightarrow$". Die Umkehrung ist vollkommen analog.

Sei $w, i \models \varphi \mathtt{U} \psi$. Dann existiert ein $k \geq i$ mit $w, i \models \psi$ und $w, j \models \varphi$ für alle j mit $i \leq j < k$. Wir unterscheiden zwei Fälle.

a) Fall 1, $k = i$. Dann gilt also offensichtlich $w, i \models \psi$.
b) Fall 2, $k > i$. Dann muss erstens $w, i \models \varphi$ gelten. Außerdem betrachten wir die Position $i + 1$ in w. Da nach Annahme $k \geq i + 1$ ist, $w, k \models \psi$ gilt und auch noch $w, h \models \varphi$ für alle h mit $i \leq h < k$, also insbesondere auch für alle h mit $i + 1 \leq h < k$ gilt, gilt ebenfalls $w, i + 1 \models \varphi \mathtt{U} \psi$. Dann gilt aber auch $w, i \models \bigcirc(\varphi \mathtt{U} \psi)$. Zusammen mit der ersten Beobachtung haben wir also $w, i \models \varphi \wedge \bigcirc(\varphi \mathtt{U} \psi)$.

Da nun immer einer der beiden Fälle eintreten muss, gilt auch $w, i \models \psi \vee (\varphi \wedge \bigcirc(\varphi \mathtt{U} \psi))$. $\qquad\square$

Äquivalenzen in LTL sind sogar Kongruenzen, d.h. falls $\varphi \equiv \psi$, so gilt auch $\theta(\varphi) \equiv \theta(\psi)$ für jeden Kontext θ, in den φ und ψ eingebettet werden. Daraus folgt sofort folgendes.

$$\begin{aligned}
\varphi\mathsf{U}\psi \;&\equiv\; \psi \vee (\varphi \wedge \bigcirc(\varphi\mathsf{U}\psi)) \\
&\equiv\; \psi \vee (\varphi \wedge \bigcirc(\psi \vee (\varphi \wedge \bigcirc(\varphi\mathsf{U}\psi)))) \\
&\equiv\; \psi \vee (\varphi \wedge \bigcirc(\psi \vee (\varphi \wedge \bigcirc(\psi \vee (\varphi \wedge \bigcirc(\varphi\mathsf{U}\psi)))))) \\
&\equiv\; \ldots
\end{aligned}$$

Dies liefert auch eine Methode, um von einem Wort zu zeigen, dass es an einer Stelle i die Formel $\varphi\mathsf{U}\psi$ erfüllt. Entweder man zeigt, dass an Stelle i bereits ψ gilt. Oder man zeigt, dass an ihr φ gilt und dass an Stelle $i+1$ wiederum $\varphi\mathsf{U}\psi$ gilt. Fasst man dies als Spiel auf, so kann es natürlich unendliche Partien geben. Dies kann aber nur dadurch geschehen, dass man an keiner Stelle k mit $k \geq i$ irgendwann einmal ψ bewiesen hat, sondern an jeder solchen Stelle φ bewiesen hat und zur nächsten Stelle übergegangen ist. Somit hat man aber nicht gezeigt, dass die Formel $\varphi\mathsf{U}\psi$ an der Stelle i gilt, denn dies verlangt die Existenz einer Position $k \geq i$, an der ψ gilt.

Jedes Entscheidungsverfahren für LTL, welches die temporalen Operatoren —insbesondere das U auf diese Art und Weise verarbeitet, muss sicherstellen, dass jede Formel der Form $\varphi\mathsf{U}\psi$ nur endlich oft abgewickelt wird, dass man also irgendwann wirklich einmal ψ auswählt, anstatt die Entscheidung immer nur weiter zu verschieben.

Die in den beiden folgenden Abschnitten vorgestellten Verfahren zur Konstruktion von Büchi-Automaten aus LTL-Formeln benutzen implizit diese Abwicklungen für U-Formeln (und die analoge Variante für R-Formeln). Über eine geschickte Wahl der Endzustände wird sichergestellt, dass unendliche Abwicklungen einer U-Formel nicht dazu führen, dass ein Wort akzeptiert wird.

11.2 LTL und nichtdeterministische Büchi-Automaten

Um eine direkte Übersetzung von LTL in Büchi-Automaten ohne den Umweg über FO und MSO anzugeben, bietet es sich an, zunächst als technisches Hilfsmittel die Definition eines Büchi-Automaten zu verallgemeinern.

11.2.1 Verallgemeinerte Büchi-Automaten

Definition 11.8. Ein *verallgemeinerter Büchi-Automat* (GNBA) ist ein Tupel $\mathcal{A} = (Q, \Sigma, I, \delta, F_1, \ldots, F_k)$ wie bei einem NBA, jedoch mit Anfangszustandsmenge $I \subseteq Q$ und mehreren Endzustandsmengen $F_1, \ldots, F_k \subseteq Q$. Ein Lauf eines solchen Automaten auf einem Wort $w \in \Sigma^\omega$ ist definiert wie bei einem NBA, mit dem Unterschied, dass er in einem beliebigen Zustand $q \in I$ anfängt.

Solch ein Lauf $q_0, q_1, \ldots$ heißt *akzeptierend*, falls für alle $i = 1, \ldots, k$ ein $q \in F_i$ gibt, so dass $q = q_j$ für unendlich viele j.

Ein verallgemeinerter Büchi-Automat hat also erstens eine Anfangszustandsmenge statt einem einzigen Anfangszustand und zweitens mehrere Endzustandsmengen, die jeweils unendlich oft besucht werden müssen.

Satz 11.9. *Für jeden GNBA* $\mathcal{A} = (Q, \Sigma, I, \delta, F_0, \ldots, F_{k-1})$ *gibt es einen Büchi-Automaten* $\mathcal{A}'$, *so dass* $L(\mathcal{A}') = L(\mathcal{A})$ *und* $|\mathcal{A}'| = 1 + |Q| \cdot (k+1)$.

Beweis. Wir beschränken uns hier darauf zu zeigen, wie man zu solch einem GNBA einen GNBA $\mathcal{A}'$ macht, der nur noch eine einzige Endzustandsmenge besitzt. Die Reduzierung mehrerer Anfangszustände zu einem ist dann sehr einfach durch Hinzunahme eines neuen Zustands zu machen.

Definiere $\mathcal{A}'$ als $(Q \times \{0, \ldots, k-1\}, \Sigma, I \times \{0\}, \Delta, F_0 \times \{0\})$. Die Transitionsfunktion ist wie folgt definiert.

$$\Delta((q, i), a) := \{(p, j) \mid p \in \delta(q, a) \text{ und } j = \begin{cases} i + 1 \mod k & \text{, falls } q \in F_i \\ i & \text{, sonst} \end{cases} \}$$

Der Zustandsmenge des GNBA wird also ein Zähler angehängt, der angibt, aus welcher ursprünglichen Endzustandsmenge als nächstes ein Endzustand durchlaufen werden soll. Dies beruht auf dem Prinzip, dass in einem Lauf von $\mathcal{A}$ aus allen F_i unendlich oft Zustände gesehen werden genau dann, wenn irgendwann einer aus F_0 gesehen wird und jedes Mal, wenn einer aus F_i durchlaufen wird, danach auch irgendwann einer aus $F_{i+1 \mod k}$ gesehen wird. Aus dieser Überlegung und der Tatsache, dass $\mathcal{A}'$ in seiner ersten Zustandskomponente lediglich $\mathcal{A}$ simuliert, ergibt sich sofort die Korrektheit dieser Konstruktion. $\qquad\square$

Die Wahl der 0 in der zweiten Komponenten der Anfangs- und Endzustände von $\mathcal{A}'$ ist willkürlich. Genauso könnte man auch jede andere Zahl aus $\{0, \ldots, k-1\}$ wählen. Wichtig ist nur, dass die Endzustände von der Form $F_i \times \{i\}$ sind. Dieser Index muss jedoch noch nicht einmal mit dem in den Anfangszuständen übereinstimmen.

11.2.2 Von LTL nach NBA

Im Folgenden ist immer davon auszugehen, dass LTL-Formeln in positiver Normalform vorliegen. Wir betrachten zunächst eine rein syntaktische Definition, die das Konzept der Unterformelmenge leicht erweitert.

Definition 11.10. Der *Fischer-Ladner-Abschluss* einer LTL-Formel θ in positiver Normalform ist die kleinste Menge $FL(\theta)$, die θ enthält und für die folgendes gilt.

- $\varphi \vee \psi \in FL(\theta) \Rightarrow \{\varphi, \psi\} \subseteq FL(\theta)$,
- $\varphi \wedge \psi \in FL(\theta) \Rightarrow \{\varphi, \psi\} \subseteq FL(\theta)$,
- $\bigcirc\varphi \in FL(\theta) \Rightarrow \varphi \in FL(\theta)$,

- $\varphi U\psi \in FL(\theta) \Rightarrow \{\varphi, \psi, \bigcirc(\varphi U\psi), \varphi \wedge \bigcirc(\varphi U\psi), \psi \vee (\varphi \wedge \bigcirc(\varphi U\psi))\} \subseteq FL(\theta)$,
- $\varphi R\psi \in FL(\theta) \Rightarrow \{\varphi, \psi, \bigcirc(\varphi R\psi), \varphi \vee \bigcirc(\varphi R\psi), \psi \wedge (\varphi \vee \bigcirc(\varphi R\psi))\} \subseteq FL(\theta)$,

Darauf aufbauend betrachten wir nun eine semantische Definition, nämlich die einer Hintikka-Menge. Solche Mengen kann man sich intuitiv vorstellen als abgeschlossen unter "dem was auch noch gelten muss". Enthält solch eine Menge z.B. eine Disjunktion, die irgendwo gelten soll, dann muss sicherlich eines der Disjunkte ebenfalls gelten. Bei Konjunktionen sind es sogar beide Konjunkte.

Definition 11.11. Eine *Hintikka-Menge* für eine LTL-Formel θ in positiver Normalform ist eine Menge $M \subseteq FL(\theta)$, für die gilt:

- $\varphi \vee \psi \in M \Rightarrow \varphi \in M$ oder $\psi \in M$,
- $\varphi \wedge \psi \in M \Rightarrow \varphi \in M$ und $\psi \in M$,
- $\varphi U\psi \in M \Rightarrow \psi \in M$ oder $(\varphi \in M$ und $\bigcirc(\varphi U\psi) \in M)$,
- $\varphi R\psi \in M \Rightarrow \psi \in M$ und $(\varphi \in M$ oder $\bigcirc(\varphi R\psi) \in M)$.

Eine Hintikka-Menge M heißt *konsistent*, falls es kein $p \in \mathcal{P}$ gibt mit $\{p, \neg p\} \subseteq M$. Mit $\mathcal{H}(\theta)$ bezeichnen wir die Menge aller konsistenten Hintikka-Mengen über θ.

Mit $\mathcal{P}^+(M)$ bezeichnen wir die Menge aller positiven vorhandenen Propositionen in M, also lediglich $M \cap \mathcal{P}$; mit $\mathcal{P}^-(M)$ bezeichnen wir die Menge der negativ vorhandenen Propositionen darin, also $\{p \mid p \in \mathcal{P}$ und $\neg p \in M\}$.

Sei θ nun einmal fest gewählt. Wir konstruieren daraus einen GNBA $\mathcal{A}_\theta$, der genau die Menge aller Modelle von θ erkennt. Als Zustände benutzen wir konsistente Hintikka-Mengen über θ. Solche Mengen beschreiben intuitiv, welche Unterformeln—genauer: Elemente des Fischer-Ladner-Abschlusses—an einer Stelle in einem Modell gelten müssen. Wir benutzen hier den Nichtdeterminismus in den Büchi-Automaten, um diese in jedem Schritt erraten zu lassen. Die Konsistenz der Mengen sorgt dafür, dass die Automaten in einem Schritt nichts raten, was aus aussagenlogischen Gründen bereits ausgeschlossen ist. Für die temporalen Operatoren, insbesondere das U und R, benutzen wir die Charakterisierungen über deren Abwicklungen aus dem vorigen Abschnitt. Diese sind ja syntaktisch bereits in die Definitionen von Fischer-Ladner-Abschluss und Hintikka-Menge eingeflossen. Die U-Formeln spielen dabei eine spezielle Rolle, denn man darf das Erfüllen einer $\varphi U\psi$-Formel nicht beliebig lange hinauszögern. Dies werden wir durch die Akzeptanzbedingung des GNBA sicherstellen.

Seien $\varphi_1 U\psi_1, \ldots, \varphi_k U\psi_k$ alle in $FL(\theta)$ vorkommenden U-Formeln. Wir konstruieren den GNBA $\mathcal{A}_\theta := (\mathcal{H}(\varphi), \Sigma, I, \delta, F_1, \ldots, F_k)$, wobei

- die Anfangszustandsmenge aus allen konsistenten Hintikka-Mengen besteht, die die ursprüngliche Formel θ enthalten:

$$I = \{M \mid \theta \in M\}$$

- die i-te Endzustandsmenge, $i = 1, \ldots, k$, diejenigen Zustände enthält, in denen die i-te U-Formel erfüllt wird, falls sie noch erfüllt werden muss:

$$F_i \;=\; \{M \mid \varphi_i \mathrm{U} \psi_i \in M \Rightarrow \psi_i \in M\}$$

- die Übergangsrelation wie folgt definiert ist.

$$\delta(M, a) = \begin{cases} \{M' \mid \text{ für alle } \bigcirc \psi \in M : \psi \in M'\}, & \text{falls } \mathcal{P}^+(M) \subseteq a \text{ und} \\ & \qquad \mathcal{P}^-(M) \not\subseteq a \\ \emptyset, & \text{sonst} \end{cases}$$

Die Funktionsweise des GNBA $\mathcal{A}_\theta$ ist also intuitiv die folgende. Da er genau die Modelle der Formel θ erkennen soll, errät er zunächst eine Hintikka-Menge, die θ enthält. Aus der Hintikka-Mengen-Eigenschaft folgt, dass damit in dieser Menge auch eine Auswahl an allen Formeln enthalten ist, die wegen θ ebenfalls in Position 0 eines vorgelegten Wortes gelten müssen.

Ist $\mathcal{A}_\theta$ einmal in einem Zustand M angelangt, so enthält dieser insbesondere Literale p oder $\neg q$ und Formeln der Form $\bigcirc \psi$, für die es keine Regeln in der Definition einer Hintikka-Menge mehr gibt. Diese Regeln sorgen nur dafür, dass man auch weitere Formeln aufnimmt, die in *derselben* Position gelten müssen. Eine Formel der Form $\bigcirc \psi$ macht aber eine Aussage über die *nachfolgende* Position. Macht der Automat nun einen Transitionsschritt, so kann dies nur mit solch einem Alphabetsymbol geschehen, welches mit den aktuell vorhandenen Literalen konsistent ist. Dies bedeutet, dass das Alphabetsymbol alle positiv vorhandenen Literale, jedoch keines der negativ vorhandenen Literale enthalten sollte.

Nach solch einem Schritt muss er natürlich eine Hintikka-Menge erreichen, die alle diejenigen Formeln enthält, von denen er zuvor geraten hat, dass sie im nächsten Schritt gelten müssen. Der Automat muss also auch in Bezug auf die $\bigcirc$-Formeln konsistent bleiben.

Wir betrachten zunächst den Automaten für die einfache Formel $p\mathrm{U}\neg p$. Dieser hat zwei Anfangszustände, nämlich $M_0 = \{p\mathrm{U}\neg p, \neg p\}$ und $M_1 = \{p\mathrm{U}\neg p, p, \bigcirc(p\mathrm{U}\neg p)\}$. Man sieht leicht, dass $M_1 \in \delta(M_1, a)$ gilt, solange $p \in a$ ist. Diese Transition entspricht einem einmaligen Abwickeln der U-Formel, ohne diese danach zu erfüllen: Er erwartet noch ein Symbol a, welches p enthält, und will im nächsten Schritt weiterhin $p\mathrm{U}\neg p$ beweisen. Dies ist lokal richtig, im Globalen muss jedoch dafür gesorgt werden, dass diese Transition nicht immer nur genommen wird. Ansonsten würde ja das Wort $\{p\}^\omega$ akzeptiert, welches sicherlich nicht Modell von $p\mathrm{U}\neg p$ ist. Die Akzeptanzzustände sind M_0 und $\emptyset$. Der GNBA ist hier bereits ein NBA, da die Ursprungsformel nur ein einziges U enthält.

Satz 11.12. *Sei θ LTL-Formel in positiver Normalform. Dann gilt $L(\mathcal{A}_\theta) = L(\theta)$ und $|\mathcal{A}_\theta| \leq 2^{2|\theta|}$.*

Beweis. Beachte: $FL(\theta) \leq 2|\theta|$, da es zu jeder Unterformel von θ höchstens 2 Formeln im Fischer-Ladner-Abschluss geben kann. Genauer gesagt enthält der Fischer-Ladner-Abschluss jede Unterformel, und für jede U-Formel darin noch höchstens eine weitere, in der dieser ein $\bigcirc$ vorangestellt wird. Somit gilt $|\mathcal{H}(\theta)| \leq 2^{2|\theta|}$, was die Behauptung über die Größe des resultierenden GNBA zeigt.

Es bleibt noch die Korrektheit zu zeigen. Wir nehmen wieder an, dass $\varphi_1 U \psi_1, \ldots, \varphi_k U \psi_k$ alle U-Formeln in $FL(\theta)$ sind.

"$\supseteq$" Sei $w \in L(\theta)$. Definiere für jedes $i \in \mathbb{N}$ eine Menge $M_i := \{\psi \in FL(\theta) \mid w, i \models \psi\}$. Beachte Folgendes.

a) Für alle $i \in \mathbb{N}$ gilt $M_i \in \mathcal{H}(\theta)$, denn die Menge aller Formeln, die in einer Position eines Wortes gelten, bildet immer eine Hintikka-Menge.

b) Nach Voraussetzung gilt $\theta \in M_0$.

c) Für alle $i \in \mathbb{N}$ gilt: Wenn $\bigcirc \psi \in M_i$, dann $\psi \in M_{i+1}$.

d) Falls der i-te Buchstabe von w ein a ist, dann ist $M_i \cap \Sigma \subseteq \{a\}$.

e) Für jedes $j \in \{1, \ldots, k\}$ und jedes $i \in \mathbb{N}$ gilt: wenn $\varphi_j U \psi_j \in M_i$ dann existiert ein $i' \geq i$, so dass $\psi_j \in M_{i'}$. Wenn also an einer Stelle eine U-Formel gilt, dann muss diese auch irgendwann erfüllt sein dadurch, dass ihr rechtes Argument irgendwann ebenfalls gilt.

Wegen (1) bildet $M_0, M_1, \ldots$ eine Sequenz von Zuständen von $\mathcal{A}_\varphi$. Wegen (2) beginnt diese in einem Anfangszustand. Wegen (3) und (4) ist diese Sequenz ein gültiger Lauf, der die Transitionsrelation befolgt und der niemals stehen bleibt. Und wegen (5) ist er akzeptierend.

"$\subseteq$" Sei $w \in L(\mathcal{A}_\varphi)$. D.h. es existiert ein akzeptierender Lauf $M_0, M_1, \ldots$ von $\mathcal{A}$ auf w. Man zeigt nun leicht durch Induktion über den Formelaufbau, dass für alle $i \in \mathbb{N}$ und alle $\psi \in FL(\varphi)$ folgendes gilt. Wenn $\psi \in M_i$, dann $w, i \models \psi$.

Im Induktionsanfang sei $\psi = p$ für ein $p \in \mathcal{P}$. Nach Voraussetzung gilt $p \in M_i$. Man beachte, dass $\mathcal{A}_\theta$ die Transition von M_i zu M_{i+1} nur machen kann, wenn an der i-ten Stelle im Wort dann auch ein Buchstabe a steht, so dass $p \in a$ gilt. Damit gilt dann aber auch $w, i \models p$.

Im Induktionsschritt für die Boole'schen Operatoren folgt die Aussage aus der Hypothese und der Tatsache, dass jedes M_i eine Hintikka-Menge bildet. Sei also $\psi = \bigcirc \psi'$. Da $\psi \in M_i$, haben wir $\psi' \in M_{i+1}$. Nach der Induktionshypothese gilt $w, i+1 \models \psi'$ und somit $w, i \models \psi$.

Es verbleiben die zwei interessantesten Fälle der temporalen Operatoren U und R.

Sei nun $\varphi_j U \psi_j \in M_i$ für ein $i \in \mathbb{N}$. Da M_i eine konsistente Hintikka-Menge ist, gilt entweder $\psi_j \in M_i$, woraus die Behauptung sofort per Induktionshypothese folgt. Oder aber es gilt $\varphi_j \in M_j$ und $\bigcirc(\varphi_j U \psi_j) \in M_i$. Nach der Definition der Transitionsrelation ist dann aber $\varphi_j U \psi_j \in M_{i+1}$. Dieses Argument lässt sich nun iterieren, was $w, i' \models \varphi_j$ für $i' = i, i+1, i+2, \ldots$ zeigt. Man beachte außerdem, dass $\varphi_j U \psi_j \in M_{i'}$ für $i' = i, i+1, i+2, \ldots$ gilt. Da der zugrundeliegende Lauf aber akzeptierend ist, muss es ein $i' > i$ geben, so dass $\psi_j \in M_{i'}$. Anderenfalls würde dieser Lauf keinen Endzustand aus der zu $\varphi_j \mathsf{U} \psi_j$ gehörenden Endzustandsmenge mehr sehen und somit nicht die verallgemeinerte Büchi-Bedingung erfüllen. Die Induktionshypothese, angewandt auf ψ_j liefert dann $w, i' \models \psi_j$. Angewandt auf φ_j liefert sie $w, h \models \varphi_j$ für alle $i \leq h < i'$. Somit gilt ebenfalls $w, i \models \psi_j \mathsf{U} \chi_j$.

Sei schlussendlich $\psi = \varphi \mathsf{R} \psi' \in M_i$. Wie im vorigen Fall gilt aufgrund der Definition einer Hintikka-Menge wiederum, dass $\psi' \in M_i$ und entweder $\varphi \in M_i$ oder $\bigcirc(\varphi \mathsf{R} \psi') \in M_i$. Letzteres bedeutet natürlich einfach nur $\psi \in M_{i+1}$. Dies lässt sich ebenfalls iterieren. Entweder es gilt, dass $\psi' \in M_{i'}$ für alle $i' \geq i$, oder es gibt es $h \geq i$, so dass $\{\varphi, \psi'\} \subseteq M_h$ und $\psi' \in M_{i'}$ für $i \leq i < h$. Jetzt lässt sich die Induktionshypothese in diesen Fällen auf φ und ψ' anwenden, was je nach Fall eine Aussage darüber liefert, an welchen Stellen diese Formeln im Modell gelten. In beiden Fällen folgt jedoch, dass dann auch $w, i \models \varphi \mathsf{R} \psi'$ gelten muss. $\qquad\square$

Fasst man Lemma 11.6, Satz 11.12 und Satz 11.9 zusammen, so ergibt sich folgendes.

Korollar 11.13. *Für jede LTL-Formel φ existiert ein NBA $\mathcal{A}_\varphi$, so dass $L(\mathcal{A}_\varphi) = L(\varphi)$ und $|\mathcal{A}_\varphi| = 2^{\mathcal{O}(|\varphi|)}$.*

11.3 LTL und alternierende Büchi-Automaten

Wir wollen noch eine weitere Übersetzung von LTL in ein Automatenmodell, nämlich die alternierenden Automaten kennenlernen. Alternierende Automaten können zu konzeptuell einfacheren Übersetzungen führen, weil dieses Automatenmodell den aussagenlogischen Teil einer Logik durch das Vorhandensein von Disjunktionen und Konjunktionen in den Transitionstabellen einfacher nachbilden kann. In dem hier vorliegenden Fall von LTL bieten sich alternierende Automaten auch noch an, weil sich auf ihnen leicht eine Spezialklasse definieren lässt, die *genau* die LTL-definierbaren Sprachen erkennt. Dies ist bei NBAs nicht so einfach möglich.

Zur Erinnerung: Für eine positiv Boole'sche Formel $\delta(q, a)$ und eine Element q' schreiben wir einfach $q' \in \delta(q, a)$ um anzudeuten, dass q' rein syntaktisch in der Formel auftritt.

Definition 11.14. Sei $\mathcal{A} = (Q, \Sigma, q_0, \delta, F)$ ein alternierender Büchi-Automat mit $Q = \{q_0, \ldots, q_n\}$. Dieser heißt *schleifenfrei* (oder auch *zählerfrei*, bzw. *sehr schwach*) (VWABA), wenn es eine lineare Ordnung $\leq$ auf seiner Zustandsmenge gibt, so dass für alle $q, q' \in Q$ gilt: wenn $q' \in \delta(q, a)$ für ein $a \in \Sigma$, dann gilt $q' \leq q$.

Jeder VWABA ist auch ein WABA. Die geforderte Funktion Φ bildet jeden Zustand auf seine Position in der linearen Ordnung ab. Umgekehrt kann ein VWABA als WABA definiert werden, für den die Funktion Φ injektiv ist. Das bedeutet, dass jede Zustandsänderung mit einem echten Absenken des Φ-Werts einhergeht.

Beispiel 11.15. Die Sprache aller Wörter über den Propositionen $\{p, q\}$, die an jeder Stelle p und an mindestens einer Stelle q erfüllen, wird durch die LTL-Formel $\mathsf{G}p \wedge \mathsf{F}q$ beschrieben. Sie wird auch von dem folgenden VWABA erkannt.

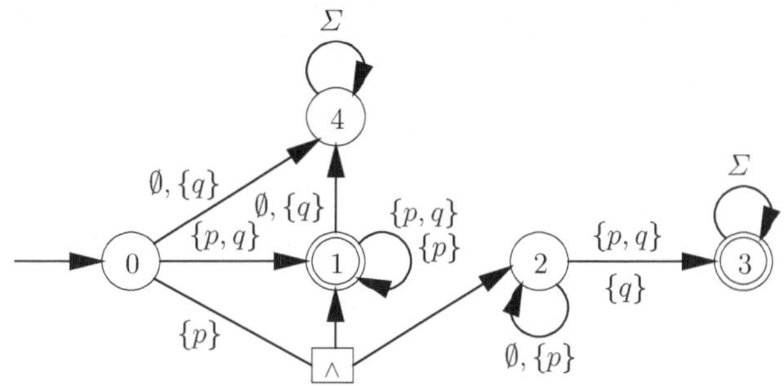

Das Symbol $\wedge$ in der verzweigenden Transition von Zustand 0 ausgehend deutet an, dass die Transitionsfunktion diesen Zustand unter dem Alphabetsymbol $\{p\}$ auf $1 \wedge 2$ abbildet.

Die lineare Ordnung auf der Zustandsmenge ist durch die (umgekehrte) Ordnung auf den Zustandsnamen gegeben und außerdem leicht aus der Graphstruktur abzulesen.

Im Gegensatz zu WABA erkennen VWABA weniger als die ω-regulären Sprachen. Wir werden hier lediglich zeigen, dass VWABAs gleich mächtig zu LTL sind. Zuerst widmen wir uns der Übersetzung einer LTL-Formel in einen VWABA. Diese ist sehr simpel, wenn auch vielleicht auf den ersten Blick ungewohnt. Hier wird praktisch die Formel selbst einfach als ABA aufgefasst.

Satz 11.16. *Für jede LTL-Formel θ über einem Alphabet Σ existiert ein VWABA $\mathcal{A}_\theta$ mit $L(\mathcal{A}_\theta) = L(\theta)$ und $|\mathcal{A}_\theta| = \mathcal{O}(|\theta|)$.*

Beweis. Aufgrund von Lemma 11.6 können wir davon ausgehen, dass θ unter moderatem Blow-Up bereits in positive Normalform umgewandelt wurde. Wir definieren den ABA $\mathcal{A}_\theta$ als $(Q_\theta \cup \{\top, \bot\}, \Sigma, \theta, \delta, F)$ mit den folgenden Komponenten.

- $Q_\theta = \{\mathsf{q}_\psi \mid \psi \in \mathit{Sub}(\theta)\}$, wobei $\mathit{Sub}(\theta)$ die Menge aller Unterformeln von θ ist,
- Die Transitionsfunktion wird induktiv über den Formelaufbau für alle $a \in \Sigma$ definiert wird als

$$\delta(\top, a) \;=\; \top$$
$$\delta(\bot, a) \;=\; \bot$$
$$\delta(\mathsf{q}_p, a) \;=\; \begin{cases} \top & \text{, falls } p \in a \\ \bot & \text{, sonst} \end{cases}$$
$$\delta(\mathsf{q}_{\neg p}, a) \;=\; \begin{cases} \top & \text{, falls } p \notin a \\ \bot & \text{, sonst} \end{cases}$$
$$\delta(\mathsf{q}_{\varphi \vee \psi}, a) \;=\; \delta(\mathsf{q}_\varphi, a) \vee \delta(\mathsf{q}_\psi, a)$$
$$\delta(\mathsf{q}_{\varphi \wedge \psi}, a) \;=\; \delta(\mathsf{q}_\varphi, a) \wedge \delta(\mathsf{q}_\psi, a)$$
$$\delta(\mathsf{q}_{\bigcirc \varphi}, a) \;=\; \mathsf{q}_\varphi$$
$$\delta(\mathsf{q}_{\varphi \mathsf{U} \psi}, a) \;=\; \delta(\mathsf{q}_\psi, a) \vee (\delta(\mathsf{q}_\varphi, a) \wedge \mathsf{q}_{\varphi \mathsf{U} \psi})$$
$$\delta(\mathsf{q}_{\varphi \mathsf{R} \psi}, a) \;=\; \delta(\mathsf{q}_\psi, a) \wedge (\delta(\mathsf{q}_\varphi, a) \vee \mathsf{q}_{\varphi \mathsf{R} \psi}) \;.$$

Man vergewissere sich, dass diese rekursive Definition wohl-definiert ist.

- Letztendlich ist $F = \{\top\} \cup \{\mathsf{q}_{\varphi \mathsf{R} \psi} \mid \varphi \mathsf{R} \psi \in Sub(\theta)\}$.

Die Aussage über die Größenbeschränkung von $\mathcal{A}_\theta$ ergibt sich sofort aus der Konstruktion. Es ist nicht schwer zu sehen, dass $\mathcal{A}_\theta$ tatsächlich ein VWABA ist. Als Zeugen nimmt man eine beliebige Linearisierung der Ordnung, die durch die Unterformelrelation gegeben ist und behandelt $\top, \bot$ entsprechend. Man beachte, dass $\mathcal{A}_\theta$ von einem Zustand q_ψ niemals einen Zustand $\mathsf{q}_{\psi'}$ erreichen kann, wenn ψ' nicht Unterformel von ψ ist.

Der Beweis der Korrektheit verbleibt als Übung. $\qquad\qquad\square$

Satz 11.17. *Für jeden VWABA $\mathcal{A} = (Q, \Sigma, q_0, \delta, F)$ über einem Alphabet $\Sigma = 2^{\mathcal{P}}$ existiert eine LTL-Formel $\varphi_{\mathcal{A}}$ mit $L(\varphi_{\mathcal{A}}) = L(\mathcal{A})$ und $|\varphi_{\mathcal{A}}| = \mathcal{O}(|Q| \cdot 2^{|\Sigma| \cdot m})$, wobei $m := \max\{|\delta(q, a)| \mid q \in Q, a \in \Sigma\}$.*

Beweis. Sei $\mathcal{A} = (Q, \Sigma, q_0, \delta, F)$ ein VWABA mit $Q = \{q_0, \ldots, q_n\}$. O.B.d.A. nehmen wir an, dass $q_0 > q_1 > \ldots > q_n$ gilt, d.h. jeder Zustand ist vom Anfangszustand aus erreichbar.

Wir definieren nun für $i = n, \ldots, 0$ Formeln ψ_i, die genau diejenigen Sprachen definieren, die von $\mathcal{A}$ in Zustand q_i erkannt werden. Bei der Definition von ψ_i können wir davon ausgehen, dass ψ_j für alle $j > i$ bereits definiert ist. Die Konstruktion von ψ_i unterscheidet zwei Fälle.

Fall 1, sei $q_i \notin F$. Die von Zustand q_i aus erkannte Sprache ist die kleinste Menge X, die die Gleichung

$$X \;=\; \bigcup_{a \in \Sigma} \{aw \mid w \in (\delta(q_i, a))'\}$$

erfüllt, wobei

$$\begin{aligned}
(\varphi_1 \vee \varphi_2)' &:= \varphi_1' \cup \varphi_2' \\
(\varphi_1 \wedge \varphi_2)' &:= \varphi_1' \cap \varphi_2' \\
q_i' &:= X \\
q_j' &:= L(\psi_j) \ , \quad \text{falls } j > i
\end{aligned}$$

Intuitiv besagt diese Gleichung, dass zu X alle Wörter gehören, die mit einem beliebigen Alphabetsymbol a beginnen, so dass das erste Suffix die Transition unter diesem Buchstaben a im Zustand q_i erfüllt. Es handelt sich um die kleinste Lösung, da $q_i \notin F$. Jeder Pfad in einem akzeptierenden Lauf, der den Zustand q_i besucht, muss diesen auch irgendwann verlassen. Man kann sich dies so vorstellen, dass man, um die Lösung zu berechnen, erst einmal X als $\emptyset$ annimmt. Dies entspricht der Menge aller Wörter, die von q_i aus erkannt werden, ohne q_i überhaupt zu durchlaufen. Dies ist natürlich kein einziges Wort. Die Menge derjenigen Wörter, die von q_i aus erkannt werden, wobei dieser Zustand höchstens einmal durchlaufen wird, erhält man, in dem man $\emptyset$ für X einsetzt und laut dieser Gleichung einen neuen Wert für X berechnet. Allgemein erhält man so durch Iterieren die Menge aller Wörter, die von q_i aus erkannt werden, indem dieser Zustand höchstens 0-, 1-, 2-, . . . -mal durchlaufen wird. Da die Gleichung monoton ist, erhält man so immer größere Sprachen bzgl. $\subseteq$. Das Verfahren konvergiert gegen die sogenannte kleinste Lösung bzw. den kleinsten Fixpunkt dieser Gleichung.

Der Trick besteht nun darin zu erkennen, dass dieser kleinste Fixpunkt in LTL mithilfe des U-Operators ausdrückbar ist. Zunächst lässt sich die obige Gleichung direkt in LTL übersetzen. Hier steht X nun als Variable für eine Formel statt für eine Sprache. Lösung ist also eine Formel θ, so dass $L(\theta)$ genau der oben diskutierten kleinsten Lösung entspricht. Die Gleichung lautet

$$X \ \equiv \ \bigvee_{a \in \Sigma} \chi_a \wedge \bigcirc(\delta(q_i, a))'$$

wobei χ_a wiederum die charakteristische Formel für das Alphabetsymbol a ist und

$$\begin{aligned}
(\varphi_1 \vee \varphi_2)' &:= \varphi_1' \vee \varphi_2' \\
(\varphi_1 \wedge \varphi_2)' &:= \varphi_1' \wedge \varphi_2' \\
q_i' &:= X \\
q_j' &:= \psi_j \ , \quad \text{falls } j > i
\end{aligned}$$

Mithilfe der LTL-Äquivalenzen $\bigcirc(\varphi_1 \wedge \varphi_2) \equiv \bigcirc\varphi_2 \wedge \bigcirc\varphi_2$, $\bigcirc(\varphi_1 \vee \varphi_2) \equiv \bigcirc\varphi_2 \vee \bigcirc\varphi_2$ und der deMorgan'schen Regeln lässt sich die rechte Seite der Gleichung in disjunktive Normalform bringen, so dass $\bigcirc$-Operatoren nur direkt vor atomaren Formeln vorkommen. Die rechte Seite ist also äquivalent zu einem $\alpha \vee (\beta \wedge \bigcirc X)$, so dass X nicht in α oder β vorkommt. Damit gilt dann $X \equiv \beta U \alpha$ und wir können ψ_i somit als $\beta U \alpha$ definieren.

Fall 2, sei $q_i \in F$. Ebenso lässt sich hier eine Gleichung $X \equiv \alpha \wedge (\beta \vee \bigcirc X)$ durch Umformen in konjunktive Normalform finden, die genau die von q_i aus erkannte Sprache beschreibt. Hierbei handelt es sich jedoch um den größten Fixpunkt, da von q_i aus auch Wörter akzeptiert werden, deren Läufe unendlich lange in q_i verweilen können. Dann gilt aber auch $X \equiv \mathsf{G}\alpha \vee (\alpha \mathsf{U}(\beta \wedge \alpha))$, was wir als ψ_i hernehmen können.

Die Größenbeschränkung ergibt sich aus der Tatsache, dass es insgesamt n viele Formeln der Form ψ_i gibt und jede aus einer Formel der Größe $\mathcal{O}(|\Sigma| \cdot m)$ durch Umwandeln in dis-/konjunktive Normalform entsteht, wobei m eine obere Schranke an die Größe einer Boole'schen Formel in der Transitionstabelle des VWABA ist. $\qquad\square$

Die Übersetzung von LTL nach VWABA ist also linear, die von VWABA nach LTL in der hier präsentierten Fassung einfach exponentiell in der Größe des Automaten, aber doppelt exponentiell in der Anzahl der verwendeten Propositionen. Dies ist nicht optimal. Der Grund für den zweifachen Exponenten liegt in der suboptimalen Verwendung von Alphabetsymbolen. Man kann alternierende Automaten über Alphabeten der Form $\Sigma = 2^{\mathcal{P}}$ auch mit einer Transitionsfunktion der Form $Q \to \mathcal{B}^+(Q \cup \mathcal{P})$ im Gegensatz zu dem hier verwendeten $Q \times 2^{\mathcal{P}} \to \mathcal{B}^+(Q)$ definieren, denn es gilt folgendes.

$$Q \times 2^{\mathcal{P}} \to \mathcal{B}^+(Q) \;\simeq\; Q \to (2^{\mathcal{P}} \to \mathcal{B}^+(Q))$$

Außerdem sind positiv Boole'sche Formel ausdrucksstark genug, so dass man Funktionen vom Typ $2^{\mathcal{P}} \to \mathcal{B}^+(Q)$ darin ausdrücken kann. Somit lässt sich mit Transitionsfunktionen vom Typ $Q \to \mathcal{B}^+(Q \cup \mathcal{P})$ mindestens soviel ausdrücken wie mit den hier verwendeten. Intuitiv wird dort also jedem Zustand eine Kombination aus Propositionen im nächstgelesenen Alphabetsymbol und Nachfolgezuständen zugeordnet. Insbesondere lässt sich damit der doppelt exponentielle Blow-Up zu einem einfach exponentiellen reduzieren.

11.4 Spezifikation und Verifikation

Eine wichtige Anwendung der Logik LTL ist ihre Verwendung als Spezifikationssprache für reaktive und parallele Systeme. An dieser Stelle wollen wir weniger auf Fragen der Modellierung solcher Systeme eingehen, sondern uns auf den Einsatz von LTL und—damit verbunden—automatentheoretischen Methoden konzentrieren. Systeme können dabei Software oder Hardware sein; "parallel" bedeutet, dass diese typischerweise aus mehreren Komponenten bestehen, die miteinander interagieren; "reaktiv" soll hier nur bedeuten, dass diese nicht unbedingt terminieren müssen. Ein Beispiel dafür sind z.B. Betriebssysteme. In dem im Folgenden vorgestellten Szenario geht es hauptsächlich darum, das nach außen hin sichtbare Verhalten solch eines Systems in Anlehnung an eine Spezifikation zu verifizieren. Weniger wichtig in dieser Modellierungssicht sind also z.B. Fragen nach der Korrektheit der Berechnungen

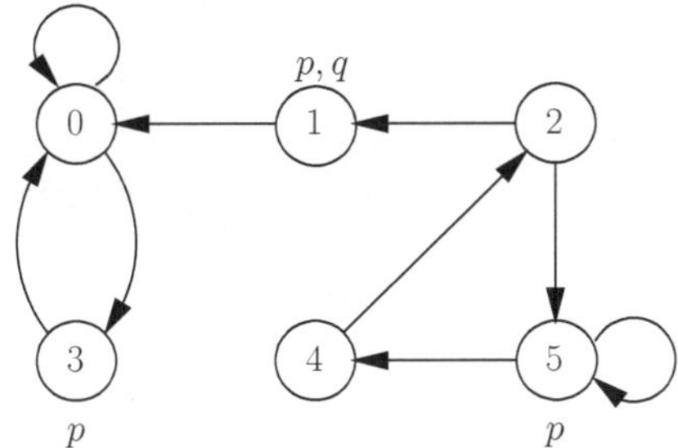

Abb. 11.1. Beispiel für ein Transitionssystem.

von internen Methoden des Systems. Typische Fragestellungen sind z.B. "wird jede Anfrage irgendwann später beantwortet" etc.

Wir werden zunächst ein sehr intuitives und vereinfachendes Modell für solche Systeme vorstellen, die sogenannten Transitionssysteme. Diese kann man einfach als Rahmenwerk für die operationale Semantik eines Programms ansehen. Danach wenden wir uns der Frage zu, wie man (un-)erwünschtes Verhalten solch eines Systems in LTL spezifiziert und verifiziert.

11.4.1 Transitionssysteme und Läufe

Definition 11.18. Sei $\mathcal{P}$ eine endliche Menge atomarer Propositionen. Ein *Transitionssystem* ist ein Tupel $\mathcal{T} = (S, \longrightarrow, I, \lambda)$, wobei $(S, \longrightarrow)$ ein gerichteter Graph mit Knotenmenge S und Kantenrelation $\longrightarrow$, $I \subseteq S$ eine ausgezeichnete Menge von *Anfangszuständen* und $\lambda : S \to 2^{\mathcal{P}}$ ist.

Ein solches Transitionssystem ist *total*, falls es für alle $s \in S$ ein $t \in S$ gibt mit $s \longrightarrow t$.

Ein vernünftiges Maß für die Größe eines totalen Transitionssysteme ist das folgende: $|\mathcal{T}| := | \longrightarrow | + |I|$.

Im folgenden beschränken wir uns auf totale Transitionssysteme, ohne dies jedes Mal explizit anzumerken.

Ein Transitionssystem repräsentiert in natürlicher Weise das zeitliche Verhalten eines zustandsbasierten Programms. Ein Beispiel für ein Transitionssystem ist in Abb. 11.1 gezeigt. Dies repräsentiert ein Programm, welches 6 verschiedene Zustände annehmen kann. Übergänge sind nach der Kantenrelation in dem gerichteten Graphen möglich. Man beachte, dass das Programm nichtdeterministisch ist. In dem Zustand 1 gelten z.B. die atomaren Aussagen p und q, während in 2 z.B. beide nicht gelten, während z.B. im Zustand 3 nur die Aussage p wahr ist.

Man kann solch ein Transitionssystem als (evtl. endliche) Repräsentation von (evtl. unendlich) vielen Abläufen des zugrundeliegenden Programms ansehen. Der Transitionsgraph stellt also evtl. Nichtdeterminismus dar, der z.B. durch nichtdeterministische Auswahl im Fortschreiten einzelnen Komponenten im Gesamtsystem entsteht. Ein Lauf dagegen ist deterministisch in dem Sinn, dass zu jedem Zustand genau ein Folgezustand gehört. Ein Lauf entspricht einer möglichen Art des Gesamtsystems, sich konkret zu verhalten.

Definition 11.19. Sei $\mathcal{T} = (S, \longrightarrow, I, \lambda)$ ein totales Transitionssystem über atomaren Propositionen $\mathcal{P}$. Ein *Pfad* (in $\mathcal{T}$) ist eine unendliche Sequenz $s_0 s_1 \ldots \in S^\omega$, so dass $s_0 \in I$ und $s_i \longrightarrow s_{i+1}$ für alle $i \in \mathbb{N}$.

Ein *Lauf* (in $\mathcal{T}$) ist ein unendliches Wort $a_0 a_1 \ldots \in (2^\mathcal{P})^\omega$, so dass es einen Pfad $s_0 s_1 \ldots$ gibt mit $a_i = \lambda(s_i)$ für alle $i \in \mathbb{N}$. Wir schreiben $L(\mathcal{T})$ für die Menge aller Läufe in $\mathcal{T}$.

Ein Lauf in einem Transitionssystem entsteht also durch Ablesen der Knotenbeschriftungen entlang eines unendlichen Pfades. Die Totalität garantiert, dass jeder maximale Pfad unendlich lang ist.

11.4.2 Model-Checking

Das *Model-Checking-Problem* für LTL besteht nun darin, zu einem gegebenen, totalen Transitionssystem $\mathcal{T}$ und einer gegebenen LTL-Formel φ zu entscheiden, ob $L(\mathcal{T}) \subseteq L(\varphi)$ gilt. Dies ist die Formalisierung des folgenden Problems: Gegeben ist eine Implementierung eines Systems ($\mathcal{T}$) sowie eine Spezifikation darüber, wie sich das System verhalten soll (φ). Es soll nun herausgefunden werden, ob das System korrekt in Bezug auf die Spezifikation ist oder nicht. Im Rahmen von LTL—und allen anderen Formalismen, die Mengen unendlicher Wörter definieren—bedeutet Korrektheit in diesem Kontext, dass alle möglichen Läufe des Systems durch die Spezifikation abgedeckt sind, d.h. es gibt keinen Lauf im System, der nicht in der Sprache der Spezifikation ist.

Im Folgenden zeigen wir, wie mithilfe der Übersetzung von LTL in NBAs das Model-Checking-Problem gelöst werden kann. Intuitiv betrachtet man das Transitionssystem als NBA, der genau die Sprache aller Läufe erkennt. Dann konstruiert man das Produkt aus diesem und einem NBA, der das *Komplement* der Spezifikation erkennt und testet dieses auf Leerheit, denn es gilt $A \subseteq B \iff A \cap \overline{B} = \emptyset$.

Definition 11.20. Sei $\mathcal{T} = (S, \longrightarrow, I, \lambda)$ ein Transitionssystem über $\mathcal{P}$ und $\mathcal{A} = (Q, 2^\mathcal{P}, q_0, \delta, F)$ ein NBA. Wir definieren deren *Produkt* als NBA $\mathcal{T} \otimes \mathcal{A} := (S \times Q \cup \{\mathsf{q_{init}}\}, \{\bullet\}, \mathsf{q_{init}}, \Delta, S \times F)$, mit

$$\Delta((s,q), \bullet) := \{(s', q') \mid s \longrightarrow s' \text{ und } q' \in \delta(q, \lambda(s))\}$$

$$\Delta(q_{\mathsf{init}}, \bullet) := \{(s', q') \mid \exists s \in I. s \longrightarrow s' \text{ und } q' \in \delta(q_0, \lambda(s))\}$$

Der ausgezeichnete Anfangszustand $\mathsf{q_{init}}$ wird hier nur eingeführt, damit der resultierende NBA einen einzigen Anfangszustand hat. Da ein Transitionssystem jedoch mehrere haben kann, hätte auch intuitiv das Produkt aus diesem und einem NBA mehrere Anfangszustände. Der Zustand $\mathsf{q_{init}}$ wird dann so benutzt, dass er das Verhalten aller Paare aus Anfangszuständen der beiden Komponenten modelliert.

Lemma 11.21. *Sei $\mathcal{T}$ ein Transitionssystem und $\mathcal{A}$ ein NBA. Dann gilt $L(\mathcal{T} \otimes \mathcal{A}) = \emptyset$ genau dann, wenn $L(\mathcal{T}) \cap L(\mathcal{A}) = \emptyset$.*

Beweis. Übung.

Dies liefert einen algorithmischen Zugang zum Model-Checking-Problem. Ist die Spezifikation als NBA gegeben, so muss dieser komplementiert werden, und es wird getestet, ob das Produkt aus diesem und der Spezifikation *nicht* das Wort $\bullet^\omega$ erkennt. Komplementierung von NBA ist—wie oben gesehen— nicht sehr einfach. Ist die Spezifikation jedoch als LTL-Formel gegeben, so ist dieser Schritt sehr einfach, da Negation in der Logik vorhanden ist.

Satz 11.22. *Das Model-Checking-Problem mit Transitionssystem $\mathcal{T}$ und LTL-Formel φ lässt sich in Zeit $|\mathcal{T}| \cdot 2^{\mathcal{O}(|\varphi|)}$ entscheiden.*

Beweis. Seien $\mathcal{T}$ und φ gegeben. Betrachte dann $\neg\varphi$. Nach Korollar 11.13 gibt es einen NBA $\mathcal{A}_{\neg\varphi}$ mit $L(\mathcal{A}_{\neg\varphi}) = \overline{L(\mathcal{A})}$ und $|\mathcal{A}_{\neg\varphi}| = 2^{\mathcal{O}(|\varphi|)}$. Somit gilt $|\mathcal{T} \otimes \mathcal{A}_{\neg\varphi}| = |\mathcal{T}| \cdot 2^{\mathcal{O}(|\varphi|)}$ und laut Lemma 11.21 gilt $L(\mathcal{T} \otimes \mathcal{A}_{\neg\varphi}) \neq \emptyset \iff L(\mathcal{T}) \cap L(\mathcal{A}_{\neg\varphi}) \neq \emptyset$. Somit reduziert sich das Model-Checking-Problem auf das Leerheitsproblem für NBA. Dieses ist laut Korollar 9.5 jedoch in linearer Zeit lösbar. $\square$

Notizen

Die Automatentheorie auf unendlichen Wörtern geht hauptsächlich auf die Arbeit J. Büchis von 1962 zurück [Büc62], in der er endliche Automaten auf unendlichen Wörtern einsetzte, um ein Entscheidungsverfahren für MSO zu gewinnen. Dies betrifft insbesondere die hier vorgestellten Sätze 5.13 zur Charakterisierung der ω-regulären Sprachen durch das Modell des Büchi-Automaten, 6.8 zum Komplementabschluss dieser Klasse und 6.11 zur Entscheidbarkeit der MSO. Wie hier auch deutlich wird, ist der Komplementabschluss das größte Problem im Entscheidbarkeitsbeweis. Dieses Problem hat noch weiter Aufmerksamkeit auf sich gezogen; so entstanden weitere Beweise für diese Abschlusseigenschaft, u.a. von N. Klarlund [Kla91], A. Sistla, M. Vardi und P. Wolper [SVW87], und die hier in Satz 10.16 und dann in Kor. 10.17 ebenfalls präsentierte Technik mittels alternierender Automaten von O. Kupferman und M. Vardi [KV01].

Das Lemma von König (Satz 6.1) ist ein klassisches Resultat in der Kombinatorik, welches in einer Arbeit von D. König gezeigt wurde [Kön27]. Ähnlich alt ist der ebenfalls berühmte Satz von F. Ramsey [Ram30].

Da die Komplementierung für NBA in der Praxis ungleich schwieriger als die für NFA ist, können wir hier auch kein Tool wie MONA für MSO vorstellen. Dass es nichts vergleichbares gibt, liegt u.a. daran, dass viele Verfahren zur Komplementierung von NBA nicht symbolisch mithilfe von BDDs [Bry86] implementiert werden können, so wie dies bei den NFAs in MONA gemacht wird, und dass es auch nicht so gute Minimierungsverfahren für NBAs gibt. Letzteres liegt daran, dass das Finden eines minimalen, zu einem gegebenen NBA äquivalenten komplexitätstheoretisch schwierig ist. Deswegen geben existierende Verfahren, wie z.B. das von S. Juvekaar und N. Piterman [JP06] den Anspruch der Minimalität auf und stellen somit eigentlich nur Heuristiken dar. Üblicherweise basieren diese Verfahren dann auf der Berechnung von Simulationsrelationen.

Die Erfinder der meisten anderen Automatentypen auf unendlichen Wörtern sind in deren Namen verewigt: Rabin-Automaten sind nach M. O. Rabin benannt, Streett-Automaten nach R. S. Streett und Muller-Automaten nach

D. E. Muller [Mul63]. Die Paritätsbedingung bildet dabei eine Ausnahme—sie wurde von A. Mostowski erfunden [Mos84].

Die Safra-Konstruktion wurde 1988 von S. Safra in einer viel beachteten Arbeit vorgestellt [Saf88] und ist auch in seiner Dissertation schön aufbereitet [Saf89]. Der Grund dafür, dass seine Arbeit soviel Anklang gefunden hat, ist der, dass sie eine verwendbare Konstruktion liefert. R. McNaughton hatte 1966 bereits zeigen können, dass jede ω-reguläre Sprachen von einem deterministischen Muller-Automaten erkannt wird [McN66]. Sein Beweis liefert jedoch kein Verfahren, um den DMA aus einem gegebenen NBA zu konstruieren. Dieses Resultat ist auch noch auf andere Weise bewiesen worden, z.B. von W. Thomas aus dem Jahre 1981 [Tho81]; aber erst durch Safras Beweis lässt sich der DMA explizit und effizient konstruieren.

Mit der Zeit hat man jedoch gemerkt, dass auch Safras Determinisierungsprozedur für viele Fälle nicht besonders geeignet ist. Dies betrifft Fälle, in denen ein NBA nicht nur determinisiert, sondern auch komplementiert werden muss. Dafür hat N. Piterman wie hier vorgestellt die Safra-Konstruktion dahingehend verfeinert, dass sie direkt einen leicht zu komplementierenden Paritätsautomaten liefert [Pit06]. Ähnliche Verfeinerungen stammen von D. Kähler und T. Wilke [KW08] und S. Schewe [Sch09]. Die hier ebenfalls vorgestelle Methode, die den Umweg über Muller-Automaten mithilfe der Latest Appearance Records macht, geht auf Y. Gurevich und L. Harrington zurück [GH82].

Da Determinisierung von NBAs zumindest für die Praxis weiterhin nicht zufriedenstellend gelöst ist, sind z.B. O. Kupferman und M. Vardi dazu übergegangen, die Determinisierung in gewissen Anwendungsfällen, insbesondere bei logischen Entscheidungsverfahren, zu umgehen [KV05].

Die oberen Schranken, die man für die Komplementierung einer ω-regulären Sprache über die hier vorgestellten Determinisierungsprozeduren erhält, sind fast optimal. Die in Bsp. 8.15, Satz 8.16 und Kor. 8.17 gegebenen unteren Schranken für die Komplementierung und Determinisierung von NBA wurden von M. Michel [Mic88] gefunden. Detailliert aufgeschrieben ist der Beweis bei W. Thomas [Tho97], siehe auch C. Lödings Arbeit [Löd99].

Satz 9.3 war lange Zeit unbewiesen, d.h. es war nicht bekannt, wie man die Zerlegung eines Graphen in starke Zusammenhangskomponenten in linearer Zeit berechnen könnte. Erst E. Tarjan hat 1972 ein Verfahren vorgestellt, welches auf zwei aufeinanderfolgenden Tiefensuchen beruht und dieses Problem löst [Tar72].

Das Ramsey-basierte Entscheidungsverfahren für die Universalität von NBA wurde zunächst von C. Lee, A. Ben-Amram und N. Jones für den Spezialfall der Size-change Terminationsanalyse verwendet [LJBA01]; allerdings enthält auch Safras Dissertation ähnliche Ideen im Zusammenhang mit Streett-Automaten. Die allgemeine Verwendung für das NBA-Universalitätsproblem wurde von S. Fogarty und M. Vardi beschrieben [FV10]. Die Methode von Jones et al. lässt sich auch auf Paritätsautomaten anwenden [DHL06].

Das Konzept der Alternierung wurde im Rahmen allgemeiner Turing-Maschinen und der Komplexitätstheorie von A. Chandra, D. Kozen und L. Stockmeyer erfunden [CKS81]. Alternierende, endliche Automaten wurden dann insbesondere von D. Muller und P. Schupp einerseits [MS87] und von M. Vardi und O. Kupferman andererseits untersucht [KV01]. Von diesen stammt auch die hier präsentierte Analyse über gedächtnislose Läufe eines ABA. Die dort verwendeten Techniken wurden von ihnen außerdem auch schon früher benutzt, um eine Verbindung zwischen alternierenden Automaten auf Wörtern und nichtdeterministischen Baumautomaten, um die es in den nächsten zwei Teilen des Buchs geht, darzulegen [KV98].

Die Konstruktion im Beweis von Satz 10.7, die einen ABA in einen NBA übersetzt, wurde 1984 von S. Miyano und T. Hayashi vorgestellt [MH84] und ist deswegen auch als Miyano-Hayashi-Konstruktion bekannt.

Die hier vorgestellte Komplementierung eines NBA mittels Alternierung von O. Kupferman und M. Vardi liefert zwar eine asymptotisch nicht optimale obere Schranke an die Größe der resultierenden Automaten. Sie hat jedoch den Vorteil, dass sie leichter symbolisch implementiert werden kann [KC09], da die Zustände der resultierenden Automaten nur aus Mengen von Paaren bestehen, während die bekannten Verfahren, die auf Determinisierung beruhen, mit Safra-Bäumen arbeiten, die sich nicht so leicht mittels BDDs repräsentieren lassen.

Schwache Automaten sind eine Erfindung von D. Muller, A. Saoudi und P. Schupp [MSS88], wobei diese allerdings die folgende offensichtlich äquivalente Definition zugrunde legen: Die Funktion $\Phi : Q \to \{0, \ldots, n-1\}$ muss so beschaffen sein, dass wenn $\Phi(q) = \Phi(q')$, dann $q \in F \iff q' \in F$ gilt. Schleifenfreie, alternierende Automaten wurden von C. Löding und W. Thomas definiert [LT00]. Aus dieser Arbeit stammt auch die hier präsentierte Übersetzung eines VWABA in eine LTL-Formel.

In diesem Buch haben wir erststufige Logik nicht explizit auf unendlichen Wörtern betrachtet. Man kann jedoch genauso wie auf endlichen Wörtern die Klasse der FO-definierbaren Sprachen algebraisch als die stern-freien Sprachen charakterisieren. Dies wurde von W. Thomas gemacht [Tho79]. Eine interessante Frage in diesem Zusammenhang ist, wie sich LTL und FO zueinander verhalten. Der Beweis, dass LTL-definierbare Sprachen auch FO-definierbar sind, ist trivial. Umso schwerer ist es, die Rückrichtung zu zeigen. Dies wird oft als Kamps Theorem bezeichnet, zu finden in dessen Dissertation [Kam68]; jedoch hat H. Kamp "nur" gezeigt, dass FO über gewissen, linearen Strukturen in LTL mit Vergangenheitsoperatoren übersetzt werden kann. Dies lässt sich mit D. Gabbays Separationssatz [Gab89] kombinieren, welches dann jede Formel dieser erweiterten Logik in eine normale LTL-Formel überführt. Einen direkten Beweis der LTL-Definierbarkeit von FO-definierbaren Sprachen findet man bei D. Gabbay, A. Pnueli, S. Shelah und J. Stavi [GPSS80]. Einen guten Überblick über FO-Definierbarkeit auf endlichen und unendlichen Wörtern sowie alternativen Charakterisierungen findet man bei V. Diekert und P. Gastin [DG08].

Die Fixpunkttheorie hinter den temporalen Operatoren ist hier nur am Rande, genauer gesagt bei der Argumentation im Beweis von Satz 11.17 angerissen worden. Einen besseren Überblick über die Zusammenhänge zwischen Fixpunkten monotoner Gleichungen und Iterationsverfahren zum Bestimmen dieser Fixpunkte bieten verschiedene Lehrbücher [DP02, Win93]. Die Theorie von Fixpunkten monotoner Gleichungen geht auf fundamentale Arbeiten von B. Knaster und A. Tarski zurück [Kna28, Tar55].

Der Zusammenhang zwischen LTL und NBA wurde zuerst von P. Sistla, M. Vardi und P. Wolper [SVW83, VW94] beschrieben. Die hier präsentierte Übersetzung ist zwar konzeptuell simpel, aber in der Praxis nicht besonders gut. Aus diesem Grund hat es eine Vielzahl von weiteren Arbeiten zur Übersetzung von LTL-Formeln in Büchi-Automaten gegeben, so z.B. von F. Somenzi und R. Bloem [SB00], P. Gastin und D. Oddoux [GO01], D. Giannakopoulou und F. Lerda [GL02], etc.

Das Thema der Programmverifikation mittels Model-Checking wird in zwei Büchern von E. Clarke, O. Grumberg und D. Peled [CGP99] sowie von C. Baier und J.-P. Katoen [BK08] sehr vertieft behandelt. Letzteres enthält auch viele brauchbare Übungsaufgaben zu diesem Thema.

Als generelle Literatur zu den Themen, die in diesem Teil des Buchs behandelt werden, empfehlen sich die Handbuch-Artikel von W. Thomas [Tho90, Tho97] und zwei Sammelbände: ein von E. Grädel, W. Thomas und T. Wilke ediertes mit viel grundlegendem Material aus dem Jahr 2002 [GTW02], sowie die von J. Flum, E. Grädel und T. Wilke herausgegebene Festschrift zu Ehren W. Thomas' aus dem Jahr 2007 mit viel Übersichtsmaterial [FGW07].

Übungsaufgaben

Übung 36. In Analogie zu den regulären Ausdrücken endlicher Wörter lassen sich auch sogenannte ω-reguläre Ausdrücke definieren. Dazu erweitert man zunächst einmal die Syntax regulärer Ausdrücke um einen Operator $\cdot^\omega$ für die unendliche Iteration:

$$\alpha \ := \ \emptyset \mid a \mid \alpha \cup \alpha \mid \alpha\alpha \mid \alpha^* \mid \alpha^\omega$$

wobei $a \in \Sigma$. Die Sprache $L(\alpha)$ wird auf natürliche Art und Weise wie bei regulären Ausdrücken mit $L(\alpha^\omega) = (L(\alpha))^\omega$ definiert. Beachte, dass somit im Allgemeinen $L(\alpha) \subseteq \Sigma^* \cup \Sigma^\omega$ gilt, ein ω-regulärer Ausdruck zunächst einmal also gemischte Sprachen aus endlichen und unendlichen Wörtern beschreibt.

Zwei ω-reguläre Ausdrücke sind äquivalent, geschrieben $\alpha \equiv \beta$, falls $L(\alpha) = L(\beta)$.

a) Definiere rekursiv über den Aufbau ω-regulärer Ausdrücke eine Boole'sche Funktion $contains_\varepsilon$, so dass $contains_\varepsilon(\alpha) = true$ gdw. $\varepsilon \in L(\alpha)$.

b) Zeige durch Verwendung geeigneter Äquivalenzen wie z.B. $\alpha(\beta \cup \gamma) \equiv \alpha\beta \cup \alpha\gamma$, dass jeder ω-reguläre Ausdruck äquivalent ist zu einem in der Form

$$\gamma \cup \bigcup_{i=0}^{n-1} \alpha_i \beta_i^\omega$$

wobei in γ und in keinem der α_i, β_i ein $\cdot^\omega$-Operator vorkommt und darüberhinaus $\varepsilon \notin L(\beta_i)$ für $i = 0, \ldots, n - 1$.

c) Argumentiere, dass ω-reguläre Ausdrücke über unendlichen Wörtern genau die ω-regulären Sprachen beschreiben.

Übung 37. Beweise Lemma 5.10.

Übung 38. Beweise Lemma 5.11.

Übung 39. Beweise Satz 5.15.

Übung 40. Betrachte die folgende Aussage: "Sei $\mathcal{A}$ ein NFA, der die Sprache L erkennt, in der ε nicht vorkommt. Wenn man diesen als NBA auffasst, so erkennt er die Sprache L^ω."

a) Finde ein Gegenbeispiel für diese Aussage.
b) Zeige, dass diese Aussage wahr ist, wenn $\mathcal{A}$ deterministisch ist.

Übung 41. Seien Σ, Δ Alphabete und $h : \Sigma \to \Delta$ eine Funktion. Man erweitert h auf endliche und unendliche Wörter in der üblichen Weise zu einem Homomorphismus. Ist $L \subseteq \Sigma^\omega$ so ist $h(L) \subseteq \Delta^\omega$. Zeige, dass die Klasse der ω-regulären Sprachen unter Homomorphismen und inversen Homomorphismen abgeschlossen ist.

Übung 42. Gegeben sei ein endlicher Satz T von quadratischen Kacheln, die wir uns so vorstellen, dass sie gefärbte Kanten haben. Kacheln lassen sich jedoch nicht drehen. Zwei Kanten passen zusammen, wenn sie dieselbe Farbe haben. Formal: Es gilt zwei Relationen $H, V \subseteq T \times T$, die beschreiben, welche Kacheln horizontal nebeneinander bzw. vertikal übereinander gelegt werden können.

Eine Färbung eines Quadranten ist eine Funktion $\sigma : \mathbb{N} \times \mathbb{N} \to T$, so dass für alle (i, j) gilt: $(\sigma(i, j), \sigma(i + 1, j)) \in H$ und $(\sigma(i, j), \sigma(i, j + 1)) \in V$. In anderen Worten: Die Kacheln werden so in der Ebene platziert, dass sie jeweils horizontal und vertikal zueinander passen.

Eine Färbung einer Teilmenge $D \subseteq \mathbb{N} \times \mathbb{N}$ wird in analoger Weise definiert. Hier müssen die Kacheln horizontal und vertikal passen, wenn sie in D liegen. Wir interessieren uns insbesondere für Quadrate $D_n = \{0, \dots, n\} \times \{0, \dots, n\}$.

Zeige nun, dass folgendes gilt. Falls jedes Quadrat D_n mit T gefärbt werden kann, dann kann auch der gesamte Quadrant $\mathbb{N} \times \mathbb{N}$ mit T gefärbt werden.

Hinweis: Ordne die Färbungen der Quadrate in einem endlich-verzweigenden, aber unendlichen Baum an. Benutze dann das Lemma von König, um eine Färbung des Quadranten zu konstruieren.

Übung 43. Gib induktive Definitionen für die Relationen $\xrightarrow{u}$ und $\xrightarrow{u}_{\text{fin}}$ für einen festen NBA $\mathcal{A}$ an.

Übung 44. Konstruiere explizit einen NFA für die im Beweis von Lemma 6.4 benutzten Sprachen $L_{q,q'}^{\text{fin}}$ basierend auf dem NBA $\mathcal{A} = (Q, \Sigma, q_0, \delta, F)$ mit $q, q' \in Q$.

Übung 45. Führe den Beweis von Lemma 6.5 aus.

Übung 46. In Analogie zu der in Abschnitt 2.2.3 eingeführten Logik WEM-SO lässt sich auch MSO auf existentielle, zweitstufige Quantoren beschränken. Die so resultierende Logik nennen wir EMSO. Zeige oder widerlege: Eine Sprache unendlicher Wörter ist MSO-definierbar genau dann, wenn sie EMSO-definierbar ist.

Übung 47. Beweise Satz 7.5.

Übung 48. Beweise Lemma 7.6.

Übung 49. Sei $\mathcal{A} = (Q, \Sigma, q_0, \delta, \Omega)$ ein NPA. Die Menge der in $\mathcal{A}$ verwendeten Prioritäten ist
$$Prios(\mathcal{A}) \;:=\; \{\Omega(q) \mid q \in Q\}\,.$$
Zeige, dass es zu jedem NPA $\mathcal{A}$ einen äquivalenten NPA $\mathcal{A}'$ mit gleichem Transitionsgraphen gibt, so dass $Prios(\mathcal{A}')$ ein geschlossenes Intervall der Form $\{m, m+1, m+2, \ldots, k\}$ für ein $k \in \mathbb{N}$ gibt, wobei $m = 0$ oder $m = 1$.

Übung 50. Beweise Satz 7.11.

Übung 51. Beweise Satz 7.13.

Übung 52. Formuliere die in Bsp. 8.1 genannte Bedingung jeweils als Streett- und Muller-Bedingung, so dass der dort gezeigte Automat mit diesen Akzeptanzbedingungen jeweils zu einem Streett- bzw. Muller-Automat wird, der die dort genannte Sprache akzeptiert.

Übung 53. Sei $\mathcal{A}$ ein NPA bzw. ein NSA. Definiere jeweils einen äquivalenten NMA derselben Größe. Lässt sich dessen Index in Abhängigkeit von der Größe und des Index von $\mathcal{A}$ abschätzen?

Übung 54. Seien L_1 und L_2 zwei ω-reguläre Sprachen, die je von einem Muller-Automaten $\mathcal{A}_1$ und $\mathcal{A}_2$ mit m bzw. n Zuständen erkannt werden. Zeige, dass es einen Muller-Automaten $\mathcal{A}$ mit höchstens $m \times n$ vielen Zuständen gibt, der die Sprache $L_1 \cap L_2$ erkennt.
Hinweis: Achte besonders auf die Akzeptanzbedingung.

Übung 55. Beweise Satz 7.21.

Übung 56. Beweise Satz 7.23.

Übung 57. Erkläre, wie die Klassen der von deterministischen Büchi- und von nicht-deterministischen co-Büchi-Automaten erkannten Sprachen mengentheoretisch zueinander liegen und wie sich die eine Klasse mengentheoretisch aus der anderen ergibt.

Übung 58. Zeige, dass es zu jedem NBA $\mathcal{A}$ der Größe n und NcoBA $\mathcal{A}'$ der Größe n' einen NPA $\mathcal{B}$ der Größe $n \cdot n'$ und vom Index 3 gibt, so dass $L(\mathcal{B}) = L(\mathcal{A}) \cap L(\mathcal{A}')$.

Übung 59. Beweise Satz 7.22. *Hinweis:* Dazu lässt sich die Miyano-Hayashi-Konstruktion aus Satz 10.7 verwenden.

Übung 60. Beweise Satz 8.3.

Übung 61. Betrachte den folgenden NBA $\mathcal{A}$ über dem Alphabet $\Sigma = \{a, b, \#\}$ (es handelt sich um eine Variante von $\mathcal{A}_2$ aus Bsp. 8.15).

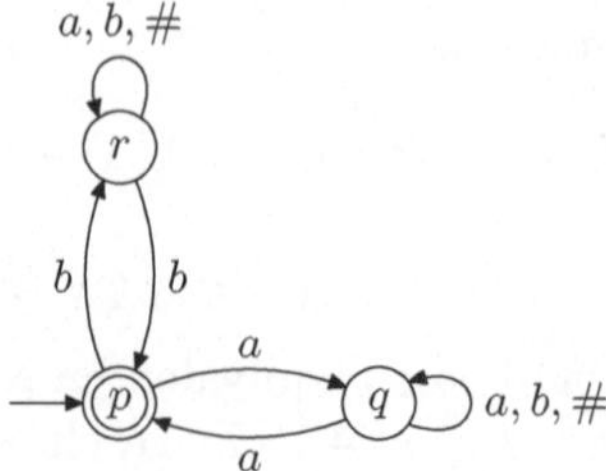

a) Gib den Lauf des deterministischen Muller-Automaten $\mathcal{A}'$, der mittels der Safra-Konstruktion aus $\mathcal{A}$ entsteht, auf dem Wort $(ab\#)^\omega$ an.

b) Wiederhole die vorherige Teilaufgabe für das Wort $(ab\#ba\#)^\omega$.

Hinweis: Konstruiere nur die für den jeweiligen Lauf benötigten Safra-Bäume, einen nach dem anderen.

Übung 62. Zeige, dass der im Beweis von Satz 8.21 konstruierte DPA die Sprache $L_\mathcal{F}$ erkennt.

Übung 63. Beweise Korollar 8.22.

Übung 64. Zeige, dass sich das Universalitätsproblem für deterministische Streett-Automaten mit n Transitionen und Index k in Zeit $\mathcal{O}(nk)$ lösen lässt. *Hinweis:* Verwende Satz 9.4.

Übung 65. Wende den Algorithmus STAUX auf den folgenden Graphen mit der Streett-Bedingung

$$\mathcal{F} \;=\; \{(\{1\},\{4,5\}),(\{7,8\},\{2,3\}),(\{4\},\{6\})\}$$

an.

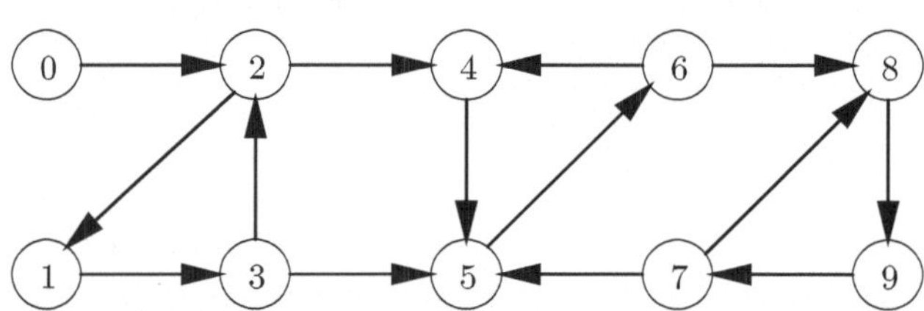

Übung 66. Bestimme die jeweils auf die Variablen x, y, und z größten Instanzen von der Funktion f aus dem Bsp. 9.19, die noch definiert sind.

Übung 67. Führe die im Beweis von Satz 9.16 skizzierte Konstruktion im Detail aus.

Übung 68. Teste mit dem oben angegebenen Verfahren, ob das folgende Programm für alle Variablenbelegungen terminiert.

$$\begin{aligned}
\mathsf{f}(x,y,z) &= \mathsf{f}(x,x,z-1),\mathsf{g}(z,y,x)\\
\mathsf{g}(x,y,z) &= \mathsf{f}(x,y-1,z),\mathsf{h}(z,x,y)\\
\mathsf{h}(x,y,z) &= \mathsf{f}(x-1,y,z)
\end{aligned}$$

Gib auch jeweils die NBAs für die Sprachen L_call und L_term an.

Übung 69. Beweise Satz 9.20.

Übung 70. Gib jeweils ein Verfahren an, welches das Leerheitsproblem und das Universalitätsproblem für ABAs und AcoBAs löst. Schätze auch die Laufzeit des Verfahrens in Abhängigkeit der Anzahl der Zustände des Eingabeautomaten ab.

Lassen sich diese Verfahren effizienter gestalten, wenn das Eingabealphabet nur aus einem Symbol besteht?

Übung 71. Gib jeweils ein Verfahren an, welches das Wortproblem für endlich repräsentierte Wörter der Form uv^ω mit $u \in \Sigma^*$, $v \in \Sigma^+$ und ABAs bzw. AcoBAs löst. Schätze auch die Laufzeit dieser Verfahren in Abhängigkeit der Anzahl der Automatenzustände und der Größen von u und v ab.

Übung 72. Sei $L := \{w \in \{a,b\}^\omega \mid |w|_a < \infty\}$.

a) Konstruiere einen NBA $\mathcal{A}$, so dass $L(\mathcal{A}) = L$ gilt.

b) Konstruiere aus $\mathcal{A}$ einen AcoBA $\overline{\mathcal{A}}$, so dass $L(\overline{\mathcal{A}}) = \{a,b\}^\omega \setminus L$ gilt.

c) Wandele den AcoBA $\overline{\mathcal{A}}$ in einen WABA $\overline{\mathcal{A}}'$ nach dem Verfahren aus Abschnitt 10.2 um. Schätze dazu die obere Schranke an den Rang eines Knotens in einem Lauf von $\overline{\mathcal{A}}$ mit Reihung möglichst gut ab.

d) Gib einen Lauf des NBA $\overline{\mathcal{A}}''$ auf dem Wort

$$ab^0 ab^1 ab^2 ab^3 a \cdots = aababbabbbabbbba \cdots$$

an, welcher aus $\overline{\mathcal{A}}'$ mithilfe der Konstruktion in Satz 10.7 entsteht.

Übung 73. Gib einen Lauf des AcoBA $\mathcal{A} = (Q, \Sigma, q_0, \delta, F)$ auf dem Wort $aa(b)^\omega$ an, wobei $Q = \{q_0, q_1, q_2\}$, $\Sigma = \{a,b\}$, $F = \{q_0, q_2\}$, und die Übergangsfunktion gegeben ist durch $\delta(q_0, a) = q_0 \wedge q_1$, $\delta(q_0, b) = q_0$, $\delta(q_1, a) = q_2$, $\delta(q_1, b) = q_0$, $\delta(q_2, a) = q_2$, $\delta(q_2, b) = q_1 \wedge q_2$, und bestimme eine Reihung für diesen Lauf.

Übung 74. Finde eine unendliche Familie $\mathcal{A}_n$ von alternierenden co-Büchi-Automaten mit jeweils n Zuständen sowie Wörter w_n, so dass $\mathcal{A}_n$ einen akzeptierenden Lauf auf w_n hat, und in einer Reihung dieses Laufs mindestens n verschiedene Zahlen vorkommen.

Übung 75. Konstruiere einen VWABA, der die Sprache

$$L = \{w \in \{a,b,c\}^\omega \mid w \text{ enthält unendlich viele Teilwörter aus } (a^*b)^*c\}$$

erkennt.

Übung 76. Gib LTL-Formeln an, die die folgenden Sprachen über $\Sigma = 2^{\{p,q\}}$ definieren, wobei $a = \emptyset$, $b = \{p\}$, $c = \{q\}$ und $d = \{p,q\}$.

a) $a^* b^* c^* \Sigma^\omega$

b) $(a^+ b^+ c^+ d^+)^\omega$

c) $\{w \in \Sigma^\omega \mid |w|_a = \infty \Rightarrow |w|_b = \infty\}$

d) $(\Sigma^* a \Sigma^* b \Sigma^* c)^\omega$

e) $\{w \in \Sigma^\omega \mid$ zwischen je zwei d's in w kommt mindestens ein c vor $\}$

Übung 77. Beweise das Analogon zu Lemma 11.7 für den G-Operator, ohne diesen mit Negationen auf das U zurückzuführen: Für alle φ gilt $G\varphi \equiv \varphi \wedge \bigcirc G\varphi$.

Übung 78. Formalisiere die folgenden Aussagen in LTL und konstruiere auch jeweils einen NBA, der genau die Wörter, die die jeweiligen Eigenschaften haben, erkennt.

a) Im nächsten Zeitpunkt, in dem q gilt, gilt auch p.

b) Solange wie q gilt, gilt auch p.

c) Jedesmal, wenn q gilt, galt irgendwann davor einmal p.

d) q gilt nur endlich oft.

Übung 79. Welche der folgenden LTL-Formeln sind allgemeingültig? Begründe jeweils die Antwort. Gib bei den nicht-allgemeingültigen Bi-Implikationen auch an, welche der beiden Implikationen jeweils gelten.

a) $G\varphi \wedge G\psi \leftrightarrow G(\varphi \wedge \psi)$

b) $F\varphi \vee F\psi \leftrightarrow F(\varphi \vee \psi)$

c) $G\varphi \vee G\psi \leftrightarrow G(\varphi \vee \psi)$

d) $F\varphi \wedge F\psi \leftrightarrow F(\varphi \wedge \psi)$

e) $(G\varphi \to F\psi) \leftrightarrow \varphi U(\psi \vee \neg\varphi)$

f) $FG\varphi \leftrightarrow GF\varphi$

g) $GFG\varphi \leftrightarrow FGF\varphi$

h) $GFG\varphi \leftrightarrow FFG\varphi$

i) $\bigcirc(\psi U(\varphi \wedge \psi)) \vee G \bigcirc \psi \leftrightarrow (\bigcirc\varphi)R(\bigcirc\psi)$

j) $(\varphi U\psi)U\chi \leftrightarrow \chi \vee ((\varphi \vee \psi)U(\psi \wedge \bigcirc\chi))$

Übung 80. Konstruiere einen akzeptierenden Lauf des (G)NBA, der durch die oben vorgestellte Konstruktion aus der LTL-Formel $G(pU\neg p)$ entsteht, auf dem Wort $bba(ab)^\omega$, wobei $a = \{p\}$, $b = \emptyset$.

Übung 81. Konstruiere einen GNBA, der äquivalent ist zu der LTL-Formel $\varphi = G((F \bigcirc q) U \neg q)$. *Hinweis:* Zur Vereinfachung kann man sich bei den Zuständen auf *minimale* (bzgl. $\subseteq$) Hintikka-Mengen beschränken.

Übung 82. Sei $n \geq 1$, $\mathcal{P} = \{q_1, \ldots, q_n\}$ und $L_n = \{a_0, a_1, \ldots \mid \forall i = 1, \ldots, n : \exists j \in \mathbb{N}$ mit $q_i \in a_j\}$.

a) Gib LTL-Formeln φ_n an, so dass $L(\varphi_n) = L_n$ und $|\varphi_n| = \mathcal{O}(n)$.

b) Gib NBAs $\mathcal{A}_n$ an, so dass $L(\mathcal{A}_n) = L_n$ gilt.

c) Zeige, dass jeder NBA $\mathcal{A}$, für den $L(\mathcal{A}) = L_n$ gilt, mindestens 2^n viele Zustände hat. *Hinweis:* Konstruiere 2^n viele verschiedene Wörter, die alle in L_n liegen, so dass $\mathcal{A}$ jedoch nach einer festen Anzahl von Schritten in akzeptierenden Läufen auf diesen Wörtern jeweils verschiedene Zustände einnehmen muss, da sich ansonsten auch ein Wort konstruieren ließe, welches nicht in L_n liegt, aber von $\mathcal{A}$ akzeptiert wird.

Übung 83. Beweise die Korrektheit der Konstruktion eines VWABA aus einer LTL-Formel (Satz 11.16). *Hinweis:* Für die eine Richtung zeige durch Induktion über den Formelaufbau, dass $w, i \models \psi$ genau dann gilt, wenn $\mathcal{A}_\theta$ das i-te Suffix von w beginnend in Zustand q_ψ akzeptiert.

Übung 84. Sei φ eine LTL-Formel über einer endlichen Menge $\mathcal{P}$ von Propositionen. Die Formel φ' entstehe aus φ dadurch, dass jede Proposition p durch die charakteristische Formel $\chi_{\{p\}}$ ersetzt wird.

Zeige oder widerlege jeweils

a) Ist φ erfüllbar, so ist auch φ' erfüllbar.
b) Ist φ unerfüllbar, so ist auch φ' unerfüllbar.

Übung 85. Beweise Lemma 11.21.

Übung 86. Gib direkt eine Übersetzung von VWABAs in GNBAs an. *Hinweis:* Orientere dich an den Übersetzungen von VWABA nach LTL und von LTL nach GNBA.

Teil III

Endliche Bäume

Automaten auf endlichen Bäumen

Am Anfang des vorherigen Kapitels haben wir gesehen, dass sich ein Wort als eine Menge von Positionen mit einer Nachfolgerfunktion auffassen lässt. Dies kann man in natürlicher Weise auf mehrere Nachfolgerfunktionen erweitern. So erhält man eben Bäume, die in der Informatik mindestens so eine wichtige Rolle wie Wörter spielen, siehe z.B. Parse-Bäume kontext-freier Grammatiken, abstrakte Datentypen, XML-Dokumente, etc.

Ebenso kann man Automatentheorie auf Bäumen betrachten. Zur Erinnerung: Eine Sprache war bisher lediglich eine Menge endlicher oder unendlicher Wörter. Genauso kann man *Baumsprachen* als Mengen von Bäumen betrachten und sich z.B. wiederum fragen, welche Mengen von Bäumen mit endlichen Automaten erkannt werden können. Dafür muss man natürlich das Modell des Automaten auf Wörtern entsprechend erweitern, so dass Automaten auf Bäumen arbeiten können.

In diesem Teil des Buchs betrachten wir—in Anlehnung an die Teile über Wörter—zunächst nur endliche Bäume. Im nachfolgenden Teil geht es dann um unendliche Bäume. Wir definieren zunächst Baumautomaten und beweisen einige automatentheoretische Resultate, bevor wir dann im nächsten Kapitel einige Anwendungen derselben kennenlernen.

12.1 Top-down vs. Bottom-up

Obwohl intuitiv klar ist, was ein endlicher Baum ist, geben wir zunächst eine rigorose Definition an.

Definition 12.1. Ein *endlicher Baum* ist eine endliche Teilmenge T von $\mathbb{N}^*$, für die folgendes gilt.

- Ist $wn \in T$ für ein $w \in \mathbb{N}^*$ und ein $n \in \mathbb{N}$, dann ist auch $w \in T$.
- Ist $n > 0$ und ist $wn \in T$, dann ist auch $w(n-1) \in T$.

M. Hofmann, M. Lange, *Automatentheorie und Logik*, eXamen.press,
DOI 10.1007/978-3-642-18090-3_12, © Springer-Verlag Berlin Heidelberg 2011

Die erste Bedingung sorgt dafür, dass zu jedem Knoten im Baum auch der Vaterknoten dazugehört. Die zweite Bedingung sorgt dafür, dass die Söhne eines Knoten ohne Lücken durchnummeriert sind. So ist jeder Knoten im Baum leicht anhand seines Namens zu finden. Dieser kodiert nämlich einfach den Weg von der Wurzel zu sich. Z.B. gelangt man zum Knoten 3 4 19 0 2, indem man von der Wurzel aus zum vierten Sohn, von dort zum fünften, dann zum zwanzigsten, zum ersten und zum dritten geht.

Der folgende grafisch repräsentierte Baum entspricht also der Menge

$$\{\varepsilon, 0, 1, 00, 01, 10, 11, 12, 010, 011\}$$

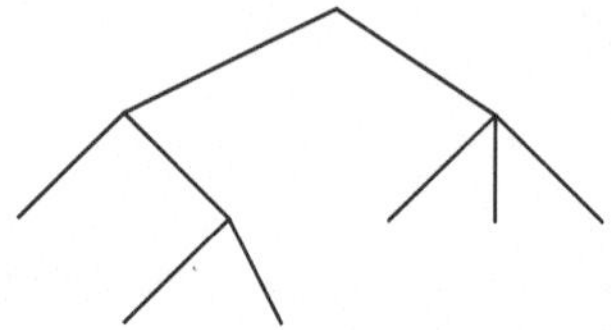

Definition 12.2. Im folgenden ist Σ wie üblich ein endliches Alphabet, aber dieses Mal mit einer Funktion $st_\Sigma : \Sigma \to \mathbb{N}$, die jedem Symbol eine *Stelligkeit* zuordnet. Ein Σ-*Baum* mit Domain $dom(t) = T$ ist eine Abbildung $t : T \to \Sigma$, so dass für alle Knoten $w \in T$, alle Symbole $a \in \Sigma$ und alle Richtungen $n \in \mathbb{N}$ gilt: $t(w) = a$ und $st(a) = n$ genau dann, wenn für alle $i \in \mathbb{N}$ gilt: $wi \in T \iff i < n$.

Sei $\Sigma_n := \{a \in \Sigma \mid st_\Sigma(a) = n\}$ und $\mathcal{T}_\Sigma$ die Menge aller Σ-Bäume.

Diese Definition besagt also lediglich, dass ein Knoten, an dem das Symbol a steht, genau $st(a)$ viele Nachfolger hat. Es ist also nicht möglich, zwei Knoten mit derselben Beschriftung, aber unterschiedlich vielen Nachfolgern in einem Baum zu finden. Im folgenden sprechen wir auch einfach nur von *Baum*, wenn eigentlich Σ-*Baum* gemeint ist. Ist das Alphabet Σ durch den Kontext eindeutig bestimmt, so schreiben wir auch einfach nur st statt st_Σ für die dazugehörige Stelligkeitsfunktion.

Bäume sind hier endlich-verzweigend, nicht nur, weil sie sowieso nur endlich sind, sondern auch, weil die Stelligkeitsfunktion des Alphabets nur endlich viele Nachfolgerknoten zulässt.

Beispiel 12.3. Sei $\Sigma = \{+, *, -, 0, 1, \cdot\}$ mit $st(+) = st(*) = st(\cdot) = 2$, $st(-) = 1$ und $st(0) = st(1) = 0$. Der arithmetische Ausdruck $-(7 * 3) + (-4 + 9)$ lässt sich in binärer Kodierung z.B. wie in Abbildung 12.1 als Σ-Baum modellieren.

Wie oben bereits erwähnt, sind Baumsprachen einfach nur Mengen von Bäumen. Wir werden nun zwei Automatenmodelle kennenlernen, mit deren Hilfe Baumsprachen erkannt werden können. Die Unterschiede in den zwei Modellen sind den Bäumen geschuldet. Endliche Wörter werden intuitiv immer "von links nach rechts" von einem endlichen Automaten verarbeitet. Dies liegt aber nur daran, dass ein endliches Wort "von rechts nach links" genauso aussieht, es also keinen Unterschied in den Richtungen gibt.

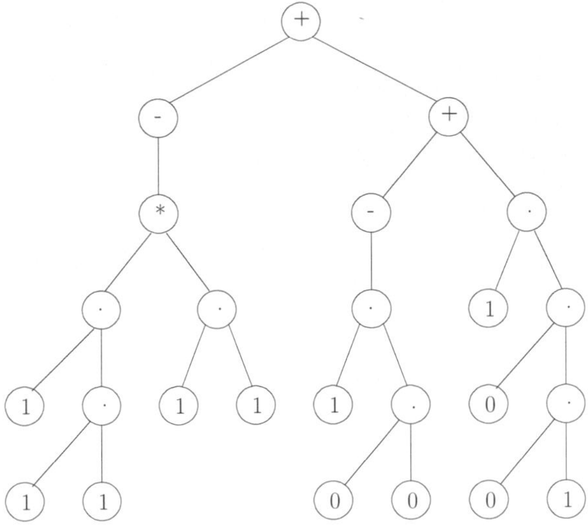

Abb. 12.1. Ein arithmetischer Ausdruck als endlicher Baum.

Bei endlichen Bäumen gibt es nun zwei Möglichkeiten, diese mithilfe von Automaten zu verarbeiten: von oben nach unten oder umgekehrt. In der Richtung von oben nach unten wird von einem Knoten auf möglicherweise mehrere geschlossen, in der umgekehrten Richtung wird die Information aus mehreren Knoten auf einen übertragen. Wir werden sehen, dass sich diese Unterschiede auch in der Theorie der entsprechenden Automaten wiederfinden lassen.

Definition 12.4. Ein *Bottom-Up-Baumautomat* (BUBA) ist ein $\mathcal{A} = (Q, \Sigma, \delta, F)$ mit

- endlicher Zustandsmenge Q,
- Alphabet Σ mit Stelligkeitsfunktion st_Σ,
- Transitionsrelationen $\delta = \{\delta_a \mid a \in \Sigma\}$ wobei $\delta_a : Q^n \to 2^Q$, falls $st_\Sigma(a) = n$,
- Endzustandsmenge $F \subseteq Q$.

Ein Lauf von $\mathcal{A}$ auf einem Σ-beschrifteten Baum t ist eine Abbildung $r : dom(t) \to Q$, so dass für alle $w \in dom(t)$ gilt: $r(w) \in \delta_a(r(w0), \ldots, r(w(n-1)))$ mit $a = t(w)$ und $n = st(a)$.

Solch ein Lauf heißt *akzeptierend*, falls $r(\varepsilon) \in F$. Wie üblich definieren wir $L(\mathcal{A}) \subseteq \mathcal{T}_\Sigma$ als die von $\mathcal{A}$ akzeptierte (Baum-)Sprache, also die Menge aller Σ-Bäume, auf denen es einen akzeptierenden Lauf von $\mathcal{A}$ gibt.

Ein BUBA beschriftet also die Knoten eines Baums mit Zuständen. Er fängt bei den Blättern an und hört an der Wurzel auf. Es mag auf den ersten Blick verwunderlich ansehen, dass ein BUBA keine expliziten Anfangszustände hat. Diese sind jedoch einfach in der Transitionsrelation gelistet. Sei

$a \in \Sigma$ mit $st(a) = 0$. Dann ist $\delta_a : Q^0 \to 2^Q$, also $\delta_a \subseteq Q$. Somit beschriftet die Transitionsrelation die Blätter eines Baums mit Zuständen ohne Rückgriff auf darunterliegende Zustände, die es natürlich auch gar nicht gibt. Der einzige prinzipielle Unterschied zu Wortautomaten besteht darin, dass die Zustände an den Blättern, die also den Anfangszuständen in Läufen auf Wörtern entsprechen, in Abhängigkeit von dem Symbol am Blatt vergeben werden. Dies ist aber bei genauerem Hinsehen doch kein Unterschied zu den Wortautomaten. Ein Lauf eines Wortautomaten auf einem Wort der Länge n ist selbst ein Wort der Länge $n + 1$. Ein Lauf eines BUBA auf einem Baum der Höhe n ist jedoch auch ein Baum der Höhe n. Somit entsprechen die Zustände an den Blättern eher den Nachfolgern des Anfangszustand in einem Lauf auf einem Wort. Diese sind natürlich abhängig vom Symbol am Anfang des Worts. Man könnte zwar genauso einem BUBA einen designierten Anfangszustand geben, jedoch macht dies die Definition eher komplizierter, da dann die Stelligkeit der Transitionsrelation an den Blättern nicht mit der Stelligkeit der Knoten übereinstimmen würde, und man so ständig Fallunterscheidungen machen müsste.

Beispiel 12.5. Sei $\Sigma = \{\vee, \wedge, \neg, \top, \bot\}$ mit $st(\vee) = st(\wedge) = 2$, $st(\neg) = 1$ und $st(\top) = st(\bot) = 0$. Damit lassen sich offensichtlich variablen-freie Boole'sche Ausdrücke als Baumsprache kodieren.

Die Sprache aller Boole'schen Ausdrücke, die unter den üblichen Regeln für Konjunktionen und Disjunktionen zu $\top$ auswerten, ist BUBA-erkennbar. Ein BUBA für diese Sprache ist $\mathcal{A} = (\{0, 1\}, \Sigma, \delta, \{1\})$ mit

- $\delta_\bot() = \{0\}$,
- $\delta_\top() = \{1\}$,
- $\delta_\neg(0) = \{1\}$, $\delta_\neg(1) = \{0\}$,
- $\delta_\vee(q_1, q_2) = \{q\}$, falls $q = \max\{q_1, q_2\}$,
- $\delta_\wedge(q_1, q_2) = \{q\}$, falls $q = \min\{q_1, q_2\}$.

Dieser Automat hat sogar noch eine besondere Eigenschaft: Er ist deterministisch.

Definition 12.6. Ein BUBA $\mathcal{A} = (Q, \Sigma, \delta, F)$ ist *deterministisch* (DBUBA), wenn für alle $a \in \Sigma$ und $q_1, \ldots, q_n \in Q$ mit $n = st(a)$ gilt: $|\delta_a(q_1, \ldots, q_n)| = 1$.

Eine interessante Frage ist wie bei Wortautomaten die, ob die deterministische Variante dieser Automaten genauso mächtig ist wie die nichtdeterministische. Die Antwort ist ja. Die Übersetzung eines BUBA in einen deterministischen BUBA (DBUBA) wird einfach durch die übliche Potenzmengenkonstruktion geleistet. Diese muss nur technisch an die Gegebenheit, dass Tupel von Zuständen statt nur einzelne Zustände abgebildet werden, angepasst werden.

Satz 12.7. *Eine Baumsprache wird von einem BUBA genau dann erkannt, wenn sie von einem DBUBA erkannt wird.*

Beweis. "$\Leftarrow$" Trivial. "$\Rightarrow$" Übung.

Es ist nicht schwer zu sehen, dass die Klasse der von BUBA erkannten Sprachen unter Vereinigungen abgeschlossen ist, da Nichtdeterminismus zur Verfügung steht. Die Äquivalenz zum deterministischen Modell liefert dann wieder eine weitere wichtige Abschlusseigenschaft, nämlich der unter Komplementen.

Korollar 12.8. *Die Klasse der von BUBA erkannten Baumsprachen ist unter Komplement abgeschlossen.*

Beweis. Man vergewissere sich, dass durch Vertauschen von End- und Nichtendzuständen in einem DBUBA die erkannte Sprache komplementiert wird.

$\square$

Nun wenden wir uns dem zweiten Automatenmodell zu, welches Bäume von oben nach unten verarbeitet.

Definition 12.9. Ein *Top-Down-Baumautomat* (TDBA) ist ein $\mathcal{A} = (Q, \Sigma, q_0, \delta)$ mit

- endlicher Zustandsmenge Q,
- Alphabet Σ mit Stelligkeitsfunktion st_Σ,
- Anfangszustand $q_0 \in Q$,
- Transitionsfunktionen $\delta = \{\delta_a \mid a \in \Sigma\}$, wobei $\delta_a : Q \to 2^{Q^n}$, falls $st_\Sigma(a) = n$.

Ein TDBA heißt *deterministisch* (DTDBA), falls $|\delta_a(q)| = 1$ für alle $a \in \Sigma$ und alle $q \in Q$.

Wie bei Automaten auf Wörtern erlauben wir DBUBAs und DTDBAs auch, dass sie zu einem Zustand oder Tupel von Zuständen *keinen* Nachfolger in der Transitionsfunktion haben. Durch simples Hinzufügen eines Dummy-Zustands können solche Automaten wieder in die Form gebracht werden, die von Def. 12.6 und 12.9 für DBUBAs und DTDBAs eigentlich verlangt wird.

Definition 12.10. Ein Lauf eines TDBA $\mathcal{A} = (Q, \Sigma, q_0, \delta)$ auf einem Baum t ist ein $r : dom(t) \to Q$ mit

- $r(\varepsilon) = q_0$,
- $(r(w0), \ldots, r(w(n-1))) \in \delta_a(r(w))$ für alle $a \in \Sigma$ und alle $w \in dom(t)$ mit $t(w) = a$, $st(a) = n$.

Die vom TDBA $\mathcal{A}$ erkannte Sprache $L(\mathcal{A})$ ist die Menge aller Bäume, auf denen es einen Lauf von $\mathcal{A}$ gibt.

Hier haben wir also nicht explizit zwischen akzeptierenden und nichtakzeptierenden Läufen unterschieden. Der Grund dafür ist der folgende. Im Spezialfall $st(a) = 0$ gilt $\delta(a) \subseteq \{()\}$, wobei $()$ das leere Tupel bezeichnet. Diese Menge hat offensichtlich zwei Teilmengen, die wir der Einfachheit halber mit *true* und *false* identifizieren. Nur dann ist r ein Lauf, wenn für alle Blätter

a gilt $\delta(r(a)) = true$. Somit wird Nichtakzeptanz einfach durch Nichtexistenz eines Laufs modelliert.

Man könnte alternativ die Transitionsfunktion δ auf Symbole mit Stelligkeit > 0 beschränken und dann explizit jedem Blattsymbol eine Endzustandsmenge zuweisen. Die hier gegebene Präsentation hat den Vorteil größerer Uniformität. Wir führen allerdings für Blattsymbol a die Notation $F(a) = \{q \mid \delta_a(q) = true\}$ ein.

Beispiel 12.11. Sei $\Sigma = \{a, b, c\}$ mit $st(a) = st(b) = 2$, $st(c) = 0$. Die Sprache L aller Bäume, in denen mindestens ein b vorkommt, ist TDBA-erkennbar, z.B. von dem Automaten $\mathcal{A} = (\{-, +\}, \Sigma, -, \delta)$ mit

$$\begin{aligned}
\delta_a(-) &= \{(-, +), (+, -)\} & \delta_a(+) &= \{(+, +)\} \\
\delta_b(-) &= \{(+, +)\} & \delta_b(+) &= \{(+, +)\} \\
\delta_b(-) &= \{(+, +)\} & \delta_b(+) &= \{(+, +)\} \\
\delta_c(+) &= true & \delta_c(-) &= false
\end{aligned}$$

Dieses zweite Automatenmodell wirft zwei Fragen auf: Gilt bei TDBA ebenfalls, dass die deterministische Variante ebenso mächtig ist? Sind BUBA und TDBA gleich mächtig? Die Antwort auf die erste Frage ist "nein", auf die zweite ist sie "ja".

Satz 12.12. *Die folgenden Aussagen sind für endliche Baumsprachen L über einem Alphabet Σ äquivalent.*

a) L wird von einem BUBA erkannt.
b) L wird von einem TDBA erkannt.

Beweis. Übung.

Die Äquivalenz von TDBA und BUBA beruht darauf, dass Nichtdeterminismus zur Verfügung steht. Ein TDBA kann z.B. in einem Zustand q einfach das entsprechende Tupel $(q_1, \ldots, q_n)$ erraten, so dass der zu simulierende BUBA eine Transition von diesem Tupel zu q gemacht hat. Die Umkehrung funktioniert genauso. Um aus einem TDBA einen BUBA zu oder umgekehrt zu machen, muss man lediglich die Transitionsrelation umkehren. Sei $a \in \Sigma_n$ für ein $n \in \mathbb{N}$. Dann ist die Transitionsrelation δ_a eines BUBA vom Typ $Q^n \times Q$. Beachte, dass $Q^n \times Q \simeq Q \times Q^n$ ist, welches der Typ einer Transitionsrelation δ_a eines TDBA ist.

Da BUBA und TDBA also äquivalent sind, ist die gemeinsame Klasse der von ihnen erkannten Sprachen ein sinnvolles Analogon zur Klasse der regulären Sprachen endlicher Wörter.

Definition 12.13. Eine Baumsprache $L \subseteq \mathcal{T}_\Sigma$ ist *regulär*, falls sie von einem TDBA (oder BUBA) erkannt wird.

Satz 12.14. *Es gibt reguläre Baumsprachen, die nicht von einem DTDBA erkannt werden.*

Beweis. Sei $\Sigma = \{a, b, c\}$ mit $st(a) = 2$ und $st(b) = st(c) = 0$. Betrachte die endliche Baumsprache $L := \{t_0, t_1\}$ mit

Es ist leicht zu sehen, dass diese von einem TDBA erkannt werden kann.

Angenommen, $\mathcal{A} = (Q, \Sigma, q_0, \delta)$ ist ein DTDBA mit $L(\mathcal{A}) = L$. Da $t_0 \in L(\mathcal{A})$, gibt es Zustände $q_1, q_2 \in Q$ mit $\delta_a(q_0) = \{(q_1, q_2)\}$, und es muss auch noch $q_1 \in F(b)$ und $q_2 \in F(c)$ gelten. Da aber auch $t_1 \in L(\mathcal{A})$ ist, gilt ebenfalls $q_1 \in F(c)$ und $q_2 \in F(b)$. Dann würden aber auch die beiden Bäume

von $\mathcal{A}$ erkannt. $\qquad\qquad\qquad\qquad\qquad\qquad\qquad\qquad\qquad\qquad\qquad\quad$ $\square$

12.2 Abschlusseigenschaften und Entscheidbarkeit

Wie bei Automaten auf Wörtern kann man auch Baumautomaten als Mittel ansehen, um Logiken, die auf Bäumen interpretiert werden, zu entscheiden. Dazu ist wiederum das Leerheitsproblem für Baumautomaten grundlegend. Dies fragt, gegeben ein Baumautomat $\mathcal{A}$, ob $L(\mathcal{A}) = \emptyset$ gilt.

Satz 12.15. *Das Leerheitsproblem für BUBA mit n Transitionen ist in Zeit $\mathcal{O}(n)$ entscheidbar.*

Beweis. Sei $\mathcal{A} = (Q, \Sigma, \delta, F)$ ein BUBA. Wir definieren zunächst Mengen $R_0, R_1, \ldots \subseteq Q$ induktiv wie folgt.

$$R_0 \ := \ \emptyset$$
$$R_{i+1} \ := \ R_i \cup \bigcup_{a \in \Sigma} \{q \mid \exists q_1, \ldots, q_{st(a)} \in R_i \text{ mit } q \in \delta_a(q_1, \ldots, q_{st(a)})\}$$
$$R \ := \ \bigcup_{i \in \mathbb{N}} R_i$$

Zunächst behaupten wir, dass $L(\mathcal{A}) \neq \emptyset \iff R \cap F \neq \emptyset$ gilt. Für die Richtung "$\Leftarrow$" lässt sich zu jedem $q \in R \cap F$ induktiv—je nach dem, für welches i auch $q \in R_i$ gilt—ein Baum der Höhe i konstruieren, der von $\mathcal{A}$ erkannt wird. Für die Richtung "$\Rightarrow$" sei $t \in L(\mathcal{A})$ und sei r ein akzeptierender Lauf von $\mathcal{A}$ auf t. Dann kann man leicht zeigen, dass für alle Zustände q in diesem Lauf, die an einem Knoten vorkommen, dessen Teilbaum Höhe i hat, gilt: $q \in R_i$. Da nach Voraussetzung die Beschriftung der Wurzel in F vorkommt und somit auch zu R gehört, gilt also ebenfalls $R \cap F \neq \emptyset$.

Es ist außerdem zu beachten, dass $R_{|Q|} = R$ gilt. Da die Folge $R_0, R_1, \ldots$ monoton steigt, muss sie nach spätestens $|Q|$ vielen Schritten stabil werden. Dies liefert ein Verfahren, um in maximal $|Q| \cdot |\delta|$ vielen Schritten zu entscheiden, ob $L(\mathcal{A}) = \emptyset$ gilt oder nicht. Man muss jetzt nur noch sehen, dass es ausreicht, jedes Tupel in der Transitionsrelation δ höchstens einmal in dieser Iteration anstatt in der Berechnung eines jeden R_i anzusehen. $\qquad\square$

Da sich BUBA und TDBA laut Satz 12.12 leicht ineinander überführen lassen, gilt entsprechendes auch für TDBA.

Korollar 12.16. *Das Leerheitsproblem für TDBA mit n Transitionen ist in Zeit $\mathcal{O}(n)$ entscheidbar.*

Für das Universalitätsproblem können wir wieder die bekannte Reduktion auf Leerheit mittels dem Komplementabschluss verwenden.

Satz 12.17. *Für eine reguläre Baumsprache L (repräsentiert durch einen BUBA oder TDBA) ist das Universalitätsproblem entscheidbar.*

Beweis. Nach Satz 12.12 können wir davon ausgehen, dass die reguläre Baumsprache als BUBA $\mathcal{A}$ gegeben ist. Nach Satz 12.7 kann dieser in einen äquivalenten DBUBA $\mathcal{A}$ umgewandelt werden, und mit Korollar 12.8 kann dieser zu einem DBUBA $\overline{\mathcal{A}}$, also auch einem BUBA komplementiert werden. Nun gilt wieder einmal

$$L(\overline{\mathcal{A}}) = \emptyset \quad \Longleftrightarrow \quad \overline{L(\mathcal{A})} = \emptyset \quad \Longleftrightarrow \quad L(\mathcal{A}) = \mathcal{T}_\Sigma$$

Somit ist das Universalitätsproblem auf das Leerheitsproblem zurückgeführt worden, welches nach Satz 12.15 oder Kor. 12.16 entscheidbar ist. $\qquad\square$

Eine weitere, interessante Fragestellung ist das Subsumptionsproblem. Gegeben sind zwei Baumautomaten, gefragt ist, ob die Sprache des einen in der Sprache des anderen enthalten ist. Es gilt ja bekanntermaßen $A \subseteq B \iff A \cap \overline{B} = \emptyset$. Somit ließe sich auch dieses Problem auf das Leerheitsproblem zurückführen, wenn reguläre Baumsprachen unter Schnitten abgeschlossen wären. Dies ist ebenfalls der Fall und folgt natürlich sofort aus Korollar 12.8 mit der Bemerkung über den Abschluss unter Vereinigungen. Andererseits kann man dies auch durch eine direkte Konstruktion analog zu der bei Automaten auf Wörtern zeigen.

Korollar 12.18. *Die regulären Baumsprachen sind unter Schnitten abgeschlossen.*

Damit folgt dann natürlich auch gleich die Entscheidbarkeit des Subsumptionsproblems, sowie des verwandten Äquivalenzproblems, zu zwei gegebenen Automaten zu entscheiden, ob sie dieselbe Sprache erkennen.

Korollar 12.19. *Das Subsumptions- und das Äquivalenzproblem für reguläre Baumsprachen ist entscheidbar.*

Eine wichtige Konsequenz aus dem Abschluss der regulären Baumsprachen unter den Boole'schen Operationen—insbesondere der Komplementierung—und der Entscheidbarkeit des Leerheitsproblems ist die Entscheidbarkeit einer monadischen Logik zweiter Stufe auf endlichen Bäumen in Analogie zu WMSO auf endlichen Wörtern. Diese unterscheidet sich üblicherweise leicht in der Syntax von WMSO. Formeln der Form $x < y$ machen zunächst keinen Sinn. So kann man z.B. ein Funktionssymbol s_i für jedes i, welches kleiner ist als die maximale Stelligkeit eines Alphabetsymbols einführen. Die Formel $y = s_i(x)$ besagt dann, dass y der $(i + 1)$-te Sohn des Knoten x ist.

Wir verzichten an dieser Stelle darauf, diese Logik genauer zu betrachten. Stattdessen werden wir im letzten Teil über unendliche Bäume wieder auf Monadische Logik zweiter Stufe zurückkommen. Wir bemerken allerdings, dass das in Abschnitt 2.3 betrachtete Werkzeug MONA auch monadische Logik auf endlichen Bäumen unterstützt.

Anwendungen

In diesem Kapitel behandeln wir zwei Anwendungen von Automaten auf endlichen Bäumen. Die erste behandelt die Frage, ob zwei Terme eines einfach typisierten λ-Kalküls unter gewissen Kongruenzen gleich sind; die zweite behandelt die bereits zuvor erwähnten XML-Dokumente als Bäume und erklärt, wo Baumautomaten dabei zum Einsatz kommen können. Zum genaueren Verständnis dieses Kapitels ist eine gewisse Vorkenntnis, insbesondere über den λ-Kalkül, evtl. aber auch über XML, hilfreich.

13.1 Higher-order Matching

Wir betrachten den einfach typisierten λ-Kalkül. Dies entspricht im Grunde einer funktionalen Programmiersprache ohne Rekursion aber mit Typen. Diese sind durch die folgende Grammatik gegeben.

$$\tau \ ::= \ o \mid \tau_1, \ldots, \tau_n \to \tau$$

Dabei ist o einfach ein beliebiger Basistyp. Der Typkonstruktor $\to$ beschreibt Funktionen mit echten Argumenten.

Wir schreiben $\tau_1^n \to \tau_2$ als Abkürzung für

$$\underbrace{\tau_1, \ldots, \tau_1}_{n \text{ Stück}} \to \tau_2$$

Als nächstes setzen wir ein Baumalphabet Σ voraus, wobei wir Symbole f der Stelligkeit n mit Funktionen des Typs $o^n \to o$ identifizieren. Insbesondere identifizieren wir ein Blattsymbol mit einer Konstanten des Typs o. Wir wollen nun sog. Matching-Gleichungen dritter Ordnung lösen, insbesondere interessieren wir uns für die Lösungsmenge einer Gleichung

$$x(s_1, s_2, \ldots, s_n) = t$$

M. Hofmann, M. Lange, *Automatentheorie und Logik*, eXamen.press,
DOI 10.1007/978-3-642-18090-3_13, © Springer-Verlag Berlin Heidelberg 2011

wobei s_i variablenfreie Terme von Typen der Form $\tau_i = o, \ldots, o \to o$ sind und t variablenfreier Term vom Typ o ist. Demgemäß ist x eine Variable vom Typ $\tau_1, \ldots, \tau_n \to o$. Die Symbole aus Σ gelten nicht als Variablen.

Das Gleichheitszeichen versteht sich im Sinne der $\beta\eta$-Gleichheit; das ist die von den Gleichungen

$$(\lambda x.t_1)t_2 \;=\; t_1[x{:=}t_2] \quad \text{und} \quad \lambda x.tx \;=\; t$$

wobei im zweiten Fall x nicht in t vorkommt, sowie konsistenter Umbenennung gebundener Variablen erzeugte Kongruenz.

Beispiel 13.1. Man bestimme alle Terme, die die Gleichung

$$x(\lambda y_1.y_2.y_1, \lambda y_3.f(y_3, y_3)) \;=\; f(a, a)$$

lösen. Eine mögliche Lösung ist $x = \lambda x_1, x_2.x_2(a)$, eine andere ist $x = \lambda x_1, x_2.x_1(f(a,a), a)$. Außerdem ist $x = \lambda x_1, x_2.x_1(x_2(x_1(x_1(a, \#), \#)), \#)$ eine Lösung, wobei für jedes Vorkommen von $\#$ ein beliebiger Term eingesetzt werden kann.

Zur Terminologie: Von einer Matching-Gleichung spricht man, wenn die gesuchten Unbekannten nur auf der linken Seite der Gleichung vorkommen, ansonsten liegt ein Unifikationsproblem vor. Die *Ordnung* der Matchinggleichung bezieht sich auf den Typ der Unbekannten.

Wir führen das Beispiel fort.

Beispiel 13.2. Fassen wir die λ-gebundenen Variablen als 0-stellige Symbole auf und das Präfix $\lambda x_1, \ldots, x_k.$ als einstelliges Symbol, so können wir λ-Terme mit Baumautomaten verarbeiten. Wir konstruieren einen DBUBA $\mathcal{A}$, der gerade alle schematischen Lösungen der gegebenen Gleichungen erkennt.

Neben dem 0-stelligen Symbolen a, den 1-stelligen Symbolen x_2 und $\lambda x_1, x_2$ sowie den 2-stelligen Symbolen x_1 und f verwenden wir ein zusätzliches Symbol 0-stelliges $\#$, welches als Platzhalter für beliebige Terme fungiert.

Es gibt vier Zustände $\mathsf{q}_a, \mathsf{q}_f, \mathsf{q}_\#, \mathsf{q}_{\mathsf{fin}}$. Die ersten beiden entsprechen Teiltermen der rechten Seite: q_a steht für a, q_f steht für $f(a, a)$. Es ist zu beachten, dass es hier nicht darum geht, Terme syntaktisch zu erkennen. Deswegen wird der Zustand q_f z.B. auch an Stellen angenommen, an denen der Teilbaum nicht der Term $f(a, a)$ ist. Das zugrundeliegende Problem ist ja, Terme zu erkennen, die modulo $\beta\eta$-Kongruenz gleich einem gegebenen Term sind. Außerdem haben wir noch den Sonderzustand $\mathsf{q}_\#$ für $\#$ und $\mathsf{q}_{\mathsf{fin}}$, um einen Lauf erfolgreich abzuschließen. Dieser ist also einziger Endzustand.

Die Transitionsfunktion δ ist dann folgendermaßen gegeben.

$$
\begin{aligned}
\delta_a() &= \mathsf{q}_a & \delta_f(\mathsf{q}_a, \mathsf{q}_q) &= \mathsf{q}_f \\
\delta_\#() &= \mathsf{q}_\# & \delta_{x_1}(\mathsf{q}_a, \mathsf{q}_\#) &= \mathsf{q}_a \\
\delta_{x_1}(\mathsf{q}_f, \mathsf{q}_\#) &= \mathsf{q}_f & \delta_{x_2}(\mathsf{q}_f) &= \mathsf{q}_f \\
\delta_{\lambda x_1, x_2}(\mathsf{q}_f) &= \mathsf{q}_{\mathsf{fin}}
\end{aligned}
$$

Zunächst betrachten wir den Term $\lambda x_1, x_2.x_1(f(a,a), \#)$. Schreibt man ihn als Baum auf, so lässt sich ein akzeptierender Lauf von $\mathcal{A}$ darauf sofort nach obiger Transitionstabelle konstruieren.

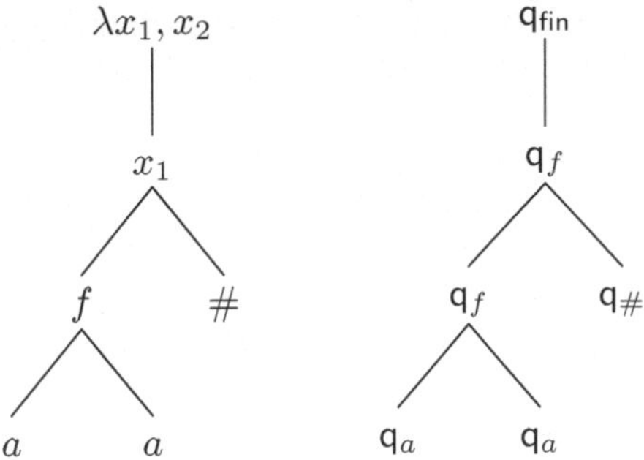

Ebenso kann man leicht zeigen, dass $\lambda x_1, x_2.x_1(x_2(x_1(x_1(a, \#), \#)), \#)$ akzeptiert wird. Andererseits wird $\lambda x_1, x_2.x_2(x_1(f(a,a), \Box))$ nicht akzeptiert, denn $\mathcal{A}$ bleibt bei dessen Verarbeitung stecken.

Der Sinn und Zweck des DBUBA $\mathcal{A}$ wird durch folgende Überlegung deutlich. Ein Term t mit zwei Variablen x_1 und x_2 soll einen Lauf von $\mathcal{A}$ mit Wurzelbeschriftung q_A (bzw. q_F) haben genau dann, wenn $t[x_1 := \lambda y_1, y_2.y_1, x_2 := \lambda y_3.f(y_3, y_3)]$ sich zu a (bzw. $f(a,a)$) reduziert (per $\beta\eta$-Reduktion). Außerdem ist der Lauf auf t an der Wurzel mit dem Zustand q_B beschriftet, falls sich $t[x_1 := s_1, x_2 := s_2]$ zu $\#$ reduziert. Dies beweist man durch Induktion über t, wenn man $\beta\eta$-Normalform vorausgesetzt.

Betrachten wir nun den allgemeinen Fall einer Matching-Gleichung

$$x(s_1, s_2, \ldots, s_n) \;=\; t$$

und erklären, wie man einen Baumautomaten konstruiert, der genau die Lösungen dieser Gleichung erkennt.

Für jeden Teilterm u der rechten Seite t führen wir einen Zustand q_u und dazu noch zwei Sonderzustände $\mathsf{q}_\#$ und $\mathsf{q}_{\mathsf{fin}}$ ein. Die Transitionsregeln sind die folgenden. Erfolgreicher Abschluss wird durch die Regel

$$\delta_{\lambda x_1, \ldots, x_n}(q_t) \;=\; \mathsf{q}_{\mathsf{fin}}$$

signalisiert. Wie in obigem Beispiel wird das Auftreten eines nicht weiter zu spezifizierenden Terms durch den Spezialzustand $\mathsf{q}_\#$ mit der folgenden Regel signalisiert.

$$\delta_\#() \;=\; \mathsf{q}_\#$$

Falls $v = f(u_1, \ldots, u_n)$ ein Teilterm der rechten Seite t ist, wobei $u_i, v \neq \#$ gilt, wird die Regel

$$\delta_f(\mathsf{q}_{u_1}, \ldots, \mathsf{q}_{u_n}) \;=\; \mathsf{q}_v$$

hinzugenommen. Falls $s_i(u_1, \ldots, u_n) = v$ modulo $\beta\eta$-Kongruenz ist, wobei $v \neq \Box$, aber vielleicht $u_i = \Box$ ist, so erhalten wir noch die folgende Regel.

$$\delta_{x_i}(\mathsf{q}_{u_1}, \ldots, \mathsf{q}_{u_n}) = \mathsf{q}_v \, .$$

Diese Methode funktioniert für beliebige Matching-Gleichungen dritter Ordnung, also Gleichungen der Form $a(x_1, \ldots, x_n) = b$, wobei x_i Variablen dritter Ordnung sind, etwa mit Typen wie $(o \to o) \to o$, und a, b variablenfrei sind.

13.2 Baumautomaten und XML

Weitere wichtige Anwendungen für Baumautomaten ergeben sich im Bereich semistrukturierter Daten (XML). Sie werden hier insbesondere zur Typüberprüfung (Typen = XML Schemas) von Dokumenten und Transformationsskripten eingesetzt. Sind solche Transformationsskripten in funktionalem Stil geschrieben, so kann man eine Kombination von ML-Typüberprüfung und Baumautomaten einsetzen, um eine approximative Typprüfung im folgenden Sinne durchzuführen:

Gegeben seien Schemas In und Out, sowie ein Transformationsskript P. Bestätigt die Typüberprüfung für P den Typ In $\to$ Out, so liefert P für Eingaben des Typs In stets Ausgaben des Typs Out. Es gibt aber Skripten P, die diese semantische Eigenschaft haben und dennoch von der Typüberprüfung zurückgewiesen werden. Der Vorteil dieses Ansatzes ist, dass die Typüberprüfung recht einfach und gleichzeitig die einsetzbare Programmiersprache universell ist.

Alternativ kann man eine exakte Analyse erreichen, indem man die erlaubten Skripten einschränkt, etwa auf Baumautomaten mit Ausgabe und gleichzeitig die Analyse komplizierter macht.

Als konkretes Beispiel zeigen wir hier die Programmiersprache XDuce, eine funktionale Programmiersprache zur Verarbeitung von XML-Dokumenten. XML-Daten können sowohl als Ein- als auch als Ausgabe einer Funktion erscheinen. Es gibt aber auch noch andere Datentypen wie Float, String, etc. Für XML-Daten gibt es benutzerdefinierte Typen, die im Wesentlichen den XML-Schemas entsprechen.

Das folgende ist z.B. eine XDuce-Typdefinition.

```
type Addrbook = addrbook[Person*]
type Person = person[(Name,Tel?,Email* )]
type Name = name[String]
type Tel = tel[String]
type Email = email[String]

type Addrbook2 = addrbook[Person*]
type Person = person[(Name,Tel*,Email* )]
type Name = name[String]
type Tel = tel[String]
type Email = email[String]
```

Ein dazu passendes XML-Dokument—eines mit Typ Addrbook—ist das folgende.

```
<addrbook>
  <person>
    <name>Haruo Hosoya</name>
    <email>hahosoya</email>
    <email>haruo</email>
  </person>
  <person>
    <name>Jerome Vouillon</name>
    <tel>123-456-789</tel>
    <email>vouillon</email>
  </person>
  <person>
    <name>Benjamin Pierce</name>
    <email>pierce</email>
  </person>
</addrbook>
```

Dieselbe Typdefinition kann auch als DTD (Document Type Definition) angegeben werden.

```
<!DOCTYPE Addrbook
  [ <!ELEMENT addrbook( person*) >
    <!ELEMENT person (name, tel?, email*) >
    <!ELEMENT name (\# PCDATA)>
    <!ELEMENT tel (\# PCDATA)>
    <!ELEMENT email (\# PCDATA)>
]>
```

Es ist recht einfach, einen Baumautomaten anzugeben, dessen Sprache gerade die XML-Dokumente des Typs `Addrbook` sind. Ein kleines Problem hierbei ist, dass die Symbole in XML, wie `addrbook`, variable Stelligkeit besitzen. Man kann das dadurch umgehen, dass man alle Symbole nur ein- oder zweistellig erlaubt und ggf. neue künstliche Typabkürzungen einführt, vgl. die Chomsky-Normalform kontextfreier Grammatiken. In XDuce werden XML-Dokumente intern in die feststellige Notation umgerechnet und verarbeitet. Alternativ kann man auch die Baumautomaten auf die variable Stelligkeit erweitern.

Die folgende XDuce Funktion übersetzt nun eine Folge von Adresseinträgen in ein Telefonbuch. Die gegebenen Typannotate werden automatisch überprüft.

```
fun mkTelList (val e as (Name,Addr,Tel?)*) : (Name,Tel)* =
  match e with
    name[val n], addr[val a], tel[val t], val rest
      -> name[n], tel[t], mkTelList(rest)
  | name[val n], addr[val a], val rest
      -> mkTelList(rest)
  | ()
      -> ()
```

Notizen

Das hier vorgestellte Verfahren zum Entscheiden des Leerheitsproblems für Baumautomaten ist einfach die technische Erweiterung des entsprechenden Verfahrens für endliche Automaten auf endlichen Wörtern. Auch die Potenzmengenkonstruktion, die verwendet wird, um zu zeigen, dass DBUBAs genauso mächtig wie BUBAs sind, ist im Prinzip dasselbe wie das Verfahren aus endlichen Wörtern. Es ergibt sich jedoch ein komplexitätstheoretischer Unterschied für das darauf aufbauende Universalitätsproblem, wenn die Eingabe ein nichtdeterministischer Automat ist. Bei Wörtern ist dieses natürlich exponentiell, kann jedoch mit polynomialem Platz gelöst werden. Bei Bäumen ist dies nicht bekannt. H. Seidl hat gezeigt, dass das Äquivalenzproblem und damit auch das Universalitätsproblem für BUBAs EXPTIME-vollständig ist [Sei90], während es nach L. Stockmeyer und A. Meyer bekannt ist, dass diese für NFAs "nur" PSPACE-vollständig sind [MS73].

Matchingprobleme tauchen in vielen Anwendungen auf, so zum Beispiel bei der Kompilierung von Pattern-Matching Ausdrücken, wie man sie in funktionalen Programmiersprachen (ML, Haskell) und auch neueren objektorientierten Sprachen (Scala, C#) vorfindet. Der hier beschriebene Algorithmus geht auf H. Comon und Y. Jurski zurück [CJ97]; er kann bis zur Ordnung fünf verallgemeinert werden. Ob das Matchingproblem für beliebige Ordnung entscheidbar ist, war lange Zeit eine offene Frage. Erst 2006 hat C. Stirling einen Beweis der Entscheidbarkeit vorgelegt [Sti06, Sti09]. Dieses Resultat gilt jedoch nur unter der $\beta\eta$-Gleichheit; erlaubt man nur die β-Reduktion, so wird das Problem unentscheidbar [Loa03].

Die Sprache XDuce wurde von B. Pierce und Hosoya eingeführt [HP03].

T. Schwentick hat einen Übersichtsartikel zu Anwendungen von Baumautomaten auf XML verfasst [Sch07b]; eine inzwischen recht umfassende Referenz zu Automaten auf endlichen Bäumen im allgemeinen ist das Online-Buchprojekt von H. Comon et al. [CDG$^+$07].

Übungsaufgaben

Übung 87. Welche der folgenden Baumsprachen werden von einem endlichen Baumautomaten über dem Alphabet $\Sigma = \{a, b, c, d\}$ mit $\sigma(a) = \sigma(b) = 2$ und $\sigma(c) = \sigma(d) = 0$ erkannt?

a) $L_1 := \{t \in \mathcal{T}_\Sigma \mid$ der Pfad $\varepsilon, 0, 01, 010, 0101, 01010, \ldots$ in t enthält eine gerade Anzahl von a's $\}$,

b) $L_2 := \{t \in \mathcal{T}_\Sigma \mid t$ ist nicht balanciert $\}$,

c) $L_3 := \{t \in \mathcal{T}_\Sigma \mid$ in t gibt es zwei Blätter u, v, so dass $t(u) = c$ und $t(v) = d$ ist und u links von v liegt $\}$,

d) $L_4 := \{t \in \mathcal{T}_\Sigma \mid t$ hat genau 239 Blätter, die mit c beschriftet sind $\}$,

Welche dieser Sprachen werden auch von einem deterministischen Top-Down-Baumautomaten erkannt?

Übung 88. Beweise Satz 12.7. Gib auch eine obere Schranke an die Anzahl der Zustände an, die ein zu einem gegebenen BUBA äquivalenter DBUBA haben kann.

Übung 89. Konstruiere einen TDBA, der die Sprache aller Boole'schen Ausdrücke, die zu $\top$ auswerten (siehe Bsp. 12.5), erkennt.

Übung 90. Beweise Satz 12.12.

Übung 91. Beweise Korollar 12.18 auf direktem Wege, also ohne Umweg über das deMorgan'sche Gesetz.

Übung 92. Zeige, dass die Menge aller Ableitungsbäume einer kontext-freien (Wort-)Sprache eine reguläre Baumsprache ist.

Übung 93. Konstruiere den Lauf des DBUBA $\mathcal{A}$ aus Bsp. 13.2 auf dem als Baum aufgefassten Term $\lambda x_1, x_2.x_1(x_2(x_1(x_1(a, \#), \#)), \#)$.

Teil IV

Unendliche Bäume

14

Automaten auf unendlichen Bäumen

Unter unendlichen Bäumen versteht man hier solche, die zwar endlichen Verzweigungsgrad haben, aber i.a. unendliche viele Knoten haben und somit auch unendlich lange Äste. Es ist klar, dass sich nur das Automatenmodell aus dem letzten Teil, welches top-down arbeitet, auf unendliche Bäume verallgemeinern lässt. Dies zeigt sofort, dass unendliche Bäume im Rahmen der Automatentheorie schwieriger zu handhaben sind als endliche Bäume. Es waren ja nur die bottom-up arbeitenden Automaten, die determinisiert und damit leicht benutzt werden können, um den Abschluss der regulären Baumsprachen unter Komplement zu zeigen. Für unendliche Bäume muss dies also—falls es denn möglich ist—über die top-down arbeitenden Automaten gemacht werden.

Man kann dann verschiedene Akzeptanzbedingungen studieren, z.B. Büchi, Muller, Rabin, Parität. Eine natürliche Erweiterung der Akzeptanz bei Automaten auf endlichen Bäumen—an jedem Blatt wird ein Endzustand erreicht— ist die, dass die jeweilige Akzeptanzbedingung auf *jedem* Ast eines Laufs auf dem Eingabebaum gelten muss. Dies wirft einige grundlegende Fragen auf. So ist z.B. Komplementierung selbst bei deterministischen Automatenmodellen, deren Akzeptanzbedingung sich leicht komplementieren lässt (z.B. Parität), nicht sofort ersichtlich. Schließlich würde ein Baum damit *nicht* erkannt, wenn auf *einem* Ast die Akzeptanzbedingung nicht zutrifft. Wollte man einen Baumautomaten für das Komplement einer gegebenen Sprache konstruieren, so müsste dieser mit seiner Akzeptanzbedingung, die über *alle* Äste spricht, diese existentielle Quantifizierung irgendwie simulieren. Wir werden sehen, dass Komplementierung trotz dieses Hindernisses möglich ist.

Interessante weitere Fragen sind z.B.: Erkennen Büchi-Automaten wieder genauso viel wie die allgemeinsten Muller-Automaten? Welche Automatenmodelle sind determinisierbar?

Wir werden uns in diesem Teil hauptsächlich mit Paritäts-Baumautomaten beschäftigen, da die allgemeineren Muller-Automaten mithilfe der in Abschnitt 8.3.2 vorgestellten Konstruktion leicht in Paritätsautomaten übersetzt werden können. Dies gilt auch für die Baumautomaten. Andererseits werden

M. Hofmann, M. Lange, *Automatentheorie und Logik*, eXamen.press,
DOI 10.1007/978-3-642-18090-3_14, © Springer-Verlag Berlin Heidelberg 2011

wir sehen, dass Büchi-Automaten auf Bäumen zu schwach sind und keine besonders interessante Klasse von erkennbaren Baumsprachen definieren.

14.1 Paritäts-Baumautomaten

Im folgenden sei Σ ein Baumalphabet ohne Blätter, d.h., $\sigma(a) > 0$ für alle $a \in \Sigma$. Das ist eine technische, vereinfachende Bedingung; wenn gewünscht, kann man Blätter durch einstellige Symbole simulieren mit der Maßgabe, dass der Teilbaum unterhalb eines solchen Symbols "nicht gilt".

Definition 14.1. Ein unendlicher Baum über Σ ist eine nichtleere, präfix-abgeschlossene Menge $T \subseteq \mathbb{N}^*$ und eine Funktion $t : T \to \Sigma$, so dass für alle $w \in T$ und alle $i < st(t(w))$ gilt: $wi \in T$. Damit ist T stets unendlich groß.

Ein Pfad in einem unendlichen Baum t ist ein Wort $\pi \in \mathbb{N}^\omega$ derart, dass jedes endliche Präfix u von w in $\text{dom}(t)$ ist. Der Pfad definiert ein unendliches Wort $t(\pi) \in \Sigma^\omega$ durch $t(\pi)_i = t(w_0, \ldots, w_{i-1})$.

Wir definieren gleich Paritäts-Baumautomaten. Diese kombinieren einfach nur die bekannten Details eines Paritätsautomaten (Akzeptanzbedingung) und eines Baumautomaten (Transitionsfunktion).

Definition 14.2. Ein *Paritäts-Baumautomat* (PBA) ist ein $\mathcal{A} = (Q, \Sigma, q_0, \delta, \Omega)$, wobei Q eine endliche Menge von Zuständen ist, Σ ein Alphabet wie oben, $q_0 \in Q$, $\delta = \bigcup_{a \in \Sigma} \delta_a$ mit $\delta_a : Q \to 2^{Q^{st(a)}}$ für $a \in \Sigma$ und $\Omega : Q \to \mathbb{N}$.

Ein *Lauf* des PBA auf einem unendlichen Baum t ist eine Funktion $r : \text{dom}(t) \to Q$, so dass $r(\varepsilon) = q_0$ und $(r(w0), \ldots, r(w(st(t(w)) - 1))) \in \delta_{t(w)}(r(w))$ für alle $w \in \text{dom}(t)$. Ein Lauf ist *akzeptierend*, wenn für alle Pfade $\pi = v_0, v_1, v_2, \ldots$ in t gilt, dass die größte Zahl, die unendich oft in der Folge $\Omega(r(v_0)), \Omega(r(v_1)), \Omega(r(v_2)), \ldots$ vorkommt, gerade ist. Die von $\mathcal{A}$ erkannte Sprache besteht wie üblich aus allen Bäumen, zu denen ein akzeptierender Lauf existiert.

Eine Baumsprache heißt *regulär*, falls sie von einem PBA erkannt wird. Wir sprechen daher auch oft von *PBA-erkennbar*.

Unser erstes Resultat behandelt einfache Abschlusseigenschaften der Klasse der regulären Baumsprachen. Diese werden insbesondere später beim Beweis des Komplementabschlusses benutzt. Der Beweis erfolgt analog zum Fall der unendlichen Wörter.

Eine Abbildung $f : \Sigma \to \Sigma'$ zwischen zwei Baumalphabeten ist *stelligkeitserhaltend*, wenn $st(f(a)) = st(a)$ für alle $a \in \Sigma$.

Lemma 14.3. *Die Klasse der PBA-erkennbaren Baumsprachen ist unter Vereinigung und Projektion entlang stelligkeitserhaltender Funktionen $\Sigma' \to \Sigma$ zwischen Baumalphabeten abgeschlossen.*

Beweis. Übung.

Lemma 14.4. *Sei Σ Baumalphabet mit maximaler Stelligkeit n und $D = \{0, \ldots, n-1\}$. Sei L eine ω-reguläre Wortsprache über $\Sigma \times D$. Die assoziierte Baumsprache L^t besteht aus allen Bäumen t, so dass jeder Pfad in t geschrieben als Wort über $\Sigma \times D$ in L ist. Die Sprache L^t ist eine PBA-erkennbare Baumsprache.*

Beweis. Man bestimmt mit Satz 8.19 einen deterministischen Paritätsautomaten $\mathcal{P} = (Q, \Sigma \times D, q_0, \delta, \Omega)$, so dass $L = L(\mathcal{P})$. Der folgende PBA erkennt offensichtlich L^t:

$$(Q, \Sigma, q_0, \delta', \Omega)$$

wobei

$$\delta'_a(q) \;=\; \Big(\delta\big(q, (a, 0)\big), \delta\big(q, (a, 1)\big), \ldots, \delta\big(q, (a, n-1)\big)\Big)$$

□

Der entstehende PBA ist hier also sogar deterministisch. Es ist allerdings leider nicht möglich, dieselbe Konstruktion ausgehend von einem nichtdeterministischen Paritätsautomaten durchzuführen, selbst dann nicht, wenn man in Kauf nimmt, dass der entstehende PBA nichtdeterministisch wird. Der Grund ist, dass dann der gewählte Pfad von den nichtdeterministischen Entscheidungen des Wortautomaten abhängig gemacht werden kann.

Beispiel 14.5. Für ein konkretes Gegenbeispiel betrachte man $\Sigma = \{a, b\}$ mit $st(a) = st(b) = 2$ und $L = (\Sigma \times D)^* (\{a\} \times D)^\omega$. Die Sprache L^t umfasst hier alle Bäume, bei denen auf jedem Pfad nur endlich viele b's vorhanden sind. Ein nichtdeterministischer PBA für L ist durch den offensichtlichen NBA für L gegeben: $\delta(q_0, x) = \{q_0, q_1\}$ für $x \in \Sigma \times D$ und $\delta(q_1, (a, i)) = \{q_1\}$, $\delta(q_1, (b, i)) = \emptyset$ für $i \in D$, sowie $\Omega(q_0) = 1$, $\Omega(q_1) = 0$.

Versucht man nun, die Konstruktion aus dem Beweis von Lemma 14.4 verallgemeinernd anzuwenden, so wird man auf einen PBA geführt, in dem Q, Ω wie oben definiert sind und

$$\begin{aligned}
\delta_a(q_0) \;=\; \delta_b(q_0) \;&=\; \{(q_0, q_0), (q_1, q_1)\} \\
\delta_a(q_1) \;&=\; \{(q_1, q_1)\} \\
\delta_b(q_1) \;&=\; \emptyset
\end{aligned}$$

gilt. Dieser Automat erkennt aber nicht den durch $t(0^*1) = b$, $t(w) = a$ gegebenen Baum, obwohl er zu L^t gehört. Der Grund ist, dass ein akzeptierender Lauf ja auch auf dem Pfad $0, 00, 000, \ldots$ irgendwann den Zustand q_1 bringen müsste, dieser aber im gesamten unterhalb liegenden Teilbaum keine b's mehr verarbeiten kann.

Formal sei r ein akzeptierender Lauf des Automaten auf t. Es muss i existieren, so dass $r(0^i) = q_1$, da sonst auf dem Pfad $0, 00, 000, \ldots$ die Akzeptanzbedingung verletzt wäre. Nun muss aber auch $r(0^i 1) = q_1$ sein und das steht im Widerspruch zu $t(0^i 1) = b$.

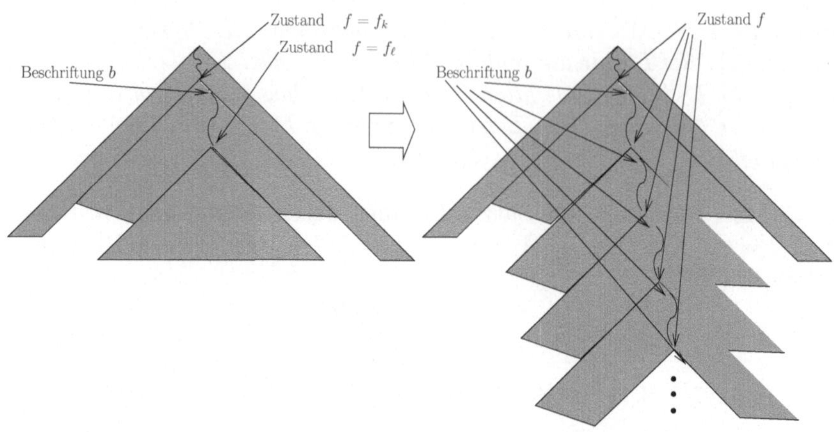

Abb. 14.1. Konstruktion eines Baumes mit unendlich vielen b's auf einem Pfad im Beweis von Satz 14.8.

Der Vollständigkeit halber wiederholen wir hier noch einmal das bereits oben erwähnte Resultat, dass deterministische Paritäts-Baumautomaten echt schwächer sind als ihre nichtdeterministische Variante. Der Beweis ist eine leichte Erweiterung von Satz 12.14.

Satz 14.6. *Es gibt PBA-erkennbare Baumsprachen, die nicht von einem deterministischen PBA erkannt werden.*

Beweis. Übung.

14.2 Büchi-Baumautomaten

Mit der aus Abschnitt 7.1 bekannten Simulation der Büchi-Bedingung durch eine Paritäts-Bedingung lassen sich leicht Büchi-Baumautomaten definieren.

Definition 14.7. Ein Büchi-Baumautomat (BBA) ist ein PBA $\mathcal{A} = (Q, \Sigma, q_0, \delta, \Omega)$, wobei $\Omega : Q \to \{1, 2\}$.

Wir betrachten Büchi-Baumautomaten hier lediglich um zu zeigen, dass—im Gegensatz zur Welt der unendlichen Wörter—diese auf Bäumen nicht ausreichen, um alle regulären Baumsprachen zu erkennen. Der Beweis benutzt eine ähnliche Idee wie oben, verbunden mit einer Pumping-Argumentation.

Satz 14.8. *Es sei $\Sigma = \{a, b\}$ und $st(a) = st(b) = 2$, und L umfasse alle Bäume über Σ, so dass sich auf jedem Pfad nur endlich viele b's befinden. Die Sprache L ist nicht durch einen Büchi-Baumautomaten erkennbar.*

Beweis. Wir nehmen an, dass $L = L(\mathcal{A})$ für einen Büchi-Baumautomaten $\mathcal{A}$. Für $i \geq 0$ definieren wir den Baum t_i so, dass jeder Knoten der Form $w1$, in dem w weniger als i Einsen enthält, mit b beschriftet wird und alle anderen Knoten mit a beschriftet werden. Im Falle $i = 0$ ergibt sich der konstant mit a beschriftete Baum; im Falle $i = 1$ erhält man den weiter oben verwendeten Baum, indem genau jeder Knoten der Form 0^*1 mit b beschriftet ist. Weiterhin gilt für $i > 0$ die Gleichung

$$t_i \;=\; a(t_i, b(t_{i-1}, t_{i-1}))\,.$$

Für jedes i ist $t_i \in L$, da die Anzahl der b's auf einem Pfad π höchstens $\min(i, |\pi|_1)$ ist, wenn $|\pi|_1$ die Anzahl der Einsen in π bezeichnet.

Wir fixieren nun $n > |F|$ und betrachten einen akzeptierenden Lauf r von $\mathcal{A}$ auf t_n. Wir verfolgen den Pfad $\varepsilon, 0, 00, 000, 0000, \ldots$, bis ein i_0 gefunden ist mit $f_0 := r(0^{i_0}) \in F$. So ein i_0 muss es geben, da ja auf jedem Pfad die Büchi-Bedingung erfüllt sein soll. Jetzt biegen wir einmal in die andere Richtung ab, verfolgen also den Pfad $\varepsilon, 0, \ldots, 0^{i_0}1, 0^{i_0}10, 0^{i_0}100, \ldots$ solange, bis i_1 gefunden ist mit $f_1 := r(0^{i_0}10^{i_1}) \in F$. Sodann wählen wir i_2 mit $f_2 := r(0^{i_0}10^{i_1}10^{i_2}) \in F$ usw. bis sich ein Endzustand wiederholt, also bis $k < \ell \leq n$ gefunden sind mit $f_{\cdot} = f_k = f_\ell$. Aufgrund der Wahl $n > |F|$ ist das möglich, vgl. das Pumping Lemma. Das erste Auftreten von f bei k und das zweiten Auftreten von f bei ℓ sind durch einen Pfad verbunden, auf dem sich mindestens ein b befindet. Indem man nun dieses Baumsegment ad infinitum wiederholt (Abb. 14.2), erhält man einen Baum, der einen Pfad mit unendlich vielen b's enthält. Wiederholung des entsprechenden Segmentes des Laufs liefert dann einen akzeptierenden Lauf für diesen neuen Baum. $\square$

Komplement-Abschluss und Leerheitsproblem

Das zentrale technische Hilfsmittel für die noch zu behandelnde Komplementierung der PBAs bilden die Paritätsspiele, welche wir zunächst separat studieren. Danach beweisen wir den Komplementabschluss der regulären Sprachen unendlicher Bäume sowie die Entscheidbarkeit des Leerheitsproblems und folgern daraus im folgenden Kapitel, in dem wir nun wieder Logiken auf unendlichen Bäumen betrachten werden, wieder die Entscheidbarkeit einer monadischen Logik zweiter Stufe auf unendlichen Bäumen.

15.1 Paritätsspiele

Bei einem Paritätsspiel handelt es sich um ein unendlich lang zu spielendes Zwei-Personen-Spiel, dessen Gewinnbedingung als Paritätsbedingung formuliert ist. Intuitiv schieben zwei Spieler A und P abwechselnd einen Spielskin auf einem Spielplan umher, dessen Felder mit Prioritäten beschriftet sind. Eine unendlich lange Partie ist dann ein Gewinn für A, falls die größte unendlich oft aufgesuchte Priorität gerade ist.

Oft werden die Spieler auch mit 0 und 1 bezeichnet aufgrund dessen, dass ein Spieler i versucht, eine große Priorität zu besuchen, die modulo 2 genau i ist. Wir benutzen hier die Namen A und P wegen der Anwendung der Paritätsspiele im angesprochenen Komplementierungsbeweis. Intuitiv spielen dort zwei Spieler auf Läufen eines PBA, wobei ein Spieler die Knoten eines Niveaus vorlegt und der andere daraus einen Knoten auswählt. Die Namen der Spieler in diesem Kontext kommen von den Bezeichnungen *Automaton* und *Pathfinder*.

15.1.1 Spiele, Partien und Strategien

Definition 15.1. Ein *Paritätsspiel* ist ein Quadrupel $G = (Pos_A, Pos_P, \delta, \Omega)$, wobei Pos_A und Pos_P zwei disjunkte, nicht notwendigerweise endliche Mengen

M. Hofmann, M. Lange, *Automatentheorie und Logik*, eXamen.press,
DOI 10.1007/978-3-642-18090-3_15, © Springer-Verlag Berlin Heidelberg 2011

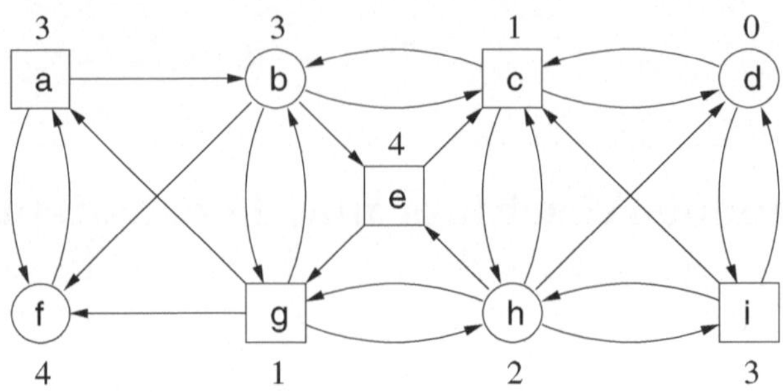

Abb. 15.1. Ein Paritätsspiel.

sind, die *Positionen* des Spiels. Man schreibt $Pos := Pos_A \cup Pos_P$. Die Relation $\delta \subseteq Pos \times Pos$ modelliert die möglichen *Züge* und $\Omega : Pos \to \{0, \ldots, n\}$ weist den Positionen *Prioritäten* aus einer stets endlichen Teilmenge von $\mathbb{N}$ zu. Es wird zusätzlich gefordert, dass es für jede Position $x \in Pos$ eine Position $y \in Pos$ gibt, so dass $\delta(x, y)$ gilt. Der Spielgraph muss also immer total sein.

Das Spiel wird von einer gegebenen Startposition $p \in Pos$ so gespielt, dass ein Spielstein auf p gesetzt und dann von den Spielern A und P entlang der Kanten δ verschoben wird. Ist die aktuelle Position in Pos_A, so ist Spieler A am Zug, ansonsten P. Aufgrund der Forderung $\forall x \in Pos.\exists y \in Pos.\delta(x, y)$ gibt es keine Sackgassen.

Die resultierende unendliche *Partie* $p = p_0, p_1, p_2, p_3, \ldots$ wird von Spieler A gewonnen, falls die größte Zahl, die in der Folge $\Omega(p_0), \Omega(p_1), \ldots$ unendlich oft auftritt, gerade ist. Ansonsten, also wenn sie ungerade ist, gewinnt P.

In Abb. 15.1 ist ein Paritätsspiel grafisch dargestellt. Die Positionen, in denen Spieler A am Zug ist, sind hier als Kreise repräsentiert; die Positionen von Spieler P als Kästchen, also $Pos_A = \{b, d, f, h\}$ und $Pos_P = \{a, c, g, e, i\}$. Die Prioritäten sind durch die Annotate gegeben, also $\Omega(a) = 3 = \Omega(b)$, $\Omega(c) = 1$, usw. Die erlaubten Übergänge sind $\delta = \{(a, b), (a, f), (f, a), \ldots\}$.

Wir interessieren uns vor allem für die Möglichkeit eines Spielers, ein Spiel zu gewinnen. Dies wird über Strategien formalisiert. Wir verzichten hier darauf, Strategien allgemein zu definieren, sondern beschränken uns gleich auf den beweisbar ausreichenden Fall der positionalen Strategien. Im Allgemeinen darf eine Strategie den nächsten Zug eines Spielers in Abhängigkeit von der gesamten, bisherigen Partie beschreiben. Eine positionale Strategie hängt nur von der momentanen Situation, also von der zuletzt erreichten Position ab.

Definition 15.2. Sei $G = (Pos_A, Pos_P, \delta, \Omega)$ ein Paritätsspiel. Eine *positionale Strategie* für Spieler i ist eine Funktion $s : Pos_i \to Pos$. Eine Partie $p_0, p_1, p_2, \ldots$ ist *konform* mit einer Strategie s für Spieler i, falls für alle $j \in \mathbb{N}$

gilt: $p_j \in Pos_i \Rightarrow p_{j+1} = s(p_j)$. In solch einer Partie hat Spieler i also immer so gewählt, wie die Strategie s es vorgegeben hat.

Eine *Gewinnstrategie* für Spieler i in Position p ist eine Strategie für i, so dass Spieler i jede Partie gewinnt, die in p beginnt und konform mit s ist.

Eine *Gewinnposition* für Spieler i ist ein p, so dass es eine Gewinnstrategie für Spieler i in Knoten p gibt. Die Menge der Gewinnpositionen für A wird mit W_A bezeichnet. Analog definiert man W_P.

Es sollte klar sein, dass $W_A \cap W_P = \emptyset$ in jedem Spiel gilt. Würde es einen Knoten p in diesem Durchschnitt geben, so hätten beide Spieler eine Gewinnstrategie von p aus. Würden beide nun mit diesen Strategien gegeneinander antreten, so würde daraus eine Partie resultieren, die von beiden gewonnen würde. Dann müsste die größte, in dieser Partie unendlich oft auftretende Priorität sowohl gerade wie auch ungerade sein, was natürlich nicht möglich ist.

Angenommen, der Gewinnbereich eines Spielers in einem Spiel erstreckt sich über zwei Knoten. Nach Definition hätte dieser Spieler dann zwei möglicherweise verschiedene Gewinnstrategien. Allgemein würde so die Anzahl der Gewinnstrategien in einem Spiel unbeschränkt mit der Anzahl der Zustände wachsen. Das folgende Resultat zeigt, dass man nicht alle diese betrachten muss, sondern sich auf eine einzige beschränken kann.

Lemma 15.3. *Sei $i \in \{A, P\}$, $G = (Pos_A, Pos_P, \delta, \Omega)$ ein Paritätsspiel und U eine Menge von Positionen, so dass Spieler i von jeder Position $p \in U$ eine positionale Gewinnstrategie s_p besitzt. Dann gibt es auch eine Strategie s für Spieler i, die Gewinnstrategie in jedem $p \in U$ ist.*

Beweis. Sei $i = A$. Der andere Fall ist vollkommen analog. Wir nummerieren die Positionen als $p_0, p_1, p_2, \ldots$ durch. Falls es überabzählbar viele gibt, so verwendet man dafür Ordinalzahlen. Jetzt betrachten wir s_{p_0}. Diese Strategie sichert den Gewinn für A von p_0 aus, aber auch von allen Positionen aus, die bei Befolgung von s_0 von p_0 aus erreichbar sind bei beliebigem Spiel von P.

Im Allgemeinen sind das nicht alle Positionen; aber es gibt ja noch s_{p_1}. Dies sichert Gewinn auf p_1 und allen Positionen, die von p_1 erreichbar sind. Somit können wir die universelle Gewinnstrategie s definieren durch $s(p) = s_{p_i}(p)$, wobei i das kleinste i ist, so dass p von p_i aus bei Befolgung von s_{p_i} erreicht werden kann. $\square$

Die Gewinnbereiche aus dem Paritätsspiel im obigen Beispiel bzw. aus Abb. 15.1 nebst zugehörigen positionalen Gewinnstrategien sind in Abb. 15.2 dargestellt. Die Strategien sind durch die dicken Pfeile gegeben. Der Typ des Knotens, von dem diese Pfeile ausgehen, bestimmt natürlich, zu welcher Strategie—für Spieler A oder P—sie gehört. Es ist $W_A = \{a, b, f, g, h\}$ und $W_P = \{c, d, e, i\}$. Dass dies eine Partition der Menge aller Positionen bildet, ist kein Zufall, wie wir im nächsten Abschnitt sehen werden. Vorher definieren wir noch ein elementares Konzept, welches dort benutzt wird—sogenannte Attraktoren und Attraktorstrategien.

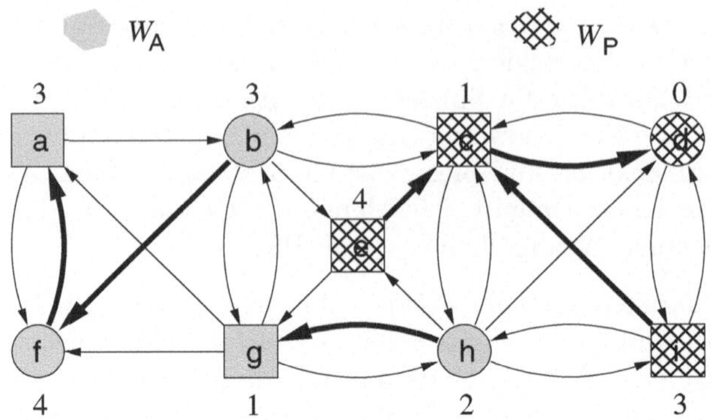

Abb. 15.2. Paritätsspiel mit Gewinnbereichen und positionalen Gewinnstrategien.

Definition 15.4. Sei $G = (Pos_A, Pos_P, \delta, \Omega)$ ein Paritätsspiel und $U \subseteq Pos$. Der *Attraktor* für Spieler A von U ist

$$Attr_A(U) = \bigcup_{j \in \mathbb{N}} Attr_A^j(U)$$

wobei

$$Attr_A^0(U) := U$$

$$Attr_A^{j+1}(U) := Attr_A^j(U)$$
$$\cup \; \{p \in Pos_A \mid \exists v \in Attr_A^j(U) \text{ mit } (p,v) \in \delta\}$$
$$\cup \; \{p \in Pos_P \mid \forall v \in Pos.(p,v) \in \delta \Rightarrow v \in Attr_A^j(U)\}$$

Den Attraktor für Spieler P erhält man analog durch systematisches Vertauschen von A und P in dieser Definition.

Man erkennt leicht, dass der Attraktor für Spieler i von einer Menge U von Positionen genau die Menge derjenigen Positionen ist, von denen aus Spieler i unabhängig von der Wahl des Gegners einen Besuch der Menge U erzwingen kann. Genauer gesagt gilt, dass $Attr_i^j(U)$ genau aus denjenigen Positionen besteht, von denen aus Spieler i einen Besuch von U in höchstens j Zügen erzwingen kann.

Wir verzichten hier auf eine technische Definition einer (positionalen) *Attraktorstrategie*. Diese schreibt einem Spieler vor, wie er spielen muss, um den Besuch besagter Menge U zu erzwingen. Es sollte klar sein, dass diese lediglich Positionen in

$$Pos_i \cap \left(Attr_i^{j+1}(U) \setminus Attr_i^j(U)\right)$$

auf einen Nachfolger in $Attr_i^j(U)$ abbilden muss.

15.1.2 Positionale Determiniertheit

Wir hatten uns bereits überlegt, dass keine Position von beiden Spieler gewonnen werden kann. Es gilt jedoch noch mehr. Die Tatsache, dass von jeder Position entweder A oder P das Spiel gewinnen kann, wird als *Determiniertheit* bezeichnet. Sie folgt für Paritätsspiele bereits aus einem allgemeinen Satz (Martins Determiniertheitssatz). Das Gegenstück zu der oben skizzierten Hälfte der Determiniertheit—von jeder Position aus muss mindestens einer die Spieler eine Gewinnstrategie haben—ist nicht offensichtlich. Wieso soll ein Spieler eine Gewinnstrategie haben, wenn der andere *keine* hat? In der Tat folgt aus dem Auswahlaxiom die Existenz unendlicher Spiele, die nicht determiniert sind.

Die positionale Determiniertheit ist eine Besonderheit der Paritätsspiele und gilt z.B. nicht für die in offensichtlicher Weise definierten Muller-Spiele.

Satz 15.5. *Sei $G = (Pos_A, Pos_P, \delta, \Omega)$ ein Paritätsspiel. Es gilt $W_A \cup W_P = Pos$ und es existieren positionale Gewinnstrategien für* A *und für* P.

Beweis. Wir beweisen dies durch Induktion über n, die höchste, in G vorkommende Priorität.

Ist $n = 0$, so ist jede Strategie für A eine Gewinnstrategie auf allen Positionen. Aus der Tatsache, dass jede Position mindestens einen Nachfolger hat, folgt auch die Existenz solch einer Strategie.

Sei also $n > 0$. Indem wir ggf. die Rollen von A und P vertauschen, dürfen wir o.B.d.A. voraussetzen, dass n gerade ist. Sei jetzt U die Menge derjenigen Positionen, von denen aus P eine positionale Gewinnstrategie besitzt. Nach Lemma 15.3 gibt es dann eine einzige Gewinnstrategie, die P's Gewinn auf allen Positionen in U sichert. Wir möchten zeigen, dass von allen Positionen in $Pos \setminus U$ der Spieler A eine positionale Gewinnstrategie hat.

Wir betrachten das Teilspiel auf den Positionen außerhalb von U, d.h. alle Spielzüge, die aus $Pos \setminus U$ herausführen, werden verboten. Wir beachten, dass es keinen so herausführenden Spielzug für P geben kann, da ja sonst die entsprechende Position zu U gehören würde. Außerdem wird Spieler A durch diese Wegnahme nicht in eine Sackgasse geführt, denn gäbe es eine Position $p \in Pos_A \setminus U$ derart, dass jeder Zug von p nach U hineinführt, so hätte man diese Position p auch der Menge U hinzurechnen müssen.

Kommt in $Pos \setminus U$ die höchste Priorität nicht vor, so erlaubt uns die Induktionshypothese die Aufteilung von $Pos \setminus U$ in zwei Bereiche W_A, W_P, wobei A das Teilspiel in W_A gewinnt und P es in W_P gewinnt (jeweils positional). Nachdem P den Bereich $Pos \setminus U$ nicht verlassen kann, gewinnt A auf W_A sogar das gesamte Spiel. Andererseits gewinnt P auf W_P auch das gesamte Spiel, denn sollte A sich in den Bereich U absetzen, so würde P natürlich sofort seine dortige Strategie zum Einsatz bringen. Aufgrund der Annahme an U bedeutet dies aber, dass W_P leer ist und somit A auf ganz $Pos \setminus U$ eine positionale Gewinnstrategie besitzt, was zu beweisen war.

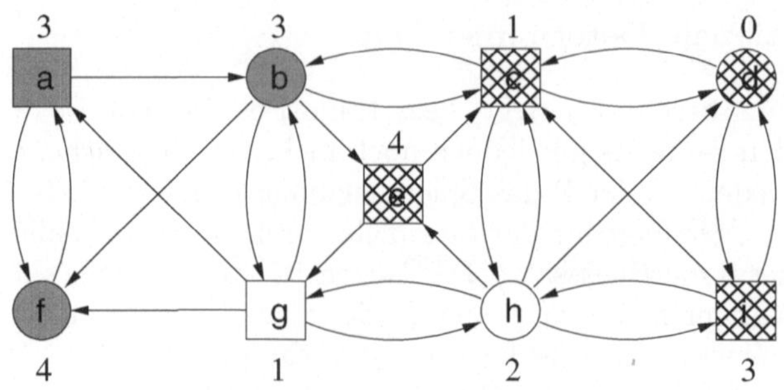

Abb. 15.3. Paritätsspiel mit Gewinnbereich und Attraktor.

Es bleibt der Fall zu betrachten, wo die höchste Priorität n (o.B.d.A. n gerade) in $Pos \setminus U$ vorkommt. Sei N die Menge der Positionen in $Pos \setminus U$ mit Priorität n. Sei $Attr_A(N)$ die Menge derjenigen Positionen, von denen aus A einen Besuch von N erzwingen kann. Man beachte, dass es keine A-Züge nach $Attr_A(N)$ hin gibt und keine P-Züge aus $Attr_A(N) \setminus N$ heraus. Es gilt stets $N \subseteq Attr_A(N)$.

Wir betrachten nunmehr das Teilspiel auf $Z = (Pos \setminus U) \setminus Attr_A(N)$. Wieder handelt es sich hierbei tatsächlich um ein Spiel, denn würden von einer gewissen Position alle Züge von P nach $Attr_A(N)$ hineinführen, so hätte man diese Position dem Attraktor zuschlagen müssen. Wir teilen es nach Induktionshypothese auf in Gewinnbereiche W_A und W_P. Auf W_P hat P sogar für das gesamte Spiel eine positionale Gewinnstrategie, denn in den Attraktor kann A nicht entkommen und ein Entkommensversuch in den Bereich U führt zum Verlust. Daher ist aber wie vorher W_P leer.

Es bleibt zu zeigen, dass sowohl auf dem Attraktor, als auch auf W_A das Gesamtspiel von A positional gewonnen wird. Das geht wie folgt: Auf W_A spielt A gemäß seiner positionalen Gewinnstrategie für das Teilspiel; auf dem Attraktor hingegen erzwingt A einen Besuch von N. Diese Strategie stellt insbesondere sicher, dass der Spielverlauf $Pos \setminus U$ nie verlässt. Führt der Spielverlauf immer wieder nach N hinein, so gewinnt A nach Definition, ansonsten gemäß der Induktionshypothese.

Die positionale Determiniertheit der Paritätsspiele ist somit erwiesen.   □

Um die Vorgehensweise in diesem Beweis noch einmal zu veranschaulichen, betrachten wir das oben gezeigte Beispiel eines Paritätsspiels. In Abb. 15.3 ist die Menge U derjenigen Positionen, auf denen Spieler P eine positionale Gewinnstrategie nach Voraussetzung hat, durch die Musterung der Knoten gekennzeichnet. Es gilt also $U = \{c, d, e, i\}$. Um nun zu zeigen, dass der Gegner— hier Spieler A—auf den übrigen Knoten eine positionale Gewinnstrategie hat, betrachtet man zunächst die Menge N der Knoten mit der höchsten Priorität darin, die für ihn gut (hier: gerade) ist. Dies ist $N = \{f\}$. Der Attraktor für

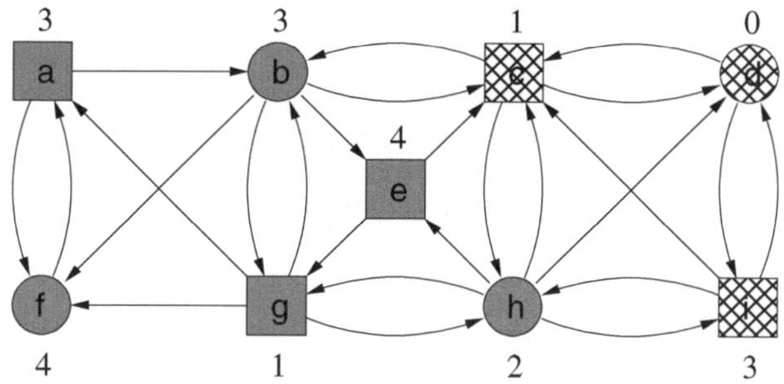

Abb. 15.4. Paritätsspiel mit Attraktor und Gewinnbereich für Teilspiel.

Spieler A von N ist $Attr_A(N) = \{a, b, f\}$, wie man leicht sieht. In Abb. 15.3 ist dieser durch eine Schattierung der Knoten gekennzeichnet.

Das verbleibende Spiel besteht nur noch aus der Knotenmenge $Z = \{g, h\}$. Dies wird per Induktionshypothese aufgeteilt in Gewinnbereiche für Spieler A und P. Es ist natürlich in diesem Beispiel leicht zu sehen, dass Spieler A das gesamte Restspiel auf Z gewinnt. Durch Zusammensetzen mit der Attraktorstrategie auf $Attr_A(N)$ ergibt sich eine positionale Gewinnstrategie für Spieler A auf dem Komplement von U.

15.1.3 Algorithmische Behandlung

Ist die Menge der Positionen eines Paritätsspiel endlich, so kann man nach Algorithmen fragen, die entscheiden, ob eine bestimmte Position in W_A oder in W_P ist. Im folgenden beschreiben wir einen einfachen, rekursiver Algorithmus, der dies löst. Er benutzt im Grunde dieselben Ideen wie die aus obigem Beweis der Determiniertheit und funktioniert somit wie folgt.

Sei N die Menge der Positionen mit der höchsten (o.B.d.A. geraden Priorität). Berechne iterativ den Attraktor $Attr_A(N)$, also die Menge der Positionen von denen aus A das Spiel nach N zwingen kann. Berechne nunmehr rekursiv (die Zahl der Prioritäten ist ja kleiner geworden) die Menge der Positionen X, von denen aus P das Teilspiel $Pos \setminus Attr_A(N)$ gewinnt. Im Beispiel besteht der Attraktor aus $\{a, b, e, f, g, h\}$. Genauer: Die Menge derjenigen Knoten mit der höchsten Priorität ist $\{e, f\}$. Spieler A kann von b und von h aus direkt dorthin ziehen. Spieler P muss von den Knoten a und g in einen dieser ziehen.

Die Gewinnmenge X derjenigen Positionen, von denen P das Restspiel ohne diesen Attraktor gewinnt, ist $\{c, d, i\}$. In Abb. 15.4 sind X durch Musterung und $Attr_A(\{e, f\})$ durch Schattierung gekennzeichnet.

Im Allgemeinen gilt: Ist jetzt X leer, so gewinnt A überall. Ansonsten gewinnt P auch das gesamte Spiel von allen Positionen in X, da es ja keine Züge für A in den Attraktor gibt. Sei nun Y die Menge der Positionen im Gesamtspiel, von denen aus P den Spielverlauf nach X zwingen kann (auch

$$
\begin{aligned}
&\text{SolveGame}(G) = \\
&\quad \texttt{let } (\mathit{Pos}_A, \mathit{Pos}_P, \delta, \Omega) := G \\
&\quad n := \max\{\Omega(v) \mid v \in \mathit{Pos}\} \\[4pt]
&\quad \texttt{if } n = 0 \texttt{ then return } (W_A := \mathit{Pos}, W_P := \emptyset) \\[4pt]
&\quad \texttt{if } n \texttt{ gerade then } \sigma := A \texttt{ else } \sigma := P \\[4pt]
&\quad N := \{v \in \mathit{Pos} \mid \Omega(v) = n\} \\
&\quad N' := \mathit{Attr}_\sigma(N) \\[4pt]
&\quad (W'_\sigma, W'_{\bar\sigma}) := \text{SolveGame}(G \setminus N') \\
&\quad \texttt{if } W'_{\bar\sigma} = \emptyset \texttt{ then return } (W_\sigma := W'_\sigma \cup N', W_{\bar\sigma} := \emptyset) \\[4pt]
&\quad N'' := \mathit{Attr}_{\bar\sigma}(W'_{\bar\sigma}) \\
&\quad (W''_\sigma, W''_{\bar\sigma}) := \text{SolveGame}(G \setminus N'') \\
&\quad \texttt{return } (W_\sigma := W''_\sigma, W_{\bar\sigma} := N'' \cup W''_{\bar\sigma})
\end{aligned}
$$

Abb. 15.5. Ein rekursiver Algorithmus zum Lösen von Paritätsspielen.

ein Attraktor). Im Beispiel ist $Y = X \cup \{e\}$. Es ist klar, dass P auch auf allen Positionen in Y gewinnt. Nun bestimmen wir rekursiv W'_A und W'_P für das Teilspiel $\mathit{Pos} \setminus Y$. Dies hat weniger Positionen, wodurch die Rekursion wohlfundiert wird. Im Beispiel besteht W'_A aus ganz $\mathit{Pos} \setminus Y$ und $W'_P = \emptyset$. Wir behaupten, dass $W_A = W'_A$ und $W_P = Y \cup W'_P$. In der Tat gewinnt A von W'_A aus, da ja P nicht in den Attraktor Y entkommen kann. Auf der anderen Seite gewinnt P von W'_P aus, da ein mögliches Entkommen von A in die Menge Y sofort mit der dort vorhandenen Gewinnstrategie beantwortet wird.

Abb. 15.5 zeigt diesen Algorithmus in Pseudocode. Dabei ist $G \setminus N$ für ein Spiel G und eine Menge N von Positionen darin das Spiel, welches aus G entsteht, wenn alle Positionen in N mit allen ein- und ausgehenden Kanten entfernt werden.

Leider werden in diesem Algorithmus zwei rekursive Aufrufe getätigt, so dass die Komplexität exponentiell ist. Es ist ein offenes Problem, ob sich Paritätsspiele in polynomialer Zeit entscheiden lassen. Der folgende Satz zeigt andererseits, dass das Lösen von Paritätsspielen vermutlich nicht allzu schwierig, zumindest nicht NP-hart, ist.

Satz 15.6. *Das Problem, zu einem gegebenen Paritätsspiel G und Position p darin zu entscheiden, ob $p \in W_A$ gilt, ist sowohl in NP als auch in co-NP.*

Beweis. Die Inklusion in NP wird wie folgt gezeigt. Rate eine positionale Strategie für Spieler A, die den Knoten v enthält. Das ist offensichtlich in Zeit $\mathcal{O}(|\delta|)$ möglich. Betrachte nun den von dieser Strategie s induzierten Graphen G'. Dieser enthält nur noch die Kanten

$$\{(w, s(w)) \mid w \in \mathit{Pos}_A\} \ \cup \ (\delta \cap \mathit{Pos}_P \times \mathit{Pos})$$

Auch diese Konstruktion ist in Zeit $\mathcal{O}(|\delta|)$ möglich.

Nun gilt: s ist eine Gewinnstrategie genau dann, wenn die höchste Priorität auf jedem in G' vorkommenden Zykel gerade ist. Diese Bedingung ist aber ebenfalls in polynomialer Zeit prüfbar.

Die Inklusion in co-NP folgt aus der Determiniertheit. Ein Problem ist in co-NP, falls sein Komplement in NP ist. D.h. für die Inklusion in co-NP muss man einen NP-Algorithmus angeben, der entscheidet, ob $v \notin W_{\mathrm{A}}$ ist. Dies ist zuerst nicht offensichtlich, denn dazu müsste man ja eigentlich jede Strategie testen. Es gilt aber: $v \notin W_{\mathrm{A}} \iff v \in W_{\mathrm{P}}$ nach Satz 15.5. Damit lässt sich obiger NP-Algorithmus genauso verwenden, indem lediglich nach einer Strategie für Spieler P gesucht wird. $\qquad\square$

15.2 Komplementierung der Paritäts-Baumautomaten

Für den Beweis der Komplementierbarkeit von PBAs ist es nützlich, die Akzeptanz eines Baumes t durch einen PBA $\mathcal{A}$ als Zwei-Personenspiel zwischen Spieler A und P aufzufassen. Das Spiel ist so angelegt, dass A eine Gewinnstrategie besitzt genau dann, wenn $t \in L(\mathcal{A})$ ist. Intuitiv platziert man eine Spielfigur auf die Wurzel des Baumes und setzt den Zustand des Automaten auf den Anfangszustand q_0; Spieler A wählt dann eine passende Transition (Zustände für die Kinder der Wurzel) und Spieler P schiebt die Spielfigur auf eines der Kinder. Der Zustand des Automaten geht dann in den entsprechenden, vorab von A gewählten Zustand über. Dann ist wieder A am Zug usw. Auf diese Weise entsteht sukzessive ein Pfad durch den Baum und eine Zustandsfolge. Die Partie wird von A genau dann gewonnen, wenn diese Zustandsfolge die Paritätsbedingung erfüllt. Es sollte klar sein, dass A in diesem Spiel genau dann eine Gewinnstrategie besitzt, wenn $t \in L(\mathcal{A})$ ist.

Umgekehrt wird die Eingabe t genau dann *nicht* von $\mathcal{A}$ akzeptiert, wenn der Gegenspieler P eine Gewinnstrategie hat, und letzteres gilt es dann wiederum durch einen geeigneten Automaten zu modellieren, um so einen PBA für das Komplement der zugrundeliegenden Sprache zu erhalten.

15.2.1 Akzeptanz durch PBA als Paritätsspiel

Sei also Σ ein Baumalphabet und seien ein PBA $\mathcal{A} = (Q, \Sigma, q_0, \delta, \Omega)$ und ein Baum t gegeben. Sei n der maximale Verzweigungsgrad im Baum—also die maximale Stelligkeit der Alphabetsymbole—und $D = \{0, \dots, n{-}1\}$ die Menge der möglichen Richtungen, in die man in einem Knoten verzweigen kann. Positionen im Baum lassen sich so als bestimmte Wörter über D^* auffassen. Wenn $w \in D^*$ einen Knoten im Baum adressiert, so bezeichnen wir wie üblich mit $t(w)$ die Beschriftung des durch w adressierten Knotens in t. Wenn $t(w) = a$ und $st(a) = k$, dann ist $k \leq n$ und $\{i \mid wi \in T\} = \{0, \dots, k-1\}$.

Definition 15.7. Das mit $\mathcal{A}$ und t assoziierte Paritätsspiel $G(\mathcal{A}, t)$ wird nun folgendermaßen erklärt.

a) Positionen des Spiels sind Paare (w, q) und Paare $(w, \mathbf{q})$, wobei $w \in D^*$ eine Position im Baum ist, q ein Zustand und $\mathbf{q} \in Q^{<n}$ ein Tupel von Zuständen ist. Bei Positionen der Form (w, q) ist A am Zug; bei Positionen der Form $(w, \mathbf{q})$ ist P am Zug.

b) In der Position (w, q) wählt A ein Tupel $\mathbf{q} \in \delta_a(q)$, wobei $a = t(w)$ und erreicht die Position $(w, \mathbf{q})$.

c) In der Position $(w, \mathbf{q})$ wählt P eine Richtung $i < st(t(w))$, und es wird die Position (wi, q_i), wobei q_i die i-te Komponente von $\mathbf{q}$ ist, eingenommen.

d) Die Priorisierung ist gegeben durch $\Omega(w, q) = \Omega(q)$ und $\Omega(w, \mathbf{q}) = 0$.

Lemma 15.8. *Spieler* A *gewinnt das Spiel* $G(\mathcal{A}, t)$ *von der Position* (ε, q_0) *aus genau dann, wenn* $t \in L(\mathcal{A})$.

Beweis. Übung.

15.2.2 Konstruktion des Komplementautomaten

Mit der positionalen Determiniertheit der Paritätsspiele folgt hieraus, dass $t \notin L(\mathcal{A})$ genau dann gilt, wenn P das Spiel von (ε, q_0) aus positional gewinnt. Dies nutzen wir nun, um einen PBA für das Komplement von $L(\mathcal{A})$ zu konstruieren.

Satz 15.9. *Sei* $\mathcal{A} = (Q, \Sigma, q_0, \delta, \Omega)$ *ein* PBA. *Man kann effektiv einen* PBA $\mathcal{A}'$ *konstruieren mit* $L(\mathcal{A}') = \overline{L(\mathcal{A})}$.

Beweis. Wenn $t \notin L(\mathcal{A})$ ist, so besitzt P im Spiel $G(\mathcal{A}, t)$ eine positionale Gewinnstrategie. Diese hat die Form einer Funktion

$$str : \mathrm{dom}(t) \times Q^n \to D$$

Man beachte, dass im Allgemeinen $A \times B \to C \simeq A \to (B \to C)$ gilt. Wir setzen $S = Q^n \to D$, sodass str als Funktion vom Typ $\mathrm{dom}(t) \to S$ aufgefasst werden kann. Wir definieren ein neues Baumalphabet durch $\Delta = \Sigma \times S$ und $st(a, s) = st(a)$. Außerdem definieren wir zwei Projektionsfunktionen für diese Paare: $p_1(a, s) = a$ und $p_2(a, s) = s$.

Es ist also $t \notin L(\mathcal{A})$ genau dann, wenn ein Baum t' über Δ existiert mit $p_1(t') = t$ und so, dass durch die S-Beschriftungen von t' eine positionale Gewinnstrategie für P definiert wird.

Formal definieren wir L' als die Menge all derjenigen Bäume t' über Δ, so dass

$$str(w, \mathbf{q}) = p_2(t'(w))(\mathbf{q})$$

eine positionale Gewinnstrategie für P in $G(\mathcal{A}, p_1(t'))$ ist.

Es ist dann offensichtlich $\overline{L(\mathcal{A})} = \{t \mid \exists t' \in L'.p_1(t') = t\}$. Gelingt es also, L' durch einen PBA zu erkennen, so ist wegen Lemma 14.3 auch $\overline{L(\mathcal{A})}$ durch PBA erkennbar. Wir konzentrieren uns nunmehr auf diese Aufgabe.

Ein Baum t' ist in L' genau dann, wenn für alle Zugfolgen $z = \mathbf{q}_0, \mathbf{q}_1, \mathbf{q}_2, \cdots$ für A folgendes gilt: Die durch z und str definierte Partie ist entweder illegal und der Fehler dafür liegt bei z, also A, oder sie ist ein Gewinn für P.

Formal bedeutet das folgendes: Man definiert die Folgen $d_0\,d_1\,d_2\ldots$ und $q_0 q_1 q_2 \ldots$ durch: $q_0 =$ Startzustand, $d_0 = str(\varepsilon, \mathbf{q}_0)$, $q_1 = (\mathbf{q}_0).d_0$, $d_1 = str(d_0, \mathbf{q}_1)$, $q_2 = (\mathbf{q}_1).d_1$, $d_2 = str(d_0 d_1, \mathbf{q}_2)$, $\ldots$

"Die Partie ist illegal und der Fehler dafür liegt bei z", wenn $\mathbf{q}_i \notin \delta_a(q_i)$, wobei $a = p_1(t(d_0 d_1 \ldots d_{i-1}))$. "Die Partie ist ein Gewinn für P", wenn die größte Zahl, die in der Folge $\Omega(q_0)\Omega(q_1)\Omega(q_2)\ldots$ unendlich oft vorkommt, ungerade ist.

Da jede solche Partie einen Pfad durch t' definiert, nämlich $d_0 d_1 d_2 \ldots$, können wir die Partien auch nach diesen Pfaden aufteilen. Ein Baum t' ist in L' genau dann, wenn für alle Pfade π und alle Zugfolgen $z = \mathbf{q}_0, \mathbf{q}_1, \mathbf{q}_2, \ldots$ für A folgendes gilt: Die durch z und str definierte Partie ist entweder illegal und der Fehler dafür liegt bei w, also A, und falls die Partie dem Pfad π folgt, so ist sie ein Gewinn für P.

Dies aber lässt sich als MSO-definierbare und damit ω-reguläre Eigenschaft F von Pfaden in t' formalisieren; somit ist $L' = F^t$ und nach Lemma 14.4 durch einen PBA erkennbar.

Wir geben hier noch eine formalere Version der Wortsprache F über dem Alphabet $\Delta \times D$ an: Das unendliche Wort $(a_0, s_0, d_0)(a_1, s_1, d_1)\ldots$ gehört zu F genau dann, wenn für alle Folgen von Vektoren $\mathbf{q}_0, \mathbf{q}_1, \mathbf{q}_2 \ldots$ und alle Zustandsfolgen $q_0, q_1, q_2 \ldots$ beginnend im Startzustand der PBA $\mathcal{A}$, bei denen $\mathbf{q}_i \in \delta_{a_i}(q_i)$ und $d_i = s_i(\mathbf{q}_i) < st(a_i))$ für alle $i \in \mathbb{N}$ ist, gilt, dass die größte Zahl in der Folge $\Omega(q_0)\Omega(q_1)\Omega(q_2)\ldots$ ungerade ist. $\qquad\square$

Wir fassen noch einmal die Schritte zur Konstruktion des Komplementautomaten $\mathcal{A}'$ zusammen, wobei wir die in den Beweisen der Lemmas 14.3 und 14.4 implizierten Konstruktion hier noch einmal explizit wiedergeben:

- Bilde das Alphabet $\Delta = \Sigma \times S$ mit $S = Q^{<n} \to D$ und $D = \{0, \ldots, n-1\}$.
- Konstruiere einen *deterministischen* Paritätsautomaten für die ω-reguläre Sprache $F \subseteq (\Delta \times D)^\omega$ (z.B. mit Satz 8.19). Sei dieser Automat $\mathcal{P} = (Q_P, \Delta \times D, q_P, \delta_P, \Omega_P)$.
- Der gewünschte Automat $\mathcal{A}'$ für $\overline{L(\mathcal{A})}$ ergibt sich dann als $\mathcal{A}' = (Q_P, \Sigma, q_P, \delta', \Omega_P)$, wobei

$$\delta'_a(q) = \{(q_0, \ldots, q_{\sigma(a)-1}) \mid \exists s \in S.\forall i < st(a).\delta_P(a, s, i) = q_i\}.$$

15.3 Leerheitstest

Um PBAs für Entscheidungsverfahren zu benutzen, müssen wir noch ihre algorithmische Handhabung erklären. Insbesondere gilt es festzustellen, ob das Leerheitsproblem für PBAs entscheidbar ist. Dies ist in der Tat der Fall.

Definition 15.10. Sei $\mathcal{A} = (Q, \Sigma, q_0, \delta, \Omega)$ ein PBA, und $m = \max\{st(a) \mid a \in \Sigma\}$. Sei $\Sigma^- = \{a\}$ für ein ausgezeichnetes Alphabetsymbol $a \in \Sigma$ mit $st(a) = m$.

Definiere einen PBA $\mathcal{A}^- := (Q, \Sigma^-, q_0, \delta^-, \Omega)$ durch

$$\delta^-(q, a) \;=\; \{(q_1, \ldots, \underbrace{q_i, \ldots, q_i}_{m-i+1 \text{ mal}}) \mid \exists b \in \Sigma, st(b) = i \text{ und } (q_1, \ldots, q_i) \in \delta(q, b)\}$$

Der PBA $\mathcal{A}^-$ erkennt intuitiv all diejenigen Bäume, die $\mathcal{A}$ erkennen würde, ohne dabei auf das Alphabet zu achten.

Lemma 15.11. *Sei $\mathcal{A}$ ein PBA über Σ. Es gilt $L(\mathcal{A}) = \emptyset$ genau dann, wenn $L(\mathcal{A}^-) = \emptyset$.*

Beweis. "$\Leftarrow$" Angenommen, $t \in L(\mathcal{A})$. Sei t' derjenige Baum, der aus t entsteht, indem jede Beschriftung durch a ersetzt wird, und der jeweils rechteste Sohn eines jeden Knoten so oft kopiert wird, bis jeder Knoten die Stelligkeit $\max\{st(b) \mid b \in \Sigma\}$ hat. Man sieht leicht, dass $t' \in L(\mathcal{A}^-)$ gilt.

"$\Rightarrow$" Sei $m = \max\{st(b) \mid b \in \Sigma\}$. Angenommen, $t' \in L(\mathcal{A}^-)$. Dann existiert ein erfolgreicher Lauf r von $\mathcal{A}^-$ auf t'. Sei $w \in dom(t')$ und $r(w) = q$ für ein $q \in Q$. Also existieren $q_1, \ldots, q_m$, so dass $r(w(i-1)) = q_i$ für $i = 1, \ldots, m$ gilt. Laut Definition von δ^- existiert dann auch ein $b \in \Sigma$, so dass $(q_1, \ldots, q_{\sigma(b)}) \in \delta(q, b)$ ist. In dem die $m - st(b)$ rechten Söhne von jedem solchen w eliminiert werden, erhält man einen Baum t, auf dem r einen Lauf des Automaten $\mathcal{A}$ bildet. Da nur Pfade verworfen wurden, gilt die Paritätsbedingung weiterhin auf allen Pfaden, womit $t \in L(\mathcal{A})$ gezeigt ist. $\square$

Satz 15.12. *Das Leerheitsproblem für PBAs mit n Zuständen und p Prioritäten über einem festen Alphabet kann in Zeit $n^{\mathcal{O}(p)}$ entschieden werden.*

Beweis. Sei Σ das festgelegte Baumalphabet und $m = \max\{st(b) \mid b \in \Sigma\}$. Sei $\mathcal{A}$ ein PBA mit n Zuständen und p Prioritäten. Offensichtlich ist dann auch $\mathcal{A}^-$ ein PBA mit denselben Größenbeschränkungen. Der Leerheitstest auf $\mathcal{A}$ reduziert sich laut Lemma 15.11 auf den Leerheitstest auf $\mathcal{A}^-$. Es gilt jedoch $L(\mathcal{A}^-) \neq \emptyset$ genau dann, wenn $t_a \in L(\mathcal{A}^-)$, wobei t_a der Baum ist, dessen Knoten alle Beschriftung a und denselben Verzweigungsgrad m haben.

Laut Lemma 15.8 gilt $t_a \in L(\mathcal{A}^-)$ genau dann, wenn Spieler A das Paritätsspiel $G(\mathcal{A}^-, t_a)$ gewinnt. Da t_a fest ist, kann dieses Spiel als endlicher Graph mit $n + n^m$ Knoten und $\mathcal{O}(n^{2m})$ vielen Kanten repräsentiert werden. Außerdem gibt es in $G(\mathcal{A}^-, t_a)$ nur p viele Prioritäten. Der in Abschnitt 15.1.3 skizzierte rekursive Algorithmus löst endliche Paritätsspiele in $\mathcal{O}(e \cdot v^d)$ vielen Schritten, wobei e die Anzahl der Kanten, v die Anzahl der Knoten und d die maximale Priorität ist. Dies liefert einen Leerheitstest für PBA, der in Zeit $n^{\mathcal{O}(p)}$ läuft, wenn die Stelligkeit des Alphabets fest ist. $\square$

Oft ist es nicht nur wichtig, von einem PBA $\mathcal{A}$ zu wissen, ob die von ihm erkannte Sprache nicht-leer ist, sondern—falls sie es ist—auch noch einen Zeugen dafür zu erhalten. Dies ist ein unendlicher Baum $t \in L(\mathcal{A})$, und man kann im Allgemeinen nicht erwarten, dass sich solch einer in endlicher Zeit konstruieren lässt. Im Folgenden zeigen wir noch, dass es aber zu jeder nicht-leeren, PBA-erkennbaren Sprache einen solchen Baum gibt, der sich endlich repräsentieren lässt.

Definition 15.13. Sei Σ ein Alphabet mit Stelligkeiten $\{1,\ldots,m\}$. Ein Baum über Σ heißt *endlich repräsentierbar*, falls er nur endlich viele nicht-isomorphe Teilbäume hat.

Die endlich repräsentierbaren ω-Bäume sind also genau diejenigen, die sich durch Gleichungssysteme der Form

$$t_1 \;=\; a_1(t_{i_{1,1}},\ldots,t_{i_{1,\sigma(a_1)}})$$

$$\vdots$$

$$t_n \;=\; a_n(t_{i_{n,1}},\ldots,t_{i_{n,\sigma(a_n)}})$$

darstellen lassen. Dabei stellt die i-te rechte Seite einen Baum dar, der an der Wurzel die Beschriftung a_i hat, worunter dann die Teilbäume $t_{i_{n,1}},\ldots$ hängen. Eine etwas genauere Analyse des Beweises von Satz 15.12 liefert dann das gewünschte Resultat.

Korollar 15.14. *Sei $\mathcal{A}$ ein PBA. Es gilt $L(\mathcal{A}) \neq \emptyset$ genau dann, wenn es einen endlich repräsentierbaren Baum t gibt, so dass $t \in L(\mathcal{A})$ gilt.*

Beweis. Die Richtung "$\Leftarrow$" ist offensichtlich. Die Richtung "$\Rightarrow$" folgt aus Satz 15.12. Sei $\mathcal{A} = (Q,\Sigma,q_0,\delta,\Omega)$ mit $L(\mathcal{A}) \neq \emptyset$. Dann hat Spieler A eine positionale Gewinnstrategie s für das Spiel $G(\mathcal{A}^-,t_a)$. Diese ist vom Typ $Q \to Q^m$, wobei m die maximale Stelligkeit des Baumalphabets ist. Wir benutzen nun s, um einen endlich repräsentierbaren Baum zu konstruieren. Dieser ergibt sich als maximale Lösung für t_{q_0} im Gleichungssystem, welches für jedes $q \in Q$ die folgende Gleichung enthält.

$$t_q \;=\; b(t_{q_{i_1}},\ldots,t_{q_{i_n}})$$

falls $st(b) = n$ und $s(q) = (q_{i_1},\ldots,q_{i_n}) \in \delta(q,b)$.

Zuerst zeigen wir, dass dieses Gleichungssystem existiert. Nach Voraussetzung ist $s(q_0)$ definiert. Also existiert ein $b \in \Sigma$ mit $s(q) = (q_{i_1},\ldots,q_{i_n}) \in \delta(q_0,b)$. Da im Spiel $G(\mathcal{A}^-,t_a)$ nun Spieler P mit der Wahl eines q_{i_j} antwortet, muss $s(q_{i_j})$ wiederum für alle $j = 1,\ldots,n$ definiert sein. Dieser Prozess terminiert, da es nur endlich viele Zustände gibt.

Es bleibt noch zu zeigen, dass $t_{q_0} \in L(\mathcal{A})$ gilt. Man sieht leicht, dass es einen Lauf von $\mathcal{A}$ auf t_{q_0} gibt—dieser beschriftet die Wurzel eines Unterbaums t_q mit dem Zustand q. Dass dieser Lauf erfolgreich ist, folgt aus der Tatsache, dass s eine Gewinnstrategie für Spieler A in $G(\mathcal{A}^-,t_a)$ ist. Beachte, dass jeder Pfad in diesem Lauf einer Partie in $G(\mathcal{A}^-,t_a)$ entspricht, in der Spieler A gemäß der Strategie s gewählt hat. Also ist die größte, unendlich auftretende Priorität in dieser Partie gerade. Die Prioritäten im Spiel sind jedoch die der Automatenzustände. Also ist auch die größte, unendlich oft auftretende Priorität auf jedem Pfad des Laufs gerade. $\qquad\square$

Logiken auf unendlichen Bäumen

Wir benutzen nun das Komplementierungsresultat aus dem vorigen Kapitel in nächstliegender Art und Weise: Wir erweitern die monadische Logik zweiter Stufe dahingehend, dass ihre Formeln nun über unendlichen Bäumen interpretiert werden. Dazu muss die Syntax leicht verändert werden. Die resultierende Logik nennen wir MSOT. Der Komplementabschluss der von Paritäts-Baumautomaten erkannten Sprachen liefert dann wie zuvor bei Automaten und Logiken auf endlichen und unendlichen Wörtern die Entscheidbarkeit dieser Logik.

Am Ende des Teils über unendliche Wörter haben wir noch die Temporallogik LTL kennengelernt. Deren Mechanismen zur Definition einer Sprache unendlicher Wörter sind verschieden von denen in MSO; komplexere Aussagen werden aus einfacheren lediglich durch temporale Operatoren erstellt. Dies sind Operatoren, die intuitiv gesehen weiter in die Zukunft in einem vorliegenden Wort schauen.

Temporallogik kann man genauso auf Bäumen betrachten. Hier ist lediglich der Zeitbegriff ein anderer. Bei der Linearzeit-Temporallogik ist die Zukunft determiniert; jeder Zeitpunkt hat genau einen eindeutigen Nachfolger. Genauso kann man aber den Standpunkt vertreten, dass die Zukunft nicht determiniert ist, ein Zeitpunkt also mehrere Nachfolger haben kann. In dieser Sichtweise ergeben sich Bäume als natürliches Modell für zeitliche Abläufe. Damit lassen sich dann z.B. wieder Programme spezifizieren und verifizieren. Der Unterschied zu dem in Abschnitt 11.4 vorgestellten Verfahren besteht darin, dass mit den Logiken über Bäumen Aussagen über Verzweigungsmöglichkeiten im Programm gemacht werden können.

In diesem Kapitel stellen wir zwei temporale Logiken vor: CTL* und $\mathcal{L}_\mu$. Erstere erweitert im Grunde das in Kap. 11 vorgestellte LTL in natürlicher Weise auf Baummodelle; zweitere baut auf ein sehr kleines Fragment von FO mithilfe von sogenannten *Fixpunktquantoren* auf, um komplexe Aussagen über Bäume zu generieren.

Wir interessieren uns insbesondere für die Entscheidbarkeit dieser Logiken. In beiden Fällen ist diese nicht offensichtlich zu erkennen. Wir benutzen

M. Hofmann, M. Lange, *Automatentheorie und Logik*, eXamen.press,
DOI 10.1007/978-3-642-18090-3_16, © Springer-Verlag Berlin Heidelberg 2011

dann das soeben gewonnene Entscheidbarkeitsresultat für MSOT, um die Entscheidbarkeit dieser beiden Logiken zu demonstrieren.

16.1 MSO auf Bäumen

16.1.1 Syntax und Semantik

Wir betrachten jetzt eine zweitstufige Logik MSOT, die sich zu Baumautomaten so verhält wie MSO zu Büchi-Automaten. So wie MSO hat auch MSOT erst- und zweitstufige Variablen; die erststufigen Variablen rangieren hier aber über Positionen in einem unendlichen Baum, also *endlichen Wörtern* über einem Alphabet Δ von *Richtungen*. Oft ist $\Delta = \{1, 2\}$; man hat es dann nur noch mit unendlichen binären Bäumen zu tun. Die zweitstufigen Variablen rangieren über Mengen von solchen Positionen, also *Sprachen* über Δ.

Definition 16.1. Seien zwei abzählbar unendliche Mengen von erststufigen Variablen $V_1 = \{x, y, \ldots\}$ und zweitstufigen Variablen $V_2 = \{X, Y, \ldots\}$ gegeben. Formeln der *monadischen Logik zweiter Stufe auf Bäumen*—kurz MSOT—über V_1, V_2 sind gegeben durch folgende Grammatik.

$$\varphi ::= \quad x{=}y \mid x{=}\varepsilon \mid x{=}yd \mid X(x) \mid \varphi_1 \vee \varphi_2 \mid \neg\varphi \mid \exists x.\varphi \mid \exists X.\varphi$$

wobei $d \in \Delta$ und $x, y \in V_1$ und $X \in V_2$.

Wie bei den allen zuvor betrachteten Logiken erlauben wir natürlich auch wieder weitere Boole'sche und logische Operatoren als Abkürzungen. Außerdem schreiben wir auch $x{\neq}\varepsilon$ oder $x{\neq}y$ statt $\neg(x{=}\varepsilon)$ etc.

Die Semantik ist ebenfalls auf natürliche Weise gegeben.

Definition 16.2. Ein *Belegung* $\mathcal{I}$ ordnet den erststufigen Variablen Wörter über Δ und den zweitstufigen Variablen Sprachen über Δ zu. Das *Update* einer Belegung I an einer einzelnen Stelle x schreiben wir wieder z.B. als $I[x \mapsto w]$.

Die Semantik der MSOT ist definiert als die folgende Relation zwischen Belegungen und Formeln:

$$
\begin{aligned}
I &\models x{=}y & &\Longleftrightarrow & I(x) &= I(y) \\
I &\models x{=}\varepsilon & &\Longleftrightarrow & I(x) &= \varepsilon \\
I &\models x{=}yd & &\Longleftrightarrow & I(x) &= I(y)d \\
I &\models X(x) & &\Longleftrightarrow & I(x) &\in I(X) \\
I &\models \varphi \vee \psi & &\Longleftrightarrow & I &\models \varphi \text{ oder } I \models \psi \\
I &\models \neg\varphi & &\Longleftrightarrow & I &\not\models \varphi \\
I &\models \exists x.\varphi & &\Longleftrightarrow & &\text{es gibt ein } w \in \Delta^*, \text{ so dass } I[x \mapsto w] \models \varphi \\
I &\models \exists X.\varphi & &\Longleftrightarrow & &\text{es gibt } L \subseteq \Delta^*, \text{ so dass } I[X \mapsto L] \models \varphi
\end{aligned}
$$

Als Beispiel für die Verwendung von MSOT-Formeln betrachten wir die Definition eines Pfades in einem Baum.

Beispiel 16.3. Gesucht ist eine MSOT-Formel $Path(X, x)$ mit freier zweitstufiger Variable X und freier erststufiger Variable x, die von einer Interpretation I genau dann erfüllt wird, wenn $I(X)$ die Knotenmenge eines Pfads ist, der in $I(x)$ beginnt.

Wir betrachten zunächst den einfacheren Fall, dass der Pfad in der Wurzel des Baums beginnen und in einem Knoten y enden soll. Dann muss diese Wurzel zu X gehören, und es muss gelten, dass

- jeder Knoten, der zu X gehört, aber nicht selbst schon y ist, genau einen Nachfolger hat, der ebenfalls zu X gehört, und
- alle Nachfolger aller anderen Knoten nicht zu X gehören.

Die Formel $RootPath(X) = \forall w.AuxPath(X, w, \varepsilon)$ drückt dies aus, wobei

$$
\begin{aligned}
AuxPath(X, w, v) \ = \ &\big(w{=}v \to X(w)\big) \ \wedge \\
&\Big(\neg X(w) \to \forall y. \bigwedge_{d \in \Delta} y{=}wd \to \neg X(y)\Big) \ \wedge \\
&\big(X(w) \to \exists y. \bigvee_{d \in \Delta} y{=}wd \wedge X(y) \wedge \\
&\qquad\qquad\qquad \forall z. \bigwedge_{d' \in \Delta \setminus \{d\}} z{=}wd' \to \neg X(z)\big)
\end{aligned}
$$

Um nun die gewünschte Formel $Path(X, x)$ zu erhalten, muss man ein paar Tricks anwenden. Es reicht nicht aus, einfach $\forall w.AuxPath(X, w, x)$ dafür herzunehmen. Dies würde auch von einer Interpretation erfüllt, die mehrere—sogar bis zu unendlich viele—verschiedene Pfade in X beschreibt, die sich nirgendwo treffen und von denen einer x enthält. Stattdessen verlangen wir einfach zusätzlich, dass jeder Knoten, der zu X gehört und nicht der designierte Startknoten x selbst ist, auch einen Vorgänger in X hat. Dies hat zur Folge, dass jede unerwünschte Teilmenge von X, die einen Pfad irgendwo ohne x bildet, bis zur Wurzel fortgesetzt werden muss. Dass es mehr als eine solche gibt, ist bereits dadurch ausgeschlossen, dass jeder Knoten in X genau einen Nachfolger in X hat. So bleibt nur noch der einzige Fall auszuschließen, dass X zwei Pfade bildet, von denen der eine in x startet, der andere in der Wurzel. Dies ist aber leicht getan, indem man $x{\neq}\varepsilon$ als Bedingung einfügt.

$$
\begin{aligned}
Path(X, x) \ = \ &\Big(\forall w.AuxPath(X, w, x) \wedge \\
&\big((X(w) \wedge w{\neq}x) \to \exists v. \bigvee_{d \in \Delta} w{=}vd \wedge X(v)\big)\Big) \ \wedge \\
&x{\neq}\varepsilon \to \neg X(\varepsilon)
\end{aligned}
$$

16.1.2 Entscheidbarkeit

Hat man eine endliche Menge $\mathcal{V}$ von Variablen (erst- und zweitstufig), so kann man Belegungen, die sich höchstens auf diesen Variablen von den Defaultwerten ε und $\emptyset$ unterscheiden, durch Bäume über dem Baumalphabet $\Sigma := \mathcal{P}(\mathcal{V})$

und $st(x) = |\Delta|$ kodieren. Hierzu fixiert man eine Ordnung auf Δ; o.B.d.A. setzen wir voraus $\Delta = \{1, 2, \ldots, n\}$, also $st(x) = n$ für alle $x \in \mathcal{V}$.

Eine Belegung $\mathcal{I}$ definiert dann den Baum

$$t_{\mathcal{I}}(w) = \{X \mid X \in \mathcal{V} \text{ und } w \in \mathcal{I}(X)\} \cup \{x \mid x \in \mathcal{V} \text{ und } w = \mathcal{I}(X)\}$$

Durch Induktion über den Formelaufbau kann man nun zu jeder Formel φ einen äquivalenten PBA $\mathcal{A}_\varphi$ konstruieren. Existentielle Quantifikation und Disjunktion werden mit Nichtdeterminismus (Lemma 14.3) behandelt, für die Negation verwenden wir den Komplementabschluss; die atomaren Formeln werden durch explizite Automatenkonstruktion kodiert.

Satz 16.4. *Für jede MSOT-Formel φ existiert ein PBA $\mathcal{A}_\varphi$, so dass für alle Interpretationen I der Variablen in φ gilt:* $t_{\mathcal{I}} \in L(\mathcal{A}_\varphi) \iff \mathcal{I} \models \mathcal{A}_\varphi$.

Mit Hilfe von Satz 15.12 erhalten wir dann die Entscheidbarkeit.

Korollar 1. *Das Erfüllbarkeitsproblem für MSOT ist entscheidbar.*

Es sollte klar sein, dass dieses Problem mindestens so schwierig ist wie das Erfüllbarkeitsproblem für MSO auf unendlichen Wörtern, da sich unendliche Wörter als Spezialfall unendlicher Bäume ergeben. Das so erhaltene Entscheidungsverfahren hat also ebenfalls nicht eine elementare Komplexität.

16.2 Volle Baumzeit-Logik

Wir erinnern uns zunächst an die Logik LTL, deren Formeln aus atomaren Propositionen in $\mathcal{P}$ aufgebaut wurden mithilfe der Boole'schen Operatoren und den temporalen Operatoren $\bigcirc$ und U (sowie den Abkürzungen F, G und R). Die Syntax von CTL* führt nur noch zwei weitere Operatoren ein: E und A stellen Quantoren über Pfade dar. Eine CTL*-Formel besteht lediglich aus einer Schachtelung von mehreren LTL-Formeln, denen jeweils ein Pfadquantor vorausgestellt wird. Anders ausgedrückt: Wir benutzen die Aussagekraft von LTL auf Wörtern, um Aussagen über Bäume zusammenzustellen, indem man erstere mit Aussagen der Form "es gibt einen Pfad" bzw. "auf allen Pfaden gilt" kombiniert.

16.2.1 Syntax und Semantik

Definition 16.5. Sei φ eine LTL-Formel, q eine atomare Proposition und ψ eine Formel. Dann entsteht $\varphi[\psi/q]$ aus φ dadurch, dass jedes Vorkommen von q durch ψ ersetzt wird.

Sei $\mathcal{P}$ eine Menge atomarer Propositionen. Formeln der *Baumzeit-Temporallogik* (CTL*) bilden die kleinste Menge, für die folgendes gilt.

- Ist $\theta \in$ LTL, so ist E$\theta \in$ CTL*.

- Sind $\varphi, \psi \in \mathrm{CTL}^*$, so sind $\varphi \vee \psi, \neg\varphi \in \mathrm{CTL}^*$.
- Ist $\varphi, \psi \in \mathrm{CTL}^*$ und ist q atomare Proposition, so ist $\varphi[\psi/q] \in \mathrm{CTL}^*$.

Neben den bereits erwähnten Abkürzungen für LTL-Operatoren schreiben wir auch $\mathrm{A}\varphi$ statt $\neg\mathrm{E}\neg\varphi$.

CTL^*-Formeln interpretieren wir an Knoten in einem unendlichen Baum. Wie in Kap. 11 bei den Wörtern sind die Alphabete zur Beschriftungen dieser Bäumen wieder exponentiell groß, da die Logik über atomare Propositionen definiert ist. Es gilt also im folgenden immer $\Sigma = 2^{\mathcal{P}}$. Beachte allerdings, dass es sich hier um ein Baumalphabet handelt. Den Symbolen sind also noch Stelligkeiten zuzuordnen. Der Einfachheit halber wählen wir einen festen Verzweigungsgrad d für alle Bäume. Dieser ist wichtig, denn die Erfüllbarkeit einer CTL^*-Formel kann von diesem Verzweigungsgrad abhängen.

Definition 16.6. Sei t ein Baum über dem Alphabet $\Sigma = 2^{\mathcal{P}}$ mit Stelligkeit d. Mit $Paths_t(v)$ bezeichnen wir die Menge aller Pfade in t, die in dem Knoten v beginnen. Außerdem schreiben wir hier $\models_{\mathrm{LTL}}$ für die Modellbeziehung zwischen einem solchen Pfad und einer LTL-Formel.

CTL^*-Formeln werden induktiv in solchen Bäumen t wie folgt interpretiert. Dabei sei $v \in dom(t)$ ein Knoten in t.

$$
\begin{aligned}
t, v &\models \mathrm{E}\theta & \Longleftrightarrow \quad & \text{es gibt } \pi \in Paths_t(v) \text{ mit } \pi \models_{\mathrm{LTL}} \theta \\
t, v &\models \varphi \vee \psi & \Longleftrightarrow \quad & t, v \models \varphi \text{ oder } t, v \models \psi \\
t, v &\models \neg\varphi & \Longleftrightarrow \quad & t, v \not\models \varphi \\
t, v &\models \varphi[\psi/q] & \Longleftrightarrow \quad & t', v \models \varphi \text{ wobei } t' \text{ definiert ist über}
\end{aligned}
$$

$$
t'(w) \ := \ \begin{cases} t(w) \cup \{q\} & , \text{ falls } t, w \models \psi \\ t(w) \setminus \{q\} & , \text{ sonst} \end{cases}
$$

Beispiel 16.7. Die Formel $\mathrm{A}(\mathrm{GF}p \to \mathrm{GF}q)$ besagt, dass auf allen Pfaden, auf denen unendlich oft p gilt, auch unendlich oft q gelten muss. Dies ist z.B. nicht dasselbe wie $\mathrm{AGF}p \to \mathrm{AGF}q$, was besagt, dass auf allen Pfaden q unendlich oft gelten muss, wenn dies für p schon der Fall ist.

Wir bringen noch ein zweites Beispiel für die Bedeutung von CTL^*-Formeln, welches dem Bereich der Programmspezifikation entnommen ist.

Beispiel 16.8. Es seien n Verbraucherprozesse gegeben, die über atomare Propositionen r_i, $i = 0, \ldots, n-1$, einen *Request* signalisieren. Diese werden von einem Scheduler verwaltet. Das Beantworten einer Anfrage des i-ten Prozesses wird über die Proposition g_i (für *Grant*) modelliert. Die Formel

$$
\varphi_0 \ = \ \bigwedge_{i=0}^{n-1} \mathrm{AGF}r_i
$$

besagt z.B. dass jeder Prozess immer wieder eine Anfrage startet.

Der Scheduler soll die Anfragen in einem FIFO-Buffer verwalten. Dazu werden zwei Anfragen eines Prozesses, die nicht von einem anderen unterbrochen werden, nicht unterschieden. Die Formel

$$\varphi_1 \;=\; \bigwedge_{i=0}^{n-1} \bigwedge_{j \neq i} \mathtt{A}\neg\Big(r_i \wedge \bigcirc\big(\neg g_i \mathtt{U}\big(r_j \wedge \neg g_i \wedge \bigcirc(\neg g_i \mathtt{U} g_j)\big)\big)\Big)$$

soll besagen, dass die Anfragen in der Reihenfolge abgearbeitet werden, in der sie auftreten.

Eine wünschenswerte Eigenschaft ist dann die, dass jede Anfrage auch irgendwann beantwortet wird. Dies wird durch die folgende Formel ausgedrückt.

$$\varphi_2 \;=\; \mathtt{AG} \bigwedge_{i=0}^{n-1} (r_i \to \mathtt{AF} g_i)$$

Die Erfüllbarkeit der Formel $\varphi_0 \wedge \varphi_1 \wedge \varphi_2$ ist dann gleichbedeutend mit der Frage, ob das Design des Systems schlüssig ist.

16.2.2 Entscheidbarkeit

Mit den bis hierher erarbeiteten Methoden ist die Entscheidbarkeit der Logik CTL* nicht allzu schwer einzusehen. Genauer gesagt: Es sollte nicht überraschen, dass sich CTL* äquivalenzerhaltend in MSOT einbetten lässt. Zur Erinnerung: LTL lässt sich nach FO übersetzen; CTL*-Formeln sind (Boole'sche Kombinationen von) verschachtelten LTL-Formeln, denen jeweils ein Pfadquantor vorangestellt wird. Wir haben bereits gesehen, dass sich über Pfade in MSOT quantifizieren lässt. Dann muss lediglich noch die aus einer LTL-Formel entstehende FO-Formel auf entsprechende Pfade relativiert werden, um so eine Übersetzung von CTL* nach MSOT zu erhalten.

Satz 16.9. *Für jede CTL*-Formel φ gibt es eine äquivalente MSOT-Formel φ' mit $|\varphi'| = \mathcal{O}(|\varphi|)$.*

Beweis. Zunächst definieren wir eine Funktion $tr'_{X,x}$, die eine LTL-Formel in eine äquivalente FO-Formel mit einer freien erststufigen-Variablen x und einer freien zweitstufigen Variablen X übersetzt. Es soll folgendes für alle Pfade $\pi = v_0, v_1, \ldots$ und alle LTL-Formeln θ gelten.

$$\pi, i \models \theta \quad \Longleftrightarrow \quad \pi, \mathbb{N}, i \models tr'_{X,x}(\theta)$$

Anders gesagt: Wenn die zweitstufige Variable X durch die Menge aller Positionen in dem Pfad interpretiert wird, dann soll $tr'_{X,x}(\theta)$ an der Stelle i dasselbe ausdrücken wie θ. Wie üblich werden atomare Propositionen q wieder als freie, zweitstufige Variablen angesehen.

$$tr'_{X,x}(q) = q(x)$$

$$tr'_{X,x}(\theta_1 \vee \theta_2) = tr'_{X,x}(\theta_1) \vee tr'_{X,x}(\theta_2)$$

$$tr'_{X,x}(\neg\theta_1) = \neg tr'_{X,x}$$

$$tr'_{X,x}(\bigcirc\theta) = \exists y. \bigvee_{i=0}^{d-1} (y = xi) \wedge X(y) \wedge tr'_{X,y}(\theta)$$

$$tr'_{X,x}(\theta_1 \mathsf{U}\theta_2) = \exists y. X(y) \wedge tr'_{X,y}(\theta_2) \wedge$$
$$\forall z.(X(z) \wedge between_X(x,z,y)) \to tr'_{X,z}(\theta_1)$$

wobei die quantifizierten y, z jeweils frische Variablen sind. Das Hilfsprädikat $between_X(x,z,y)$ soll ausdrücken, dass z unterhalb von x liegt oder dem gleich ist, aber echt oberhalb von y liegt. Dies ist recht einfach, wenn wir (zurecht) annehmen, dass alle drei Positionen bereits zu X gehören, und X einen Pfad bildet. Dies bedeutet dann lediglich, dass einerseits jede Teilmenge von X, die unter Nachfolgern in X abgeschlossen ist,

a) z enthält, wenn sie x enthält, und
b) y enthält, wenn sie z enthält.

Zudem dürfen z und y nicht gleich sein.

$$between_X(x,z,y) = z \neq y \wedge \forall Y.Suff(X,Y) \to$$
$$((Y(x) \to Y(z)) \wedge (Y(z) \to Y(y)))$$

wobei

$$Suff(X,Y) = (\forall x.Y(x) \to X(x)) \wedge \forall x.\forall y. \bigwedge_{i=0}^{d-1} ((Y(x) \wedge y = xi) \to X(y))$$

Beachte auch, dass $|tr_{X,x}(\theta)| = \mathcal{O}(|\theta|)$ gilt, da der Verzweigungsgrad d fest ist.

Darauf aufbauend definieren wir eine Übersetzung von CTL* nach MSOT induktiv über den Aufbau von CTL* wie folgt.

$$tr_x(\mathsf{E}\theta) = \exists X.Path(X,x) \wedge tr'_{X,x}(\theta)$$

$$tr_x(\varphi \vee \psi) = tr_x(\varphi) \vee tr_x(\psi)$$

$$tr_x(\neg\varphi) = \neg tr_x(\varphi)$$

$$tr_x(\varphi[\psi/q]) = tr_x(\varphi)[tr_{y_1}(\psi)/q(y_1), \ldots, tr_{y_n}(\psi)/q(y_n)]$$

wobei in der letzten Klausel $y_1, \ldots, y_n$ alle erststufigen Variablen sind, für die eine Unterformel $q(y_i)$ in $tr_x(\varphi)$ vorkommt. Das Prädikat $Path(X,x)$ besagt, dass die Menge X aus einem Pfad entstanden ist, der in x beginnt. Wie dies in MSOT zu formulieren ist, wurde schon in Abschnitt 16.1 gezeigt.

Man vergewissert sich leicht, dass die Übersetzung nur einen linearen Blow-Up hat. Die Korrektheit kann auch leicht per Induktion gezeigt werden. Die

Induktionshypothesen sind die oben genannte Spezifikation für $tr'_{X,x}$ sowie das folgende. Für alle Bäume t und alle Knoten v darin und alle CTL*-Formeln φ gilt

$$t, v \models \varphi \quad \Longleftrightarrow \quad t, v \models tr_x(\varphi) \ .$$

$\square$

Daraus folgt unmittelbar die Entscheidbarkeit von CTL*. Das so erhaltene Entscheidungsverfahren ist allerdings lange nicht optimal. Durch die beliebige Alternierung von existentiellen und universellen Pfadquantoren kann die resultierende MSOT-Formel ebenfalls unbeschränkte Alternierung der Quantoren haben. Daher ist Erfüllbarkeit für die resultierenden Formeln zunächst nur in nicht-elementarer Zeit zu entscheiden. Das Erfüllbarkeitsproblem für CTL* ist jedoch vollständig für die Komplexitätsklasse $DTIME(2^{2^{n^{\mathcal{O}(1)}}})$. Ein Verfahren, welches in dieser Zeit läuft, erhält man jedoch nicht so leicht mit den hier vorgestellten Methoden.

Korollar 16.10. *Das Erfüllbarkeitsproblem für CTL* ist entscheidbar.*

Konsequenterweise kann man natürlich auch fragen, ob man mit CTL* vielleicht bereits alles ausdrücken kann, was mit MSOT möglich ist. Die Antwort ist "nein", und dafür gibt es zwei Gründe. Erstens erbt CTL* die Unzulänglichkeiten von LTL. D.h. es ist z.B. nicht möglich auszudrücken, dass es einen Pfad gibt, auf dem in gerader Tiefe die Proposition q gilt. Der Beweis ist natürlich nicht so leicht, und deswegen führen wir ihn hier auch nicht.

Zweitens kann man sich leicht überlegen, dass CTL*-Formeln invariant unter Vertauschungen von benachbarten Unterbäumen sind. Das sieht man z.B. daran, dass Zugriffe auf Nachfolger eines Knotens nur quantifiziert in der Form "es gibt einen Nachfolger" (oder eben negiert) vorkommen. Man betrachte auch noch einmal die Übersetzung von CTL* nach MSOT. Unterformeln der Form $x = yi$ stehen dort nur unter Disjunktionen oder Konjunktionen, die diese Quantifizierungen modellieren. Somit sollte klar sein, dass z.B. keine CTL*-Formel zwei Bäume der Form

unterscheiden kann. Dies ist aber leicht in MSOT möglich.

16.3 Modaler μ-Kalkül

Als zweite Anwendung des Entscheidbarkeitsresultats für MSOT auf andere Logiken betrachten wir den modalen μ-Kalkül. Dieser entsteht aus Modallogik durch Hinzunahme von Fixpunktquantoren. Deswegen beschäftigen wir uns kurz mit Modallogik auf Bäumen. Diese erweitert Aussagenlogik um Operatoren, mit denen man intuitiv gesehen einen Schritt tiefer in den Baum schauen kann. Eine Unterscheidung zwischen der Ordnung verschiedener Nachfolger wie oben im Beispiel, dass CTL* u.a. von MSOT trennt, ist ebenfalls dadurch nicht möglich.

16.3.1 Modallogik

Wie oben sind unsere Modelle wieder unendliche Bäume eines festen Verzweigungsgrads $d \geq 2$, deren Knoten mit Mengen von Propositionen beschriftet sind.[1] Es gilt also wieder $\Sigma = 2^{\mathcal{P}}$.

Definition 16.11. Formeln der *Modallogik* (ML) sind gegeben durch die folgende Grammatik.

$$\varphi \ ::= \ q \mid \varphi \vee \varphi \mid \neg\varphi \mid \Diamond\varphi$$

wobei $q \in \mathcal{P}$.

Neben den üblichen Boole'schen Abkürzungen führen wir auch einen dualen Operator zu dem Modaloperator $\Diamond$ (sprich "diamond") ein: $\Box\varphi = \neg\Diamond\neg\varphi$.

Definition 16.12. Formeln der Modallogik werden wie bei CTL* in Knoten eines Baums interpretiert.

$$
\begin{aligned}
t, v &\models q &&\iff& q &\in t(v) \\
t, v &\models \varphi \vee \psi &&\iff& t,v &\models \varphi \text{ oder } t,v \models \psi \\
t, v &\models \neg\varphi &&\iff& t,v &\not\models \varphi \\
t, v &\models \Diamond\varphi &&\iff& \text{es gibt } &i < d \text{ mit } t, vi \models \varphi
\end{aligned}
$$

Die Formel $\Diamond\varphi$ bedeutet also "es gibt einen Nachfolger(knoten), in dem φ gilt". Somit liest sich $\Box\varphi$ als "auf allen Nachfolgern gilt φ".

Sei FO das Fragment von MSOT, welches dadurch entsteht, dass Quantifizierung über Mengen verboten wird. Man erkennt sofort, dass Modallogik ein Fragment von FO ist—die Semantik ist ja wie bei LTL bereits in erststufiger Logik aufgeschrieben. Andererseits kann man recht leicht zeigen, dass FO echt mehr kann als ML. Insbesondere ist die Sprache aller Bäume, in denen q in wenigstens einem Knoten gilt, nicht ML-definierbar. Der Grund dafür ist der, dass eine feste ML-Formel nur Aussagen über die obersten k Schichten in einem Baum machen kann, wobei k die maximale Anzahl von Schachtelungen des $\Diamond$-Operators in der Formel ist. Den genauen Beweis belassen wir als Übung.

Satz 16.13. *ML $\lneq$ FO.*

---

[1] Man könnte auch $d = 1$ zulassen, womit wir unendliche Wörter als degenerierte Bäume ansehen würden. Da sich auf Wörtern jedoch teilweise andere Resultate ergeben, wollen wir diesen Fall hier explizit ausschließen.

16.3.2 Fixpunktquantoren

Gesucht ist nun nach einer Möglichkeit, ML so zu erweitern, dass elementare Aussagen wie die über die Erreichbarkeit eines Knotens möglich werden, ohne gleich zur vollen Ausdrucksstärke von MSOT greifen zu müssen. Dazu bieten sich Fixpunktquantoren an. Um zu erklären, was das ist, brauchen wir Formeln der Modallogik in positiver Normalform: Negationssymbole kommen nur vor atomaren Propositionen vor; dafür dürfen $\wedge$ und $\square$ als primitive Operatoren verwendet werden.

Lemma 16.14. *Zu jeder ML-Formel φ gibt es ein äquivalentes φ' in positiver Normalform, so dass $|\varphi'| \leq 2 \cdot |\varphi|$.*

Beweis. Übung.

Zur notationellen Vereinfachung nehmen wir nun zweitstufige Variablen $X, Y, \ldots$ in die Syntax dieser Logik auf. Vom Typ her gesehen sind diese nichts anderes als atomare Propositionen. Wir machen die Unterscheidung hier lediglich, um diejenigen Propositionen, die in einem Modell interpretiert werden ($q, p, \ldots$) von denjenigen, die für besagte Fixpunktquantoren benutzt werden, zu trennen.

Eine Formel $\varphi(X_1, \ldots, X_n)$ mit freien, zweitstufigen Variablen wird dann wie üblich mithilfe einer *Umgebung* ρ, die jede freie Variable auf eine Menge von Knoten in einem Baum abbildet, interpretiert. Dazu nimmt man lediglich zur Semantik in Def. 16.12 die Klausel

$$t, v \models_\rho X \quad \Longleftrightarrow \quad v \in \rho(X)$$

auf und reicht die Umgebung rekursiv in den übrigen Fällen weiter. Wir schreiben $\rho[X \mapsto V]$ für die Umgebung, die X auf V und alle anderen Variablen Y auf $\rho(Y)$ abbildet.

Beachte: Ist $\varphi(X)$ in positiver Normalform, so steht kein Negationszeichen vor X. Hier wird also auch die Unterscheidung zwischen atomaren Propositionen, die negiert werden dürfen, und zweitstufigen Variablen, die dies nicht dürfen, gemacht. Eine einfache Induktion über den Formelaufbau beweist dann das folgende Lemma.

Lemma 16.15. *Sei φ eine ML-Formel. Für jeden Baum t, jede Variable X und jede Umgebung ρ ist die Abbildung*

$$V \mapsto \{v \mid t, v \models_{\rho[X \mapsto V]} \varphi\}$$

vom Typ $2^{dom(t)} \to 2^{dom(t)}$ monoton.

Beweis. Übung.

Beachte, dass $2^{dom(t)}$ für jeden Baum t einen vollständigen Verband mit der Ordnung $\subseteq$ bildet. Laut einem Satz, den wir im Folgenden noch präsentieren werden, hat jede solche Abbildung einen jeweils eindeutig bestimmten kleinsten und größten Fixpunkt. Dies sind also Mengen V, die unter solch einer Abbildung invariant bleiben. Solche Fixpunkte werden wir benutzen, um Operatoren in der Logik zu definieren.

Definition 16.16. Formeln des *modalen μ-Kalküls* in positiver Normalform ($\mathcal{L}_\mu$) sind gegeben durch die folgende Grammatik.

$$\varphi \ ::= \ q \mid \neg q \mid X \mid \varphi \vee \varphi \mid \varphi \wedge \varphi \mid \Diamond\varphi \mid \Box\varphi \mid \mu X.\varphi \mid \nu X.\varphi$$

wobei $q \in \mathcal{P}$ und X zweitstufige Variable ist.

Die Interpretation dieser neuen Konstrukte ist wie folgt.

Definition 16.17. Sei t ein Baum über $2^\mathcal{P}$ und ρ eine Umgebung mit $\rho(X) \subseteq dom(t)$ für alle Variablen X. Die Semantik einer $\mathcal{L}_\mu$-Formel wird induktiv folgendermaßen definiert.

$$
\begin{aligned}
t, v \models_\rho q &\iff q \in t(v) \\
t, v \models_\rho \neg q &\iff q \notin t(v) \\
t, v \models_\rho X &\iff v \in \rho(X) \\
t, v \models_\rho \varphi \vee \psi &\iff t, v \models_\rho \varphi \text{ oder } t, v \models \psi \\
t, v \models_\rho \varphi \wedge \psi &\iff t, v \models_\rho \varphi \text{ und } t, v \models \psi \\
t, v \models_\rho \Diamond\varphi &\iff \text{es gibt } i < d \text{ mit } t, vi \models_\rho \varphi \\
t, v \models_\rho \Box\varphi &\iff \text{für alle } i < d \text{ gilt: } t, vi \models_\rho \varphi \\
t, v \models_\rho \mu X.\varphi &\iff v \in V, \text{ wobei } V \text{ kleinster Fixpunkt der Abbildung} \\
&\qquad W \mapsto \{w \mid t, w \models_{\rho[X \mapsto W]} \varphi\} \text{ ist} \\
t, v \models_\rho \nu X.\varphi &\iff v \in V, \text{ wobei } V \text{ größter Fixpunkt der Abbildung} \\
&\qquad W \mapsto \{w \mid t, w \models_{\rho[X \mapsto W]} \varphi\} \text{ ist}
\end{aligned}
$$

Zum Verständnis darüber, welche Eigenschaft von einer gegebenen $\mathcal{L}_\mu$-Formel ausgedrückt wird, ist diese Semantik natürlich nicht besonders hilfreich, da man sich die kleinsten und größten Fixpunkte dieser Abbildung nur schwer bildlich vorstellen kann. Dabei hilft eher die Intuition, die man erlangt, wenn man sich $\mu X.\varphi$ als endliche Rekursion und $\nu X.\varphi$ als möglicherweise unendliche Rekursion vorstellt. Rekursion bedeutet dabei, dass man die Formel in einem Knoten eines Baums top-down auswertet; wenn diese Auswertung auf die Variable X stößt, fängt man wieder bei $\mu X.\varphi$ bzw. $\nu X.\varphi$ an. Dies wird in den folgenden Beispielen verdeutlicht.

Beispiel 16.18. Die Sprache aller Bäume, die einen Knoten enthalten, der q erfüllt, ist—wie oben gesagt—nicht ML-definierbar. Sie ist jedoch $\mathcal{L}_\mu$-definierbar durch die Formel $\mu X.q \vee \Diamond X$. Den kleinsten Fixpunkt der entsprechenden Abbildung kann man auch iterativ berechnen, indem man zuerst der Variablen X den Wert $\emptyset$ zuweist, damit dann $q \vee \Diamond X$ auswertet, dieses

Ergebnis als nächsten Wert für X hernimmt usw. Alternativ ergibt sich so die Menge aller Knoten, die die unendliche Formel $q \vee \Diamond(q \vee \Diamond(q \vee \Diamond(q \vee \ldots$ erfüllen. Dies sind eben genau diejenigen Knoten, von denen aus ein Knoten, der q erfüllt, erreichbar ist.

Andererseits sieht man recht schnell, dass $\nu X.q \vee \Diamond X$ nichts besonders Interessantes ausdrückt. Diese Formel ist äquivalent zu *true*, denn der größte Fixpunkt der Abbildung, die eine Knotenmenge W auf die Menge aller Knoten schickt, die q erfüllen oder einen Nachfolger in W haben, ist in jedem Fall $dom(t)$ selbst.

Eine zusätzliche Schwierigkeit zum Formelverständnis (und auch der algorithmischen Komplexität einer Formel) entsteht durch Fixpunktalternierung—die Verschachtelung andersartiger Fixpunktquantoren. Sei z.B. $\varphi(X, Y)$ eine Formel mit zwei freien Variablen X und Y. Dann drücken $\mu X.\nu Y.\varphi(X, Y)$ und $\nu Y.\mu X.\varphi(X, Y)$ i.A. nicht dasselbe aus.[2] Als Faustregel für die oben skizzierte Intuition über endliche und unendliche Rekursion gilt: Die weiter außen liegenden Quantifizierung ist stärker. Evaluiert man also eine $\mathcal{L}_\mu$-Formel durch die skizzierte Abwicklung, so muss man dafür sorgen, dass die Variable, die am weitesten außen gebunden ist und durch die man unendlich oft rekursiv läuft, durch ein ν und nicht durch ein μ gebunden ist.

Beispiel 16.19. Die Formel $\nu X.\mu Y.(q \wedge \Diamond X) \vee \Diamond Y$ besagt, dass es einen Pfad gibt, auf dem unendlich oft q gilt. Ist es möglich, auf einem Baum der Formel unendlich lange zu folgen und dabei rekursiv unendlich oft durch die Fixpunkte zu laufen, so muss man einen Pfad gefunden haben, den man schrittweise durch die $\Diamond$-Operatoren konstruiert hat, auf dem unendlich oft q gilt. Nur in Knoten, in denen q gilt, kann man ja $q \wedge \Diamond X$ durchlaufen. Ansonsten würde man also als äußerste Variable, die unendlich oft durchlaufen wird, das Y haben. Dies ist aber vom Typ μ und darf deswegen nicht unendlich oft rekursiv durchlaufen werden—es sei denn, ein weiter äußeres ν wird ebenfalls unendlich oft durchlaufen.

Diese Intuition erinnert stark an die Paritätsbedingung. In der Tat ist es so, dass man die Frage, ob ein Baum eine $\mathcal{L}_\mu$-Formel erfüllt, auch als Lösen eines Paritätsspiels auffassen kann. Wir werden hier jedoch nicht näher darauf eingehen.

16.3.3 Entscheidbarkeit

Die Entscheidbarkeit der Logik $\mathcal{L}_\mu$ ist noch weniger ersichtlich als dies bei CTL* der Fall war. Wiederum kann diese aber durch eine äquivalenzerhaltenden Übersetzung nach MSOT gezeigt werden. Der Trick dabei ist es einzusehen, dass die verwendeten kleinsten und größten Fixpunkte in monadischer

---

[2] Beachte, dass sich existentielle und universelle Quantoren in der Prädikatenlogik auch nicht beliebig vertauschen lassen.

Logik zweiter Stufe definierbar sind. Dazu hilft der Satz von Knaster-Tarski, den wir hier nicht in der allgemeinen Form für beliebige monotone Funktionen auf vollständigen Verbänden, sondern speziell für die in unserem Fall interessanten Verbände bringen.

Satz 16.20. *Sei M eine Menge und $(2^M, \subseteq)$ der Potenzmengenverband über M mit Suprema $\bigcup$ und Infima $\bigcap$. Sei außerdem $f : 2^M \to 2^M$ eine monotone Abbildung. Dann hat f einen bzgl. $\subseteq$ kleinsten Fixpunkt μf und einen größten Fixpunkt νf, und es gilt folgendes.*

$$\mu f = \bigcap \{N \mid N \subseteq M \text{ und } f(N) \subseteq N\}$$
$$\nu f = \bigcup \{N \mid N \subseteq M \text{ und } f(N) \supseteq N\}$$

Den kleinsten Fixpunkt erhält man also als Schnitt aller sogenannten Prä-Fixpunkte, den größten als Vereinigung aller sogenannten Post-Fixpunkte. Somit ist ein Knoten v z.B. im größten Fixpunkt einer monotonen Abbildung f auf dem Potenzmengenverband des Domains eines Baums enthalten, wenn es eine Knotenmenge V gibt, so dass einerseits $V \subseteq f(V)$ und andererseits $v \in V$ gilt. Entsprechendes gilt für die Inklusion im kleinsten Fixpunkt solch einer Abbildung. Da diese Bedingungen leicht in MSOT zu definieren sind, erhalten wir gleich eine Übersetzung von $\mathcal{L}_\mu$ darin.

Satz 16.21. *Für jede $\mathcal{L}_\mu$-Formel φ gibt es eine äquivalente MSOT-Formel φ' mit $|\varphi'| = \mathcal{O}(|\varphi|)$.*

Beweis. Die Übersetzung folgt im Grunde dem induktiven Aufbau einer $\mathcal{L}_\mu$-Formel. Beachte jedoch, dass eine $\mathcal{L}_\mu$-Formel in einem Knoten eines Baums interpretiert wird. Somit muss die übersetzte Formel wie bei CTL* eine freie Variable enthalten. Deswegen konstruieren wir eine Übersetzungsfunktion tr, der wir eine erststufige Variable mitgeben.

$$
\begin{aligned}
tr_x(q) &= q(x) \\
tr_x(\neg q) &= \neg q(x) \\
tr_x(X) &= X(x) \\
tr_x(\varphi \vee \psi) &= tr_x(\varphi) \vee tr_x(\psi) \\
tr_x(\varphi \wedge \psi) &= tr_x(\varphi) \wedge tr_x(\psi) \\
tr_x(\Diamond\varphi) &= \exists y. \bigvee_{i=0}^{d-1} (y = xi) \wedge tr_y(\varphi) \\
tr_x(\Box\varphi) &= \forall y. \bigwedge_{i=0}^{d-1} (y = xi) \to tr_y(\varphi) \\
tr_x(\mu X.\varphi) &= \forall Y.\big(\forall y.tr_y(\varphi[Y/X]) \to Y(y)\big) \to Y(x) \\
tr_x(\nu X.\varphi) &= \exists Y.\big(\forall y.Y(y) \to tr_y(\varphi[Y/X])\big) \wedge Y(x)
\end{aligned}
$$

Dabei ist $\varphi[Y/X]$ die Formel, die man aus φ erhält, indem man jedes freie Vorkommen der Variablen X durch Y ersetzt. Die letzte Klausel drückt somit aus, dass es eine Menge Y gibt, welche x enthält und ein Post-Fixpunkt der durch $\varphi(X)$ definierten Abbildung ist. Dies bedeutet, dass jeder Knoten, der zu Y gehört, auch zu der Interpretation von φ gehören muss, wenn die Variable X durch die Menge interpretiert wird, die Y darstellt.

Es gilt dann für alle Bäume t, alle Knoten $v \in dom(t)$, alle Umgebungen ρ und alle $\mathcal{L}_\mu$-Formeln φ: $t, v \models_\rho \varphi \iff t, v \models_\rho tr_x(\varphi)$. Dies ist mithilfe von Satz 16.20 so per Induktion über den Formelaufbau beweisbar. Die Umgebung ρ wird hier auf beiden Seiten verwendet, um die zweitstufigen Variablen zu interpretieren. Die erststufige Variable x auf der rechten Seite wird durch den Knoten v interpretiert.

Letztendlich ist es leicht zu sehen, dass $tr_x(\varphi)$ nur linear in $|\varphi|$ anwächst.

$\square$

Eine direkte Konsequenz daraus ist wiederum die Entscheidbarkeit der Logik $\mathcal{L}_\mu$, auch wenn das so gewonnenen Verfahren wie bei CTL* nicht optimal ist. Da die resultierenden MSOT-Formeln unbeschränkte Alternierung zwischen existentiellen und universellen Quantoren aufweisen, ist das so erhaltene Verfahren wieder nicht-elementar. Das Erfüllbarkeitsproblem für $\mathcal{L}_\mu$ ist jedoch "nur" vollständig für die Klasse DTIME($2^{n^{\mathcal{O}(1)}}$).

Korollar 16.22. *Das Erfüllbarkeitsproblem für $\mathcal{L}_\mu$ ist entscheidbar.*

Notizen

Automaten auf unendlichen Bäumen wurden 1970 von M. O. Rabin eingeführt, um damit die Entscheidbarkeit der Verallgemeinerung der MSO auf mehrere Nachfolgersymbole, also MSOT—s. Abschnitt 16.1—zu beweisen [Rab69]. Er löste damit ein bedeutendes offenes Problem und zeigte, dass aus diesem Resultat durch einfache Kodierung eine Reihe anderer Entscheidungsverfahren abgeleitet werden können. Außerdem demonstriert Rabin, wie ein zuvor von einem anderen Autor bewiesenes und veröffentlichtes Theorem (Satz von Wolfe) so in MSOT repräsentiert werden kann, dass die Gültigkeit des Theorems im Prinzip automatisch mit Hilfe des Entscheidungsverfahren gezeigt werden könnte.

In einem kürzlich veröffentlichten Interview bezeichnete M. O. Rabin diese Arbeit als seine schwierigste [Sha06]. Man muss dazusagen, dass M. O. Rabin mit Muller- und Rabin-Automaten (!) und nicht mit PBAs arbeitete und außerdem das gesamte Gebiet von Grund auf entwickeln musste. Der hier präsentierte, deutlich einfachere Beweis mit Paritätsspielen geht auf Y. Gurevich und L. Harrington zurück [GH82].

Der Beweis, dass BBAs schwächer als PBAs sind (Satz 14.8) wurde ebenfalls von M. O. Rabin gefunden [Rab70]. Dies lässt sich auch noch weiter verschärfen. Man kann zeigen, dass keine feste Anzahl an Prioritäten ausreicht, um alle PBA-erkennbaren Sprachen zu definieren. Die Klassen der Sprachen, die sich jeweils mit höchstens k Prioritäten erkennen lassen, bilden eine echte Hierarchie mit steigendem k. Dies wurde zunächst im Kontext des modalen μ-Kalküls von J. Bradfield [Bra96, Bra98] und G. Lenzi [Len96] unabhängig voneinander gezeigt. Das Resultat lässt sich aber leicht auf alternierende Paritätsbaumautomaten und dann auch auf PBA übertragen. Ein sehr eleganter Beweis, der Banachs Fixpunkttheorem [Ban22] benutzt, wurde schließlich von A. Arnold gefunden [Arn99].

Wie oben erwähnt, kann man die Determiniertheit für Paritätsspiele auch aus einem allgemeineren Resultat folgern, nämlich dem Satz von D. Martin, der besagt, dass alle Spiele, deren Gewinnbedingungen über Sprachen in der sehr allgemeinen Borel-Hierarchie definierbar sind, determiniert sind [Mar75].

Es ist bekannt, dass die Paritätsbedingung in sehr niedrigen Niveaus dieser Hierarchie definierbar ist.

Der hier präsentierte rekursive Algorithmus zum Lösen von Paritätsspielen ist normalerweise als Algorithmus von McNaughton und Zielonka nach R. McNaughton [McN93] und W. Zielonka [Zie98] bekannt. Die bislang ungeklärte genaue Komplexität des Paritätsspielproblems hat zu einer Fülle an weiteren Algorithmen geführt, die aber alle nicht polynomiale Laufzeit haben. M. Jurdziński hat mehrere Algorithmen entworfen, z.B. den Small-Progress-Measures-Algorithmus [Jur00], den diskreten Strategieverbesserungsalgorithmus zusammen mit J. Vöge [VJ00, Vög00] und den ersten deterministischen Algorithmus, der subexponentielle Laufzeit hat, zusammen mit M. Paterson und U. Zwick [JPZ06]. Letzterer basiert auf dem Algorithmus von McNaughton und Zielonka. S. Schewe hat eine Variante der Strategieverbesserung angegeben [Sch08] und den subexponentiellen Algorithmus noch weiter verbessert [Sch07a]. Basierend auf den Techniken des Small-Progress-Measures-Algorithmus kann man das Paritätsspielproblem auch über das Erfüllbarkeitsproblem für die Aussagenlogik und dann durch Verwendung eines SAT-Solvers lösen [Lan05, HKLN10]. S. Vorobyov hat zusammen mit diversen Co-Autoren randomisierte Paritätsspiellöser entworfen [PV01, BSV03]. Letztendlich ist auch jeder Model-Checking-Algorithmus für den vollen, modalen μ-Kalkül ein Löser für Paritätsspiele, z.B. der Algorithmus von P. Stevens und C. Stirling [SS98] oder der auf Tableaux basierende von R. Cleaveland [Cle90].

Beweise für exponentielle untere Schranken an die worst-case Laufzeit dieser Algorithmen wurden von M. Jurdziński für den Small-Progress-Measures-Algorithmus angegeben [Jur00] und von O. Friedmann für Strategieverbesserung [Fri09a], den rekursiven McNaughton/Zielonka-Algorithmus [Fri09b] und den Model-Checker von Stevens/Stirling [Fri10] angegeben. Insbesondere die Schranke an die Strategieverbesserung war eine große Überraschung, da bis dato allgemein vermutet wurde, dieser Algorithmus habe in Wirklichkeit polynomiale Laufzeit.

Das Tool PGSOLVER löst Paritätsspiele trotz der exponentiellen Schranken in der Praxis sehr gut [FL09]. Es ist ebenfalls frei erhältlich über die Webseite `http://www.tcs.ifi.lmu.de/~pgsolver`.

Das zweite Paritätsspiel aus Aufgabe 99 ist einer Arbeit von N. Buhrke, H. Lescow und J. Vöge [BLV96] entnommen.

Unerwähnt blieb der Zusammenhang der Paritätsspiele mit allgemeineren Auszahlungs- und stochastischen Spielen [HK66, ZP96]. Dieser Zusammenhang führte auch zum oben erwähnten Strategieverbesserungsalgorithmus für Paritätsspiele von Jurdziński und Vöge, welcher sich auf einen Algorithmus von A. Puri für Auszahlungsspiele abstützt [Pur95]. Dieser wiederum basiert auf einem Algorithmus von A. Hoffman und R. Karp für stochastische Spiele [HK66], welcher dem Simplexalgorithmus ähnelt und lineare Programmierung benutzt.

Eine sehr gute Referenz zum Zusammenhang zwischen Automatentheorie, Logik und der Theorie unendlicher Spiele wie den hier vorgestellten Paritätsspielen bietet auch der von E. Grädel, W. Thomas und T. Wilke herausgegebene Sammelband [GTW02].

Die Temporallogik CTL* wurde ursprünglich als Kompromiss zwischen dem hier ebenfalls vorgestellten LTL und einer hier nicht vorgestellten Temporallogik namens CTL von E. A. Emerson und J. Halpern eingeführt [EH86]. Entscheidbarkeit dieser Logik scheint keine große Frage gewesen zu sein, vermutlich aufgrund der recht leicht einzusehenden Übersetzbarkeit in MSOT. Die genaue Komplexität stellte ein viel größeres Problem dar. Bereits 1985 konnten L. Stockmeyer und M. Vardi zeigen, dass das Problem zumindest hart für 2EXPTIME, also die Klasse aller Probleme, die deterministisch in doppelt exponentieller Zeit gelöst werden können, ist. Das erste Entscheidungsverfahren mit elementarer Komplexität—im Gegensatz zu dem hier vorgestellten nicht-elementaren—war vierfach exponentiell. In diesem—wie auch in dem hier vorgestellten, wenn auch versteckt—müssen Automaten auf unendlichen Wörtern determinisiert werden. Zu dieser Zeit war zunächst nur das doppelt exponentielle Verfahren von R. McNaughton [McN66] bekannt. E. A. Emerson und P. Sistla konnten jedoch zeigen, dass die speziellen Automaten, die in dem Entscheidungsverfahren für CTL* gebraucht werden, mit einfach exponentiellem Aufwand determinisiert werden können [ES84]. Dies lieferte dann insgesamt ein dreifach exponentielles Entscheidungsverfahren. Erst 2000 haben E. A. Emerson und C. Jutla dann ein nur doppelt exponentielles Verfahren für CTL* gefunden, welches auf einem verbesserten Leerheitstest für Rabin- und Streett-Baumautomaten basiert [EJ00]. Es gibt auch ein Verfahren, welches Wortautomaten und deren Determinisierung direkt ohne den Umweg über Baumautomaten verwendet [FLL10].

Der modale μ-Kalkül wird hauptsächlich D. Kozen zugeschrieben [Koz83], jedoch zuvor von D. Park bereits vorgeschlagen [Par76]. Entscheidbarkeit war aufgrund der hier vorgestellten Technik—also Übersetzung in monadische Logik zweiter Stufe auf Bäumen—ziemlich leicht ersichtlich. Genauso war recht früh klar, dass das Problem mindestens EXPTIME-hart ist, weil das Erfüllbarkeitsproblem für die von M. Fischer und R. Ladner eingeführte Propositional Dynamic Logic [FL79] dies ist, und diese Logik linear in den μ-Kalkül eingebettet werden kann. Eine optimale obere Schranke wurde jedoch erst viel später gefunden. Zunächst haben E. A. Emerson und R. Streett zeigen können, dass das Erfüllbarkeitsproblem im Gegensatz zu der stärkeren Logik MSOT elementar entscheidbar ist [SE84] und später ein erstes, automatentheoretisches Entscheidungsverfahren angeben können [SE89]. Schließlich haben E. A. Emerson und C. Jutla mit ihrer Arbeit über die Komplexität von Leerheitsproblemen für Automaten auf unendlichen Bäumen auch zeigen können, dass Erfüllbarkeit für den modalen μ-Kalkül ebenfalls "nur" EXPTIME-vollständig ist. In diesem Kontext muss man auch auf eine weitere Arbeit von E. A. Emerson und C. Jutla verweisen, in der sie die Zusammenhänge zwischen Baumautomaten, dem modalen μ-Kalkül und der Wichtigkeit des Determiniertheitssatzes für unendliche Spiele aufzeigen [EJ91].

Ein Tool, welches Erfüllbarkeit und Allgemeingültigkeit für verschiedene Logiken—u.a. CTL* und $\mathcal{L}_\mu$—entscheidet, ist MLSOLVER [FL10]. Dieses ist frei erhältlich über die Webseite `http://www.tcs.ifi.lmu.de/~mlsolver`. Die darin verwendete Technik weicht aus Effizienzgründen von der hier präsentierten ab; anstatt von Baumautomaten werden unendliche Tableaux verwendet. Jedoch braucht man dazu dann die Determinisierungsresultate über Büchi-Automaten aus Kapitel 8. Letztendlich sind die Unterschiede jedoch nicht gravierend. Auch auf diese Art reduziert sich das Erfüllbarkeitsproblem auf das Lösen eines Paritätsspiels.

Die erwähnte Charakterisierung der Modell-Beziehung zwischen einem Baum (oder genereller einem Graphen) und einer $\mathcal{L}_\mu$-Formel als Paritätsspiel stammt von C. Stirling [Sti95].

Satz 16.20 ist als Satz von B. Knaster und A. Tarski bekannt [Kna28, Tar55]. Ein einfacher Beweis findet sich z.B. in G. Winskels Buch [Win93].

Übungsaufgaben

Übung 94. Beweise Lemma 14.3.

Übung 95. Sei $h : \Sigma \to \Delta$ ein Morphismus, welcher Stelligkeiten erhält, d.h. $st(h(a)) = st(a)$ für alle $a \in \Sigma$. Dieser induziert in natürlicher Weise einen Homomorphismus $\hat{h} : \mathcal{T}_\Sigma \to \mathcal{T}_\Delta$ auf unendlichen Bäumen.

Zeige: Die Menge der von Paritäts-Baumautomaten erkannten Sprachen unendlicher Bäume ist abgeschlossen unter Vereinigung und Homomorphismen.

Übung 96. Gib jeweils einen Paritäts-Baumautomaten an, der die folgende Sprache L_i über dem Alphabet $\Sigma = \{a, b, c\}$ erkennt. Alle Symbole sind dabei zweistellig.

a) $L_1 = \{\, t \in \mathcal{T}_\Sigma^\omega \mid t = a(b(t,t), b(t,t)) \,\}$,
b) $L_2 = \{\, t \in \mathcal{T}_\Sigma^\omega \mid t(\varepsilon) = a$ und $\forall x : t(x) = a$ impliziert $t(x110) = a$ und $t(x001) = a \,\}$,
c) $L_3 = \{\, t \in \mathcal{T}_\Sigma^\omega \mid$ auf allen Pfaden w von t gilt: $|w|_a = \infty \Rightarrow |w|_b = \infty \,\}$,
d) $L_4 = \{\, t \in \mathcal{T}_\Sigma^\omega \mid$ auf jedem Pfad in t kommen nur endlich viele a's vor $\,\}$.

Welche dieser Sprachen werden auch von einem deterministischen PBA, einem Büchi-Baumautomaten und einem deterministischen Büchi-Baumautomaten erkannt?

Übung 97. Beweise Satz 14.6.

Übung 98. Alle bisher bekannten deterministischen Algorithmen zum Lösen eines Paritätsspiels haben eine worst-case Laufzeit, die exponentiell im Index—also der maximalen Anzahl im Spiel vorkommender Prioritäten—ist. Zeige, dass Paritätsspiele überhaupt in polynomialer Zeit gelöst werden können, falls es einen Algorithmus gibt, dessen Laufzeit polynomial im Index des Spiels ist. *Hinweis:* Paritätsspiele lassen sich unter Beibehaltung der Gewinnmengen und -strategien so transformieren, dass der Index in Bezug auf die Anzahl der Zustände beschränkt ist.

Übung 99. Löse die folgenden Paritätsspiele mit dem Algorithmus von McNaughton-Zielonka.

a)

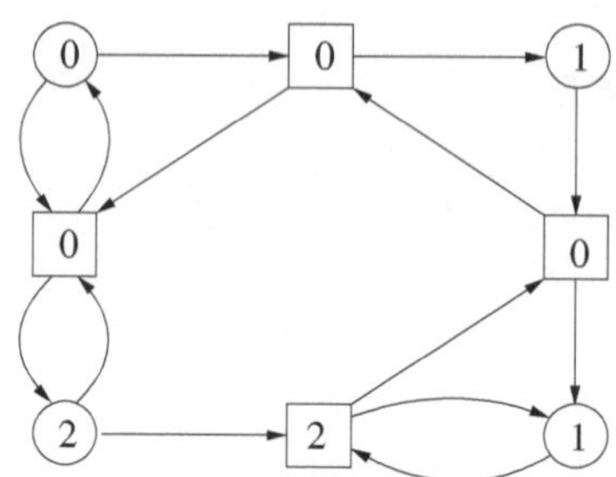

b)

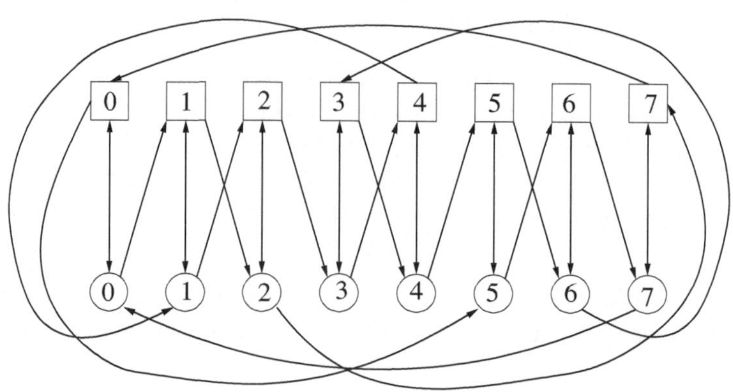

Wie üblich sind die Positionen, in denen Spieler A zieht, als Kreise dargestellt. Die Knoten sind hier nicht extra benannt; stattdessen sind die jeweiligen Prioritäten in den Knoten platziert.

Übung 100. Gegeben sei der PBA $\mathcal{A} = (Q, \Sigma, q_0, \delta, \Omega)$ mit $\Sigma = \{a, b\}$, $st(a) = st(b) = 2$ und $Q = \{u, g, x\}$, $q_0 = g$, $\Omega(u) = \Omega(g) = 1$, $\Omega(x) = 0$.

$$\delta_a(g) = \{(g, u), (u, g)\} \qquad \delta_a(u) = \{(g, g), (u, u)\} \qquad \delta_a(x) = \emptyset$$
$$\delta_b(g) = \{(g, g), (u, u), (x, x)\} \qquad \delta_b(u) = \{(g, u), (u, g)\} \qquad \delta_a(x) = \{(x, x)\}$$

a) Was ist $L(\mathcal{A})$?

b) Sei $t = b(a(b(a(B, a(B, B)), a(B, B)), a(B, B)), B)$, wobei $B = b(B, B)$ (es ist $t \notin L(\mathcal{A})$). Gib einen Baum t' über $S = \Sigma \times (Q^2 \to \{0, 1\}$ an, derart, dass $p_1(t') = t$ und $p_2(t')$ eine positionale Gewinnstrategie für P im Spiel $G(\mathcal{A}, t)$ definiert.

Übung 101. Sei $\mathcal{A} = (\{q_0, q_1\}, \{a, b\}, q_0, \delta, \Omega)$ mit $st(a) = st(b) = 2$, $\Omega(q_0) = 1$, $\Omega(q_1) = 2$ und

$$\begin{aligned}
\delta(q_0, a) &= \{(q_0, q_0)\} \\
\delta(q_0, b) &= \{(q_1, q_1)\} \\
\delta(q_1, x) &= \{(q_1, q_1)\} \quad \text{für } x \in \Sigma
\end{aligned}$$

ein PBA.

a) Was ist $L(\mathcal{A})$?

b) Begründe, warum die komplementierte Wortsprache F aller annotierten Pfade $(x_0, s_0, d_0), (x_1, s_1, d_1), \ldots$ mit $x_i \in \Sigma$, $s_i \in \{q_0, q_1\}^2 \to \{1, 2\}$ und $d_i \in \{1, 2\}$ für alle $i \in \mathbb{N}$, aus dem Satz über die Komplementierung von PBAs, genau diejenige ist, die die folgende Eigenschaft erfüllt:

$$(\forall n.x_n = a) \ \vee$$
$$\Big(\exists m.(x_m = b) \ \wedge \ (\forall n < m.x_n = a) \ \wedge$$
$$\exists n.\big(n \le m \wedge s_n(q_0, q_0) \ne d_n \big) \vee \big(n > m \wedge s_n(q_1, q_1) \ne d_n \big) \Big)$$

c) Konstruiere einen PBA, der die Sprache $\overline{L(\mathcal{A})}$ erkennt.

Übung 102. Beweise Lemma 15.8.

Übung 103. Gib eine MSOT-Formel φ über $\Delta = \{1, 2\}$ mit einer freien zweitstufigen Variablen X an, derart dass gilt: $\mathcal{I} \models \varphi$ gilt genau dann, wenn $|\mathcal{I}(X)|$ endlich und gerade ist.

Übung 104. Gib jeweils MSOT-Formeln mit geeigneten, freien Variablen an, die die folgenden Tatsachen formalisieren.

a) Der Knoten y liegt unterhalb des Knotens x.

b) Der Knoten y liegt (bezüglich der üblichen Ordnung auf Bäumen) rechts vom Knoten x.

c) Auf jedem Pfad kommen nur endlich viele a's vor.

Übung 105. Entscheide, ob die in Bsp. 16.8 genannte Formel $\varphi_0 \wedge \varphi_1 \wedge \varphi_2$ erfüllbar ist. Falls ja, so gib ein Modell an.

Übung 106. Zeige oder widerlege jeweils für CTL*- bzw. $\mathcal{L}_\mu$-Formeln φ die folgenden Aussagen.

a) Ist φ erfüllbar über der Klasse aller unendlichen Bäumen vom Verzweigungsgrad d, wobei $d > 1$, so auch über der Klasse aller unendlichen Bäume vom Verzweigungsgrad $d - 1$.

b) Ist φ erfüllbar über der Klasse aller unendlichen Bäumen vom Verzweigungsgrad d, so auch über der Klasse aller unendlichen Bäume vom Verzweigungsgrad $d + 1$.

Übung 107. Ziel dieser Aufgabe ist es zu zeigen, dass ML schwächer ist als FO. Insbesondere werden die beiden Logiken durch die Sprache $L_q = \{t \mid \exists v \in dom(t) \text{ mit } q \in t(v)\}$ getrennt.

a) Gib eine FO-Formel an, die L_q definiert.

b) Definiere induktiv über die Syntax die *modale Tiefe* $md(\varphi)$ einer ML-Formel φ als maximale Anzahl von Schachtelungen des $\Diamond$-Operators.

c) Seien zwei Familien von Bäumen t_n, t'_n mit $n \in \mathbb{N}$ für alle Knoten v darin folgendermaßen definiert.

$$t_n(v) = \emptyset \ , \qquad t'_n(v) = \begin{cases} \emptyset & , \text{ falls } |v| \leq n \\ \{q\} & , \text{ sonst} \end{cases}$$

Zeige, dass für alle $n \in \mathbb{N}$ und alle ML-Formeln φ mit $md(\varphi) \leq n$ gilt:

$$t, \varepsilon \models \varphi \quad \text{gdw.} \quad t', \varepsilon \models \varphi$$

Hinweis: Damit dies durch Induktion über n möglich ist, muss die Induktionshypothese etwas verstärkt werden.

d) Schließe aus (c), dass es keine ML-Formel φ gibt, so dass $L(\varphi) = L_q$.

Übung 108. Beweise Lemma 16.15.

Übung 109. Was bedeuten die folgenden $\mathcal{L}_\mu$-Formeln?

a) $\mu X.X$

b) $\nu X.X$

c) $\mu X.\Diamond X$

d) $\mu X.q \vee \Box X$

Ausblick

Eine Reihe von einschlägigen und vom Niveau her passenden Themen wurde aus verschiedenen Gründen letztlich nicht in dieses Buch aufgenommen; wir nennen sie hier kursorisch, um Anregungen für erweiternde Kapitel im Rahmen einer Vorlesung oder eines Moduls zu geben.

Ausgehend von der Myhill-Nerode Äquivalenz für reguläre Sprachen und dem durch eine solche induzierten syntaktischen Monoid wurde eine reichhaltige algebraische Theorie endlicher Wörter entwickelt, die u.a. Methoden aus der Gruppentheorie verwendet, um Aussagen über formale Sprachen zu erzielen. Einen Meilenstein bildet hier der Satz von M. Schützenberger [Sch65]—auch nachzulesen in N. Pippengers Buch [Pip97]—, welcher die sternfreien Sprachen über eine gruppentheoretische Eigenschaft ihrer syntaktischen Monoide charakterisiert und mit dessen Hilfe T. Wilke [Wil99, Wil98] ein recht einfacher Beweis der hier nur angekündigten Äquivalenz von LTL und erststufiger Logik gelang.

Die Verallgemeinerung zu unendlichen Wörtern wurde auch jenseits der regulären Sprachen betrieben, also zum Beispiel für Teilklassen der kontextfreien Sprachen; ein wichtiges Konzept bilden hier die *visibly pushdown* Automaten, welche die nichtdeterministischen Kellerautomaten dahingehend einschränken, dass Kelleroperationen (push, pop) durch spezielle Eingabesymbole ("call", "return") ausgelöst werden und daher inbesondere deterministisch zu erfolgen haben. Hierdurch wird die algorithmische Behandlung praktisch wichtiger Fragen ermöglicht, welche im allgemeinen kontextfreien Falle unentscheidbar sind (z.B. Disjunktheit).

Möchte man den Themenkreis Temporallogik vertiefen, so bietet sich die Behandlung der *Propositional Dynamic Logic* (PDL) [FL79, HKT00] an, welche Modaloperatoren für ganze Programmstücke bereitstellt; die Formel $[P]\varphi$ bedeutet also etwa, dass nach Abarbeiten von P die Formel φ gilt. Auf temporallogische Operatoren wie "until", oder gar Fixpunkte kann dann weitestgehend verzichtet werden. Ebenfalls wichtig sind im komplexitätstheoretischen Sinne optimale Entscheidungsverfahren für die Temporallogiken und—damit einhergehend—verbesserte Übersetzungen in Automaten. Auch kann man

M. Hofmann, M. Lange, *Automatentheorie und Logik*, eXamen.press,
DOI 10.1007/978-3-642-18090-3, © Springer-Verlag Berlin Heidelberg 2011

das Thema Programmverifikation mittels (automatentheoretischem) Model-Checking ausbauen. Dies ist nicht nur über NBAs für Linearzeit-Logiken möglich, sondern auch über verschiedene Klassen von Baumautomaten für Logiken wie CTL* usw. [BVW94].

Die regulären Sprachen endlicher Bäume wurden hier nur kurz—in Vorbereitung auf die unendlichen Bäume—behandelt. Ähnlich wie bei den endlichen Wörtern, deren reguläre Sprachen sich induktiv durch Abschlusseigenschaften erklären und somit mithilfe regulärer Ausdrücke beschreiben lassen, kann man auch reguläre Baumsprachen beschreiben. Dazu muss man die Konkatenation zweier Bäume und—darauf aufbauend—die Iteration erklären. Dazu wird in dem einen Baum ein Blatt durch den gesamten anderen Baum ersetzt. Die Techniken sind konzeptuell nicht schwieriger als für endliche Wörter, und die Resultate, die man erhält, sind im Vergleich zu den endlichen Wörtern auch nicht überraschend. Einzig im Detail werden diese Konstruktionen etwas trickreicher, was man z.B. daran erkennt, dass bei der so skizzierten Baumkonkatenation ein Symbol wegfällt, also die Konkatenation zweier Bäume mit n und m Knoten einen Baum mit $n + m - 1$ Knoten liefert.

Ein naheliegendes Automatenmodell, welches hier ebenfalls nicht betrachtet wurde, entsteht aus Kombination dreier hier vorgestellten Mechanismen: Alternierung, Paritätsbedingung und Baumautomat. Alternierende Paritäts-Baumautomaten entsprechen im Grunde genau den Formeln des modalen μ-Kalküls [EJ91], und die üblichen Fragestellungen wie Ausdrucksstärke, Entscheidbarkeit und Komplexität des Leerheitsproblems etc. können auch für dieses Automatenmodell angegangen werden. Aus den hier präsentierten Resultaten folgt—wenn man annimmt, dass sich solche Automaten in Formeln des μ-Kalküls transformieren lassen—dass diese genau die PBA-erkennbaren Sprachen definieren und ein entscheidbares Leerheitsproblem besitzen.

Aktuelle Forschungsthemen, die zu einer Master- oder gar Doktorarbeit führen können, finden sich vor allem im Bereich der effizienteren und praktisch nutzbaren Implementierung der Entscheidbarkeitsresultate. So wäre etwa für eine nutzbare Implementierung der MSO eine wie auch immer geartete Minimierung der auftretenden Automaten erforderlich. Eventuell könnte es nützlich sein, eine solche anstatt für NBA, wie das bereits in heuristischer Weise von verschiedenen Autoren versucht wurde, für deterministische Paritätsautomaten zu studieren.

Schon M. Rabin fragte, ob sich auch andere logische Entscheidbarkeitsresultate, wie etwa die Entscheidbarkeit der Theorie der reellen Zahlen, über ein geeignetes Automatenmodell erhalten lassen. Umgekehrt kann man fragen, ob die Entscheidbarkeit der MSO auch mit den aus der "traditionellen" Logik bekannten Methoden wie z.B. Quantorenelimination gezeigt werden kann. Für die Presburger-Arithmetik sind ja in der Tat beide Zugänge möglich.

Im Bereich der temporalen—und damit verwandt: modalen—Logiken sind die Entscheidbarkeitsfragen größtenteils geklärt. Noch nicht zu allgemeiner Zufriedenheit geklärt ist jedoch die Frage, wie die dort verwendeten Mechanismen—neben den hier vorgestellten Automatenmodellen hauptsächlich noch Tableaux und teilweise auch spieltheoretische Verfahren—zueinander stehen, d.h. ob es sich wirklich um grundsätzlich verschiedene Methoden oder eher nur um verschiedene Sichtweisen auf dieselben Methoden handelt.

Die Tatsache, dass viele der hier vorgestellten Entscheidungsverfahren trotz katastrophaler worst-case Komplexität praktisch einsetzbar sind, sollte genauer untersucht werden. Kann man Fragmente identifizieren, deren Komplexität günstiger ist, oder hängt die Komplexität auch noch von anderen Parametern ab, welche in praktisch vorkommenden Problemstellungen klein im Vergleich zur Problemgröße sind?

Der bereits oben angedeutete Satz, dass die sternfreien Sprachen mit LTL übereinstimmen, hat keinen einfachen Beweis, der etwa in einer Vorlesungsstunde präsentiert werden könnte. Es wäre wünschenswert, einen solchen aufzufinden.

Ein weiteres interessantes Themenfeld könnte in der Erweiterung der Ramsey-basierten Techniken zur Komplementierung und Test auf Inklusion auf Bäume, bzw. auf Baumzeit-Logiken liegen. Ein offensichtliches erstes Hindernis, welches es zu überwinden gilt, ist, dass sich die Äquivalenzklassenbildung und damit einhergehende Reduktion auf endliche Wörter nicht offensichtlich auf Bäume verallgemeinert.

Schließlich weisen wir auch noch einmal daraufhin, dass die prominente Frage, ob Paritätsspiele in polynomialer Zeit gelöst werden können, zum jetzigen Zeitpunkt noch immer ungelöst ist.

Sachverzeichnis

Literaturverzeichnis

[Ard60]   D. N. Arden. Delayed logic and finite state machines. In *Theory of Computing Machine Design*, pages 1–35. U. of Michigan Press, Ann Arbor, 1960.

[Arn99]   A. Arnold. The modal μ-calculus alternation hierarchy is strict on binary trees. *RAIRO - Theoretical Informatics and Applications*, 33:329–339, 1999.

[Ban22]   S. Banach. Sur les opérations dans les ensembles abstraits et leur application aux équations integrales. *Fundamenta Mathematicae*, 3:133–181, 1922.

[BE58]   J. Büchi and C. C. Elgot. Decision problems of weak second order arithmetics and finite automata, Part I. *Notices of the American Mathematical Society*, 5:834, 1958.

[BK08]   C. Baier and J.-P. Katoen. *Principles of Model Checking*. The MIT Press, 2008.

[BL80]   J. A. Brzozowski and E. Leiss. On equations for regular languages, finite automata, and sequential networks. *Theoretical Computer Science*, 10(1):19–35, 1980.

[BLV96]   N. Buhrke, H. Lescow, and J. Vöge. Strategy construction in infinite games with streett and rabin chain winning conditions. In *Proc. 2nd Int. Workshop on Tools and Algorithms for Construction and Analysis of Systems, TACAS'96*, volume 1055 of *LNCS*, pages 207–224. Springer, 1996.

[Bra96]   J. C. Bradfield. The modal μ-calculus alternation hierarchy is strict. In *Proc. 7th Conf. on Concurrency Theory, CONCUR'96*, volume 1119 of *LNCS*, pages 233–246. Springer, 1996.

[Bra98]   J. C. Bradfield. Simplifying the modal mu-calculus alternation hierarchy. In *Proc. 15th Ann. Symp. on Theoretical Aspects of Computer Science, STACS'98*, volume 1373 of *LNCS*, pages 39–49. Springer, 1998.

[Bry86]   R. E. Bryant. Graph-based algorithms for boolean function manipulation. *IEEE Transactions on Computers*, 35(8):677–691, 1986.

[BSV03]   H. Björklund, S. Sandberg, and S. G. Vorobyov. A discrete subexponential algorithm for parity games. In *Proc. 20th Ann. Symp. on Theoretical Aspects of Computer Science, STACS'03*, volume 2607 of *LNCS*, pages 663–674. Springer, 2003.

[Büc60]   J. Büchi. Weak second order logic and finite automata. *Z. Math. Logik, Grundlag. Math.*, 5:66–62, 1960.

[Büc62]   J. R. Büchi. On a decision method in restricted second order arithmetic. In *Proc. Congress on Logic, Method, and Philosophy of Science*, pages 1–12, Stanford, CA, USA, 1962. Stanford University Press.

[BVW94]   O. Bernholtz, M.Y. Vardi, and P. Wolper. An automata-theoretic approach to branching-time model checking. In *Proc. 6th Conf. on Computer Aided Verification, CAV'94*, volume 818 of *LNCS*, pages 142–155. Springer, 1994.

[CDG$^+$07]   H. Comon, M. Dauchet, R. Gilleron, C. Löding, F. Jacquemard, D. Lugiez, S. Tison, and M. Tommasi. Tree automata techniques and applications. Available on: http://www.grappa.univ-lille3.fr/tata, 2007. release October, 12th 2007.

[CGP99]   E. M. Clarke, O. Grumberg, and D. A. Peled. *Model Checking*. The MIT Press, Cambridge, Massachusetts, 1999.

[CJ97]   H. Comon and Y. Jurski. Higher-order matching and tree automata. In *Proc. 11th Int. Conf. on Computer Science Logic, CSL'97*, volume 1414 of *LNCS*, pages 157–176. Springer, 1997.

[CKS81]   A. K. Chandra, D. C. Kozen, and L. J. Stockmeyer. Alternation. *Journal of the ACM*, 28(1):114–133, 1981.

[Cle90]   R. Cleaveland. Tableau-based model checking in the propositional μ-calculus. *Acta Informatica*, 27(8):725–748, 1990.

[DG08]   V. Diekert and P. Gastin. First-order definable languages. In J. Flum, E. Grädel, and T. Wilke, editors, *Logic and Automata: History and Perspectives*, Texts in Logic and Games, pages 261–306. Amsterdam University Press, 2008.

[DHL06]   C. Dax, M. Hofmann, and M. Lange. A proof system for the linear time μ-calculus. In *Proc. 26th Conf. on Foundations of Software Technology and Theoretical Computer Science, FSTTCS'06*, volume 4337 of *LNCS*, pages 274–285. Springer, 2006.

[DP02]   B. A. Davey and H. A. Priestley. *Introduction to Lattices and Order*. Cambridge University Press, 2 edition, 2002.

[EH86]   E. A. Emerson and J. Y. Halpern. "Sometimes" and "not never" revisited: On branching versus linear time temporal logic. *Journal of the ACM*, 33(1):151–178, 1986.

[Ehr61]   A. Ehrenfeucht. An application of games to the completeness problem for formalized theories. *Fund. Math.*, 49:129–141, 1961.

[EJ91]   E. A. Emerson and C. S. Jutla. Tree automata, μ-calculus and determinacy. In *Proc. 32nd Symp. on Foundations of Computer Science*, pages 368–377, San Juan, Puerto Rico, 1991. IEEE.

[EJ00]   E. A. Emerson and C. S. Jutla. The complexity of tree automata and logics of programs. *SIAM Journal on Computing*, 29(1):132–158, 2000.

[Elg61]   C. C. Elgot. Decision problems of finite automata design and related arithmetics. *Trans. Amer. Math. Soc.*, 98:21–52, 1961.

[ES84]   E. A. Emerson and A. P. Sistla. Deciding full branching time logic. *Information and Control*, 61(3):175–201, 1984.

[FGW07]   J. Flum, E. Grädel, and T. Wilke, editors. *Logic and Automata: History and Perspectives*, volume 2 of *Texts in Logic and Games*. Amsterdam University Press, 2007.

[FL79]   M. J. Fischer and R. E. Ladner. Propositional dynamic logic of regular programs. *Journal of Computer and System Sciences*, 18(2):194–211, 1979.

[FL09]   O. Friedmann and M. Lange. Solving parity games in practice. In *Proc. 7th Int. Symp. on Automated Technology for Verification and Analysis, ATVA'09*, volume 5799 of *LNCS*, pages 182–196, 2009.

[FL10]   O. Friedmann and M. Lange. A solver for modal fixpoint logics. In *Proc. 6th Workshop on Methods for Modalities, M4M-6*, volume 262 of *Elect. Notes in Theor. Comp. Sc.*, pages 99–111, 2010.

[FLL10]   O. Friedmann, M. Latte, and M. Lange. A decision procedure for CTL* based on tableaux and automata. In *Proc. 5th Int. Joint Conf. on Automated Reasoning, IJCAR'10*, volume 6173 of *LNCS*, pages 331–345. Springer, 2010.

[Fra54]   R. Fraïssé. Sur quelques classifications des systèmes de relations. *Publ. Sci. Univ. Alger. Sér. A*, 1:35–182, 1954.

[Fri09a]   O. Friedmann. An exponential lower bound for the parity game strategy improvement algorithm as we know it. In *Proc. 24th Ann. IEEE Symp. on Logic in Computer Science, LICS'09*, pages 145–156. IEEE, 2009.

[Fri09b]   O. Friedmann. Recursive solving of parity games requires exponential time. Submitted for publication, 2009.

[Fri10]   O. Friedmann. The Stevens-Stirling-algorithm for solving parity games locally requires exponential time. *Int. J. Found. Comput. Sci*, 21(3):277–287, 2010.

[FV10]   S. Fogarty and M. Y. Vardi. Efficient Büchi universality checking. In *Proc. 16th Int. Conf. on Tools and Algorithms for the Construction and Analysis of Systems, TACAS'10*, volume 6015 of *LNCS*, pages 205–220, 2010.

[Gab89]   D. Gabbay. The declarative past and imperative future: Executable temporal logic for interactive systems. In B. Banieqbal, H. Barringer, and A. Pnueli, editors, *Proc. Conf. on Temporal Logic in Specification*, volume 398 of *LNCS*, pages 409–448. Springer, 1989.

[GH82]   Y. Gurevich and L. Harrington. Trees, automata, and games. In *Proc. 14th Annual ACM Symp. on Theory of Computing, STOC'82*, pages 60–65. ACM, 1982.

[GL02]   D. Giannakopoulou and F. Lerda. From states to transitions: Improving translation of LTL formulae to Büchi automata. In *Proc. 22nd Int. Conf. on Formal Techniques for Networked and Distributed Systems, FORTE'02*, volume 2529 of *LNCS*, pages 308–326. Springer, 2002.

[GO01]   P. Gastin and D. Oddoux. Fast LTL to Büchi automata translation. In *Proc. 13th Int. Conf. on Computer Aided Verification, CAV'01*, volume 2102 of *LNCS*, pages 53–65. Springer, 2001.

[Göd31]   K. Gödel. Über formal unentscheidbare Sätze der Principia Mathematica und verwandter Systeme. *Monatshefte für Mathematik und Physik*, 38:173–198, 1931.

[GPSS80]   D. Gabbay, A. Pnueli, S. Shelah, and J. Stavi. The temporal analysis of fairness. In *Proc. 7th Symp. on Principles of Programming Languages, POPL'80*, pages 163–173. ACM, 1980.

[GTW02]   E. Grädel, W. Thomas, and T. Wilke, editors. *Automata, Logics, and Infinite Games: A Guide to Current Research*, volume 2500 of *LNCS*. Springer, 2002.

[Har78]   M. A. Harrison. *Introduction to Formal Language Theory*. Addison-Wesley series in computer science. Reading (MA): Addison-Wesley, 1978.

[HJJ$^+$95]   J.G. Henriksen, J. Jensen, M. Jørgensen, N. Klarlund, B. Paige, T. Rauhe, and A. Sandholm. Mona: Monadic second-order logic in practice. In *Proc. 1st Int./ Workshop on Tools and Algorithms for the Construction and Analysis of Systems, TACAS'95*, volume 1019 of *LNCS*, pages 89–110. Springer, 1995.

[HK66]   A. Hoffman and R. M. Karp. On nonterminating stochastic games. *Management Science*, 12:359–370, 1966.

[HKLN10]   K. Heljanko, M. Keinänen, M. Lange, and I. Niemelä. Solving parity games by a reduction to SAT. Accepted for publication in J. of Comp. and System Sc., 2010.

[HKT00]   D. Harel, D. Kozen, and J. Tiuryn. *Dynamic Logic*. MIT Press, 2000.

[HMU01]   J. E. Hopcroft, R. Motwani, and J. D. Ullman. *Introduction to Automata Theory, Languages, and Computation*. Addison-Wesley, New York, 3 edition, 2001.

[HP03]   H. Hosoya and B. C. Pierce. XDuce: A statically typed XML processing language. *ACM Trans. Internet Techn.*, 3(2):117–148, 2003.

[HU80]   J. Hopcroft and J. Ullman. *Introduction to Automata Theory, Languages, and Computation*. Addison-Wesley, N. Reading, MA, 1980.

[JP06]   S. Juvekar and N. Piterman. Minimizing generalized Büchi automata. In *Proc. 18th Int. Conf. on Computer Aided Verification, CAV'06*, volume 4144 of *LNCS*, pages 45–58. Springer, 2006.

[JPZ06]   M. Jurdziński, M. Paterson, and U. Zwick. A deterministic subexponential algorithm for solving parity games. In *Proc. ACM-SIAM Symp. on Discrete Algorithms, SODA'06*, pages 114–123. ACM/SIAM, 2006.

[Jur00]   M. Jurdziński. Small progress measures for solving parity games. In *Proc. 17th Ann. Symp. on Theoretical Aspects of Computer Science, STACS'00*, volume 1770 of *LNCS*, pages 290–301. Springer, 2000.

[Kam68]   H. W. Kamp. *On tense logic and the theory of order*. PhD thesis, Univ. of California, 1968.

[KC09]   H. Karmarkar and S. Chakraborty. On minimal odd rankings for Büchi complementation. In *Proc. 7th Int. Symp. on Automated Technology for Verification and Analysis, ATVA'09*, volume 5799 of *LNCS*, pages 228–243. Springer, 2009.

[Kla91]   N. Klarlund. Progress measures for complementation of ω-automata with applications to temporal logic. In *Proc. 32nd Annual Symp. on Foundations of Computer Science, FOCS'91*, pages 358–367. IEEE, 1991.

[Kla04]   F. Klaedtke. On the automata size for presburger arithmetic. In *Proc. 19th Ann. IEEE Symp. on Logic in Computer Science, LICS'04*, pages 110–119. IEEE, 2004.

[Kle56]   S. C. Kleene. Representation of events in nerve nets and finite automata. In C. E. Shannon and J. McCarthy, editors, *Automata Studies*, pages 3–42. Princeton University Press, Princeton, N.J., 1956.

[KM01]   N. Klarlund and A. Møller. MONA Version 1.4 User Manual. Technical report, BRICS, Department of Computer Science, Aarhus University, January 2001. Notes Series NS-01-1. Available from `http://www.brics.dk/mona/`. Revision of BRICS NS-98-3.

[Kna28]   B. Knaster. Un théorèm sur les fonctions d'ensembles. *Annals Soc. Pol. Math*, 6:133–134, 1928.

[Kön27]   D. König. Über eine Schlussweise aus dem Endlichen ins Unendliche. *Acta litterarum ac scientiarum Regiae universitatis Hungaricae Francisco-Josephinae. Sectio: Acta scientiarum mathematicarum*, 3:121–130, 1927.

[Koz83]   D. Kozen. Results on the propositional μ-calculus. *TCS*, 27:333–354, December 1983.

[KV98]   O. Kupferman and M. Y. Vardi. Weak alternating automata and tree automata emptiness. In *Proc. 30th Annual ACM Symp. on Theory of Computing, STOC'98*, pages 224–233. ACM Press, 1998.

[KV01]   O. Kupferman and M. Y. Vardi. Weak alternating automata are not that weak. *ACM Transactions on Computational Logic*, 2(3):408–429, 2001.

[KV05]   O. Kupferman and M. Y. Vardi. Safraless decision procedures. In *Proc. 46th Ann. IEEE Symp. on Foundations of Computer Science, FOCS'05*, pages 531–542. IEEE, 2005.

[KW08]   D. Kähler and Th. Wilke. Complementation, disambiguation, and determinization of Büchi automata unified. In *Proc. 35th Int. Coll. on Automata, Languages and Programming, ICALP'08*, volume 5125 of *LNCS*, pages 724–735. Springer, 2008.

[Lan05]   M. Lange. Solving parity games by a reduction to SAT. In R. Majumdar and M. Jurdziński, editors, *Proc. Int. Workshop on Games in Design and Verification, GDV'05*, 2005.

[Lei81]   E. Leiss. Succinct representation of regular languages by Boolean automata. *Theoretical Computer Science*, 13(3):323–330, 1981.

[Lei85]   E. Leiss. Succinct representation of regular languages by Boolean automata II. *Theoretical Computer Science*, 38(1):133–136, 1985.

[Len96]   G. Lenzi. A hierarchy theorem for the μ-calculus. In *Proc. 23rd Int. Coll. on Automata, Languages and Programming, ICALP'96*, volume 1099 of *LNCS*, pages 87–97. Springer, 1996.

[LJBA01]   C. S. Lee, Neil D. Jones, and A. M. Ben-Amram. The size-change principle for program termination. In *Proc. 28th ACM SIGPLAN-SIGACT Symposium on Principles of Programming Languages, POPL'01*, pages 81–92. ACM, 2001.

[Loa03]   R. Loader. Higher order beta matching is undecidable. *Logic Journal of the IGPL*, 11(1):51–68, 2003.

[Löd99]   C. Löding. Optimal bounds for transformations of omega-automata. In *Proc. 19th Int. Conf. on Foundations of Software Technology and Theoretical Computer Science, FSTTCS'99*, volume 1738 of *LNCS*, pages 97–109. Springer, 1999.

[LSL84]   R. E. Ladner, L. J. Stockmeyer, and R. J. Lipton. Alternation bounded auxiliary pushdown automata. *Information and Control*, 62(2/3):93–108, 1984.

[LT00]   C. Löding and W. Thomas. Alternating automata and logics over infinite words. In *Proc. IFIP Int. Conf. on Theoretical Computer Science, TCS'00*, volume 1872 of *LNCS*, pages 521–535. Springer, 2000.

[Mar75]   D. A. Martin. Borel determinacy. *Ann. Math.*, 102:363–371, 1975.

[McN66]   R. McNaughton. Testing and generating infinite sequences by a finite automaton. *Information and Control*, 9(5):521–530, 1966.

[McN93]   R. McNaughton. Infinite games played on finite graphs. *Annals of Pure and Applied Logic*, 65(2):149–184, 1993.

[MH84]   S. Miyano and T. Hayashi. Alternating finite automata on omega-words. *TCS*, 32(3):321–330, 1984.

[Mic88]   M. Michel. Complementation is more difficult with automata on infinite words. CNET, Paris, 1988.

[Mos84]   A. W. Mostowski. Regular expressions for infinite trees and a standard form of automata. In *Proc. 5th Symp. on Computation Theory*, volume 208 of *LNCS*, pages 157–168. Springer, 1984.

[MP71]   R. McNaughton and S. Papert. *Counter-Free Automata*. MIT Press, Cambridge, Mass., 1971.

[MS73]   A. R. Meyer and L. J. Stockmeyer. Word problems requiring exponential time. In *Proc. 5th Symp. on Theory of Computing, STOC'73*, pages 1–9, New York, 1973. ACM.

[MS87]   D. E. Muller and P. E. Schupp. Alternating automata on infinite trees. *TCS*, 54(2-3):267–276, 1987.

[MSS88]   D. E. Muller, A. Saoudi, and P. E. Schupp. Weak alternating automata give a simple explanation of why most temporal and dynamic logics are decidable in exponential time. In *Proc. 3rd Symp. on Logic in Computer Science, LICS'88*, pages 422–427, Edinburgh, Scotland, 1988. IEEE.

[Mul63]   D. E. Muller. Infinite sequences and finite machines. In *Proc. 4th Ann. Symp. on Switching Circuit Theory and Logical Design*, pages 3–16. IEEE, 1963.

[Pap94]   C. H. Papadimitriou. *Computational Complexity*. Addison-Wesley, 1994.

[Par76]   D. Park. Finiteness is mu-ineffable. *Theoretical Computer Science*, 3(2):173–181, 1976.

[Pip97]   N. Pippenger. *Theories of Computability*. Cambridge University Press, Cambridge, 1997.

[Pit06]   N. Piterman. From nondeterministic Büchi and Streett automata to deterministic parity automata. In *Proc. 21st Symp. on Logic in Computer Science, LICS'06*, pages 255–264. IEEE Computer Society, 2006.

[Pre27]   M. Presburger. Über die Vollständigkeit eines gewissen Systems der Arithmetik ganzer Zahlen, in welchen die Addition als einzige Operation hervortritt. In *Comptes Rendus du Premier Congrès des Mathématicienes des Pays Slaves*, pages 92–101, 395, Warsaw, 1927.

[Pur95]   A. Puri. *Theory of hybrid systems and discrete event systems*. PhD thesis, University of California, Berkeley, 1995.

[PV01]   V. Petersson and S. Vorobyov. A randomized subexponential algorithm for parity games. *Nordic Journal of Computing*, 8(3):324–345, 2001.

[Rab69]   M. O. Rabin. Decidability of second-order theories and automata on infinite trees. *Trans. Amer. Math. Soc.*, 141(5):1–35, Jul. 1969.

[Rab70]   M. O. Rabin. Weakly definable relations and special automata. In Y. Bar-Hillel, editor, *Mathematical Logic and Foundations of Set Theory, Proceedings of an International Colloquium Held Under the Auspices of The Israel Academy of Sciences and Humanities*, volume 59 of *Studies in Logic and the Foundations of Mathematics*, pages 1 – 23. Elsevier, 1970.

[Ram30]   F. P. Ramsey. On a problem in formal logic. *Proc. London Math. Soc. (3)*, 30:264–286, 1930.

[Saf88]   S. Safra. On the complexity of ω-automata. In *Proc. 29th Symp. on Foundations of Computer Science, FOCS'88*, pages 319–327. IEEE, 1988.

[Saf89]   Shmuel Safra. *Complexity of automata on infinite objects*. PhD thesis, Weizmann Institute of Science, Rehovot, Israel, 1989.

[SB00]   F. Somenzi and R. Bloem. Efficient Büchi automata from LTL formulae. In *Proc. 12th Int. Conf. on Computer Aided Verification, CAV'00*, volume 1855 of *LNCS*, pages 248–263. Springer, 2000.

[Sch65]   M. P. Schützenberger. On finite monoids having only trivial subgroups. *Information and Control*, 8(2):190–194, 1965.

[Sch07a]   S. Schewe. Solving parity games in big steps. In *Proc. 27th Int. Conf. on Foundations of Software Technology and Theoretical Computer Science, FSTTCS'07*, volume 4855 of *LNCS*, pages 449–460. Springer, 2007.

[Sch07b]   T. Schwentick. Automata for XML - a survey. *J. Comput. Syst. Sci.*, 73(3):289–315, 2007.

[Sch08]   S. Schewe. An optimal strategy improvement algorithm for solving parity and payoff games. In *Proc. 17th Ann. Conf. on Computer Science Logic, CSL'08*, volume 5213 of *LNCS*, pages 369–384. Springer, 2008.

[Sch09]   S. Schewe. Tighter bounds for the determinisation of Büchi automata. In *Proc. 12th Int. Conf. on Foundations of Software Science and Computation Structures, FOSSACS'09*, volume 5504 of *LNCS*, pages 167–181. Springer, 2009.

[SE84]   R. S. Streett and E. A. Emerson. The propositional μ-calculus is elementary. In J. Paredaens, editor, *Proc. 11th Coll. on Automata, Languages, and Programming, ICALP'84*, volume 172 of *LNCS*, pages 465–472. Springer, Berlin, 1984.

[SE89]   R. S. Streett and E. A. Emerson. An automata theoretic decision procedure for the propositional μ-calculus. *Information and Computation*, 81(3):249–264, 1989.

[Sei90]   H. Seidl. Deciding equivalence of finite tree automata. *SIAM Journal of Computing*, 19(3):424–437, 1990.

[Sha06]   D. Shasha. Michael Rabin interview: February 22 and March 1, 2009. In *ACM Oral History interviews*, pages 1–11, New York, NY, USA, 2006. ACM. Interviewee-Rabin, Michael.

[SS98]   P. Stevens and C. Stirling. Practical model-checking using games. In B. Steffen, editor, *Proc. 4th Int. Conf. on Tools and Algorithms for the Construction and Analysis of Systems, TACAS'98*, volume 1384 of *LNCS*, pages 85–101. Springer, 1998.

[Sti95]   C. Stirling. Local model checking games. In *Proc. 6th Conf. on Concurrency Theory, CONCUR'95*, volume 962 of *LNCS*, pages 1–11. Springer, 1995.

[Sti06]   C. Stirling. A game-theoretic approach to deciding higher-order matching. In *Proc. 33rd Int. Coll. on Automata, Languages and Programming, ICALP'06*, volume 4052 of *LNCS*, pages 348–359. Springer, 2006.

[Sti09]   C. Stirling. Decidability of higher-order matching. *Logical Methods in Computer Science*, 5(3), 2009.

[Sto74]   L. Stockmeyer. *The Computational Complexity of Word Problems*. PhD thesis, MIT, 1974.

[SVW83]   A. P. Sistla, M. Y. Vardi, and P. Wolper. Reasoning about infinite computation paths. In *Proc. 24th Symp. on Foundations of Computer Science, FOCS'83*, pages 185–194, Los Alamitos, Ca., USA, 1983. IEEE.

[SVW87]   A. P. Sistla, M. Y. Vardi, and P. Wolper. The complementation problem for Büchi automata with applications to temporal logic. *Theoretical Computer Science*, 49(2–3):217–237, 1987.

[Tar55]   A. Tarski. A lattice-theoretical fixpoint theorem and its application. *Pacific Journal of Mathematics*, 5:285–309, 1955.

[Tar72]   R. E. Tarjan. Depth-first search and linear graph algorithms. *SIAM J. Computing*, 1:146–160, 1972.

[Tho79]   W. Thomas. Star-free regular sets of ω-sequences. *Information and Control*, 42(2):148–156, 1979.

[Tho81]   W. Thomas. A combinatorial approach to the theory of ω-automata. *Information and Control*, 48:261–283, 1981.

[Tho90]   W. Thomas. Automata on infinite objects. In J. van Leeuwen, editor, *Handbook of Theoretical Computer Science*, chapter 4, pages 133–191. Elsevier Science Publishers B. V., 1990.

[Tho97]   W. Thomas. Languages, automata and logic. In A. Salomaa and G. Rozenberg, editors, *Handbook of Formal Languages*, volume 3, Beyond Words. Springer, Berlin, 1997.

[Tra61]   B. A. Trakhtenbrot. Finite automata and logic of monadic predicates (in Russian). *Doklady Akademii Nauk SSSR*, 140:326–329, 1961.

[VJ00]   J. Vöge and M. Jurdziński. A discrete strategy improvement algorithm for solving parity games. In *Proc. 12th Int. Conf. on Computer Aided Verification, CAV'00*, volume 1855 of *LNCS*, pages 202–215. Springer, 2000.

[Vög00]   J. Vöge. *Strategiesynthese für Paritätsspiele auf endlichen Graphen*. PhD thesis, Dept. of Computer Science, RWTH Aachen, Germany, 2000.

[VW94]   M. Y. Vardi and P. Wolper. Reasoning about infinite computations. *Information and Computation*, 115(1):1–37, 1994.

[Wil98]   T. Wilke. *Classifying Discrete Temporal Properties*. Habilitationsschrift, Dept. of Comp. Sc., Aachen University of Technology, 1998.

[Wil99]   T. Wilke. Classifying discrete temporal properties. In *Proc. 16th Ann. Symp. on Theoretical Aspects of Computer Science, STACS'99*, volume 1563 of *LNCS*, pages 32–46. Springer, 1999.

[Win93]   G. Winskel. *The Formal Semantics of Programming Languages: An Introduction*. MIT Press, 1993.

[Zie98]   W. Zielonka. Infinite games on finitely coloured graphs with applications to automata on infinite trees. *TCS*, 200(1–2):135–183, 1998.

[ZP96]   U. Zwick and M. Paterson. The complexity of mean payoff games on graphs. *Theoretical Computer Science*, 158(1–2):343–359, 1996.